二十世纪

中国职业教育学
名著选编

主编　米靖　　副主编　郭勤学

教育科学出版社
·北　京·

序

20 世纪上半叶，随着民族工业、社会发展对职业教育的呼唤，中国近现代职业教育事业兴起并不断发展。与此同时，中国"职业教育学"的学科发展经历了从无到有，"职业教育学"的理论体系构建经历了从起步到发展的过程。在这半个世纪的历程中，一批具有重要理论价值与现实意义的"职业教育学"学科论著涌现出来，它们对中国特色的"职业教育学"进行了有益的探索，形成了"职业教育学"的理论体系和表述体系。

一、"职业教育"与"职业教育学"论著概况

职业教育作为人类近代学校教育系统中的重要教育类别，在中国的 19 世纪中叶到 20 世纪上半叶已成为推进社会富强与进步的重要力量，始终与社会发展密切相关，也始终明显地带有时代烙印。而"职业教育学"这一学科，也从无到有，从单薄到厚实，积累了丰富的学科力量，形成了旺盛的学科生命。

"职业教育"一词首次见诸文献乃是在 1904 年山西农林学堂总办姚文栋在《山西农林学堂添聘普通教习详文》中的一段话："论教育原理，与国民最有关系者，一为普通教育，一为职业教育，二者相成而不相背……本学堂兼授农、林两专门，即是以职业教育为主义。"随后，姚氏在《送农林学生崔潮游学日本文》中又说："职业教育为东西洋各国所最重，生等出洋后自知之，予不必言也；普通教育与职业教育，相需为用，缺一不可。"①

尽管"职业教育"一词出现于 20 世纪初，但在理论及实践中，人们仍然使用"实业教育"一词。包括民国成立后，教育总长蔡元培在表述其教育宗

---

① 陈选善. 职业教育之理论与实际［M］. 上海：中华职业教育社，1933：35.

旨时，仍然说"实利主义之教育以人民生计为普通教育之中坚。其主张最力者，至以普通学术，悉寓于树艺、烹饪、裁缝及金、木、土工之中"，"我国地宝不发，实业界之组织尚幼稚，人民失业者至多，而国甚贫。实利主义之教育，固亦当务为急者也"。民国初年，学制改革将"实业学堂"改为"实业学校"，实业学校的数量虽然大大增加，但在内容上与清末实业学堂并无本质区别。

"职业教育"真正取代"实业教育"一词，并为社会所认可，则始于1917年中华职业教育社的成立，职教社成立时便以"推广职业教育、改良职业教育、改良普通教育俾为适于生活之准备"为宗旨。1928年出版的由余家菊主编的《中国教育辞典》在"职业教育"的词条下明确指出："中国自改行新教育制度以来，只有实业教育。职业教育之名称，发源于民六（1917年）创立之中华职业教育社，盖其时正甲乙种实业学校毕业生出路阻滞，而小学教育方有人提倡实用主义也。主持者初办《教育与职业》杂志鼓吹之，继设中华职业学校，继集全国中等以下各种实业学校设全国职业学校联合会，实业教育之名称，暂因职业教育之替代而消灭。十一年（1922年）新学制系统公布，规定酌改甲乙种实业学校为职业学校，职业教育四字，遂成法定名词。"① 民国著名的职业教育理论家庄泽宣也曾指出："中国的职业教育，经该社（中华职业教育社）成立后不断地鼓吹，对于理论与实施各方面均有相当的研究实验与介绍，质与量均渐有进步，国人对于职业教育也渐渐加以严重的注意。"② 可以说，中华职业教育社的成立，大大地推动了中国20世纪上半叶职业教育学科的发展与建设，使之成为一种较自觉和较广泛的行动。

从中华职业教育社创立前后至1949年新中国成立前的30余年间，是20世纪上半叶中国职业教育学学科发展的重要阶段，从学科发展的角度而言，在职业教育基本理论（职业教育原理）、国外职业教育理论与实践研究、职业教育心理研究、补习教育研究、职业学校教师教育、职业指导理论与实践、农村及农业职业教育、工业职业教育、商业职业教育、女子职业教育等方面均有多部著作问世。表1是笔者根据《民国时期总书目》所列出的"职业技术教育"书目进行的统计，基本上能够反映当时的情况。

---

① 余家菊. 中国教育辞典［M］. 上海：中华书局，1928：1072 - 1073.
② 庄泽宣. 职业教育通论［M］. 上海：商务印书馆，1933：57.

表 1 20 世纪上半叶国人撰译的职业教育理论著作、译作、辞典书目统计①

类　　别	数量（册）
职业教育原理专著	15
职业教育史与外国职业教育现状	16
教学理论与教学法、课程标准	5
职业教育论文集	4
职业心理学	1
职业指导	24
国外职业教育著作译著	7
补习教育	5
女子职业教育	1
工业职业教育	1
农村与农业职业教育	3
商业职业教育	2
职业教育法令汇编	7
职业教育辞典、手册	2
总　　计	93

二、"职业教育原理"论著的发展

20 世纪上半叶职业教育学的建设总体以学习、译介西方论著与自我创新相结合为基本原则，我们可以看到"职业教育原理"论著的建设与发展也充分体现了这一特点。

在中华职业教育社创立前后，至 1949 年新中国成立前，涌现出一批职业教育原理方面的专著，如表 2 所示。

除此而外，还有一些以研究和论述职业教育原理基本问题为主要目的的论文集，如《职业教育论》（朱景宽编译，上海商务印书馆，1916 年版）、《职业教育之理论及职业之调查》（教育杂志社编，上海商务印书馆，1925 年版）、《中国职业教育问题》（廖世承编，上海商务印书馆，1929 年版）、《职业教育丛刊》（黄炎培等著，中华职业教育社，1939 年版）等。

---

① 北京图书馆. 民国时期总书目（教育、体育）[M]. 北京：书目文献出版社，1995：555 - 575.

表 2　20 世纪上半叶"职业教育原理"论著列举

朱元善编：《职业教育真义》，上海商务印书馆，1917 年 7 月版
邹恩润编译：《职业教育研究》，中华职业教育社，1923 年 3 月版
庄泽宣著：《职业教育概论》，上海商务印书馆，1926 年 1 月版
庄泽宣著：《职业教育》，上海商务印书馆，1929 年 10 月版
庄泽宣编著：《职业教育通论》，上海商务印书馆，1933 年 12 月版
潘文安著：《职业教育 ABC》，上海商务印书馆，1929 年 1 月版
杨鄂联著：《职业教育概要》，上海世界书局，1929 年 6 月版
张旦初著：《职业教育纲要》，上海法学社，1930 年 1 月版
熊子容著：《职业教育》，上海黎明书局，1931 年 5 月版
陈选善主编：《职业教育之理论与实际》，中华职业教育社，1933 年 2 月版
邵祖恭著：《反职业教育论》，南京京华印书馆，1934 年 6 月版
江西省实施百业教育委员会编：《百业教育之理论》，编者刊，1936 年 11 月版
江恒源、沈光烈编著：《职业教育》，南京正中书局，1937 年 2 月版
何清儒著：《职业教育学》，长沙商务印书馆，1941 年 3 月版

下面介绍三位有代表性的人物及其著作，可以看到当时职业教育原理的总体发展脉络。

朱元善所编《职业教育真义》一书，是整理和编辑日本学者川本宇之介所著《职业教育研究》一书而成。蒋维乔在为此书所作的叙言中，明确指出当时研究"职业教育原理"的迫切性，他说："今之谈职业教育者，果能了解其真义与否，吾殊未敢信也。度其多数人之心理，不过视为衣食主义而已。吾且闻人倡言，诟及我国所定道德教育宗旨，而欲以利易之。夫人生之目的，苟仅在衣食而已，利而已，则亦何赖乎教育？若乎，职业教育之真义不可不急为表明也。①"此书共 11 章，分别论述了"职业教育之发达小史"、"现今之职业教育"、"职业教育与陶冶"、"人类之产业发达与发生"、"职业教育与各教科"、"实科之研究"、"小学校与职业教育"、"实业补习学校"、"实业科教员养成问题"、"徒弟制度与工场法"和"指导职业"。此书尽管编译自日本学者的著作，但朱元善在选择内容和确定框架方面也颇费心血，可以说，也是朱元善本人对职业教育原理基本框架和内容的一种认识。此书的体系基本上涵盖了职业教育的主要问题，涉及面比较广泛，为之后我国职业教育原理的主要内容与框架奠定了重要的基础。

---

① 朱元善. 职业教育真义 [M]. 上海：商务印书馆，1917：2.

庄泽宣是另外一位重要的职业教育研究者。其所著《职业教育》与《职业教育概论》实是同一本书的两个版本，内容完全相同，二者与庄泽宣的另一著作《职业教育通论》在内容和体系上是有差异的。《职业教育概论》以职业教育的基本原理为主，讨论职业教育的定义、起源、分类与分级、办法，以及职业教育在各国学校系统中的位置、各国职业教育的发展趋势、中国职业教育的现状和问题及解决对策；《职业教育通论》侧重于详细地介绍英、法、德、美、日、俄和中国的职业教育发展状况，以及农业、工商、女子与家事教育、职业指导等内容。可见，同样作为职业教育的原理性著作，同一个人在撰写的过程中，前后采取了两种体系，这说明当时对职业教育原理的主要体系的认识在不断加深，事实上，这两本书的框架整合在一起就构成为当时职业教育原理的基本体系。

何清儒于1941年出版的《职业教育学》一书内容比较丰富、体系比较完备。全书分为三编，即一般职业教育、职业补习教育、特种职业教育。一般职业教育这一编中，研究了职业教育概论、职业分析以及职业教育的实况、设科、课程、实习和师资；职业补习教育这一编中研究了职业补习教育的教师组织、教材、个别指导、考绩；特种职业教育这一编中研究了职业训练、劳工教育、女子职业教育、军队职业教育和残废职业教育。此书在一定意义上是对20世纪上半叶中国职业教育学知识、经验的一次总结，理论性较强，所论述的内容也比较全面，它代表了我国职业教育原理著作在当时的最高水平，其内容和体系对于今天具有重要的启示作用。

总之，这一时期，涌现出了一批职业教育原理方面的著作，能够明显地看出中国化的职业教育特色日渐浓厚，具有本土知识、经验的职业教育原理的学科体系与表述体系已经相对成熟。

三、国外职业教育理论及实践的研究与引介

在20世纪上半叶，中国职业教育学学科体系发展的过程中，中国学者有着明确的学科发展的路径意识，那就是一定要先从发达国家学习优秀的理论与经验，然后完成学科发展中国化的目的。因此，这一时期，不少学者都认真地研究和译介了国外职业教育的理论著作，并且比较深入地研究了各国职业教育制度的沿革与现状。

首先，在职业教育学的原理性著作中，几乎都将别国的职业教育制度的沿革与现状作为重要的内容，进行宏观的、概况性的介绍。这一时期，比较关注

德国、美国、日本、俄国、英国和法国的职业教育状况。除前述朱元善和庄泽宣在其著作中专门论述国别职业教育之外，熊之容、江恒源和沈光烈的著作中也均列专章介绍国外职业教育制度和概况。

其次，编译国外职业教育著作，形成比较系统的中文著作。除前面介绍的朱元善的《职业教育真义》外，邹恩润（韬奋）编译的《职业教育研究》一书也值得一提，此书对国外大量相关资料进行了整理，分别描述了职业教育的意义、职业教育的需要、职业教育及学校的分类、职业心理、教育指导、职业指导和预备、职业补习教育等内容，反映了当时国际职业教育的最新研究成果，具有极强的理论奠基作用。此外，邹韬奋还根据美国人贾伯门 *Trade Tests* 一书编译了一本《职业智能测验法》，也是一本比较重要的职业心理学方面的著作。

再次，出现专门研究外国职业教育发展的著作。这一时期，还出现一些专门研究某国职业教育的专著，系统地介绍了日本、德国、苏联等国家的职业教育发展状况，涉及职业教育制度、职业补习教育、生产劳动教育等内容。如1917 年出版的顾树森著的《德美英法四国职业教育》，1930 年出版的陈表著的《各国劳动教育概观》，等等。

最后，翻译数部比较重要的职业教育理论性著作。如熊崇煦译的日本秋保治安的《职业技师养成法》，于 1919 年出版；杨鄂联、彭望芬编译的美国勒维特和布朗的《小学职业陶冶》，于 1925 年出版；王长平译的美国利克的《实业教育》，于 1926 年出版；刘钧译的德国凯兴斯泰纳的《工作学校要义》，于 1935 年出版；等等。这些著作对中国职业教育学科建设起到了一定的推动作用。

四、职业教育学学科体系的分化与发展

职业教育学学科发展需要在不同的学科子领域进行纵深的研究，这一点体现在 20 世纪上半叶中国职业教育的学科建设过程中。除了职业教育原理这一领域得到了长足的发展以外，职业心理、职业指导、职业补习教育、农村职业教育、工业职业教育、女子职业教育、商业职业教育均有专著问世，另外，当时还有大量的论文也探讨了这些问题。限于篇幅，不一一赘述，但有几个主要特点需要加以强调。

（一）重视职业心理学在学科体系中的基础作用

在职业心理学领域，中华职业教育社率先开启研究之风，曾经在《教育与职业》杂志上开辟专栏翻译和介绍何林华（Hollingworth）在职业心理学方面的理论与贡献，为职业心理学在中国的发展起了奠基作用。日后以出版和新闻名声卓著的邹韬奋，在其早期生涯中曾致力于职业心理学的研究，并且贡献颇巨。他于1923年编译了《职业智能测验法》，将当时《职业心理学》中关于职业智能测验的内容抽取出来，对当时欧美这一方面的研究成果进行了系统的整理，具体介绍了各种职业智能的测验方法。他于1926年以查尔斯·格里菲斯（Charles H. Griffits）的《职业心理学》一书为蓝本，又参照了其他几本相关著作，编辑了一本《职业心理学》的专著，庄泽宣在该书绪言中指出："中国谈职业心理的书，这本是一个先锋了。"① 邹韬奋在书前之弁言中明确指出："职业心理学既是一种最新的研究，他的日新月异，自是意中事。这一本书不过供吾国对于此事开端研究的参考，希望由此唤起国人的研究兴味，对于此事也有相当的贡献。"

经过中华职业教育社的提倡，职业心理学受到了普遍的重视。如在廖世承主编的《中国职业教育问题》一书中，专列"职业心理"一节，作者分析了当时欧美流行的职业性向测验和职业效能测验之后，明确指出："上述之各种测验仅于智能一方面稍有贡献。关于性格德行之测验，近虽亦有研究之者，方法既未精、被试之人复不多，故可靠之程度殊低。况从事于需用智力甚高之职业者，如各界之领袖人物，其成功与失败，不仅有赖于智力特能及各种性格德行等，且须视机会之际遇如何。……然则心理学所能贡献于职业界者至少，惟此少量之研究，已值得吾人之努力，世界之进步皆积此种似微而实大之贡献始有以促成之，吾人对于职业心理乌可忽视之哉?"② 这种对职业心理学的重视态度是当时职业教育研究领域的普遍风气，这一点值得我们今天的职业教育研究人员重视。

（二）强调职业指导为职业教育学科体系的重要组成部分

职业指导学在20世纪上半叶得到了长足的发展，涌现出大量的著作（我们仅将部分重要的专著及译著列于表3）。20世纪20年代，随着职业教育的发

---

① ［美］古力菲比. 职业心理学［M］. 邹恩润，译. 上海：商务印书馆，1926：1.
② 廖世承. 中国职业教育问题［M］. 上海：商务印书馆，1929：203.

展，中华职业教育社于 1919 年在《教育与职业》杂志上设专刊介绍职业指导，开始系统地介绍欧美职业指导的理论与制度、职业指导的范围与效用以及机制与方法等。据此，职业指导作为一种教育运动开始兴起，并且受到职业教育理论工作者和当时教育部门的重视。

表 3　20 世纪上半叶职业指导学主要论著

类　别	书　目
国外职业指导理论著作翻译	［美］卜龙飞，王文培译：《青年职业指导》，上海中华书局，1924 年版
	［美］勒维特、布朗，杨鄂联、彭望芬译：《小学职业陶冶》，上海商务印书馆，1925 年版
	［美］David Cohen，潘文安、蒋应生译：《职业指导之原则与实施》，上海商务印书馆，1931 年版
	［日］增田幸一，沈光烈译：《职业指导概论》，世界书局，1942 年版
国外职业指导实践研究	顾树森：《德国职业指导实施法》，上海中华书局，1926 年版
	顾树森：《英国职业指导》，上海中华书局，1928 年版
	喻鉴清：《各国职业指导》，上海商务印书馆，1936 年版
国人职业指导著作	邹恩润：《职业指导》，上海商务印书馆，1923 年版
	邹韬奋：《职业指导实验》，中华职业教育社，1925 年版
	庄泽宣：《职业指导实验》，上海商务印书馆，1925 年版
	潘文安：《职业指导 ABC》，世界书局，1928 年版
	潘文安：《青年职业指导》，上海大东书局，1929 年版
	潘文安、孙祖城：《女子职业指导》，上海商务印书馆，1929 年版
	潘文安、陈重寅：《小学职业指导实施法》，上海商务印书馆，1933 年版
	喻鉴清、陈重寅：《中小学升学及职业指导》，上海商务印书馆，1934 年版
	何清儒：《职业教育论文集》，中华书局，1934 年版
	莫若强：《职业指导与职工选择》，上海商务印书馆，1935 年版
	潘文安：《小学职业指导》，上海中华书局，1935 年版
	民国政府教育部普教司：《职业指导参考资料》，1935 年版
	黄逸峰：《铁路职业指导》，上海商务印书馆，1936 年版
	何清儒：《职业指导学》，上海商务印书馆，1939 年版
	江恒源：《如何办理职业指导》，上海商务印书馆，1941 年版
	广东省地方行政干部训练团：《职业教育与职业指导》，1941 年版
	苏健文：《实验的职业指导》，世界书局，1947 年版

在此过程中，对职业教育中这一特殊的理论与实践体系如何认识，成为首先需要考虑的问题。我国学者仍然走向国外学习和引介的路径，通过对国外相关理论的研究，我国学者不断地加深了对职业指导这种特殊活动的认识，可以

从邹韬奋在其所著《职业指导》一书绪言中的一段话，看到我国学者对职业指导认识上的变化："职业指导在吾国为最新之教育运动……初视其名，未审其实，以为是不过导人如何获得职业耳，其内容与方法殆简单粗浅，无足深究。孰知夷考其实，则举凡教育哲学、实用心理学、社会学、教育学、学校训练、课程编制、科学的索究法、统计学，无不与职业指导有密切之关系。且任职业指导之责者，徒于学识方面有充足之预备，犹未可也，尚须具备高尚纯洁至诚感人之人格，诚恳切挚虚情协助之态度，敏捷精干不畏繁苦之能力。苟无素养与专门训练而贸然以职业指导自任，其贻害有不可胜言者。"①

在这种思想的指导下，我国学者翻译了美国和日本学者的职业指导理论著作，并且较为系统地研究了国外职业指导的实践模式，这些研究和介绍推动了我国职业指导理论的发展。

第一，我国学者研究了与中学、小学教育教学伴随着的职业指导。潘文安、陈重寅在所著《小学职业指导实施法》中指出"职业指导在小学已占极重要之地位"，进而研究了小学职业指导的理论、实施方法以及当时中国小学职业指导的现状及改进措施。另有喻鉴清、陈重寅编著的《中小学升学及职业指导》也比较重要。

第二，我国学者研究了若干专门人群与职业群的职业指导，包括女子职业指导、青年职业指导、铁路职业指导，等等。以女子职业指导学为例，潘文安、孙祖城编著的《女子职业指导》探讨了在男女职业平等的时代已经来临之后，女子职业指导的基本问题。首先，探讨了女子职业指导的理论，包括研究目的和意义；其次，探讨了女子职业指导的基础，包括女子的身心、职业分析和职业测验的研究；再次，探讨了女子职业指导的特殊性，包括家事指导和婚姻指导；最后，分别从小学、中学、大学三个阶段，探讨了女子职业指导的实施。

第三，我国学者构建了一般意义上的职业指导学。比较重要的两部著作分别是潘文安的《职业指导 ABC》和何清儒的《职业指导学》。前者系潘文安根据自己数年主办职业指导的经验，参照欧美、日本当时的职业指导制度和最新的学说编著而成，全书共 29 章，系统地研究了职业指导的概念，中外职业指导的差异，职业指导的范围、价值，职业指导与小学教育、小学课程、中学教育、中学课程、乡村教育、大学教育、女子教育和成人教育的关系，职业指导与教育指导、升学指导、就业指导、服务指导、职业训练的关系，职业指导与

---

① 邹恩润. 职业指导 [M]. 上海：商务印书馆，1923：1.

个性考查、心理测验、职业分析、职业介绍的关系，职业指导的实施机关和注意事项等内容。

后一著作是何清儒针对当时职业指导运动虽然蓬勃，但成效甚微的现状，专门为从事职业指导的人员编撰的。用他自己的话说，就是"主要的目的是供作大学的教材，使研究过此书的，能有从事指导工作的能力。但非大学学生，有志于指导事业的，亦可由本书得到专门的训练。至于已经从事指导工作的，如参考本书，自然亦能增加个人能力，改进事业效率"①。此书从"人与事"的主题入手，指明职业指导的意义，进而探讨个体的心理差异和测验方法；随后从研究职业的角度入手，对与职业相关的职业研究、职业参考资料、职务资格的研究、职业训练、职业介绍等问题进行了研究；然后探讨了教育指导、中学和大学中的指导工作；最后讨论了职业指导机构以及职业指导的将来等问题。

（三）主张职业补习教育学应为职业教育学学科体系的有机组成部分

什么是职业补习教育？一般说来，20 世纪上半叶的学者们普遍认同这样的概念，即："对于就业的青年或成人，利用他们工作的余暇，对于他们的知识、技能、品格、体格各方面，给他相当的训练，这种训练就叫做职业补习教育。"②

在 20 世纪上半叶，职业补习教育受到了极大的重视，并逐渐地被看做是职业教育的有机组成部分，职业补习教育学于是日渐成为职业教育学学科体系中的重要内容。朱元善在其 1917 年的《职业教育真义》一书中，已经列"实业补习学校"一章，专门讨论补习教育的基本问题；而在比较重要的潘文安和庄泽宣的职业教育论著中，却并未包括职业补习教育的内容。到江恒源、沈光烈 1937 年出版的《职业教育》一书中，特别提出："职业补习教育在全部职业教育区域中，渐渐感觉到它的地位重要，或者竟可以说和正式职业学校教育已成'分庭抗礼'的现象，这是目前社会环境和需要逼迫而然的。"③

到何清儒 1941 年的《职业教育学》一书中，在全书的三编中，第二编就专门论述职业补习教育，详细地论述了职业补习教育的意义、组织、教材、个别指导与考绩，这本代表 20 世纪上半叶职业教育收官之作的著作中，赋予职

---

① 何清儒. 职业指导学 [M]. 上海：商务印书馆，1939：2

② 杨卫玉. 职业补习教育 [M]. 上海：商务印书馆，1937：1 - 2.

③ 江恒源，沈光烈. 职业教育 [M]. 南京：正中书局，1937：70.

业补习教育以重要地位，将其作为职业教育学科内容中的重要组成部分。何清儒指出："职业补习教育是职业教育的一种，在原则上与整个职业教育相同，但在实施上却与别种职业教育有差别的地方。在各种职业教育中，除正式职业学校外，职业补习教育最为重要，因为包括最多，应用最广，并且在施行上又有许多便利，在效果上又很容易表现，所以有特别研究的价值。"① 可见，20世纪上半叶，职业教育的学科建设最终将职业补习教育纳入进来，成为职业教育学科的重要内容，并且给予了全面深入的论述。

20世纪上半叶职业教育学学科探索取得了比较大的成绩，值得深入总结，并且应当成为当前进行学科建设的重要借鉴。

本书编校的目的在于将20世纪上半叶"职业教育学"发展中的较为核心和重要的6本职业教育原理性的著作加以整理、再次出版（此6本著作使用的原著版本均在前述表2中列出），一方面使我们意识到中国当代职业教育学的发展并非空中楼阁，而是早在半个世纪之前已经有许多卓有成效的工作基础；另一方面，也期望通过编校出版这些著作，为当前我国职业教育学学科建设提供前人的智慧，使研究者们能够比较方便地阅读到这些著作，达到以飨读者的目的。

这些著作的整理与编校工作是由我和天津大学职业技术教育学院的多位研究生共同完成的，他们是郭勤学、宫雪、田蕾、梁姣荣、张凡、邢清华、郝志强、殷红。在我选定准备整理的书目后，由上述几位同仁完成了全部书稿的录入、校对工作，最后由主编和副主编对全部书稿内容进行统一编校、定稿。在此，对这几位同仁做出的大量辛勤工作和认真、细致的工作态度表示衷心的感谢。

此书是天津市哲学社会科学研究规划资助项目"中国20世纪职业教育学学术史研究"的一项研究成果。同时，也受到全国教育科学规划"十一五"教育部重点课题"职业教育工学结合、校企合作的体制和机制研究"和天津大学自主创新基金的支持。

编　者

2011 年 1 月

---

① 何清儒. 职业教育学 ［M］. 长沙：商务印书馆，1941：61.

目　录

编校说明

1. 选编范围。《二十世纪中国职业教育学名著选编》（以下简称《选编》）选择中国 20 世纪上半叶在职业教育科学研究方面具有重要学术影响、推进职业教育学科发展的著作。

2. 版本选择。《选编》均以初版为底本，所有版本均在全书序言中注明此书的出版年份。

3. 编校原则。《选编》完全尊重原著的内容和结构，只进行必要的版式调整，原文无标点符号的加补标点，改繁体字为简体字，改异体字为正体字，改竖排为横排，以便于阅读。

4. 规范译名。原著中的外国人名、地名等，与今通译有异者，一般改为今译名，以求统一。

5. 规范注释。原文中有注的，仍然注出。需要说明之处，加编者校注。

职业教育真义

朱元善[①]　编撰

① 朱元善，生卒年不详，笔名天民，曾任《教育杂志》、《学生杂志》和《少年杂志》主编。民国时期著名教育理论家。

叙

　　吾国教育，中等学校以下采普通学制，而国人送子弟入学也，其初多不审量，贸贸然但知所谓读书而已，卒至毕业于普通学校者，多力不能升学而乏谋生之技能，迩年以来弊尤显著，于是职业教育之声乘时而起，披靡于教育界，舆论翕然，莫不谓为救时之良策。顾吾国人之习性，每遇一主义之流传，不患无同情者，而患无研究者，一唱百和，人云亦云。今之谈职业教育者，果能了解其真义与否，吾殊未敢信也。度其多数之心理，不过视为衣食主义而已。吾且闻人倡言，诋及我国所定道德教育宗旨，而欲以利易之。夫人生之目的，苟仅在衣食而已，利而已，则亦何赖乎教育？若是乎，职业教育之真义不可不急为表明也。吾友朱君元善主持《教育杂志》既多历年，所于教育之主义好虚心研究而沉潜恳挚，不喜效今之喋喋者，乃取日人川本宇之介所著《职业教育研究》一书，芟其繁芜，抉其精髓，衡以我国国情而成，是书名曰《职业教育真义》。余受而读之，大较以中等教育之农工商及家事四者为职业之范围，而以个人生活推及于社会国家之生存，由养成生徒生活能力，归宿于道德陶冶，名为真义，斯诚真义矣。斯可以救时流之衣食主义、诋厉道德之失矣。余不敏，辄就所见者质之朱君，倘不河汉斯言欤。

民国六年六月

蒋维乔序

弁　言

世人公认教育万能，非教育诚万能也，不过教育能适应时势之要求以理解国民之困难耳。是以教育有种种主义，须视国民发生何种困难，则用何种主义之教育以救济之。主义与时势相适相应，教育之能力于以现。20年来吾国不尝注意教育乎？然为书籍教授、口舌教授、注入教授、静坐教授，对于积弱好惰之国民施行此种教育，是犹注油救火，火焰益张，教育之本能安有不失败者？故为根本解决计，惟勤劳主义足以药此积弱好惰之病。无如劳动主义之名词，不足动人。教育家乃提出职业教育，闻者果以"职业"二字与吾生活有绝对关系。无如吾生活有绝对关系，遂欢迎之，遂大大欢迎之，吁国民既欢迎此职业教育，即挟职业教育之方策以投所好，未尝不可施展教育之本能，又何必作无谓之辩哉。

虽然职业教育自有其界说，自有其目的，自有其方法，自有其作用，大纲不外乎农工商及家事四科，而其方法作用千头万绪。不特各地方不同，各学校亦不同；不特各学校不同，各时代又不同。要当就个人、社会、国家各方面观察真相，以定实施之方针，断不可贸然盲从，致酿根本失败之祸。盖职业教育实由勤劳主义而来，德国教育家凯兴斯泰纳曰原理的之勤劳教授，是为本于勤劳之教授，实科的之勤劳教授，是为实行勤劳之教育即职业教育也。故脱离勤劳主义而提倡职业教育，即使人人皆得职业，危险殊甚，不观近世种种职业已日趋于科学的地位乎？苟无真确主义以立之基，则今日之提倡能于今日有效，必不能与后来者竞争。吾愿今日研究职业教育者更进而研究其真义。

日本教育家波多野贞之助及佐佐木吉三郎、桐渊勘然等，先后为余言曰，职业教育为今世重要之主张，自无可非难，但提倡职业教育断不可妨害普通教育，普通教育中如历史、地理等为人生不可缺之知识，故修毕普通教育后再受职业教育，国民资格既完，生活问题亦可解决，若偏重职业教育致普通教育有所动摇，其害甚于不提倡职业教育。何言之简而意之赅欤！于以见主张一事非贯彻底蕴，常恐枉失。吾国关于职业教育之著寥寥无几，岂特吾国，日本亦然，无怪呶呶终日不得要领。穷不敏，谨介绍吾友朱子所辑著之《职业教育真义》。

中华民国六年六月一日

庄俞谨志

目　录

绪 论

自蒸汽机发明以来，科学应用日益兴盛，工业农业俱大发达。古来之社会组织、产业组织，悉为根本的变化，而近世社会之幕于是乎启。以今况昔，则以从前各家需要之日用品，其大部出诸自造，所谓自给经济者。今则皆须仰给于人，而大工场之数又复日增一日。家中工作殆无存在之地，此产业革命之最显著者。加尔顿谓 19 世纪中，农、工、商业之大变化大发达，较诸既往千余年之变化发达，遥为过之，洵不诬也，今请详述如左。

农业 古代之农业至为粗拙，播种刈获，悉任自然。后以人口之增加、欲望之发达，耕稼之术渐有进步。迄于近世，以农艺化学之应用、肥料之改良，遂大新其面目。如田制之变革已由三田农法（即辕田法，其中 1/3 常为休田不施耕作）、轮环农法（每岁常轮换作物以防培养力之减少），再进而为自由农法（即以肥料与其他方法每年可耕种同一作物）。巴尔德之《教育史》有曰："自有绿肥矿物肥及化学肥料大加改革以来，昔者石变面包之谑谈，今殆见诸实际矣。"此外，若种子、若家畜家禽，亦罔不大为改善。试以德国之今日较诸 19 世纪之初，同一面积之土地，其生产力殆增 5 倍，家畜类亦增 2 倍。即在日本，以今日比于明治初年，亦略有 2 倍之增加。而犹以为未足，更期今后空前之大发达。如收获之增加，新农艺化学之应用，新机械之发明，劳力之节约，副业之研究及发达等，皆为今后之问题矣。然吾国今日之小学教育，全不以农业之基础的知识技能授予儿童，讵非一大缺陷乎？

工业 工业发展之速，尤非农业所及。自瓦特 1769 年发明蒸汽机，凡 16 年，始应用于纺织各业，而变为水车风车，日夜动作不息，其作业力之强大，甚为可惊。在于纺织，一人之作业，可 200 倍于往时；在于织布，亦约十四五倍。用值银六七角之煤，其生产力则可等于职工 20 人。又以化学进步，得于骸炭中制出 3000 余种美丽之颜料。至灯之燃料，则由豆油而煤油而煤气而电气。今吾国人家燃豆油灯者，除乡僻之农家外，殆不多觏。此外种种之新生产品，日出不穷，虽乡村之人，其应用物品，亦迥非往昔之朴陋矣。

商业 商业方面，自汽车汽船之发达、电信电话之进步，交通迅捷，全世界殆如比邻。然东西两洋之货物，彼此相需，运输不绝于道。回溯百年以前，汽船发明家罗伯特·富尔顿于举世非笑之中初次航海，仅有乘客 12 人。今则数万吨之巨船，载客数千人，飞渡大洋矣。益以潜艇、贸易、航空、通商又辟从古未有之奇局，世变之亟虽有智者亦安能测其所届哉。

农、工、商业之变化发达既如是，其剧烈于是，家族生活、社会生活、国家生活皆大起变动。而生存竞争之事实，殆无处不逞其权威，非唯富豪与贫民相斫而已，富豪与富豪、贫民与贫民亦互相恶斫苦战不已，社会国家之基础遂因之而动摇不安，故讲求缓和之、安定之之法，诚当今之急务矣。

夫适者生存久为世人共信之真理，就现代社会而观，益知此语之非诬。然所谓适者当具如何之性能乎？一言蔽之，即适应社会变化而有活动之意志及能力，且非唯于自己生活上有意志及能力，发达其适应力而已。对于他人共同生活之适应性亦不可不强大。前者为临机应变之能力，后者为贡献社会之精神。所谓真之生活者，如是而已。然此适应性果如何而能充分发达之乎？是无他，唯在教育而已。故人欲适应于现代之社会，其教育自亦不得不适应之。此斯奈登所以力倡"教育之顺应"也。教育之顺应云者，乃教育适应于社会状态之谓，盖即适应生活之教育也，亦即锻炼其百折不回之意志及能力。雷曼氏尝曰："使汝之生徒有力于生活，实教育之主要目的，发展少年一切之力，使其为最高之发达，于今日为至要。何则？对于其生存竞争上之准备，实在于此耳。"然如现行之教育，果能满此要求乎？多蓄知识之教育的思想，今尚牢固而不可拔，故其学校中之业务唯以静听为主，而以读书为其业务之大部分。此所以杜威谓为静坐学校，凯兴斯泰纳谓为书籍学校，或斥为公民教育之敌。吾人之所要求者，绝非如斯之学校，乃养成有为有能之人之学校也。换言之，即欲养成富于活动力、生产创造力者也。保尔成有言曰"今日以后之学校当由于勤劳而教育之"，吾人于是言良无间然矣。故今敢断言曰，适应于生活之教育与职业教育二者实必不可离者也。

虽然将来之学校若专以养成富于生产创造力者为宗旨，以为如是而能事已毕，则其教育不过专为生存竞争之助力，徒增生活上之苦痛，社会将变为修罗场矣。其结局必使社会生产力及个人生产力将并行减损，岂不太可恐乎。故吾人不可但使个人为自己而有为，尤当使其为社会而有为。理解社会之本质，具备为社会尽瘁之意志与能力，此其人乃真为吾人所欲养成者。然现实之学校唯趋于极端之主知主义以增加其竞争心，而共同勤劳，则全然无有；唯注重个人意识之发达，而于社会国家意识之涵养则全不注意；又惟为口头之训练、知识之灌输，而于意志之锻炼，实行习惯之养成，则未之措意。故吾人今日首当努力于锻炼于意志，养成实行之习惯，练磨社会国家之感情，以共同勤劳完成社会生活之教育。总之，吾人非主张孤立之职业教育，乃欲施组织复杂国家的职业生活之教育耳。

如上所述，则于产业革命社会国家大革新后之今日，教育之一大中心点当移于职业方面，殆无可疑。要之，使国民各个人有能有为，增高经济的产业的能率，而又泯除私心，尽瘁效忠于国家社会，以高国家之经济能率，进国民之公共福祉，使实现一大伦理的国家社会，此职业教育之最高目的也。

职业之意义　自产业革命之方面言之，职业教育之本质已可略明其梗概矣。然欲根本的研究职业教育，尚须洞悉职业之本质。由种种方面以考察，职业教育必要之理由而为科学的之阐明焉。兹请先述职业之真意义。

（一）自个人观之，职业（Beruf）实为获得生活资料之手段，即所谓生业（Erwerb）是也。凡人欲得生活，必不能不有资于财产，而财产何以获得，要唯勤劳于一定之业务为其第一保证，故个人自立的生活之存在，实为万事之基础。若常动摇而不安，则个人之道德的生活，亦必不能稳固，更何由尽瘁于社会国家乎。语云：衣食足而知礼节，此语盖不我欺也。

（二）自社会观之，职业更有极大之意义存焉。凡社会之进步，无不由于艰难缔造而来。此自原始社会以迄今，兹更推而至于无穷之将来、实永永不变者也。在原始社会之民族，或与自然界战，或与动植物战，利用之、变化之以供人类之应用，资人类之发达，虽其勤劳生业甚为简单而无组织，然男女之间已现行分工之制，于是而社会的职业之意义稍稍发生。迨人智益进，社会发展，分业愈益精微，互有密接之关系，如是而职业之社会的意义大为进步，各人之职业始为国家社会及一切文明进步所必需。而各人职业之能率如何，遂与国家社会及文明发展有至大之影响矣。故培志所著《教育之社会的原理》中言："勤劳为创造文明之手段。"马伊耶则断言"国家之存立及幸福，其大部分悉依公民之职业活动"云。

（三）自道德上观之，职业又为养成独立的人格、完全品性之一大要素也。文德氏尝谓财产之伦理的意义在于"自己存在之安全"及"为自己意志行为之保证"。夫自己之存在，自个人而观虽属于利己的欲望，然自伦理上观其所谓存在者，直有伦理的意义存焉？杜威、太富德亦在《伦理学》中言"财产为人格之保证"，而此财产即由各人之职业勤劳而得，则职业之含有伦理的意义明甚。又革林（为倡导自己实现说之伦理学家）之言曰："品性充实之实践惟在职业生活之完全及服从法律。"斯言益亲切而有味矣。

（四）更以宗教上考之，职业实为天与之任务也。夫普通所谓宗教似超越职业，而全非所重者。世人对于佛教之考想尤然，然实属大误，佛教之真义决非尔也。不闻"资生产业皆是佛道"、"汝等所行是菩萨道"之语乎。佛教之所以受人误解者，皆由说教之人而起。实则佛教之真谛在使人自觉资生产业之本义，确认其职业为有重要之使命者，故真能自觉之人必深信其职业为天职而不敢蔑视之矣。又革林氏之《伦理学》亦言，人类为分有神的永远之心者，而实现之即为伦理之本质。分有神的永远之心之各个人，固属有限，实当有无限之神的永远之心也。故各人之职业又当为神的无限者之一部，即各自之职业当为无限绝对之赋予之命令也。革林此说即所谓的神本说，盖已近于宗教矣。（按：革林所云之神与基督教之神大异）

观上所述，则职业之本义已可明了。各人之职业实当非常尊重而不可不与自己为一体，亦明甚矣。然则唯以职业为得自己生活资料之手段者，其谬误为何如乎？

普通教育与职业教育　职业既有非常之重要意义，则于普通教育亦当占重要位置，自无待言。惟职业之中如最大多数国民所从事之实业及女子本来之职务，自古皆极蔑视，而置诸教育以外，此所谓最缺憾者也。盖自个人观、自国家社会观、自道德陶冶上观，则职业教育决非可视诸等闲者。况近时儿童心理学、发生心理学研究之结果又极要求之乎。今就此数方面而略述职业教育之必要如下。

第一，个人方面。凡人之有生必不能不从事职业者也，然近世之职业已日夜进步而为科学的。若仅仅熟练传习之方法，以为拘守，则其人于职业上之能率必甚减弱。职业能率既已减弱，是岂特个人利益之损失与有关系，其他数多之方面亦将蒙其不良之影响矣。故使各个人皆为职业之准备，而增进其知能又应于儿童青年之理解力，使感知其意义，以养成其爱重职业之精神，诚必要之务也。虽然职业无数，而所谓职业之准备者，非必就一一职业而遍及之始得有功，盖职业之知识技能其初步者多属共同，但择可为代表者以教养之即为已足。而可为职业之代表者，要不外农、工、商业数端，故以下所云之职业教育，亦即专重农、工、商业及女子之家事耳。

第二，国家社会方面。国家之繁荣强弱，全视国民实业能率之如何而分，故国民实业能率之进步殆为今世绝对的要求者。而在实业不振之我国，其要求为尤亟，此教育上所当大为考虑者也。然我国教育之实际与此目的相去甚远，在昔手工业时代，儿童于家庭中习见其亲长之职业，自能动其生产上之感念。今则工厂日兴，家庭工作日减，儿童既无见习之机会，而实业方面之发达进步，又日进而不已，则普通教育之缺陷自属当然。而学校遂益与生活相远矣。

夫学校之不加入职业教育，若单以生产额论，则于小学教育所系尚微，然与道德陶冶实有至大之关系。且如德布氏言，尤为关于"生活之质"（The quality of life）者，更何可等闲视之乎？要之，农、工、商业实为国家社会全体之基础，关于社会生活之各方面者，故此初步之产业教育，非唯从事其业之人当有准备，即从事于他种职业者亦不可或缺也。

第三，**心理方面**。如上所述，于个人方面、社会方面职业教育固皆为必须。然自儿童发生心理学而观，则愈觉职业教育之为必要矣。

据今日一般所倡导，则儿童之自然活动多再现人类之实业活动者，故儿童之自然活动，多表现于游戏，而一一再现人类发达之阶级，即由狩猎而渔业而畜牧而农业而工业而商业也。夫此等时期，固非明白表现，然儿童多喜投掷小石入水，捕鱼，与猫为友，或以泥土造种种之偶人，或掘穴于地，或造箱匣或编竹笼，以为种种之游戏，每至寝食俱忘，而昼夜从事，此其事证昭昭者。如杜威所云"其创作构成生产之本能实至活泼"，洵非謷言。凯兴斯泰纳尤重视此构成生产创作之本能活动，尝曰使此本能活动性十分发达，则职业之准备教育自寓于其中。由此而行，即得理解社会之生活，锻炼活动之意志，若于初学年之儿童直授以书籍上之知识，实为极大之苦痛，又甚非促其发达之道也。巴德利齐亦谓，人类各种之活动不可不任儿童自然再现之，而痛斥静坐主义之学校教育为攘夺儿童之自然表现。此之非难亦与杜威、凯兴斯泰纳为同调者。彼赫尔巴特学派其于历史教授虽似循此人类之进步阶级而行，然今日之所要求实更有进者，盖在充分发达儿童之活动本能以使理解社会活动，陶冶其意志也，于是而主知主义、活动主义、生活本位主义、新旧教育之异点，遂大为显著矣。

第四，**道德方面**。从来之道德教育专为主知的，而其影响及于意志实行者甚少，故道德实习之练习非常缺乏，即学校与社会生活全不相涉也。若施以职业教育，实行技能练习而为共同的作业，养成其爱重勤劳、勤勉职业之习惯，则职业教育之道德的意义，自存于其中。如工业教育，即所以使卒业小学校之儿童学习劳动，与以相当之技能，以防其将来厌弃职业而为浮浪之少年也。农业、商业之教育亦然。今日数多婴罪网之人，考其最大原因，要皆无一定职业之故。即偶有职业，其因厌勤劳而耽游惰，不能得一定之收入，遂至陷于罪戾者，正数见不鲜也。故养成爱重职业之职业教育实至为重大。自国家观之，个人而勤勉于职业，即其所以贡献于国家社会者，是故言乎道德必不可不以职业为基础，况欲陶冶道德的实行力、道德的创作力尤以职业教育为重要之端乎。

第五，**陶冶之真义**。今日学校之陶冶，惟在与生徒以伙多之知识，而不能发挥其真义，即自知的方面以观，亦唯以注入为主，而于获得此知识之力，则全不培养，不知所谓陶冶者实为精神之构成，为锻炼自获智识之能力，而知识之分量则其末也。乃现时学校之智育则纯为授与之知识、书物上之知识，而欲视之为自己经验之知识、自己获得之知识、可以活用之知识，决不可也。故凯兴斯泰纳称为封蜡的陶冶，其意犹谓涂蜡于玻璃，未几即纷纷剥落。儿童于学校所得之知识亦然，一出校外直即遗忘矣。若反是，而真与社会生活相接触，结合职业与职业活动，活用儿童之发表本能、探究本能、创作构成本能，以使经验社会生活，获得职业上之知能，蓄积其活知识，则当如何发挥陶冶之本义乎。如斯，以锻炼其构成之力、获得之力及研究之力，则将来厕身于实际社会而益益活用其力，愈增其知识之质量，自得常为活泼之动作矣。

职业教育之目的　以上于职业及职业教育之精义，已略有所述。然若为职业教育之目的，惟在使人能从事职业而已，则亦非吾人所取也。夫职业教育之教科，凡有四大方面，即农业、商业、工业及家事之四科。阿美利加合众国其国民实业教育发展协会于1912年之12月，曾开大会讨论职业教育之原则及政策，其结果于职业教育之原则也，亦列举上述之四科目，明示职业教育含有农、工、商业及家政科，更表明各科教育之概念目的，要在应于各职业之必要，而图其进步增其能率也，惟其中于道德陶冶未之详述，不无遗憾耳。吾人于上述之能率以外更力论职业之道德陶冶，故拟定职业教育之目的如次：

职业教育之目的在于发达农、工、商业初步之基础的知能，其在女子则增进母及主妇的职务之知能，更进而图职业道德之陶冶焉。

右所规定窃谓，庶可明示职业教育之概念矣，此亦凯氏之说也。

方今欧洲硝烟涨天，炮声震耳，正在大乱之中。然至干戈大定、言归于好之日，其国力之充实与国势之发展，果以何者而震荡我东亚之天地，活现世界的大竞争乎？此无他，惟产业贸易已耳。阿美利加合众国于此大战乱之际乎，输出无限之武器军需品，以博巨利，增加绝大之富。力尤复不足，尚日夜致力于职业教育以培养其富力发达之本源，则彼国果将以何者而为世界最大之富国乎？此无他，亦惟产业贸易已耳。又东邻日本近亦野心勃勃，致其全力于职业教育以冀增进产业、扩张贸易，与欧美列强相抗衡，执东洋之霸权，而我国何竟恬然漠然毫不觉悟、一无准备乎！夫不思觉悟、不欲准备则已，苟欲使全民觉悟而准备之，则唯有确立公民教育与职业教育以教养之耳。今试介绍北美合众国《手工教授及职业教育杂志》（1915年12月）之社论于下，使吾国人略知彼国民之如何重视职业教育焉。其略曰："今有二重要之问题焉，亟望下届议会有以解决之。其一为国防，其二为职业教育。前者固要而后者正亦同之。

欲固国防必不能不赖于后者。盖在机械、战争及商、工业世界之今日，其有为
之。机械技师与产业劳动者，非唯于产业上占其重要位置，即于国防上亦为有
力之要因也。"

又美国教育部所刊之 1913 年教育年报（1915 年发行），其第一编开卷即
大书特笔曰："教育之职业化，诚为本年最重要之记录。而此当以永远之努力
继续之。何则职业教育之发展，实关系于国民之全问题者也。"

观此则美国人意气及抱负之伟大，亦可想见矣。彼日本人亦风闻兴起，奋
力直追，不于产业界占优胜之位置不止。而我国果如何乎？将坐视国家之破产
而不一为准备乎？此吾所日夜忧愤。深冀全国教育界努力图维，毋坐视沦胥
可耳。

第一章　职业教育之发达小史

第一节　古代之职业教育

原始民族之职业教育　自一般教育史上观之，职业教育之发达可谓极迟迟矣。盖古代皆卑视农、工、商业，谓为奴隶之事，非自由公民所当务。既无奴隶教育，则职业教育自亦不当成立也。然自学校教育而论，固如此，而就家庭教育考之，则职业教育实先于读书、算术、宗教、道德等等而存在，试即言之。太古原始民族，其在男儿自幼恒随其父而狩于山野、渔于水滨。及其成长，或因游戏而模仿，或长者命其相助，或使其习弓矢、荡小舟而以枪刺鱼，或授以农耕、机械、养蚕诸方法，并教育以制作此种必须之器具。至若女儿，则由其母教授机织、烹饪等家内之职务，斯非职业教育之特征乎？

我国太古之职业教育　太古之职业教育，如伏羲造网罟而教民佃渔，神农作耒耕而教民稼穑，嫘祖发明育蚕而衣被天下，斯之类何可偻指。此非唯我国为然，凡世界各民族，殆莫不习适于其风土之职业者也。巴尔德之《教育史》中曾示现今野蛮民族之一例，载阿拉华克印度人男子皆习荡舟、渔鱼、狩猎等事，女子则助其母处理家事，此亦有一种教育存于其间也。

道德训练　吾人所特别注意者，即于职业教育同时而济以训练，施以道德教育也。在最初之所谓渔猎时代，于渔猎时自得练习其勇敢敏捷之气；又与外敌战斗之际，凡从顺、勇敢、忍耐、献身、协同社会精神等，亦自被涵养。故个人的、社会的两德性悉受琢磨而有根底。其最称不德者，则为不顺父母之意旨，苟或犯此例，必处以严罚，实则是等诸德非抽象的教养之胥，于实际勤劳活动作业之中，渐次养成者也，此非吾人亟宜注意之点乎？况工业、农业上技能之熟练、绵密、敏捷、勤勉、责任心、创作力、发明力等，职业道德皆于此而大有涵养之效，可无待言也。

徒弟制度　职业教育虽行于家庭之中，而以之为学校教育，则往者所未有也。在昔希腊、罗马，惟于战争上必要之教育类，皆十分致力，而产业方面则全不之顾。苏格拉底、柏拉图、亚里士多德诸哲家亦未识商、工业之真价值，且反于第一义的生活视为有害者。观于柯色诺芬之《爱哥诺米斯德》中所记，苏格拉底之言亦可知矣。其言曰："所谓机械的技术（即商、工业之技术），于国家生活实具有恶之性质，何则？从事商、工业者或终日不离坐席，或劳动于阴郁之所，或常居烈火之傍，如是则其身体及精神乌得而不衰弱乎？"此思想之中于人心颇属于深长，柏拉图、亚里士多德等皆不脱此"便宜主义的态度"者也。罗马亦传此思想而未之或改，故其国家的教育全置产业于度外。然于私人家庭，而父母多以劳动教其儿童焉。

此外，最宜注意者，则古代已有徒弟制度之一事，是事于近今大为世人所研究。然在雅典勃兴为一小工业都市之时，地中海沿岸有称为"希腊黑雷讷协会"者，本为一种之工业协会，而其自由公民之入学者，皆于黑雷讷学校教以工业，此即为一种之徒弟制度。然则纯粹之徒弟制度实自古有之。最近有人为古文书（巴比利）之研究，发现徒弟制度之契约书凡八九通。其中最古者为纪元前 18 世纪之物，最新者为纪元后三世纪物，其相当于职工长徒弟之语，为 lidaskalos mathetes，即所谓教师生徒也。教师有以工业教授生徒之义务，徒弟之年龄大抵始于 13 岁，教授之凡二三年，此其契约书所载也。是种徒弟制度固非由国家制定，然颇为完全。有名之《汉谟拉比法典》（纪元前 20 世纪制作）亦备载徒弟与教师之关系，则于阿西利亚、巴比伦等国已有此徒弟制度，殆明甚矣。

第二节　中世纪之职业教育

同业组合（Guild）之制　当中世纪教会教育大盛之时，一般人民所入之教会学校，惟以赞美歌颂读书为主要科目，而职业（即产业）教育则全然置之度外。其他养成僧侣之僧学校等，更不待言矣。然当时则有所谓同业组合制度者，颇为发达。迨及 13 世纪以后，尤称为极盛。盖以古代之闭锁的家内经济既破，专门手工业者代兴，分业渐盛，都市发达而为都市经济时代之故也。即居住都市者，应于田村农家之需要制工业品以供给之；农家则供给其农产物于都市之工业家。都市为保其市民之利益计，特限制都市周围一定之地域，凡居住于此之农民，必当于其都市购取工业品。又于其地域以内（指都市外），不许营工业焉，此一定之区域为都市之势力范围，谓之农村权利。其范围以都市为中心，约以一日可往复之里程为半径，而定其面积，此里程谓之农村里程。而一方面在都市之工业家，又有同业组合（英 Guild，德 Zunft）之设立，工业家苟不为其会员，则必不能为工业家，故不得自由退会自不待言矣。

此同业组合由徒弟、职人及组合长而成，生于其都市者，非经一定之仪式则不得为徒弟（即准会员）。又徒弟非于组合长之下，经一定之徒弟年限而合格于其组合试验者，则不得为职人。为职人后更须巡历各国数年而研究其技术，数年研究既终，再受组合之试验，合格而始得为组合长。非组合长不得为组合之正会员，并不得于其都市开店肆而营业。为徒弟之期亦有修短，大约自二年乃至七年；巡历研究之期，约凡三年。组合长不得同时而收二人以上之徒弟，盖因徒弟之数多则教育必不能周密故也。为组合长之后，始许结婚，得为自由生活。此时组合长与徒弟之关系，至极亲密，徒弟亦极勤勉。

铁尔斯利达尝记述德国之同业组合事，谓"一切同业组合之劳动者，对于他人恳切如家人父子。于此足见忠实、快乐、深切之真德国魂矣"。观达顿氏所著《教育之社会的形相》，可知职业教育即为人类陶冶之门。凯兴斯泰纳论职业教育之意义，谓真之人类陶冶当以作育有用之人为基础，于此亦可理解矣。

商业农业 在都市经济时代，商业不甚发达，盖仅有都市与其势力范围内农家之直接经济行为，而居间之商人则非其必要也。然人类之欲望，决不能以小地域内之生产为满足，他方之产物亦必欲致之而后快，于是于某时期间，得开放自己都市之范围向他都市之工业家而购其产品，此则称之为年市。年市者宛如一种之外国贸易，其期间以二周为通例，最长者不过四周。商业上之通信亦非必要，故商业教育自不发生。然洎 1440 年始，羊毛业由英国输入于莱茵河畔之都市者为额甚大，于是而商业、航海及商业通信遂皆为其必要。而纯粹世俗的初等学校始相应而起，即所谓习字学校、算术学校是也。创设此等学校者，则以布尔塞（1320 年）、留伯克（1418 年）为最早，其习字学校以读书习字为教科目，专教商业用之通信文及各种之证文。其算术学校即专教日用的及商业用之算术，而经济学上所谓重商主义由是日盛。外国贸易大被奖励，航海探险之业从事者亦日多，及进于国民经济之域，商业占产业上重要之位置。而商业教育尤为必要，其内容渐次复杂矣。

虽然工商业教育之发达固如上述，而农业教育则全不措意。自全体十字军以后，都市勃兴而农村则非常衰微，受教会诸侯等之压迫束缚，而苦于诛求都市自由益甚，而农村益不自由。故于农村教育及改良农业皆漠不之顾，所行农法皆不过自罗马时代传习之三田农法耳。盖以其时人口稀少，需要与供给略略相当故也。

第三节　近世之职业教育

职业教育主张者　教育家最先注意职业教育者为洛克、卢梭，其实行者乃裴斯泰洛齐也。

洛克　洛克为主张自由主义之人。其教育说纯取自然主义，以发达现实的国家社会之生活为其目的者也。故彼所要求之教科目，以实科为多，于第二部实科之方面，加商业、算术、簿记；于第三部，则课园艺、手工。此虽简单，然农、工、商三种之实业科则已备矣。又重视身体之强壮发达，其教授法之原理置于儿童自然活动（特以游戏为主）之上。故于儿童之自由活动极为尊重。曾言"游戏及儿童之动作，当全任其自由而不可束缚之"云。洛克既主张如斯之活动说，又重视职业方面，其影响于英国之体育及品性教育者甚大。且使德国之巴直特坎伯、法国之卢梭，思想上皆大受其感化。而卢梭为尤甚，遂至掷教育改革之爆烈弹焉。

卢梭　卢梭之教育思想，其现于《爱弥儿》者，非始创的，而为革命的。今自职业教育之点而观，身体之活动实为儿童成长上所不可缺者，而对于当时儿童衣服甚多、不便运动之处已极力非难之。谓运动活动必伴于观察经验，而知识始可以发达，常主张活动与实际经验而排斥书物及口头讲授焉。故于理科教授法之主张：（一）非唯理解事实，当使儿童研究科学；（二）发达其对于科学之趣味，非唯使学习数多之事实，并确知其法则；（三）教授简易之现象当自儿童所经验者而始；（四）教授当注重心理学的；（五）使儿童自制简易之实验器具。地理教授由乡土科而始，当使儿童实际观察测量山川距离等，极排斥当时之地理教授，谓受此种地理教授之儿童将一步亦不能行云。然今日之理科、地理教授法尚未有脱此窠臼者，使卢梭而生于今日必当惊叹今世之理想尚与彼相去甚远也。

吾人所最可惊异者，卢梭虽为近代个人主义之眉目，然非专持个人主义说。其于社会方面宜颇注意考察，而且尤注目于产业之方面。表现于《爱弥儿》之教育思想，乃以产业作用及其生产物为教育问题之中心，使爱弥儿理解以产业为中心之社会生活。且不唯使之理解而已，更实际从事于简易之制作，由是既可得其生活之资料，又可捐除对于劳动者之偏见，并可促其他之教育的进步焉。彼于此等实习，选择指物师（即小木匠）之业。有言曰："指物师之业应为生徒所共喜，此业清洁而有用，又于家庭为实用的。且可十分练习身体。就业者以熟练及巧妙为必要，而于有用之生产职业，优美及趣味亦必当兼具云。"卢梭之言虽未能发挥尽致，然在当时而能为此言，诚不得不服其卓见矣。

裴斯泰洛齐 洛克及卢梭唯发表其见解而已，而迄未实行也。其实行之者则唯裴斯泰洛齐耳。彼最初于斯丹地方已以手工教授儿童，第以建筑物之关系，未能十分行其抱负。然其时之社会状态，实有不可不急行其教育意见者。盖欧洲承拿破仑战役后，孤儿浪人充斥社会，生产上道德上所受之恶影响甚大。其时瑞士政府已设立孤儿院等以图救济。裴氏亦想由教育以行其救济及改良社会之宏愿。而知授产业上之职业，增进其能力，养成勤勉力行之习惯，与以生活之根底最为必要。时适英国为纺织业之黄金时代，瑞士亦被其输入。故独具慧眼之裴氏直即教授之，欲大发达其技能，发挥生产的勤劳教育之价值也。裴氏的见解，以为经济的勤劳之原理，实于是等偶然的时运以外更有深远之根底。学校非单为精神的生活，并为社会生活之模写，同时即当为社会生活之准备云云。自有裴氏，而适于生活之教育、职业之教育、始跃出于全教育界，同时农业亦以此见解而加于学校课业，此乃 1774 年至 1780 年之情况也。当 1806 年，裴氏之知己义玛奴·弗伦白亦于百伦附近之和索华尔建立学校，非唯贫民，即富家子弟亦课以生活的勤劳，成效颇著。然至 1844 年后，乃一蹶不复振，自是以往能继踪裴氏者绝无其人。裴氏的卓见遂不能十分实现矣。故凯兴斯泰纳于裴氏之死有哲人其萎、泰山颓颓之叹也。

费希特 裴氏之后有大赞赏其勤劳主义生产主义之教育者，其人非他，即费希特也。费希特以裴氏比并路德，赞其教育上伟大之效绩，激赏其活动主义，欲采入于"新德国国民教育"中。如编物、纺织等，行于教室之内，既足炽烈其活动之精神，亦与社会的精神相结合。然是等之勤劳犹非以之为主要事项，不过视为愉快之游戏而已。其所谓主要作业者，实在农业、园艺、养禽及手工业之实习是也。然费希特虽力主此说，以培养其独立的社会的精神，而迄未实施，其稍稍变形装之活动主义，而实施于幼稚园者，乃福禄培尔其人也。福禄培尔采取裴氏之活动主义，而大鼓励自动主义，以运动活动应用之于幼稚园。福禄培尔固认儿童之活动性发表本能，而多采取此分子入于教育之中，然其哲学心理学说则为心身并行学说，以为同一变化过程，于身体之发达，与精神及社会之发达并行发起，研究此等发起之变化或法则，即可知他范围所有之变化云。因是欲适应儿童之活动性发表本能，特以所谓恩物者与于儿童，而置重游戏，以玩具其物即表现其一之象征，由此象征的类推，儿童可自然理解之。福禄培尔于一切之玩具恩物咸以如斯意味考想之，故彼欲使儿童发达此活动性发表本能，而一日中教授构成（组立）的之事凡二时间，然非如裴斯泰洛齐为直接之产业的活动，惟使其以游戏模仿成人之活动耳。

　　新生产的勤劳主义　自福禄培尔之说大为人所欢迎，而裴斯泰洛齐之说世人一时几忘之矣，其时美国等亦盛传其说，福禄培尔之主义大行于世。但近时唱反对之说者渐众，而以杜威氏为之魁。杜威氏以福禄培尔之神秘的象征主义，乃由其自身之生涯与其事业上特有之条件而起，而主张今日当以手工生产的勤劳为实际生活之代表，学校之作业当以家庭及社会之生活为中心焉。自是以来，而使生徒实习特别手工业（即木工、金工等）之思想遂日以盛矣。

第二章　现今之职业教育

第一节　职业教育之理论

适于生活之教育　主张手工勤劳教育以为职业生活之准备者，乃最近教育思想之一。同时又于各科教授皆加入实际生活产业的经济的意味，此非唯授以知识而已，并由生产的勤劳之主义以兴盛儿童之活动；非唯以言语、文字增进其发表力而已，并有图书或模型等以进之。务磨练其活动自立之精神及能力，以为实际生活之准备。此教育说即以教授基础置诸人类之活动性，由理论而进于实际，由抽象而进于具体，由主知主义而进于主意主义。而经济的进动则为间接的，此即适于生活之教育（Education for life）也。

职业教育　供后来选择职业之便，增进其职业能率以作育善良之公民者，是为职业教育（Vocational education）。即以一定之职业顺应个人之必要，多与以直接之生产的机会者，要之适于生活之教育，即本于勤劳之教育（Education by work），而职业教育即实行勤劳之教育（Education for work）也。

两教育之结合　职业教育与勤劳教育果何者为先起乎？自最近言之，实无甚悬差。福禄培尔主义之教育及单纯之手工教授当属于此。其注目实际生活而重视职业，特主张职业教育者，固亦有之。然于今日，两者实互相结合，无区别之可言也。美国最近教育部年报（1913 年度）中曾论及此两教育于儿童生活之心理学的观念上，实互相结合者。又力倡职业教育之杜威亦依然主张勤劳之教育，盖学修之全过程，实为构成的活动的过程。故泰勒于《职业教育要览》谓手工非单一之学科，而为各学科之心髓也。杜威又以为学校之作业，当为儿童之现在有价值者，自成人之目光视之，咸以手工为将来之准备，而立于儿童自身之见地，则已为自己之生活。对于儿童，学校即为生活，而非生活之准备。如现行之手工殊与实际的职业的目的，反有损害。美国教育家有鉴于此，故不教授单纯之手工，直使之制作可供实用的椅机等焉。凯兴斯泰纳亦结合此两教育而不分离，谓原理的之勤劳教授，是为本于勤劳之教育，实科的之勤劳教授，是为实行勤劳之教育即职业教育也。其详当于后述之。

学年上之两教育　兹最有意味者即适于生活之教育行于小学校七学年之前。职业之准备教育行于七学年以后（自我国言之，则为高等小学校以上）是也。此两教育固皆为生活上之教育而不可分析者，第自学年上考之则有如此之区别耳。美国教育部年报亦尝述之，谓七学年以下可由游戏、图画、单纯之手工、理科等，而进其产业上之理解力，养成其技能之基础。至第七学年以上，则施特别之职业教授，而使之实习以增进职业之知能焉。夫在如斯之高学年，特重视职业教育，而使实习特别之职业者，一以年龄既进生徒，可十分容受职业之教授而著其效能；一欲增盛实业补习教育，必须为相当之准备，且生徒之不喜入学于补习学校者，皆由在小学校时未尝发生其兴味之故。故对于高学年之生徒，不可不施特别之职业教授也。由是而论，则今日当注意于小学教科之改良，无待言矣。

小学校之改良　欲使小学教科满足上述之要求，法当如何？第一，不可如旧日课以单纯之手工，而当使为特别职业之实习。然欲使实习特别之职业与其他多数要求之职业，以增高其能率，苟不变更今日小学校之内容，是犹南辕而北辙耳。即高学年之学科课程，必宜分科教授，又当因男女而异，以其将来所操之职业各殊故也。且都市与农村，其教科目自当有别。即同属都市，亦当为商工之区别，而定其中心点之所在。故小学校高学年教科课程之分科，实为世界各国教育界之公论，又其所实施者也。斯奈登与泰勒于此事均有论列。泰勒称此分科之高学年学级为中间学校（The intermediate school），而于此分科课程定为商业、文学、工业及家政四科，更加以农业则为五分科。然农业于都市无之，唯农村地方为必要耳。

补习教育之必要　如上所云，诚足使小学校接近于实际生活，增加职业教育之要素矣，然或为职工、或为商业见习、或从事农业，欲一切应于现社会之要求，适当于今日之产业发达，决不能满意。而于其职业能率及公民知德之养成，则尤感不足。故英、美、德、法、瑞士等国要求此补习教育者甚力。今更记英美二国之舆论如下。

英国人民近年鉴于德国商工业之发达，不胜惊叹之、欣羡之，于是对于改造小学校与发达补习教育之事，颇极努力。小学校之当改造，其意已如前述，而下所述者，即关于补习教育者也。倡导最力者为菲力伯、达尔洛克、雷基等。菲力伯尽瘁于英国教育的改良，视其所著《教育之目的及努力》即可知之。彼倡导适于生活之教育及职业教育，并主张不收学费，阐明手工、图画职业的学科之价值，大声疾呼补习学校之必要，遂造成英国教育界之舆论。而彼又谓都市之补习学校当行强迫入学之制云。雷基鉴于旧时之所谓绅士教育为英国教育之巨毒，而攻击甚力。"从来之教育果足维持英国人民之品性乎？又岂能发达国民之生产能力乎？"乃其所痛论者也。达尔洛克举英国教育之缺陷凡有四端：一、无系统；二、国民道德训练之不足；三、年限短浅；四、实业教育之缺乏。而于第三、第四两端叙补习教育之必要，言迟早当以法律的强迫而实施之焉。

美国要求补习教育之声亦甚蜚腾。今记哈佛大学哈窘士教授之演说如下："我国青年之大部分十四五岁卒业于学校。次之三年间，男女青年飘荡于全不增进勤劳能力之各种职业中，彼等为经济的单位、生产的单位，而此时期其价值最少。到 19 岁时，其经济的价值与彼就职业之时无甚悬殊。此数年之岁月自其经济的能力言之，全掷于虚牝，何则？彼等青年于其生产能力毫不发达，又对于为熟练劳勤者之要求全无准备故也。然其最不善者，则以彼等未受组织的教育，又未居于实用教育感化之下，故于十四五岁前所学习者全行忘记。至达与公民年龄之时，其学术转不及卒业小学之日矣……顾自生产方面及劳动方面言之，增进职业能力之教育皆最为必要者也。"

哈窘士又言，"现今之教育全为古典传习学校之书物教育"，极论多数之中学校当改为实业学校，更进而痛陈实业补习教育之必要云。故美国教育部年报言，自各方面观之，强迫入学之年限必当至 16 岁或其以上，此要求今已遍于全国矣。回顾我国则强迫教育制度尚未制定，更何有发达补习教育之可言。此吾国有教育之责者所当亟行反省而努力者也。

第二节　现今职业教育之大势

其一　德意志诸国

职业教育之发达史　现世界列强中尽力于实业补习教育而其组织及效果冠于全世界者，其唯德国乎。抑德国之注全力于实业教育者，实有种种之原因，其始见英国商、工业之殷盛，产业组织之发达，德国之工业家不胜其恐怖。工业家之领袖对于职人及徒弟遂大鼓励补习教育。洎 1830 年时，补习学校徐徐转换为实业的矣。德国联邦在一千七百年代之中顷建设补习教育制度者已有二三，惟当时专为宗教教授之，复习教育至是遂进而为一般陶冶（如读书算术）之补习教育，三转而为实业的职业的教育。此三段之进步发展至有兴味。然实业补习教育之得非常进步者，实在普法战争之后，盖至是而国民之意志发扬与国之气运勃兴，国民竞以科学之知识应用于工业产业组织矣。尤使德国上下受莫大之刺激者乃美国开费城万国博览会时（1876 年、普法战争后五年），罗洛克斯致铁血宰相俾斯麦之一电也，曰"我国货物，虽价廉，然粗劣无比"云，此一语全国上下莫不对之愤慨，奋发野心勃勃然，竞图全国产业之改良发达，建立战胜全世界实业竞争之大标的，毅然从事于教育机关之扩张焉。上则为大学中理化学之研究、商工大学之建设，下则为中小学校之改良、补习学校入学之强迫、中等实业学校之创设，而实业教育之一大系统于以成立了。阅 40 年而迄于今日，遂奏莫大之奇迹而一鸣惊人矣。

补习学校之现状 德国 26 联邦之中，都市（人口 5000 以上者）之补习教育未行强迫入学制者仅有 4 个小国。盖各联邦于国家法律之外又遵依市乡条令者也，至于今日其农村补习学校亦行强迫制，小联邦亦实施之矣。如普鲁士补习学校之强迫入学制，即为州所制定。1888 年，普国商工务大臣之训示有曰"余此际甚望贵官等依市乡制而采用强迫入学制"云。1904 年，禁止夜学时间 8 时至 10 时，昼间授课者至迟不得至 7 时以后。1904 年，黑森拿索州之设强迫入学制也，并有皇帝之敕许。1909 年冬之教育会议，加伊赛尔演说曰"对于卒业小学者，补习学校教育今非唯都市，农村亦要求之。黑森拿索及他州于 1904 年通过之法律极为有效。故我政府于普美尼、阿西列希、微斯德法阿等州亦准备同等之法案。此法案地方官厅认为必要时有权强迫青年入学补习学校"焉。至 1912 年，前述各州及其他州凡 8 州皆实施强迫法于小都市，农村亦强迫之。此可知德国对于补习教育之一般状态矣。农村之补习学校多唯于冬季授业，年限以 3 年为通例，比诸商工业约短缩一年。然凯兴斯泰纳、希林葛等皆主张全年授业，今和其说者渐众。

补习学校之统计 依 1911 年之调查，全德国之工业补习学校，凡 3300（其中强迫入学者 3000），生徒数 55 万；商业补习学校 700（其中非强迫入学者仅 80），生徒数 103000；农业补习学校 5200（强迫入学者 1700，非强迫者 3500），生徒数 84000；普通之补习学校（非实业的者及预备的学校等）16000，生徒数男 15 万，女 25 万，其中女生徒专为入家政补习学校（教育家政烹饪）者，施以将来为母及主妇之教育。而前记之商业补习学校，亦有女子入学者，然统计则未区别之。合计学校数，凡 25200，生徒数凡 1337000①，比诸 1905 年学校数 19014，生徒数 849080，其进步可谓神速。就中工业增加十五六万人，商业增加四五万人，女生徒增加凡七八万。其经费全体约 1100

---

① 原著数字如此。疑有误，但服从原著。——编校者注。

万元，其中地方费 525 万元，政府经费 325 万元，私人出资及授业费 225 万元，此外尚有杂收入约 25 万元也。

高学年之注重职业　联邦中之巴威伦王国，其入学义务年限本为 7 学年（他联邦皆为 8 学年）。但自凯兴斯泰纳任学务课长之后，欲极力发挥补习学校之教育力，又欲使生徒熟练于劳动，易受各社会之雇佣，而感义务教育延长之必要。至 1907 年，遂展为 8 年。男子强迫入学，女子自由。迨 1913 年，女子亦强迫入学矣。其学科课程及时间数等，大概男子之手工新加四时间，图画增一时间，理科增一时间而为六时间；宗教、国语、地理各减一时间，而宗教为二时间，国语为六时间，地理为一时间；唱歌则全不课之。女子烹饪新加四时间，理科增家事三时间而为五时间；宗教减一时间，国语减三时间，地理、历史、算术各减一时间，而为宗教一时间，国语四时间，地理历史各一时间，算术四时间。男女之学科课程自初学年即大相殊异，至 8 学年，则尤著。凯氏则谓"依此施设，而新补习学校组织其教育的效绩当非常确实"云。

其二　英国之职业教育

补习学校发达小史　英国自蒸汽机关发明后，入 19 世纪以来，以商工业为立国主义，尽力于大工业之发达、贸易之增进。19 世纪中，允为世界市场、金融之中心，故学校之职业教育发达颇早，而其进步较德国则瞠乎后矣。今略述其发达史。则补习学校之最初与德国同而专为宗教的日曜学校，从 18 世纪末以迄 19 世纪最初之 30 年时皆然也。然夜学校者已设于 1813 年，唯依然以宗教教授为主耳。其第二期迄 1848 年，因产业革命而工业教授之运动大起，成年男子之教育热甚盛。第三期则迄 1870 年，小学教育法案之通过，其际为自然科学大发达之时，即达尔文、哈克士列、丁达尔大发现大发明之时也。由是而应用科学大盛，工业益进，工业专门教育非常进步。第四时期则自 1870 年而迄于今日，国家自操教育之权，设立教育之中央官厅，采用德美的教育政策矣。

自 1851 年政府设夜学校以来，逐次结合昼学校与夜学校，最初未得入昼学校者，许其入夜学校，故 20 岁以上之生徒极多。又自 1856 年始，工业教育大进，各种夜校中科学夜学最占重要之位置。1878 年时，夜学校生徒之最高年龄尚规定为 21 岁。至 1882 年，则对于 14 至 21 岁之生徒概绝其辅助，此以昼学校进步故也。至 1890 年，夜学校已无课小学课程之必要，1891 年之教育令改正以来，夜学校遂多改为产业的职业的矣。此以受德国实业教育之大刺激故也。1900 年前，夜学校属于普通教育局之下，至 1900 年遂改属高等教育局管辖之下，而称下午 4 时以后（星期五下午 1 时以后）开课之学校为夜学校焉。英国之夜学校非如德国为学年制，唯教授专门之科目耳。其学科约有 7 种，其一为预备科，第一分科为语学及商业科，第二分科为技艺科，第三分科为木金工科，第四分科为科学科（细分之为 9 种），第五分科为家政科，第六体操科也，最后之科非独立者，使他科学生兼修之以强健其身体焉。统计虽属少旧，然但就英格兰及威尔士计之，于 1904 年至 1905 年，男生徒 44 万余，女生徒 277000 余，计 717000 余。以年龄计，则 15 岁至 21 岁者最多。当时之生徒数虽与德国不甚相远，然内容远非其比。至 1912 年，学生数升于 843738 名焉。

观小学校高学年之职业的方面，则以 1902 年教育令。而工业及家事之教授颇为进步，其与图画结合之木金工使六学年以上全体之生徒习之，六学年以下则 12 岁及 11 岁者亦课之。女子于五学年以上之全体及五学年以下之 12 岁者，课以家事。5 年级以下之儿童，课以折纸、厚纸细工、铁丝细工、裁缝等。伦敦市之手工家事教授，上为极有兴味之一制度，当于后章述之。

苏格兰于 1901 年，大加改正教育令，改义务年限 6 年为 8 年，设高等小学校。以学务局之决议，强迫 17 岁以下者入学其管区内之补习学校，至 1907 年，更以教育令而确定之。此与德国以市乡制而强迫者正同。而在高等小学校特重视手工、图画、家事等，亦如英格兰。然补习学校之课程，分商业、工业、家事及田园学校课程之四分科。于都市则分预备科、特别各科专门初步（16 岁以下）、各科专门高等科（17 岁以上）、补习科（体操、唱歌、屈曲木材、缝纫等）之四者。补习学校学生数在 1912 年，有 144815 人云。

其三　法国之职业教育

小学校之手工科　普法战争后（即 1882 年以后），法国教育颇有改革，小学校之工业科亦行强迫学习之制，于农村则课农业，于都会则课手工及工业，于大都市则有实习场课木工金工，女子课以裁缝、烹饪等。然一般皆为普通教室，准课木金工者颇少，而有与算术结合之几何学、黏土细工、厚纸细工等。法国之手工科现尚为第二时期之程度，惟由福禄培尔之主义稍稍进步耳，未足与英德美诸国等国相拮抗也。泰勒尝言"巴黎虽然亦有时课木工金工而实行实习，然不过具其形式耳，其理想为形式之陶冶，而我国昔日之雏形，今尚见于法国之学校，其为生活及职业上之准备之产业教育，今尚未实现"云。又其家事科亦唯有理论而少实习，程度尚在低阶级也。

补习学校　补习教育于高等小学校三年之外，分三种，一、无学级，二、本来之补习科，三、实业补习科。第二为普通的，然亦应于生徒及地方之必要而定其教科目，依然为职业的也。实业补习学校其为职业的，自无待言。此校之私立者，较公立者适合于实际，其成绩亦佳，生徒及雇主皆欢迎之。而官立者则颇为人所非难。实业补习学校之数亦不甚多。于1912年，实业补习学校及其他下级实业学校之生徒仅113760人，至为不振也。要之法国补习教育于英美德法之四国中最为式微，实业学校长莫尔他，尝愤慨不置，亦其当然矣。

其四　阿美利加合众国

小学校　职业之倡导实为美国教育上之一大舆论，故最注力于职业教育。关于职业教育之书籍殆有汗牛充栋之观。然彼国之教育各州互异，故颇纷纠错杂，决非二三可以说明之。先唯述其主要都市及州之一斑而已。

自小学校之职业教育观之，小学校共8年，而于第七学年或第六学年必行分科教授，其分科大率为农、工、商、家事、文科也。而其工业及家事科皆置重实习制造实用之器具。今举其一例，即波士顿之阿加志希校。从第六学年至第八学年，施一周五时间（内图画一时有半）之工业教授，造表纸布（Cloth作书物之表纸用者），制之铅笔箱及木制之种种器具，又或制造图书馆等所用之目录箱，其商业及家事科亦皆施以有实用之教授也。

补习学校　补习学校大抵以夜学校为多。就纽约观之，则凡分三种，一、初等夜校，二、高等夜校，三、实业夜校。初等夜校更分（甲）小学科（乙）英语科（丙）预备科之三分科。所谓小学科者，凡不得卒业小学校之人，入之一年之后，进入高等夜学校；英语科者乃对于新移居当地之人，而教以英语也，又兼施以公民教育焉；预备科者乃成人之不得入高等夜学校、实业学校者，使于此预备入学之能力也。普通皆唯设一二科之专门学科而已。第二之高等夜学校为纯粹之补习学校，程度较进，而效果亦大，有商业、英语、数学及图画之四分科。此外又有设女子家事科之学校，又于专门学科以外，其授法、德、西班牙语，实验化学、物理、历史（含公民经济科）等之学校，亦复不少。第三之实业夜学校皆为专门的，而关于工业者居多。

马萨诸塞州为美国初等教育之发源地，补习教育亦最为发达固其当然也。曾延聘凯兴斯泰纳开讲演会，大受其刺激，遂非常努力而其效隽著。据实业教育委员会之报告（1906年）、督学官之训示、社会教育会之报告、哈辂士教授之演说等，可见其著著之进步矣。最近于1913年制定《补习学校令》，许各自治市乡等设置补习学校，然其设置概非强迫。如新泽西亦于是年制定法律，补助金达于多额，今后之发达可预期也。1914年，美国市立夜学校之生徒数约达于 42 万也。

方今世界各国职业教育提倡最力者实维美国。美国 1912 年度之教育部教育年报（1914 年发行），断言 1912 年及 1913 两年度为美国对于初等教育收获额最多之时云。自最近美国有关于"职业指导"（Vocational Guidance）讨论研究会之一度设立也，各种协会团体竞相加入，现今凡有 23 以上之协会团体努力图职业教育之发展焉。

如上所述，补习教育最发达者自以德国为冠，其学校能率极高，皆为一定年限之学年制。教育内外两组织均极完全。若英美之补习学校，多非十分组织的，又有过倾于专门的之缺陷，然其学校能率尚非法国所可及，法国小学校既甚不振，补习学校之内容业亦甚不充实也。

第三章　职业教育与陶冶

第一节　职业陶冶与一般陶冶

　　19 世纪新人文主义勃兴以来，其在德国则以"一切能力之调和的发达"为教育之主要目的。于时所谓一般陶冶（Allgemeine Bildung）之说，颇为多数教育学家所倡导。在英美诸国则自由教育即文雅教育（Liberal Education）之主张永永支配其教育界，以为欲完成人之所以为人，在陶冶高尚、文雅之精神而已。如斯之见解，非唯中学校等之贵族及富家子弟之教育然，虽贫民下级子弟之教育亦莫不以此教育主义行之。自初等教育以始，全置职业于度外者。故其教育为抽象的，为主知主义，为形式主义，为知识注入主义。虽言以一切能力之调和发达为主，然多以文字而施教育，而于适应社会及环境必需之知能全无关涉。要之皆为学校而教授及学习，非为生活而教授及学习也。所谓一切能力之调和的发达，漠然而不知其重心之谓何？夫人之所以为人，决非能与职业相离者，若离之，则为抽象的之人，则其教育自为抽象的形式的矣。近时盛行研究之人格的教育学，虽略反主知主义而主张情意之教育，然依然主张以精神生活为主之人格教育，而其人格又为抽象的者，其内容仍迷离惝恍而不可捕捉者也。

　　自由（文雅）教育及新人文主义教育（一般陶冶说）皆由希腊思想而来，希腊本以职业为奴隶之事而蔑视之，其自由民全然不与生活（物质的）相接触，其教育惟以精神之高尚、文雅，满足美的、道德的、知识的之要求为主。顾此实偏而不全者，前已略论之矣。然其全人之理想，所谓 kalosleagathos 者，果为如何之人乎？里伯德细米脱之《古代希腊伦理学》中，曾援引苏格拉底之语，其全人之理想，有如下之所述者："极幸福之农夫，在注意家业而勤勉，爱其妻及奴隶，且为合理之待遇。本于宗教的、国家的、人道的目的，以最善之法而使用其财产。又欲实行战时及政治上之义务，而常注意其日常之生活，此外又为散步等之运动以保持身体之健康"焉。

保尔成之《伦理学》中所述亦略类是。夫农夫而注意其家业，以勤勉治家，实为全人实质上之一部分。能以此为根本而不论平时及战时，皆实行国民之义务责任，必能更进而为人道的贡献乎？若怠于家业而不能治理其家者，岂复能实行对国之任务而为人道的贡献乎？然欲其有勤勉治家之余裕与实力，其道果何由乎？吾人对于理想的全人，以具体的论之，则必职业之技能卓越而识见高远，且心情温顺、意志巩固、体力刚健者，又必能以此等识见、心情、意志自其一身一家进而实现于国民团体诸关系之中者也。而实现此等之原力，唯于熟练职业而有卓越之技能者可以期之，故欲实现理想的全人，非导其为有为有用之人不为功。此所谓有为有用之人者，即能认识其职业及国民之勤劳，而有实行之意志及能力者也。人而如是，始有人之价值，而为世所尊贵。故凡人皆当使其认识最宜于彼之一种职业，以磨练其识见、意志及能力，此关于陶冶法之第一任务也。

职业陶冶 如上所说，则凯兴斯泰纳所谓"职业陶冶为人之陶冶之门"之一语，诚有不易之真理矣。今设有农夫于此不知其职业，无其职业上之能力，纵能谙解文义、吟咏诗歌，亦岂能以有文雅教育自矜诩乎？岂能成为有一般陶冶之人乎？盖人类之教育必以职业而始得成立者，观此则职业陶冶、一般陶冶间之争论自可涣然冰释矣。真之职业陶冶其结局必为真之一般陶冶，所谓全人之教育即在于是。何则？所谓职业固非唯谋食而已，盖亦真之教养焉。又真之一般陶冶全人之教育，必不能离于真之职业陶冶。盖离职业而为抽象的之人，于势有所不能，纵或能之而不论其为个人、为国民、为社会之一员，亦必不能占确实有力之位置，具稳健优秀之品格也。此凯兴斯泰纳所以力倡职业教育，而吾人亦确信其说也。

自由教育之新解 以职业教育加入小学校之中，实为初等教育当然之任务，顾今尚墨守所谓一般陶冶、自由教育之成法，非教育上之一大缺点乎？斯奈登于其所著《教育的顺应诸问题》中对于自由教育，别求新解，所述颇有意味，其大要谓"今之所谓自由教育，实不足以诱掖青年之心，而其主因，端在不能顺应新社会状态之要求也"。又谓"今之主张自由教育者仍唯考察昔日闲暇世界之理想及方法，而持之为根据，其心中既为教育的武断、心理学的误解，及自昔传承之神秘主义所充塞，而自由教育所充实之哲学则全不进步"云。因种种谬误之传习（希腊或中世之基督教的他界的教育之传习）及谬误之心理学（主知主义）而遂有所谓自由教育、一般陶冶之说，然究为偏颇之教育、不自由之教育、因习之教育而已。

斯奈登之解释自由教育也，略谓人为生产者，同时又为消费者。生产少而消费多，固为人类之寄生虫，然善生产而不善消费，亦殊狭隘而不自由。所谓生产者，如著书、造机械、生产米谷、建筑室宇、疗治疾病、通运旅行者皆是。人于此等职业中必当自选其一而从事者也。就消费而言，如观书、使用机械、啖饭、居室、乘汽车或汽船而旅行皆是，欲使此等使用之适宜正当，则非理解此等之性质、悉其构造组织由来等不为功。故对于消费方面之教养，亦至重要。设或缺之，则或滥费或误用或致巨大之过戾，而自他共蒙其弊害，岂不太可惜哉？斯奈登所著《职业教育诸问题》中曾述"世界以生产为必要，教育问题即当注意于此目的，而不可误其趋向。又适当之消费者，亦不可缺，盖有适当之消费者，而后生产者乃得利用之以图进步也"。并断言自由教育之真意义，端在于此。设消费者于艺术、文学、宗教、应用科学及旅行等，不能为适当之选择，岂得称为有自由教育之人？真之自由教育唯在与人以可为正当消费之知能而已。故氏最后更明言"学校施行自由教育，当有使文明的、社会的财产发达扩张之责"云。而今日之文明的、社会的财产为物质的乎？精神的乎？抑政治的乎？皆当使之理解而明其真义。故消费物质的财产者，其于物质的生产过程及其实质亦不可不了解之。由此而论，则于生产物质的财产之职业，岂可茫无所知乎？彼以初等教育加入职业教育为渎学校之神圣者，诚索解而不得矣。世之教育者，盍摆脱旧日之传习，去其神秘主义，而一考察为社会的及个人的生活之青年教育乎？果尔，吾知必有理解职业教育之真义，幡然悟其昨非而今是者矣。

主知主义之弊　吾人既由陶冶之真义及适当消费之两方面论述职业教育之本义，而于知的陶冶及职业陶冶之点，亦不可不一论之也。凯兴斯泰纳力论主知主义教育之弊害，而排斥之不遗余力。尝就卒业民亨小学校（7 年卒业）后更 3 年间肄业日曜间补习学校之青年，而施以试验。但因受 3 年间世路之风波，而前此所受教授训练之事项已遗忘殆尽，不禁慨然曰："彼等儿童之头脑，13 年间被美丽之镀金（指知识材料言），今于 16 岁之终，检查之镀金已磨减，而为穿穴之铜釜矣。此镀金甚不合法，仅受 3 年间实际生活之风雨，已剥蚀净尽而破坏矣。"

此其原因为何？以学校教育为主知主义故也，以其知识为书籍上之知识，而非自己经验所得之知识也，当时务注入种种方面之知识，而其结局乃全不为其所有。学校之知的陶冶，实非陶冶，唯务与以数多之知识，徒注意于生活之受动的性质，而于能动的性质与生产能力则漠置而不顾。譬诸囫囵吞枣，岂能十分咀嚼而受容之、消化之乎？吾人既知此缺点，故当使学生徒发达其生产的勤劳，练磨其创造构成力，能以自力学习而生之经验，获得自己发现之知识。

所谓真之知识陶冶者，其道未有不由于此者也。

生产的勤劳 生产的勤劳凡有二种，一为经济的生产勤劳，一为精神的生产勤劳。此之区别为保尔成氏所创，而凯兴斯泰纳于生产的勤劳之概念则分为国民经济的意义、物理学的意义及通俗意义之三种。其说精神的生产勤劳也，或与国民经济的意义相混合，或全分离之，暧昧不明。故吾人特有取于保尔成之说也。经济的生产勤劳（即职业的生产勤劳），所以增进生产能率，发达产业知识，使之理解职业，知其生产过程，而对之发生兴味也。今日之学校皆教授谬误之消费法以养成消费者，试向吸烟之青年问以烟之生产方法，不唯不知，且多以为吾曹非制烟之职工，第吸之足矣，知其生产法奚为者。又试向女子而叩以线袋之编法，彼必以此问为多事而一笑置之耳。且吾人所谓生产的勤劳，尤非为单纯之机械的勤劳，而今日之职业所为者，则唯机械的勤劳而已。加尔顿有言曰："原来机械工业乃以生产齐一不变之货物为目的者，故劳动者不幸而为单调之手续所束缚，其运动殆全为被动的盲目从事，而于机关构造之统整的及必需的机能，全不能感知之。其勤劳唯为冷酷之持续而全无新得之经验，毫无希望与感兴之足言，事之可悯孰有甚于此者乎？"又，"今日所施职业教育之弊，在于专以单纯之技术为限制，不知任何职业断无单独存在之理，所谓分业决非可视为孤立，而实伴以重大之有机的活动者也。近世之国家，乃一职业与他职业以浑一的共同生活，无数之线索所结合者也，职业教育即所以示此线索之模样，使就于有利害关系之社会，窥见完全之织物，而尊重之，又导之以勤劳，以为真之职业陶冶耳。"加尔顿又言曰："各人唯为工业的连锁之一节，故仅见其制造一货物所必需之部分的机能而已。"然则，吾人于此当自知产业上之地位为负担国家产业一部之一人，有为国家社会生产之责任，不可不实行其有机体之本分，不待言也。顾今日之教育，皆蔑视职业，全不教示其意义及国家产业之组织，于所谓生产的勤劳者曾不少措意，至凯氏所云，贡献国家社会之献身的精神，尤全不能陶冶之，不过专为口头之教授而已。以此考之，则学校之不可无一大破坏，与一大建设也。当夫人而了然其故矣。

今后之学校 加尔顿曰："泰勒尝言，人类陶冶之理想，务宜向于能率之要求而进行，准斯以论，则今后之学校决不可但使生徒默坐静听，而为被动的学习，强迫其记忆，而当为社会及产业发达之自然的特产，当为家庭、工场、事务所、店肆、田园作业之准备，当为练习各种机能之复杂的有机体，无待言矣。"斯奈登之所谓实科（Practical arts）即手工、手艺、庖厨、裁缝、农业、园艺、商业、出版等，皆极为重要之学科。当与图画、理科、地理各科为合体之有机的组织。此非一大建设而何？如是，而全人之陶冶方有门径可遵循耳。

第二节 道德陶冶与职业教育

道德与生活不可分离 前节论教育陶冶之根本问题，而主张职业陶冶，并就经济的生产勤劳而阐明其真髓，本节更论道德陶冶与职业教育，冀明精神的生产勤劳之要旨焉。

视道德陶冶为与日常生活若不相关者，此往昔之思想也。视品性陶冶为当置重离却职业之抽象的人性者，亦往昔之见解也。如宗教者，自昔皆以方外目之，今则实为人生之宗教、普世之宗教。人于实际生活之急流怒涛中奋斗苦战，排斥百难，务欲贯彻其意志，成功其事业。当此之际，而所谓神佛者始实现其救济之灵力，若外于生活职业而谈宗教说信仰论神佛，是非真之宗教，谓为游戏的宗教、宗教的游戏可耳。况伦理道德教坛上之讲演，离却生活之空陶冶，其能有益于品性乎？昔拉斯经尝言"品性非专以口头教授而能养成之，实依职业而存在者为多"，革林亦言"品性乃随法律随职业之勤勉而向上者"，文德文又言"各人皆有职业，即可为伦理的假定"。盖健实之品性，实惟劳动之人备之，健全之道德，惟有尊重职业及勤劳之信念者方能实行之也。

泰勒曾具体地说述此中之真理，其言曰："凡于事业得成功之人，其于家庭恒有欢乐之感；其于他人皆以为可信之友，其身体之健康益进，其心地常清净而活泼，纵未实现诸外，而实能为善良之公民者也。然或天降灾害于其身，使之怠惰而失其职业，使彼信为现时职业之决无成功，而意气为之沮丧，则此时其生理上、心理上及道德上将起如何之现象乎？必也失望之极，怨天尤人，有类癫痫，觉世间不论何物，无能救彼之不幸者。以致心地日恶，健康日退，懊恼万端，踯躅道左，怅怅而无所之。彼与人既不相昵，遂觉举世悉反抗于彼，至是而为善良公民之素质，乃全失矣。彼之对于社会觉毫无应尽之义务，且懊恼既甚，意欲竭力排遣，遂至纵情淫乱，而进于罪戾，不至自杀不止，其可悲为何如是乎！"泰勒描写怠惰、失业、懊恼、放浪者之末路，可谓毕肖。吾人以此推求，则知职业的道德之训练陶冶，其关切于人生，不綦重哉！然一观今日我国之学校，仍惟空唱道德陶冶之声，而增进青年之职业能率，唤起其对于职业之兴味，使之勤勉力行，以确得健实之品性陶冶者，盖未之有。而惟刺激其歆慕虚荣之心，使永失闲暇之理性的愉快，所谓贼夫人之子者，孰有甚于此者乎？

道德陶冶法之一大转换 由是而言，则我国学校之道德的陶冶，今非急宜施一大转换为一大建设，以树立其可为中心根底之时乎？所谓一大转换者，即摒去抽象的、言语的之道德陶冶，而具体的使儿童努力于勤劳是也；所谓一大建设者，即使学校全体为生活学校，而以伦理的组织经纬之是也。伦理的组织之中心根底，厥惟职业，厥惟生产的勤劳。如是，而所谓全人之陶冶乃可由此而发轫而进步。又个人之品性既已完成，同时而国民之品性亦得其根底矣。故达顿氏有言曰："职业者，为发达家庭与个人品性之要具，而国民之福利亦于是乎在。"华洛克又于所著《劳动及人民之幸福》中论述此事綦详，其大要如下："蓬门白屋之子，其心苟得所慰安，则爱国心亦决不下于人。然若灶突无烟，破釜生尘，儿童女辈嗷嗷啼饥，则岂复能有力以唤起统治印度之知识。故家庭之幸福必衣食丰足乃足以保持之。又惟家庭之基础强固时，始得不误其爱国之目的也。"

今吾人所属望者，在使道德陶冶勿与生活相离，勿使以品性为虚饰，而使直接或间接营其经济生活，以日常之职业活动而增高其道德，又使有可主宰其活动之品性是也。

职业道德 职业道德可分为两方面，其一为个人的、利己的，其二为社会的、利他的。夫个人与社会，利己与利他，不过为便宜的之分类，初无绝对之区别也。个人的、利己的之道德中，岂全无社会的、利他的分子？真利己者未有不兼社会的意义而利他者也。又所谓利他者亦岂能离己而独立，利他之时己之利亦于是乎在。纵无物质的利益，而能使自己品性之向上，即莫大之利己。故欲将此二方面分割而论，诚有不能得其完美者，然兹惟就较重要处而分析言之耳。

利己的职业道德之第一为职业能率之增大及职业知识之卓越，此两者为对于自己职业之道德。而唯诚实勤勉可以贯彻之。盖为徒弟及佣工者所易陷之通弊，则为怠惰为虚伪，故于小学校生徒最宜注意及此，以养成其道德也。此外如信用、忍耐、精细、机敏、进取、俭约、尊重勤劳、喜悦勤劳、喜悦创造等，亦为其必要者。

利他的职业道德，即以自己从事之职业贡献于社会之精神之努力是也。有此精神与努力始可限制利己之心，而顾及社会公众之利益。即无论为工为商，不专为一己筐箧之谋，而制造或贩卖品良价廉之货物，使社会普受其利。又行分业制，而担任一部分之职务时，当自思其所任业务之地位，而忠实从事，即所谓责任心也，此于产业组合等亦然。若因众力共擎而自轻其责，以为少省手续或违反规约，己可无与者，是则谓之无责任心。如斯之人要即道德不足之表征，因是而其生产品必有缺点，其组合或将以之而解散矣。更立于国家见地言之，则国民各个人之职业，实为国家职业之一部。况就我国今日产业经济之程度而观，国民尤当猛省其危险，而于"国家"两字，无论操翰者、荷锄者、拨算珠者、运斤斧者，当无时不念兹在兹，而图国家之繁荣，则我国前途庶有豸乎。

职业与自己为一体 吾人所欲大声疾呼者，惟在尊重自己之职业，凛然有担负国家职务一部之责，而不将其职业与自己相分离，确信完成其职业者，即所以完成其自身，以勤劳为自己生命精神之所托，而悉全力以赴之。所谓以职业与自己为一体者也。既能确知其职业与自己为一体，则自能诚实勤勉，富于进取之气象，而日增进其职务之知识能力矣。又有贡献社会之精神与努力，而自觉其责任，则共同之精神自起，虽牺牲一身而奋厉其职务、其事业，亦非难能之事。如是则不论为个人之事业，为共同之事业，为公司等之事务员，为职工，为店员，对于其事业必有负其全责之热心矣。自今而后共同的事业日益发达，公司局厂所需之职员日益增加。故尤当以此等修养努力为职业道德之中枢。本于如斯伟大信念而担任其职务，经营其事业者，即佛家所云"资生产业皆是佛道"之本义也。"汝等所行菩萨之道也"，非大乘佛教所喝破者乎？以职业与自己为一体者，非即显彰大乘教之至极者乎？此于真宗之他力教，尤有然者。惜今未能详阐其义蕴耳。

欲以如斯之修养与努力使我国少年完全理解而确信之，量非易事。然苟能使实行利己利他之道德，养成其诚实勤勉精细之习惯，磨砺其贡献社会之意志，则于不知不识间，自能尊重自己之职业，理解自己之责任，而确信职业与自己为一体矣。要之涵养此信念与道德，决不可专恃言语，务使其于学校生活中而实践之，此职业教育之根本要求也。

精神的生产勤劳 最后能贯彻学校中各科教授，能为陶冶之根本方针，则惟精神的生产。勤劳是精神的，生产勤劳者乃精神为创造的、发表的之统一活动也。故精神的勤劳常得有新异之经验，以发展其新力，而创造的能力、一切之发现、一切之改良、一切之良善组织，悉由此生产的勤劳而生。故精神的勤劳，实为勇气、独立、热诚、勤劳之源泉。自道德上考之，非唯保持道德的识解而已，实能发展道德的构成力（即实行力）者也。旧来之学校，于此道德的构成力，全不注意，而唯以口头讲授为毕其能事，又于一般之知识教授，亦唯专命其从事于记忆，其与以可获得新经验发现新事实之希望及实力者，殆未之有。盖使十分结合新旧之观念，创造一新观念，更确实其知识，磨练其创造力者，决不能于旧来之教授见之也。即就技能科论之，手工、图画、唱歌等，亦无有使之自己制作，自己考案，俾手指之活动与观念之活动相一致者。要之，绝无发展生徒之精神的生产勤劳，而宁使日就于萎缩，更岂有增进其知识技能之望乎？欲除此弊，舍生产的精神勤劳外，其道无由。凯兴斯泰纳倡导勤劳学校，其所谓"原理的勤劳教授"之主眼，即此生产的精神勤劳；而前述之生产的经济勤劳，即与"实科的勤劳教授"相对者也。

勤劳之神圣　吾人于本章盛倡职业陶冶，主张勤劳主义，谓如是而道德品性之陶冶可以实现，知的陶冶亦可以发展，真之知识经验方可为生徒之所有。故真之陶冶，常成立于勤劳根基之上，又真之陶冶唯由诚实热心之生产的活动，乃可创造其实力。劳动者、农夫、教师、学者等，惟由自己之活动的创作，而始得达于人的高贵之境域。加拉伊尔曾颂勤劳之神圣曰："真之勤劳其神圣乎，真之勤劳之中其存有神的性质乎，勤劳之扩布如土地，而其力之所亘始，殆直上际穹苍乎。"吾人于此颂词实深表同意者也。

第四章　人类之产业发达与发生心理学

第一节　人类之产业发达

心理研究之必要　职业教育仅依社会经济的要求及生产的勤劳主义之点，而主张其必要，则尚未能为确固有力之教育说也。盖苟非为儿童之心理的要求或于心理上有所未宜，则职业教育亦决无可实施之理。故欲证明职业教育之重要，确立其主张之根底，则于伦理、陶冶、产业之方面以外，尤当考察其于心理学上之必要及其一般方法焉，此本章之所以设也。

儿童心理之发生及发达，兼有个体发生与系统发生，乃心理学家之公言也。人类之产业发达，亦为人类精神活动之结果。而此产业发达之过程，实即著现于儿童。儿童以本能的、社会的、遗传而发表之者也，故巴德利齐于《教育之发生的哲学》中明言"儿童之自然活动，多为人类产业活动之再现而组成者。吾人发见强兴味或冲动时，其兴味冲动恒以儿童精神上人类实行的兴味之再生，而被其强制，此一般所明认者也"。德布亦言"人类之产业活动，感化儿童之心的态度，儿童之永久的且合法的之冲动，为由原始时代现出之人类经验之结果"云。而使此冲动及本能发达而活动者，即所以使儿童感愉悦，增经验，发达心身，磨练生产，发表构成创造之力。又由是而使儿童理解社会的情状，经验社会的生活，增进其关于产业之知能焉。故职业教育苟能顾虑儿童之精神发达，应用适切之方法与材料，则于心理上决非无理之要求，而宁为正当之要求；决非谬误之方法，而宁为当欢迎之方法；决非违背教育本旨之主张，而宁为当希望其研究及发达之主张也。故职业教育又非仅于经济上见为必要，实所以解决基于社会各种活动之本质的观念者。产业经济之根底，对于个人发展为必要条件，此与人类产业为发达社会之必要条件无二致也。

人类之产业发达　欲明儿童发生心理学，知产业的活动之冲动，当先悉人类产业发达之梗概。所谓人类之产业发达过程，似极为狭义，然换言之，则称为人类之生活史（物质的）或人类经济行为之历史，皆无不可也。

人类产业之发达，可分为种种。今依经济学家李士德之分类法而观之，则：一、狩猎时代；二、畜牧时代；三、农业时代；四、农工业时代；五、农工商业时代也。

狩猎时代 在地质学上所云，第三纪之中期，始发现人类生存之迹。而此时期自然之环境果如何乎？动物界有熊、狮、犀、象、河马等之猛兽，常令人栗栗危惧，谈之色变，又有狼、山猫等出没于人类居所之附近，人常常为其所饵食。植物界多常绿树，而以枞、水松等为最盛。川泽之畔，多有黄白等色之水百合花。要之，其时人类皆生存于猛恶动物、气味恶劣之繁茂植物中而已。生存之困难自不待言，人既不能如马之善走，又不能如鱼之泳水，更不能如鸟之飞翔、蛇之蜿蜒，身体既无保护色又无利牙坚角可为防身攻敌之具，其感觉、其筋肉力殆无不远在他动物之下者，然人类卒能战而胜之，其故何欤？

人类之联想的记忆较他动物非常优胜，故能统一其身体之活动，既以对抗他动物，且案出种种取得食物之方法。此活动之统一、对抗之方法，常防止自然的之活动，应于机宜而为适当之行动，更参考往昔经验而改良其方法，逐渐进步发展其生活，遂超然于他动物之上矣。实则身体者，发明之源泉也。其中最有力者为手。人类进步之最大理法，惟在能用其手而已。此使用法，以种种之考案无数之经验而使之进步，与时头脑亦自然伴之而发达。例如造弓者，屈曲木枝及竹而见其有反拨力，遂作之而为弓；又见石之尖者可以刺物，遂取之而为矢簇。而于获取食物之关系上，从可知此武器固最早发达者也。往昔凡己想所需者必以自力而取之，之后，则分业于共同活动乃起。女子以养育子女为职，男子力强，常与他敌相争，且以求食之故而时时外出。故于狩猎时代，人类须擅长狩猎之技且为手工家焉。食物有余而得闲暇之时，乃更为种种之工艺的活动，于制造武器及庖厨用具之外，又考案一种之装饰，此皆以欲引异性之注意故也。夫野蛮人所以如斯努力者，以彼有不得不创作之考想，由本能而发现于意识故耳。

人之知识非能自始即依一定之法式而具有系统也，然以其衣食住及保护等之必要上，与外界接触而日益进步矣。即人类于野兽及植物之性质，必须知其有害、有用之区别；于其地之风土气候，亦不可懵无所知，此为自然科学之根底。又彼等欲从事武器及各种器具之制造，必先考察以如何原料，如何设计而做之为宜，此即艺术之根源也。又彼等以群族有同情之关系而生活，必协同一致才可战胜外敌而自存，于是渐知合众之益。而其为酋长者，亦知负有指导之任务，此又道德意识之渊源也。惟此等之十分发达必在狩猎期以后耳。

狩猎期之后是为渔鱼期，其时陆上巨大之兽减亡殆尽，故陆上之危险渐少。又以饲养犬类，亦可稍免危险。而是时新起之问题是如何捕鱼弋鸟是也。何则？狩猎唯得陆上之兽，而今则又以翔空之鸟、渊栖之鱼为目的物矣，于是乃有种种之苦心经营焉。人之腕不可以延长也，则济之以杆，又以骨或木作类似于耙者，以为手指之用。两手可掬也，而代之以网，又造鱼梁以截取随潮而至之鱼。此皆随于境地以种种之考案，始得见其实用者也。

又兽及鱼虽已能捕取之，而彼翔于寥廓之鸟，殊未易弋获也。如鸭者，于陆地则翔，于水则泳，故捕之良难。惟其上陆产卵之时，始可得之。然犹以捕其雏者为多，以是而或以饵或以罠或以烟，种种之机智生焉。更进而欲得洋海之鱼，则当别考种种之方法，且须有船筏之设备。故至此时期而头脑之磨练遂又大进步矣。此与前狩猎期专以体力为要者，适属相反。狩猎生活唯须一时之努力，乃不规则者也，而渔猎者之生活则为规则的、继续的，且以协同为要。特于浮海而捕鱼之际，尤非众人协力不为功。于是协同的运动尚焉，如或以许邪或以歌或以某种之机械而统一众人之运动者皆是也。

牧畜时代 由渔猎时代而进步乃入于牧畜时代。但其时以狩猎法之日进，而兽类亦日习于狡猾，其袭击草食兽及人类者常不绝焉。故草食兽亦习于逃避之法，然其种类及其繁殖，卒以是而锐减。乃是时最有势力之人类，日以繁衍，一定场所之自然食物渐供不逮求，而至是遂又不得不煞费苦心矣。前既造罠罝而捕野兽矣，但所捕之兽子，每多豢养之以资儿童之娱乐。而于食物缺乏之时，乃膏刀斧以果腹。盖其始本半为娱乐之目的，至是则觉其甚为必要，于是乃有饲养草食兽之事，而其生活遂视狩猎时代为稍稍间适矣。

至是而人类之生活始有规则，而稍得余裕，遂不专为一时之生活计，而更顾虑其将来，所谓贮藏之思想亦自是而发生。生活既有余裕而得闲暇，技艺音乐之方面渐次发达，音乐之器具于以创作。当此牧畜时代，牧者更乘其闲暇而盛事游戏，或跃深谷、或攀峻岭、或飞越川谷之旱濑，彼等盖专借此等游戏以度日者，而于其体力之发达实有无限之价值者也。

农业时代 农业于狩猎时代本已稍稍萌芽，惟培养植物之事专由女子事之。在畜牧时代，植物培养最初亦为女子之务，男子专饲养家畜或御敌而已。及人口愈繁，农业仅恃女子之力量有不敷饔飧之需。又如家畜之食物亦非可全任自然之供给，于是农业开始遂不得不为男子之职，以图增加其收获。惟农业为事至难，故欲保护其收获物，须讲求种种之方法。或求岛屿、或觅半岛、或又于沼泽、或湖水之上聚石以营造贮藏所，是等固定的之农业生活无非为防御之设备而已。其次则更于居地周围环筑城壁焉，既而又思得耕耘之便利而发明简单之农具，后且拟利用动物之力于田事矣。随此农业时代之进步，则又发明车及马具（鞍辔之类）、察气候、考天文、计时刻以欲窥自然之秘密而有研究之，之思想或兴起于农事攸关之祭礼，或为植物恶魔之崇拜，更进而祭拜农业之神，由是而宗教发达，政治组织亦日益进步矣。

农工业时代　于物质文明之进步有最大影响者，其唯金属之使用乎？火之使用在狩猎时代虽已发明，然以火熔解矿石而得金属及以之而造器具，则尚未能耳。金属之使用起于何时，迄未能明，又如何而能使用，则更未详也。或以焚火而熔融其附近之矿石，遂由是而考想得之乎？或以山林被火延烧炽烈见露出之矿石受火熔解而遂悟及之乎？其起源要不外是，而又有最初用于战斗之传说焉。

人当战争时，方以体力弱小而思得他物之辅助乎焉。发现矿石及纯粹凝结之金属，偶然用于战斗，非常有功，创强敌而获全胜，于是大重视金属而盛用武器，冶金术亦大为发达，如是而金属性之器具种种制作。又农器亦造以金属，而金属之使用遂与农业以极大之影响，致促农法之革命焉。此等于本时期以前固亦存在，然于此期而工业大为发达，所谓制作细工（Workmanship）者，发达尤速。制作云者，乃以应于必要之目的而将原料变形构造之，之谓此制作本能以确信力而得坚固之基础，其原料为石、骨、贝壳、木材、金属、皮、织维、黏土，等等。在此农工业初期之工业，皆所谓家内工业（House industry）。

搜集原料、粗材而制作必要之器具，固已尽人皆能，然迨金属器具之制造既盛，冶金术及其制作至为困难，而其制作遂以长期之经验及锻炼为必要第一。锻冶业（农具、武器）之工业，离他而独立，于是所谓手工业者大盛，职工益瀋其智巧，对于作业饶有兴味，而此时代生产者与消费者之关系全以道德保维之矣。

农业稍稍发达，亦如工业而使用金属，于是进步甚剧，又由动植物所得之货物亦随土地而各异，故各部落之产出物互有不同，此理之当然也。以采集食料彷徨各地之原始民族，至农业发达而居处稍有定所。然以各部落特产品之交易而旅行交通，要不能免，于是有一种之商业贸易兴起焉。其发起之原因盖以偶然之交通，互相发现本部族所无之产物，而惊其珍奇，遂欲望勃发，不能自已，而意识的交通贸易于是乎兴矣。

农工商业时代　农工业视前益发达，产物之种类及质量并有增加，人之欲望益进，与远地之商品有互相交易之必要，于是有立于生产者与消费者间之商人，应时而作商业，自不期而发达矣。此时代最初之工业为手工业，然渐次有应用风车、水车之小工场。工业发起于各地，于是产业上诸种之要求纷起，见科学研究之必要，而科学之应用遂盛。其中影响最大者，则蒸汽力之应用及蒸汽机关之发明是也。由是大小工场益益勃兴，以交通机关之发达而商业贸易又扩而为世界的矣。人类之经济行产业活动，其发达过程如此，然以如何之形而遗传于儿童之心理，影响于儿童之心的态度，与儿童之发生心理有如何之关系乎？试观后节。

第二节　儿童产业的活动之概要

一、婴儿期（出生至 3 岁）

第一之努力　婴儿之第一努力即与其环境之关系交涉，对于其环境而发达适应之力是也。婴儿宛如最原始之人，不能自由使用其手，而直立其体，身体诸机关无自由活泼之意识的动作，又全不能为器具之使用，惟其身体为器具之代而先学习其使用法焉。婴儿之运动感觉至极锐敏，因此感觉运动发达之际，而他之感觉及表象亦随之而进步。通婴儿、幼儿之两时期，其发达可分为四段，即先分为无意识及有意识之二者，更各有二种之运动。在无意识者，有本于内部刺激之自发的运动，与本于外的刺激之反射运动；而有意识者，则有冲动运动与选择运动之二种。婴儿期之运动，专为自发运动与反射运动，而冲动运动尚少，盖其运动专与耳目皮肤等之感觉器官共同动作，而助其器官之发达感觉之进步者也。

玩具　助其感觉运动之发达者，则有玩具。此时代之游戏，概极静默而无急激活泼之运动。或玩土木偶或弄花草，又其时模仿之本能大为发动，牙牙学语，自此而始矣。

二、幼儿期（4 岁到 6 岁）

游戏　幼儿期之运动尚属反射及冲动之时代，而游戏益甚，故可称为游戏时代。而随年龄之进，其使用之玩具亦稍稍高尚，凡人类之产业活动，乃变形为儿童之游戏而遗传者。惟此期之游戏，多为团体游戏，如捉迷藏等，最为其所喜，而拍球、踢毽、放纸鸢等，亦常为之。又好斗七巧板及积木等，屡成屡毁，津津不倦也。女子多喜土木偶，俨然视之为人，不啻兄弟姐妹，然此时代手之使用尚未能十分自由，故不能造物，悉惟年长者是赖耳。

创作本能　此时尚未届于发达时期，故自己创作构造之冲动，自不发起，唯由积木、细工及食事游戏而进于以纸、石、黏土等游戏之时，则构造的本能始行著现。故此时期，以人类发达阶级言之，则概为被动的，而抵抗自然力以征服之利用之者，殊不多有。此期之末，则稍能为自动的活动，然积极的之活动则仍仅少也。

三、少年期（前期 7 到 11 岁，后期 11 到 14 岁）

游戏 入此时期，则其活动为积极的自动的，而至为活泼，在幼儿期无游戏与活动之别，而于此时期，则渐为真实之活动，虽在游戏，亦用意努力而健斗。在此时期之前期，好游戏于户外、田园、公园等处，常自由跳跃而不能自己，喜攀登树木，上下小丘，虽行路时，亦喜奔驰于狭隘及崎岖之地，又以种种方法投掷石砾或以之击物，或持弓矢木剑等物而作战，几有废寝忘餐之概。如捉迷藏之游戏，在幼儿期惟于室内行之，而今则范围甚广，以野外作游戏之场或跋山野为军事演戏及战斗之模仿。而勇气、忍耐、机敏、服从、协同一致等之美德，自不期而养成，身体亦非常发达而健壮。在女子则此种之游戏殊少，多为拍球、踢毽、捉迷藏、模拟炊饭之小活动而已。

制作本能 男子好自制弓矢、竹马、木剑等具，而器具之使用由是而始。幼儿期之手工的活动，多不使用器具。至是，则至使用金属制器者。此外又喜自制竹蜻蜓、纸鸢、舟（制以木叶及板等）车等之玩具。在女子仍好制作偶人，而于裁缝编物等事皆津津有味。总之，在此时代，苟供给以材料，无论男子女子，皆喜欢制作其所欲得之物，而于所制品之优劣，尤断断然比较之考想之，若见他人有胜于己者，则必益加奋发，务欲与之抗衡焉。

观上所述，则知此种游戏与手工活动，为人类狩猎期之活动所遗传者良多。试以此期之儿童活动与前狩猎期之人类活动相比较，则其为狩猎期活动之余韵或为其变形者，当可一一发现也。男子嗜战争游戏，女子喜为炊饭烹茶等游戏，所以发达其社交心者甚大，一方奋勇敢为战斗之本能极强，甚至有起窃盗本能者，而于他方则同情心、社交心、协同心又发达甚盛。此期男子皆有崇拜英雄之心，童话及历史所述英雄豪杰之话，每一读之，未尝不色飞眉舞也。

勤劳作业之发达 少年期之后期，其活动与前期专为粗暴之身体的活动，适属相反（特于男子为然），而稍稍有沉着缜密之致，游戏与活动之区别，至是愈属判然。前期游戏其主，而活动勤劳其客；后期则勤劳其主，而游戏其客。此时应用其精神状态图其兴味之增进，养成勤劳之精神，以发达其技能，最为必要。又手指筋肉之动作已极调和，运动中枢之感觉大为发达，愈益致密，而自由精神活动也能绵密，盖其活动全体悉沉着矣。此外又喜手工活动与农业上种种之勤劳，故此时增进其手工及农业上种种之兴味，实绝好时期也。

意识的手工活动 此时期之手工活动较前期尤进。前期惟以胜人为目的，入于此期则自觉手工制作之愉快，理解勤劳之旨趣而有欲达目的之倾向，于时技能之进步极著，所作品物亦较前期尤为复杂。且于活动以外，又考想将来自己之职业，而益益致力于其构成的、创作的、生产的活动焉。以此时期之工业言之，可称为家内工业时代，以其全为用小器具之工业活动故也。

牧畜农业的活动 后期所最感兴味者即关系牧畜农业之活动及本能是也，于犬马牛羊等之饲养，无不喜之，又喜掘穴筑池等事。若为田家之儿童，则热心于农业之辅助，或见梅杏桃柿等偶然发芽于田际，则必移植于家庭。如为都会，则于莳花种菜等园艺，极有兴味。又常追捕蝴蝶、蟋蟀等，而闭于自制之笼匣中。此等活动视前期尤著，惟于前期多杀害之，后期则善为待遇，畀以水及食物，又对于鸟类亦骎骎有饲养之之希望焉。

以有此爱悦动物之精神，而同情心日盛。然于牧畜时代，而私有财产之制度兴，儿童之所有欲亦大，故自己观念亦强。进于牧畜时代，部族间之竞争战斗迄无已时。酋长之势力强大，人人有取而代之之大欲，故权势之欲遂成遗传。团体的、组织的、竞争的游戏，亦自此时发达焉。其他又有储蓄之思想和顾虑后来之计划，此为农业时代之一特征。而于此方面，其活动多带社会的意识而来，自己意识之强盛亦依然有社会的意识，故常考察自己对于社会当为之事项义务也。

商业的观念 其时见他人有可爱之物品，多有攘而取之之欲念，于是纷争喧闹在所不免。然所有之观念发达，益知欲得他人之物，必以己物相交换。此交换之事，前此皆赖父兄年长者行之，虽亦或以金钱购物，然无真确之观念，惟无意识的服从社会之习惯耳，至今始以意识的行之矣。

儿童如是之活动性生产的要求、构造创作的勤劳，从来之学校果尝致力而使之满足发达活泼乎？我侪非受书物教育，修业于书籍学校者乎？又现今多数之少年儿童非仍如斯教育之乎？呜呼，彼少年之活动性及创作力，殆不使萎缩凋落尽净而不止，天下谬误之事孰有逾此者哉？今我辈既知其误，犹且于打破旧习、扫除积弊之举，踟蹰迁延而不实行，何也？幡然而变蹶然，而与速拔书籍教育之旧帜而立勤劳教育之新旌，实今日唯一之要务矣。

四、青年期（15 岁到 25 岁）

心身之激变 儿童十四五岁时，其身心之发达上起一大转换。一方面自我观念益进，名誉心强烈而抱负大志，他方面则对于异性之爱情发动，此为同情心发达之源泉。团体精神大加强固，利害之计算亦渐次进步，而好为将来之企图及计划，其游戏亦不喜往日粗放之举动，而唯组织的之是务。由名誉心等而来之拳艺、足球、端艇竞渡等之武技及冒险的活动，盛爱慕之，他如弈棋及射击、竞马等，亦渐自此始。

实用的活动　其时以知识之增进，如前之游戏的手工活动已不复爱之，而喜从事于实用的之制作品。男子欲自作家具，女子希望为女红及庖厨之事，故于少年、少女期，野蛮时代之经过已毕，至青年期始入于文明期。工业则由家内工业而进于手工业时代，自经济上言之，则有闭锁的家内经济时代而进于都市经济。于时，工业、商业及农业始为分业，对于将来之希望亦为具体的，至欲自择其职业而从事焉。

职业之准备及欲求　十四五岁时对于自己将来职业之准备及职业知能之蓄积要求甚盛。凯兴斯泰纳断言，于十四五岁，利己的精神甚强，将来职业之观念亦极强，固而于必要之准备及知能有莫大之欲求。又哈斝士亦谓，在 14 至 16 岁及其后数年间，于实业上至有价值云。故此年龄于职业教育上为最当注意之时期，为有效之绝好机会。然从来之教育果如何，实亟须研究之事。若未能满足此种心理的要求者，则讲求满足之之方法，岂容须臾稍缓乎？

今本谦巴伦之《儿童人类发达之研究》，而将儿童青年之发达阶级及其精神作用游戏等列表如下，庶阅者一览而得之。以此与人类产业活动发达参照比较，至有兴昧，故更列人类发达史于其前方云，而此乃直录谦巴伦著书中所附莫尔干氏之表也。

人类发达史表

	1 野蛮时代（最古）	2 野蛮时代（中期）	3 野蛮时代（后期）	4 未开时代（最古）	5 未开时代（中期）	6 未开时代（后期）
年数	通全野蛮时代凡 6 万年			2 万年	通两期凡 15000 年	
始	以果实草根坚果（杏类）等为食料	捕既死之鱼、知用火	使用弓矢	制造陶器	培养植物（美国）饲养动物（欧洲）	冶铁、用铁制品
终	捕既死之鱼、始知用火	发明弓矢	发明陶器	培养植物（美国）饲养动物（欧洲）	发明冶铁、使用铁器	文字之发明

续表

	1 野蛮时代（最古）	2 野蛮时代（中期）	3 野蛮时代（后期）	4 未开时代（最古）	5 未开时代（中期）	6 未开时代（后期）
年数	通全野蛮时代凡 6 万年			2 万年	通两期凡 15000 年	
他之特性	住所不能自由移易	移住（以用火故）	两性之关系：男狩猎女家内勤劳	村落生活	国民生活之始，封土、战争	战术、都市生活
大发明	言语	火及各种食物	神话	关于家事之种种发明	制度、农业、牧畜	文字

儿童、青年之发达阶级精神作用及游戏竞技

	年龄	人类发达阶级	精神作用之特色	随意而行之游戏竞技
婴儿期	自出生至 3 岁	赖植物而生活	自发运动及反射运动颇盛，而感觉发达，味觉最为主要之动作，皮肤觉、筋肉次之，视觉及听觉尚未十分	口能咬能吮，手能攫物，打鼓、吹笛、玩偶人、弄花草，其游戏大概不外乎此
幼儿期	自 4 岁至 6 岁	入狩猎期	视觉听觉发达，辨别作用渐盛，运动多由冲动而起，恐惧生人，好恶之心亦已发生	活泼者甚少，多属画册、拍球、积木、细工等，为被动的而非自动的
少年期	自 7 岁至 14 岁	狩猎及牧畜农工业期	辨别作用益进，有意运动渐次发达，竞争心及崇拜英雄心俱强，遇事喜行自己之主张，又社交心发达，团体精神亦盛	喜为捉迷藏、战争游戏、放纸鸢等，次则爱马、掘穴、为植物之采集等，又喜为玩具之制作
青年期	自 15 岁至 25 岁	农工商业期	自己观念及名誉心并强，能计算利害，喜企图计划	击剑、柔术、端艇竞渡、野球、弈棋之类，又喜竞马、射击、弓术等，好勤劳而远游戏，希望为使用机械之手工活动及农业等

第五章 职业教育与各教科

第一节 知识教科

普通教科与特别教科 职业教育之目的，凡有种种，而其主要则在授以生产品之一般知识，使理解现时之产业组织，使知国家产业发达之如何，以涵养职业上之道德性，且与以农工商职业初步之基础知能，使为实际职业及职业教育之准备也。故于职业教育，不可不要求一般之知识教授与职业特别之教授。其增进职业道德上之识见者，当由一般教科之教授。即修身、国语、算术、地理、历史、理科等是也。其授以职业之知能，使为实际职业及职业教育之准备者，则为农业、手工、商业、家事及簿记等之特别教科。图画虽介于一般及特别两教科之间，然于便宜上特属诸后者。后者可称为实科，请于后详之，兹唯略述一般教科与职业教育之关系云尔。

一、修身 职业道德于道德陶冶上占重要之位置，而为其出发点，又为其重要之根底。故修身科当以相当之注意，而精选教材以图职业道德之振兴。今日之小学校，大抵但以抽象的稀有之事项而讲述爱国及孝行等德，且此似未尽善者。何则？以抽象的稀有之事项而解说道德，其与将来之实际生活殊无密接关系，故其指导实际生活之力量甚微，至其结局将使爱国孝行等道德之意识亦必薄弱，盖虽记忆此抽象的之道德，而无活用其道德知识之强力故也。

由此而言，则吾人于抽象的稀有事项之道德教授绝不可以之为满足，务当授以实际生活必要之道德的识见，以涵养其情操，锻炼其意志。一言蔽之，即当以职业为教育，而实现其爱国之精神及行为，使不自私其职业，无利己的态度，而能自觉其职业为国家国民职业之一部分，励精从事，以职业之活动而贡献于国家，如斯之道德的识见及情操，乃真与实际生活相一致矣。此吾人于国民学校修身教授上亟宜施行者也，即修身教授当以职业之道德的识见情操及意志之陶冶为主眼，又其陶冶方法当悉废从来之主知的、口述的、被动的，务为主意的、实际的、能动的，盖所谓道德的构成力之练磨者，即在使其于能动的、自主的之道德生活开拓进步已耳。

二、**国文** 现在我国之国文教科书，于职业、产业、经济、日常使用之生产品等，已为相当之注意，其教材亦不为不丰。唯我国幅员辽阔，物产饶富，加以气候之寒暖、地土之燥湿，南北相差悬绝，职业、产业自亦随之而异，而教科书科数有限，又须兼顾于各方面，则各地之职业产业，岂能一一及之，挂一漏万，自所不免。编辑者明知其然，亦无如何也。故深望各地担任国文之教师，就其地方特别之职业产业，另行编辑若干课而教授之。苟教科书中之教材有与其地不相协及无关系者，则删除之，如是则每课皆切于实用，而生徒之获益必无可限量矣。

三、**算术** 算术与职业教育甚有关系，如物品货物之计算（加减乘除），赁金之问题，一家之收支利息等，皆当入之。故吾人希望于实际教育家者，当多课应用问题，凡物价租金等，务以其地其时之金额为标准，盖既使儿童知悉其地当时之物价，同时又可培养经济的观念，以发起其对于计算之兴味也。故出算题时使用一般儿童所稔知之店名，亦大足引起其兴趣。由此而言，则凡各市乡之岁入岁出，或其学校之经费或其地所消费烟酒等之金额，或生产品之价格等，凡直接足使儿童感有兴味者，取为教材皆甚有效益也。

今日小学校算术之成绩，甚为不良。而生徒多有嫌恶算术之状况者，此其原因虽有种种，而其最大者要以计算上不能引起儿童之兴味，且多不合于实用。杜威亦言，生徒之不喜欢算术者盖以其不适于实用故耳。故教师当选择适当之教材，提出问题，俾儿童于日用计算发起兴味，至为必要矣。

四、**历史** 历史云者，非仅战争及政治上之权利移动等而已，而于其国文化之发达亦当有相当之考虑者也。夫此方面之事，欲使小学儿童理解之，良非易易。故欲为详细之教授，势有不能，然其极简单者，亦不可不授之也。至高等小学校之中国历史，于产业发达之概观，不可不详举之。然今日之教授，凡属农商工业之事项，则颇为疏略。疏者补之，略者完之，此不得不望于教师者矣。

五、**地理** 地理科之性质，其关于产业方面之教材，至为丰富，现行之小学地理教科书，于各地方产物之重要，大率皆列举之。故吾人对于地理教授，初无不满足之意，而今所特欲一言者即乡土地理之教授是耳。

依吾人意见，当先使儿童直观产业之为如何者，以发起其爱乡之心情，增进其产业上之知识，俾自觉其乡土产业之位置，由是而考察其乡土产业之将来，力图增加自己之财产。此于国富之发展不无小补，人人有此自觉而自能勤劳奋斗，孜孜不已，既耕之土，谋尽其地力，未开之境，亦垦辟日广矣。此事固非可专望诸小学校之教授，然小学教授实为其动机作其根底，动其发奋心者也。故乡土之产业亦不可不使其略有相当之见解也。

乡土地理之重要既如上述，然唯于地理入门之始而教授之，其不能充分，无可讳言，故于高等小学之最初学年，讲述本国产业概略之际，宜更教授乡土地理凡二三时。此种主张德国颇盛，期于各联邦之教科课程，亦多施行之者。盖如是始得兴以乡土地理确实之概念，而使自觉其乡土之位置。迨至高等小学之最后学年亦然，惟此际所授者，尤为深广而精微，非唯产业而已，自地势、自然现象、动植物、风土、气候等以迄自治行政、教育、人情、风俗、道德等之人文方面，皆为具体的直观的之教授，既足充实其关于乡土之知识，又可使统括地理之根本观念焉。

六、理科 吾人对于现今小学校之理科教授，窃有根本改革之要求焉。今之理科教授，一言蔽之，诚发挥主知主义之好标本也。人有疑余言者，试观现在小学校所授之理科教材，当未有不惊讶起其繁博者夫。《高等小学校令》施行规则之第五条，不曰理科要旨在使儿童略知天然物及自然现象乎，不曰使领悟其中相互关系及对于人生之关系乎，不曰使练习观察养成爱自然之心乎，然教授许多之天然物及自然现象，其知识至广漠而纷杂，欲使儿童深解其一定法则，获得其应用能力，则决不可能。且此许多之天然物及自然现象，欲使一一了然其相互关系，与其密切人生之关系，则岂一周二时间之教授所得有功。至其观察力之不能发达，更无待言。以一年八九时间教授四五十种之事项，而欲得其十分之实验及观察，不亦慎乎。至欲养成其爱自然的心，则苟对于天然物及自然现象而感有趣味，其爱悦之心自起，若惟以注入许多难解之事项，为务彼既无观察实验之能力，又何从发起其兴味乎？于是一出教室，而所学者已悉归乌有，尚安能养成爱悦及研究之精神哉。

理科教授之本质，非唯与生徒以日常生活及职业生活所需之知识，又所以练习其思考行为者也。欲达此目的，则其必要者有二，第一，理科之教材，须视今日减少。何则？欲练习儿童之观察、比较及思考，必需数多之时间。然如我国今日之理科教授，则一教材直追迫他教材而进，欲为根本的观察，甚觉难能，故其教材务以精选之少数者为宜，要欲使其为充分之观察，则创造其观察机会最为必要，如学校园、养鱼器、鸟笼、实验室及参观工场之远足旅行，即所以与以观察机会者也。此于博物教授，尤宜注重；于理化教授，则宜使其自己从事于实验。然此少数之教材，当以如何标准而精选之乎？是唯有以乡土附近之天然物及自然现象（即动植物、矿物），与夫儿童可直接观察实验之物理及化学为限制；若至生理卫生之事项，亦当附加者也。

要之，欲达理科教授之目的，以精选教材，设备学校园、实验室等为必要，而其教授方法则宜使生徒进于自立的、研究的态度，而自行观察实验、比较、记述之，此三者之新要求乃晚近德国普鲁士及巴威伦所采用之新教科课程及教授之方针也。

第二节　实业科

实业科之不振　农业、商业、手工及家事等科，我国高等小学校近年来亦多加入教科目中。然此等教授果能举其效绩而实现其目的乎？则吾敢断言其未也。此中凡有种种之原因。而原因之一，即于是等教科之意义未有充分之理解，是已教师对于此等教科，其意惟谓养成重实业、喜勤劳（专为身体的勤劳）之风习，兼增进其几分之能力耳，而充分考察实业科之本义者殊鲜。今以斯奈登《教育的顺应诸问题》之第五章所论为基础，更附以他氏及吾人之见解，详述实业科之意义于下，以明其重要之理由云。

一贯之要素　斯奈登之言曰，手工作业教授之位置，尤与职业教育相关联，近时学者更有谓当于普通教育（一般陶冶）之上，加入此教科者矣。然论此问题之际，不可不明定一适当之范围。以余所见，当以 12～14 岁为限，且欲免其教科范围性质之不明了。姑为假定实业科所含有之学科，即实业科者，手工、手艺、烹饪、裁缝、农业、印刷等科之总称也。而一贯此诸科教授之要素，是为作业活动，于此有心理的、社会的及教育的意义存焉。如斯之实业科，既以作业活动而一贯之，自与其他之小学教科（即比较为抽象的及含有数多知的要素之教科）相对立。而此等含有数多知的要素之教科，其列入小学教科皆自有其历史，又附有种种意义，故普通教育非为职业之传说，久已深中于人心，于是而种种之问题生焉，今试设数问题于下而一一解答之。

第一问题，为上级学年教科之实业科，得无为一部分之矛盾目的所妨害乎？此问盖反对所谓普通教育与职业教育之目的可均等实现者。然征之实验，吾人苟用适切之手段及善良之方法，确可完成职业教育之目的也，且实业科非为生产之意义，乃社会的利用之意义。对于普通教育之重要目的，而为几分之贡献，即使受普通教育之人亦能稍稍发展其能力。之二者固绝非反对，然居于相对之方向，则确为事实也。今日吾人所努力之实业科教授，实于同时而追求此两道者，即于图画、手工一方助职业的能力之发达，以养成古来自由教育所尊重之美的趣味；又一方使生徒得经验的知识，以补书物知识之不足，而练磨其能力，俾其他教科之知识皆能自由运用之焉。

第二问题，设以实业科构成普通教育问题中单纯之形象，其最小者亦有对于职业目的而为教科之一之价值乎？

职业教育至为必要，然于一般之学校，职业能力之实现甚不充分，其所努力唯导吾人于虚伪耳。而实业科则确能于普通教育之中实现其有效之部分，试使儿童从事于裁缝、耕作、印刷等，又导以构造社会的丰富之经验及理解之根底，彼自能为社会的活动的人物，且得发展而贡献于国家矣。然于将来职业上直接之利益，则不能多求之，盖以此非职业教育专门学校之故，又就其年龄上论亦当然也。

实业科之对于普通教育所贡献者凡有种种，其重要者则经济的见解、产业的知识及同情是已。如翟唔拉塞尔所云，此等乃以人类职务之适当状态，而建设于青年之周围者。果尔，则实业科之实际的目的，与所谓自由教育的目的，岂得为严格之区别，又对于职业教育岂可排斥实际的目的乎？不宁唯是，且必两者十分融合，而始得达真正之教育目的也。对于此点，吾人早已论及真之教育、真之人格必由职业陶冶而出现矣。

第三问题，实业教授与根据心理学概念之教育学说可相容乎？

世所谓作业教授之语，皆指一定范围中为特别之练习者而言，此乃欲强制"技术"及"细工"之评价者所主张，而不可谓为公平之学术的主张也。凡关于儿童能力发达顺序之误解，其害甚大，决不限于实科教授也，今吾人拨教育的神秘主义之云雾，而提示实科教授更规复儿童发展上可能的之领域，非一大快事乎？一般之儿童皆有以构成的活动及具体的材料，为表现自己所发现之世界的评价之希望。又儿童之努力，最初多为无目的之活动，其后渐次为意识的活动，进化于游戏之本能，更进发展而为成人生活之朕兆的活动。而实科教授之课程，非即循此根本之发达过程，以使其应用而活跃者乎？且此教科又能使儿童创作等之性质皆活动而发达，故对于普通教育之贡献至丰富也。

第四问题，实业科由于相关之考察而离其重要之目的，其能有益乎？

学校之活动，一方个人发生的发达之必要，与他方环境之教育的贡献，本为根本关联之组织。如图画及其他技术的教科，算术、国语、历史、生理卫生等，可应用于实业科教授，同时而实业科亦于上述各科有多少之辅助，此自然的之相关，吾人固无所反对。然若为强制之相关，则非实际的、非教育的，岂能无所害乎？要之自然之相关，为吾人之所欲，而无理之人工的相关则不可不排斥之也。

第五问题，于现今教育学说之阶段，吾人对于工业、农业、家事等之实业科教授尚能发现上述以外之证明乎？（以上各科乃适应少年发达阶级之活动的

兴味及势力而预定之者，自无待言）

吾人从事农工业，缝纫衣服，准备食物，印刷书籍，建筑室宇，制作靴履，创造机械，于此等种种方面，应对于物质教科之创作的活动，而于自己发展及利用自然，殆可谓完成矣。由此诸方面可选择适于引起青年努力之事功之单位，而此等单位为刺激其现时经济的生活与职业的理想，唤起其潜在势力之必要手段。12 到 14 岁之少年，其所当选择者即野菜及其他植物之培养，运动场之利用，自转车纺锭，裁缝器之修缮，家用各种刃物的磨砥，野营所需食物之准备，小书之印刷及实行其他由教育见解发现之数多计划是也。如是以导彼等之计划，比较而理解浅近之科学的工业的原理，则彼于普通教育岂能无所贡献也哉？

虽此教育学的原理之精微，固鲜有十分详述之者，然职业教育要以发达儿童之活动本能，潴沦其职业的知能为重要目的。又自教育心理学考察之，则儿童心身成长发育之过程，实所以反复人类之产业的过程者，此于前既述之矣。凯兴斯泰纳于《生产的勤劳及其教育的价值》之论文中谓生产的勤劳于利己的方面，实为计划、愉快、勇敢、自立、自营、奋发、勤劳、喜悦之源泉。更述宗教、技艺及理科等与生产的勤劳之意义。又谓在道德方面，则生产的勤劳足以养成现时学校教育最缺之伦理的生产力，增进其精神及伦理之活动性。最后更详述共同勤劳可强其社会的意识、责任、感情云。此皆生产的勤劳，即实业科教育有意义之最高者也。

第六问题，对于高等小学，上述之实业科可以分科的或专门的教师教授之乎？

此法以外别无实际的方法，不然决难期望实业科之发达也。盖此科之教师宜择勤恳而善良、同情于儿童之人。在美国，其教师强半为女子，然欲使女教师充分实行此种教授，实属困难。故女教师惟适于女生已耳。而对于男生，则男子专门教师务必要也。然我国实业科优良之教师最为缺乏，其教授之无良好效果，实以此为最大原因。故欲使高等小学校之实业科克著成绩，完成补习教育，则此实业科教师之养成诚先决问题矣。

第六章　实科之研究

第一节　手工科

手工科之任务　前节就普通及职业教育之实科、实业科教授之意义已略述梗概，本节更就最重要之手工科教授之意义及教材稍稍详论之。

往时年少之人，恒模仿年长者（父母兄姐等）之职业，而自然练习其职业的知识。今则家内工业消灭殆尽，大小工场日益兴起，科学之应用益盛，机械日以精巧，自然之模仿良难，而练习之机会更无可望。故学校宜以简单工业之知能授予儿童，卒业学校之后，又当使受最初之职业教育。盖自国家社会而观，如是则可减少其间之经济的空耗而免损失。又自心理上言，儿童固有嗜好手工活动之本能，此于前既屡述之矣，然若一任自然，不善导其本能以发达之，则必致滥费手工本能，消耗生产的勤劳于无用之地。其于工业繁兴之今日，岂不惜哉？故以组织的练磨其手工本能，而十分显著其效果，养成工业的技能之准备根柢，此实手工之第一义。

知识之必要　更进而观家内工业与小工业之区别。则家内工业常以种种方法、种种材料，提供工业过程之复杂活动于儿童。而应用机械之小工业，惟集其注意力于生产之某一形式，而无所变化。故于家内工业颇能结合其复杂之活动，而自为一种之生产，若夫工场工业，则其兴味及一定之习惯范围甚狭，殆唯为机械所驱使耳。此于分业较少之小工业，已有然者，而况于分业极繁之大工业乎？故若但任其为工场之自然练习，则其职工将全为机械之奴隶，而于使用机械、主宰机械何有焉？如是而欲增进职工个人及机械之生产率，岂可得哉？是故授儿童以工业上之技能，同时即当兼授以知识。斯奈登尝言，"欲使青年之职业能率进步而求主宰其知的要素于教育，乃自然之事也"，又解释经验的要素与知识的要素相结合之必要，而断言有效之职业教育，当使其实际经验与潜发知识之过程密相关联云。加尔顿亦言，"手工练习及心的磨练，当永相提携而行，苟缺其一，即不得谓为完全"。而其知识非以直接关于工艺者为限，凡其当应用之知识、理想及能力，皆包含之。如为木工者，于自己之知识技能以外，又需图画、数学等之知识；机械制造者，不唯须要专门之知能，又不可无物理、化学、几何学等之知识。苟其无之，则永不能为熟练之职工，惟为下等之劳动者也。

此种知识不能充分授之儿童，固无待言，所得授者只有二三之初步者耳。然虽属初步，而实为必要。杜威有言曰，加职业于学校之目的，非唯使为烹饪、裁缝、木工等专门的熟练而已，又将使其知关于自然的材料之科学知识，与活动的中心及人类发展之过程，并赋予发明创造之力，而促其努力焉。非然者即不得起如斯之希望，必无进取之气象。故在小学校中，当使技能及手眼头脑一致活动（熟练、绵密、忍耐、精细）以固其后来专门知能之基础。斯奈登亦云，"可实习之技能当为构成其学理研究之根本活动，且指示其出发点"。此手工之第二义也。

上之二要求为现实的，同时又为学理的，而与儿童心身之发达果否适合，亦不可不深加考察也。如前所述，儿童之生产的、创造的活动本能，及其技能，从十二三岁以前，概以游戏而著现，或为家内之工作，其时尚未达于使用机械之程度。故学校早课手工，使为工业的活动，决不可能，且反足阻害其自然之发达，如以不适于心身发达之高等手工，施诸儿童，尤足使其产生畏难而起嫌恶之情，萎缩其活动之发展。又如所课手工简易不能副其心身之要求，则亦不能发起儿童之兴味，或将对之而生反感，其结局必致手工之技能全不进步。故手工教材以适应儿童心身发达为最要。课之过早而程度过高者及课之过迟而程度过低者，其不适当一也。

手工与精神发达　或谓手工之教科，在将来欲从事工业者来说，固为必要，而于从事农商及官吏、医师之人，则殊不必，故小学校课手工于全体儿童，似有未惬当者。前不云乎，儿童之手工的生产的活动本能甚为强大而发现至早，较之读书写字，其欲求为尤早。盖于冲动的运动，业也显著矣，且此手工活动促其他之精神发达（即知的、意的、道德的方面之精神发达）者甚大。故凯兴斯泰纳曰"人之能力最初非在精神活动作业范围之上，而实在手工的作业。盖手工作业即所以发达精神作业者。故手工非唯为真之艺术之基础，而又为真之科学之基础也"。征诸实际，则有波士顿市阿加志希小学校之报告在，其所述者如下。

一、课工业之生徒，较之不课工业者，其修学之根底，至为确实，又以是而耗费时间者甚少。

二、发达其迟者（即失败者）之数比诸大进步者，其数甚少。

三、手工有刺激心的活动之效果，且于书物之修学上能与以善良之观念。

故达顿氏谓"手工练习于抽象和具体，结合思想世界与行动世界非常有效"，加尔顿亦言，"将来欲为事务家或医士、律师等专门家，或劳动者，受此手工的、产业的技能教授极为必要"云。

教材研究 自增进工业家、职工等之产业能率而言，又自一般教育之见地而观，果当课以如何之手工最适当乎？此亦一大问题也。泰勒有言，谓决定手工之教育的价值，现尚无有为科学的研究者，大抵不过依于意见、假定或信仰上而定之耳。爱伦斯德尝研究儿童构成的兴味与手工练习之关系，特就儿童200人（8岁到14岁）记录其于校外作物之种类，依其结果而为结论，凡有次之8条。

一、游戏之模仿、游戏应用、功利及必要之赠物，最有强力而盘踞于脑中。

二、游戏应用之制作物最有兴味。

三、由儿童自由意志而制作之物，殆皆用之于游戏者。

四、偶人为女儿游戏构成之中心。

五、玩具为男儿主要之生产物。

六、吾人所云学校手工，影响于儿童之一般筋肉者，实无积极的证据。

七、最优良之生徒亦优于手工乎？或课业劣等者而特优于手工乎？此疑问之确定殆非难事。

八、吾人于手工之经济的价值，殊不能了然。换言之，即今日学校所授之手工，于成人之生活上果有影响与否，吾人实不能无疑者也。

泰勒曰，由是而观，则旧来之手工科殆全由于信仰，殆实无确实之见解也。故特别职业教育之要求，决不可以旧时手工之形式为准绳。手工科若如今日之学科课程，则于一切实际的及职业的目的实大有妨害。厚纸、细工固当断然排斥，即如使用锯刨及铁锤等之作业亦殊无所效益云。斯言也，乃表示美国十年以来之倾向，而被刺激于杜威之论议者也。

杜威之主张 杜威之言曰，现时学校无自然的、社会的单位之组织，其根本理由在于学校缺乏共通的及生产的活动之要素，何则？现今之手工教授皆无目的、无意识，不过专本经验而施行之耳。以故教授方法多为孤立的、为无关系的，虽有活动的变化可以满足儿童自发之兴味者，又有使助相当之家事者，此在男子固亦可于将来之职业略得裨益，在女子则于家政上也不无小补，但终不免过于狭隘。故手工教授，当使为活动的社会生活纯粹形式之机关，实吾人之所要求者也。

由此见解，则对于专授黏土及厚纸等之细工，殊必不能满足，而主张加以木工、金工、织布、烹饪等项目，其当然者也。此种见解在美国早已实行，十年以来，其手工教授顿然丕变而为急激之发展，如木工、金工等稍稍困难复杂之事皆加入到手工教授中矣。

来伊之见解　然亦有反对以金、木工课于小学校者，其人非他，即著《实验教授学》、《实行学校》之来伊氏也。来伊重视运动及活动，尊重反应活动，主张以现实之社会生活入于学校，而以实行学校（Tatschule）代替言语学校（Wortschule）。其所谓实行学校者亦既生活学校（Lebensschule）是也。然于凯兴斯泰纳课金、木工之主张，则反对之。其所论如次：

"如斯之勤劳教授与教育的根本原理殊不相应，此吾人所深信者也。此种之手工勤劳教授，其在可施一般陶冶及教育之小学校亦毫无权能。13 至 14 岁之儿童，精神上及身体上皆示极相差异之变化，又当其一部分显著其素质之时，即学特别小工业（木工、金工）及螺旋器等者，则于儿童发达之程度上、生理上、教育上，岂果有当课之价值乎？"

来伊之所论如此，吾人果当承认与否，述之如下。

观上种种之论议，则手工果以如何种类、如何程度加入如何学年方为正当乎？此亦一难问题也。若泰勒、杜威皆言厚纸、细工之全无效益，果当如其言而废之乎？然则于低学年果课以金、木工等困难之工业活动乎？抑当如来伊所言，高学年尚无可课金、木工之价值乎？或当如凯兴斯泰纳所主张，于高学年课以金、木工，低学年则课以黏土、厚纸、竹细工、铁丝细工等乎？此急宜研究而考察者矣。

儿童心理的发达程度，如前所述，于十二三岁以前，惟于家内工业之手工活动饶有兴味，至十三四岁，则稍稍进于小工业的之手工。活动筋肉及手指之运动略略致密，目与手之结合亦渐密接，创造构成力日以进步，殆十五六岁时，则全不喜欢家内工业之单纯活动矣。由此观之，则国民学校以黏土、厚纸、竹细工等为宜，于高等小学校自以木、金工为宜，而实际专门的之小工业、机械工业，待至补习学校而始教授乃最为适当也。泰勒谓厚纸、细工无效者，唯见其于直接工业，殊鲜效用耳，初未就儿童之心理状态、生徒之手工技能一为深考也。盖厚纸、细工其于养成创造力，绵密细心，手眼一致之熟练，亦不无裨益。又如金、木困难复杂之手工活动，不能课于低学年之生徒，固不待言。而来伊谓金、木工全不适于小学，则不特蔑视儿童手工活动之欲求，且误解金、木工之本质矣。来伊谓各人之素质不同，斯将来之职业大异故，课以同等之金、木工，殊为非宜。若欲为其将来职业之准备，极当适应其素质及职业，而课以各异之手工。斯固持之有故，言之成理，然于事实上绝不可能。且非小学校所能胜任者也，夫课以金、木工主要之目的惟在调整其筋肉运动，培养其绵密之精神，练磨其创造力、观察力、构成力已耳。故将来非从事于如斯之木、金工者，而于此工业活动中所养成练磨之技能依然不失其效用也。

由是以思，则今日各国一般所行者，于低学年（即5、6学年）授以黏土、厚纸、竹细工、铁丝细工等，于7、8学年则授以金、木工，是最为适切者矣。试举其实例。如阿加志希小学（美国波士顿）自11至14岁（即自6年至8年），一周5时间（其中一时间半是图画）课以金、木工等困难之手工。伦敦小学校自第六学年开课，民亨于第八学年课之是已。

第二节　图画及家事科

一、图画科

关于手工科之原理已略具于前，兹更就图画及家事二科，一考其原理而论其当改良之点焉。

我国小学校之图画教授，当与理科教授同为根本的革新，这是我们所常耿耿于怀者也。试观现时初学年之画帖，大率为山川、桥梁或为远方的树木，此种实物，儿童果能理解之乎？又所选教材与儿童之图画能力不一致，其画理、神情有断非儿童所能领略者。总之，现时教授之图画皆自画家之头脑及成人之考想而出，其真能为儿童之头脑设想考察，研究儿童之图画能力者，殆未之有也。

今自9岁至10岁之儿童，其铅笔画之教材大抵选用方形、三角、菱形等抽象的之形，实则此等形之观念绝非儿童所有，他若书籍及笔砚等静止之物，亦难引起儿童之注意。对于此年龄之儿童，若使为牛、猫诸动物及家屋军人（徒步或乘马）等之略画，当为其最喜绘画者，盖支配彼等之观念世界者非三角、菱形及书籍等物，而惟活动的之动物、军人或有兴趣之军舰、家屋，始得以引其注意也。

儿童图画与野蛮人图画之比较　吾人所以断言现时图画教授全然蔑视儿童之图画能力者，盖亦有故，观于儿童之图画能力与野蛮人大略相同，即可知矣。儿童图画能力之发达一如野蛮人图画能力渐次发达之程序，恰与产业活动之精神发达正同。谦巴伦所著《儿童》之中，曾以儿童之图画与野蛮人比较而论之矣。文德著《民族心理学》，亦详述及此，文德所举类似点之主要者凡有三端。

（一）两者共为观念的图画，而实物的图画极稀。儿童于实物之描写甚为困难，而最喜记忆画。

（二）有兴味之处两者正同，儿童与野蛮人均以动物及人类为主要之材料，描写人类多从正面，于动物则多画其侧面（此非唯儿童与野蛮人为然，既成人类多从正面，于动物则多画其侧面），盖以此最适于表其特长也。

（三）图画多为雏形的，亦两者相同。

至儿童与野蛮人图画相异之点，据文德所举，自技术上言，在未开之人中之稍稍进步者，其作画较儿童为有规则，则自内容上言，则儿童之画属于宗教的者甚少，而未开人则特多。观此可知儿童之图画于实物殆极不注意，盖实无精确观察实物而描写之之能力故也，更就凯兴斯泰纳研究所得之结果而观，则尤为名著。

凯兴斯泰纳尝收集民亨小学校生徒 5 万人之记忆画、写生画约 50 万种，研究调查，选择 30 万而发表之，而儿童图画能力发达之真相于是大著，今揭示其一例于此，与文德之言若合符节。

儿童自一学年至第三、四学年所画多为不可解之物，否则亦为雏形的（Shematisch），也其所绘之人如次图。

其中最离奇者，或目在面部之外，或手在空际。自第四、五学年至六、七学年，图画之形体稍整，然尚未具备完全之形体也，可称之为假象式（Erscheinungsgemäesse），盖其略具头部、胸部及手足耳，如图。

自此而进，略可完全描写其形体矣。惟此非至第七、八学年则必不显著。虽亦由对象之如何而不无差异，然其发达之程序要不出右之三段也。又以男女相比较，女儿之图画能力发达迟于男儿约二年许。透视的图画能力，非至第七、八学年则不昭著。由是而观，则吾人前所断言者固无大误耳。

图画教授革新之大要 吾人所期望者，惟在改良现时之图画教授，发达儿童之观察能力，而增进图画的之发表力，养成图案画之设计力，又与手工、理科、农业联络统合，以确实其生产的技能之基础而已。然此之期望，果如何而得致之乎？大概言之，于初年级，其图画当专限于记忆画，而使其自由发表其表现概念，以发达其创作力、设计力、观察力，次则混合临画、写生画、记忆画、考察画而注意于以上三目的之发达，至高年级则特与手工科相联络，而课以几何学的图画工作图焉。

二、家事科

欲为家事科之研究，当先就女子教育之根本方针而一考察之。而女子教育之方针尤当随近代社会之趋势、家庭之位置、女子之位置而酌定者也。

女子之位置 家庭纺织等事，本为女子之职业，今则不可多见矣。一切之必要品，殆无不求之于市肆，此于农村，尤为显著者也。往昔种棉而纺之、织之、裁之、缝之，以制作家人之衣服，视为妇女之重要任务。现则若棉、若线、若布无不购之于外，甚至裁缝亦依赖他人矣。故妇人之职务日益减少，其在通商大埠或尚有代与之职业，而于农村，则可代此职业之事殊少，故余暇甚多，往往有以是而流于懒惰者。

加尔顿尝言，近代产业革命之结果，一方面女子以生活上之趋势而日常从事于激剧之勤劳，他方面又往往流之于怠惰，有此二者，而欲达家庭之本来目的，殊觉困难。于是有二问题应之而起焉，其一，关于都会女子之职业教育，即关于工场工业、家中工业及其他女子职业之准备皆是，此宜选择最适当于女子者，可无待言，虽不必普及女生徒之全体，而在将来，必以职业补充其生活费者正不可少也。其二，关于农村女子之职业教育，即选择其可使勤劳可使生产之副业，以为职业之准备是也。夫使女子从事于特别职业，日夜勤劳其身心，固于国民体育上殊非所宜，然女子为某程度之勤劳，则实为必要。使女子而耽于游惰习于安逸，甚非所以致国家于繁荣、发达国民体格之道也。

女子本来之职务 此种之特别职业，在女子固为必要，然尚有尤为重要而不可或缺者，则女子本来之职务，适切于女子性能之职务是也。详言之，即为母、为主妇之职务，以守护家庭、董理家政为其天职也。家庭教育于子女养育上及其德性涵养上至关重要，且学校教育亦必得家庭之协助而始得奏完全之效果，故欲使女子完全实行其天职，固不可不早为准备矣。即不可无职业教育是已。此职业教育之准备，视前述之特种职业教育实尤重要，而为此职务准备之特别教科即家事科也。

家事科为女子本来之职务，而最适切于女子之性能者，不论就如何特别之职业，皆不可或缺。故凡属女子，必不能不授以此科之知识也。女子于特别之农工商业之知识方面纵极优秀，然苟于为母及主妇之职务上缺乏其知能，则必不能称具完全人格、有教养之妇人也。从其一家观之，虽有特殊之技能可以增岁入而裕家计，然而家政之措施既有乖误，则一家之经济必致破坏，况乎怠于子女之教育，尤为一大缺陷者乎。更自国家观之，一家之家政不良即足以败害国家社会之实力，子女身体及精神之发育进步有所缺陷，亦足以致国家组织力之薄弱，故凯兴斯泰纳之言曰："对于女子本来职务之教育施设，实全国市乡最要之务也。"小学校对于女子不施农商工业之特别教育而专著全力于家事科者，职此故耳。至于补习学校，其有特别之必要者，固当授以特别之职业教育，而同时仍必有家事科之教授，盖不敢蔑视其为母及主妇之本来业务也。

女子之三任务 女子本来之职务，固惟在教育子女及董理家政，然于今后之国家社会，不能以此为满足，盖女子亦国家构成之一分子，亦有对于国家之任务也。使女子自觉对于国家之位置及任务，而有尽其任务之知能，亦当为现今女子教育之一内容。故女子教育宜注意于此三方面，则家事科之内容亦当兼顾此三方面，无待言矣。而对于家政之任务，凡有三端，一裁缝，二中馈，三杂务，即洒扫应对等也。对于教育之任务，则亦有二方面，即注意子女之身体养护与精神之发达是耳。

理论及实际 欲使女子发达以上三任务之知能，则于小学校、女子补习学校及各种女学校所教授之家事科，当分为理论及实习之二部。理论为口头教授，实习则实际练习之教授也。农工商业之教科皆贵实习，家事科亦然。我国于裁缝教授多置于家事科之外，而全以实习为主，口头教授仅占其小部。然家事科之教授除设备较全之女学校，类皆专为口头教授而全无实习，皆亦一大憾事也。又其教授为母之职务亦全以空言了之，故彼等所得知识不过书籍上之知识耳，岂能有丝毫之实用乎？此家事科概念之更改与教授法之革新所以为我国教育界之急务矣。

第七章　小学校与职业教育

第一节　小学校之新设备

依据职业教育之目的，当断然废止静坐学校、书物学校，而代以勤劳学校、作业学校，前既详述之矣。以此旨趣，则凡为人类本质所欲学之勤劳、创作、运动、探究、经验、体验等，自当予以机会及场所，而使之发达焉，无待言也。试假实际社会而观，若工场、若庭园、若田圃，要足为发达儿童勤劳之绝好事物，实谓为儿童无上之修学场可也。然现今之学校，对于发达儿童勤劳、创作等之设备至为缺乏，而阻碍其生产的活动的冲动之事则随在皆是。吾人于学校所见者惟有椅子、石笔、三角板，而无砂山、庭园、小石、鞭槌之玩具，唯有沉默与静听而无自由之谈话及构思的言语，惟有模仿的动作而无发现、探求、玩索、制作等之磨练。又街衢郊野间之自由步趋在所不许，而只有静坐及固著，自由选择之共同的设计绝不可得而见，而唯有预定之简单勤务。如是，实使儿童惟日蜷伏于与自己生活大相违反之空气中，唯有战栗萎缩已耳，尚安望其活动、其经验、其知能之进步发达也哉。然则如何而可曰宜急开放学校之门？扫除前此之静坐、沉默、静听、模仿等固习，而于椅子、石笔、三角板之外设备砂山、庭园、鞭槌之类，使儿童自己发现之、探究之、玩索之，此为现今至重、极要之务也。然儿童最先发起者，厥唯游戏（包含发现、探究、玩索活动性等）。故当先使此游戏冲动活泼旺盛，以促进其实行。由是而进更渐导之于生产的活动、产业的勤劳、职业的作业，务使事事悉合实用，则庶乎可矣。兹就此新设备略示梗概，凡我实际教育家，其各斟酌其地方学校情形，而为最适切、最易行之设备，此本节之目的也。

新设备之方针　兹所谓新设备者，非有必须增多费用之意义，不过与初学年之游戏冲动相结合，使为生产的作业，使知产业之过程，而以仅少之劳力与费用或利用废物而施行之耳。若取制作完成之品物以临于生徒，欲使儿童了解生产品之生产过程，绝不可能，且徒增多费用而又不利于儿童，是负二重之损失矣。故教师之选择材料当以最足鼓动儿童之制作心而又最适儿童之制作者为断。务令儿童见其材料即有不事制作不能自已之概，方为最适切而有效者。盖儿童自发兴味而对于制作物感有责任之时，实于儿童自信心、自尊心之发达有无上之价值。故如斯之材料诚多多益善者也。试述之：

黏土 黏土最足鼓动之制作心焉，为小学校中所不可不设备者。试以黏土一块授诸于儿童，其快乐必不可胜言，或延之、或搓之、或洗之、或捏之以为种种之玩弄，又仿作种种形体或制为一种玩具，或造碗皿或作为卵形，殆稍稍进步则考案模样而欲制为一种之美术品矣。

堆积小石 试使儿童游玩于数多小石堆积之处，则其喜悦又当如何？见小石之堆积高而且固，必以种种考想而思其所以能然之故，而于小石之中又必发现可为武器及器具者。或以切物、或以击物、或以研磨、或以投掷。其年事稍长者，则或仿历史、地理等之插画而模造城郭。如此之类不可枚举。又石曝于日则能得热，而石在阴处何以甚冷，儿童得此经验而欲知其理由之心或亦由是而生矣。

砂山 或又使儿童游于砂山，则亦彼所甚乐，且由是而进于种种之生产的活动矣。试使于深四五寸、广一二尺之箱中，杂盛砂石或黏土等物，共同创作山野河海、村落道路等之地理的状态，则彼等当感无穷之兴味而热心从事，同时又得明了地理之概念，此种方法实地理教授上极为必要者也。

织维工业之材料 又试取关于织维工业之材料，使儿童使用之，则于苎藤等强韧之木皮当用之以造器具，于杨柳等强韧之小枝当用以造轴木，或以之编物，又授之以竹则必制作种种之箱笼，而皆能热心以从事也。若于校园内而植以亚麻或于校舍内设养蚕室以养育之，亦可使知种种之制作过程及种种之用途。若更以天然或制就之燃料，使染上述之制作品，则其种种知识当益为丰富矣。

食料品 集合本地之食料品，分为自产及输入者为两类而贮藏陈列之，此中若谷类、蔬菜、果实、鱼肉等物，或得自学校园，或由各生徒家中带来，是甚易易。唯关于食物之种种知识，必与理科、家事之教授相需，而始得大进。故学校宜设置庖厨，使女生徒实习，所烹物品即移归家中，以供食馔，当有无限之价值。至在都会之地，其有贫民儿童由学校供给午餐者，常佐以生徒烹饪之品，则益觉学校生活之富于趣味，此其裨益于道德陶冶者，殊非浅鲜也。

木材板片之自由使用 试备数多之木材板片任儿童自由使用，则彼或以造门、或以造屋、或高积而为塔，各自竞出新意，以为种种之构造，共同的分业的相与进行，若得成功，则相共快慰，设或不成，则更相与商榷而考案新法，于此之际与以钉锤锯刨等物，则更能制作种种之器具，同时而与算术相联络，亦可熟练于尺度之测算矣。至是等之板片可于校舍新筑之际留意收集，以备于校中。若须得同形式者数份，则可嘱托木工使其每日略费时间而备其适当之材料，或儿童家中有从事建筑者，亦可告其理由于父母后而使之供给，苟能时时留意搜集，则所费无多，而材料当不患其不足也。

上述材料不过略举数例，如石、角、骨、黏土、砂、果实、谷类、野菜、木片、织维等物质，皆可应地方状态及地方产物搜集种种之材料，由此以使儿童从事制作以养成其工作之经验，又受教师教授以增进其产业上之知识，则儿童自得由农作物之栽培、简单器具之制造，以日进于职业技能之领域矣。

乡村小学校 乡村小学所必不可不备者，则农圃及农业实习场是也，必备此二者而农业教授始有实效可言。尤要者当使儿童发起兴味，如凡彼等所栽培之野菜、甘蔗等物，可于举行同级会或父兄会时，由女生烹饪而使之共尝，或使将野菜、花卉带归家中，则生徒之希望与兴味自可起发无穷，而对于栽培等事亦必能同心戮力，至其足助博物学之实验观察，更无待言。又或常开生产品之陈列会，招待父兄而使之观览，由生徒说明其性质及效用，益非常有裨者也。

都市小学校 在都市之小学校，游戏而外必课以系统的之手工，则可以其成绩品开陈列会，而使父兄参观之，会期至少须一周间（或夜间或午后），以供父兄之徐徐观览。今各地各学校之成绩品展览会，皆亘于全日，不能延长其会期，而父兄又多为职务所羁，不能为充分之观察，此所急宜改良者。而其成绩品于开会之后，使生徒各自贮藏或特设小博物室于学校内，而陈列其中，则生徒当倍有兴味。夫全校之成绩品欲于一时尽行陈列，势所不能，故每周变换其陈列之物最为适宜，此不唯制作品为然，即凡各种之成绩品及地理、商品标本类，物理化学之实验机械类或产业之图画、模型品等，亦无不陈列。统合各学年，而陈列其有关系于时时之教授材料者，使生徒观察而实验之，此亦当务之急也。

理想的设备 欲有机的整饬学校之设备，则如物理化学之实验室、图画室、工场、庖厨等实皆不可缺者。虽此多数之特别室，欲其完全设备，殊属困难，然至少须有一室专供陈列地理历史、商品标本模型，博物标本，机械图书及实验物理化学之用。兹取杜威所述理想的设备与其意义以为学校设备之标准可也。杜威之所论，似略倾向于都市小学校之设备，又自其设备费言，亦于乡村小学校为难。如于都市之高等小学校，必须加其简单之金工、木工或织维工业，故于其设备宜十分研究，要之杜威之意，实欲构成学校为社会生活之一部分耳，试以如下雏形而说明之。

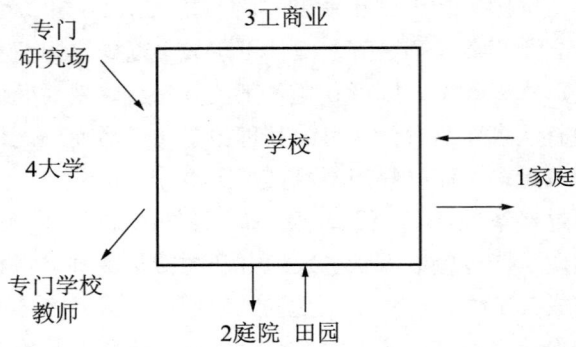

中央为学校，所以代表全学校组织之中心者。1 为家庭，其二矢即表现家庭生活与学校生活间之感化材料及观念的自然之交通。2 乃表示学校与自然之环境，即最广义之地理上关系也。学校校舍其周围有自然之环境，先自庭园或公园，而进于田园，而其庭园及田园之现象，当使儿童接触而观察之。3 示工商业与学校之关系，而与以工商业组织之基础观念及基础能力之为必要，左侧即为大学，所以示储蓄科学根本研究之所，含有实验室、图书馆及专门的学校。夫儿童于外界所得之经验，不使利用于学校，于学校所获之知识，不得应用于自己之生活，此为现时学校之通弊。欲除是弊，自以此新设备为必要。今益欲阐明前图之主义，故更扩大而图示之。

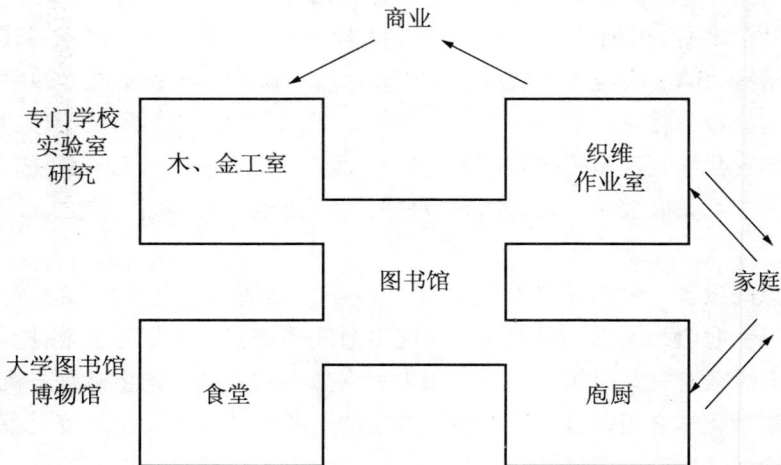

校舍对于家庭、庭园、田园产业生活及大学之关系，宜使常保持而勿失，故学校不可离社会而孤立，应该使与社会生活为有机体之结合。图之下方为食

堂及庖厨，上部为木、金工室及织维作业室，中央则表示一切来于图书之状态。换言之，即表示导引实际作业而与以主义及价值之知之源泉者也，或谓其四角示实际的活动，中央示其理论亦可。此种学校之实际设备及其教授之目的，于其自身则在烹饪、裁缝、木工、石工等之专门的熟练，于其社会方面则在以外部生活加入学校之中，同时自个人方面言之，即应于儿童之活动表现及其创作事物之希望者也。

上图之一方面则为家庭，矢形所示之结合，乃示儿童于家庭与学校食堂及织维作业室（裁缝）间相互活动之情况，即儿童于家庭所学者，果得应用于学校否；于学校所学者，果得适用于家庭否。食堂与烹饪，其关系于庭园、田园固不待言，然其所烹煮之野菜等，要皆由土壤及热光水分而成长者，此等如何而成长，其成长以何为必要，与土壤之关系，如何与温度之关系，又如何寻源探委，又得与以化学的知识矣。如是而儿童对于自然现象之兴味及研究之希望能不津津然而发生乎？

又上部之木、金工室及织维作业室亦同此。先与其材料生产地之田园山林相结合，又与物理学商业及分配与建筑及筑饰之技术相结合，又专门之实业学校及实验室与科学的研究，亦得联络。至于中央之室，则实儿童赉得实验、问题、疑问及特别事实之处，而又由他人经验研究之记录，以得新知识之处也。如是而学校全体自为原理及实际之有机的关系，儿童于此非唯实习各事，也可得其所为者之观念矣。

高等小学校之特别设备　上来所述种种设备，不论国民学校、高等小学，罔勿咸宜。惟高等小学之手工、商业、家事、农业各科，尤当要求手工室、庖厨、农业实习场及特别之设备。此种房屋、园圃需费颇多，或有难于负担之虑，如在乡村，对于农业实习措置一二亩之地，尚觉非难，教师与村民合力筑成场圃，其设备亦较为容易，而都会之地则反，是故当力筹善法，使经费省而效力多也。

在大都会之高等小学校，以余所见，莫若采用分校法，例如甲校设手工室，木工、金工，各异其处，所需器具，十分完备，乙校于家事科之设备一无欠缺，丙校则备理科实验室洪纤毕具。此三校联合为一，教授手工，则乙丙二校学生赴甲校；教授家事，甲丙二校学生赴乙校；教授理科，甲乙二校学生赴丙校。各校并有专门知识饶足及技术优美之教师，以教授学生，则其效益自宏。商业及图画，无须特别之实习场，则聘请专门之良教师，巡回各校就教之。如此于经费既极节省，而学校之成绩自优。较诸各校并设手工、理科、家事之实习场，更延聘商业及图画之良教师，其所需之费迥不相伴。如用此法，但由市机关聘任良教师数人，或巡回教授，或驻于一校，以教各校来学之生，无不适当。又理科实验室设备之完全，需费尤巨，或与省立中学校交涉，准许小学校之理科即借用其室，以为教授，当无质疑之处。凡专门学科利用中等诸学校，其法颇为适当，英、美二国风行极盛行也。

英法之实例 教师之巡回教授及各校学生于某学科特赴特别设备之学校受业者，英国伦敦、法国巴黎皆实行之。伦敦于教授手工、家事（男6学年以上，女5学年以上课以木工、金工）有特别设备之学校，称之曰集中（Center），如曰手工集中、家事中心是也。各区设此种集中颇多，各校学生各就最近之集中学手工或家事焉。教育部定制，每级学生最多以18人为限，以期教授之贯彻手工家事两集中。一星期内各校学生来学者凡一日有半，家事集中近时约有400人，然尚有60%不得入学。手工集中约540人，全市学生约90%皆入之。5学年以下之男生，各校授以折纸、厚纸细工、铜丝细工，女生授以裁缝及制衣之模型。巴黎之手工教授由巡回教师教之，巴黎小学校中凡有木工场200，金工场60，其理论由各校一定之教师讲授，实习由巡回各学校之职工教授，然其教授多为形式的，未能十分贯彻也。

第二节 高等小学课程之改革

高等小学校教科之必须改易，以注重职业方面，第二章中已论其概略。本节更深加研究，先举吾国现行之教科，次则征诸各国之例，然后审查我国高等小学之组织而说明其应行改易之点焉。

吾国现行之学制 用高等小学校名称而加入学校系统之中，吾国而外如法兰西、英吉利、意大利、日本皆然。普鲁士则有一种学校与高等小学校相当，皆非强迫教育。吾国高等小学之学科及教授兹举如下。

科　目	第一学年	第二学年	第三学年
修身	2	2	2
国文	10	8	8
算术	4	4	4
本国历史	1	2	2
地理	1	2	2
理科	2	2	2

续表

科　目		第一学年	第二学年	第三学年
图画	男	2	2	2
	女	1	1	1
手工	男	2	2	2
	女	1	1	1
唱歌		2	2	2
体操		3	3	3
农业（或商业）			2	2
家事（女）		2	4	4
外国语		0	0	3
总　计		32	34	34[①]

由此表观之，关于职业之科目，男不过各 2 小时，女自 3 小时至 5 小时，于职业方面，殊不注重。加以教师学力之不足，校中设备之简单，将何能举其成绩？方诸欧美各国其主旨固全然不同，即日本高小教科，手工、农业、商业亦各男 6 小时、女 2 小时。女子方面裁缝、家事等本来之职业，且别有 6 小时之多。故吾国高等小学之课程必不能不改变以适应社会之要求。兹举欧西诸国之例以资参考焉。

法国之例　法国高等小学校（Ecoles primaries superieurs）之年限或为 2 年或 3 年，其 3 年者，前 1 年为普通科，后 2 年除普通科外均为职业教育，与 2 年课程之高等小学同。男子分普通、农业、工业、商业四科，女子分普通、商业、家事三科，其各科科目及每周教授时间如下。

男　子　部

科　目	普　通			工　业		商　业		农　业	
	一年	二年	三年	二年	三年	二年	三年	二年	三年
修身	1	1	1	1	1	1	1	1	1
法语	5	5	4	2	2	2	2	2	2
书法	1	1	1	1	1	1	1	1	1

---

① 　原著数字如此。疑有误，但服从原著。——编校者注。

科　目	普　通			工　业		商　业		农　业	
	一年	二年	三年	二年	三年	二年	三年	二年	三年
历史及公民科	1	1	2	1	1	1	1	1	1
地理	1	1	1	1	1	1	1	1	1
外国语	3	3	2			4	4		
算学	4	3	3	3	3	2	2	2	2
计算及簿记		1	1	2	2	3	3	1	1
物理化学	2	2	2	2	2	2	2	2	2
博物生理	1	1	1	1	1	1	1	2	2
农业园艺	1	1	1					3	3
法制经济			1				1		1
图画及模型	3	3	3	4.5	4.5	2.5	2.5	1.5	1.5
实习手工农业	4	4	4	6	6	2	2	6	6
体操	2	2	2	2	2	2	2	2	2
唱歌	1	1	1	1	1	1	1	1	1
预备时间				2.5	2.5	4.5	3.5	3.5	2.5
合　计	30	30	30	30	30	30	30	30	30

女 子 部

科　目	一年	二年	三年
修身	1	1	1
法语	4	4	4
书法	1	1	1
历史及公民科	1	1	1
地理	1	1	1
外国语	3	3	3
算术及几何		1	1
计算及簿记	2	1	1
理科及博物生理	2	2	2

续表

科 目	一年	二年	三年
法制经济			1
图画	3	3	3
手工及家事	4	4	4
体操	1	1	1
唱歌	1	1	1
合 计	24	24	24

以各职业科之教授时间而观，则农业部为农业、园艺3小时，其实习手工及农业6小时中，完全实习农业至少4小时，共计7小时。工业部为图画及模型4小时半，实习至少4小时，共计8小时半。商业部为外国语4小时，计算及簿记3小时，共计7小时。惟商业要项一科，似阙而不教。女子之家事教授时间在手工及家事科中占2小时，计算簿记均与家事相关联，故加之为3小时（除第一年不加入计算），如手工为裁缝则为5小时。

所当注意者，法国高等小学各职业科之教授时间常与他学科关联之深浅为加减，即如男生之算学，除普通部外，工业部凡3小时，农商业部各2小时；博物、生理在农业部为2小时，其他皆1小时；计算及簿记，商业部3小时，工业部2小时，农业部1小时；图画及模型，工业部4小时半，普通部3小时，商业部2小时半，其他皆1小时半；手工及农业，工业部手工4小时，农业2小时，农业部农业4小时，手工2小时，商业部农业手工分授之时间不甚明晰，大概手工当授2小时。女子部，图画3小时，理科2小时。综观各科课程配置，得宜为有机体之组织。吾国除理科2小时相同外，农业或商业但以机械的编制，加入2小时，其他学科及教授时间，于职业教育方面，全不顾及教育之效果，自大相悬殊矣。

普鲁士之例 普鲁士所谓一种高等小学校（Mittelnschule）直译亦可曰中学校，其意于一般小学校之性质中加入实科中学或实科学校之性质也。建立之处以都会为限，设为特别制度。普通小学校毕业年限本为8年，此则9年（6岁至15岁）。其下级之课程，许与小学校同，凡从事商业工业而受普通小学教育不足者皆就学于此。

此校之教授时间，比诸一般小学校，每周宗教、国文减3小时至5小时；唱歌，上级减1小时或2小时；地理历史博物（理科）约增2小时；体操，下级减1小时，中级以上增1小时；图画，第九学年增1小时；算术几何之外，又增簿记。时间之差别甚多。其中尤异者，5年级或6年级以上，加外国语

（英语或法语）三四小时或四五小时，又加手工、园艺 2 小时，为随意科。由此以观，所增加者不但为商工业直接之学科，即他学科亦有相当之取舍也。

民亨之例 更就民亨市小学教育观之，巴威伦全邑，义务年限本为 7 年，至 1907 年，更延长一年，而增加职业之学科及时间之数。初只强制男生，1923 年以后则女生亦令就此范围，计强迫教育完全为 8 年。兹举 5 年级以上之授业时间以示手工家事等增加之数。

	第五学年		第六学年		第七学年		第八学年	
	男	女	男	女	男	女	男	女
宗教	4	4	4	4	3	3	2	2
国文	8	7	8	7	7	7	6	4
地理	2	2	2	2	2	2	1	1
历史	2	2	2	2	2	2	2	1
理科	2	2	3	2	5	2	6	5
算学	5	5	5	5	5	5	5	4
图画	3	2	3	2	3	2	4	2
唱歌	1	1	1	1	1	1	0	1
体操	2	2	2	2	2	2	2	2
手工	0	3	0	3	0	4	4	4
烹饪	0	0	0	0	0	0	0	4
合计	29	30	30	30	30	30	32	30

备考 女子第八学年之理科中包家事 3 小时，算学中包几何学若干小时。大抵男女生课程之区别惟工业与家事二科。男生至第八学年增加第七学年以前所无之手工 4 小时，又加图画、理科各 1 小时，共计 4 小时及 6 小时，而宗教、国文、地理则各减 1 小时，计宗教 2 小时、国文 6 小时，唱歌全缺。女生减宗教 1 小时，国文 3 小时，地理、历史、算术各 1 小时，计宗教共 2 小时，国文算学各 4 小时，史、地各 1 小时，理科加 3 小时（全为家事科），共计 5 小时。别加烹饪 4 小时。观此，则其学科课程之组织俱见匠心。更观第七学年之变换，则男生减宗教、国文各 1 小时、加理科 2 小时，女生减宗教 1 小时，加手工 1 小时。民亨小学校第七学年以后，男生于工业方面甚为注重，入第八学年至授以木工、金工、图画各 4 小时，女生也极注重家事及烹饪。

综观普鲁士及民亨之高等小学各科中，于算学、理科、图画、手工非常注意，盖其目的在男生致力于艺徒教育，以养成下级之工人，女生致力于家事教育，以养成贤能之主妇。然今日吾国之高等小学，于之四科方面除算学时间差同外，理科、图画、手工各不过 2 小时，至僻地之校，其或借口于《高等小学校令》第八条第三项所规定，竟然缺手工等科。等量齐观，吾国于养成实用能力之方面相去之远。若是则吾国高小课程之不适于今日之需要，可断言矣。

英国之例　英国学制，本极自由，高学年之教科及教授时间，一时骤难稽核，惟第六学年以上，男生悉授以木工、金工，女生第五学年以上悉课家事而加烹饪、裁缝、洗濯、家计等之实习，极为注重。每周教授时间殆占一日有半，大都会之高等小学校皆然。至乡村之间，则补习学校颇盛，注重农业，小学校中教以农业及庭园种植、竹丝细工之类。盖英国教育制度，小学校中多设自由选择之科目，其高学年尤专力于职业科也。

伦敦之中央小学校（Central school）程度为高等小学，含职业之性质最多，又谋家庭之利便，凡 15 岁以上皆得通学，无论男女生，悉令于十一二岁入校，商工业之知识技能较普通小学校尤为注重。此种学校预定于伦敦一市设立 60 所，1911 年时已建者 39 校，以工业为主 13 校，13 校以商业为主，其余两者合课之。英吉利全国中如是之凡 47。以此目的故，校中理化学实验室、木工金工场、图画室、庖厨室、裁缝室等设备甚周。其科目及每周配置之时间列表如下。

	英语	地理	历史	算学	科学	图书	手工	圣书	音乐	体操	休息	合计
I	4.40	2.20	1.50	4.10	3.00	3.00	2.20	2.30	1.00	1.00	1.40	27.30
II	4.40	2.20	1.50	4.10	3.00	3.00	2.20	2.30	1.00	1.00	1.40	27.30
III	4.40	1.50	1.50	3.30	3.30	3.30	3.30	2.30		1.00	1.40	27.30
IV	4.40	1.50	1.50	3.30	3.30	3.30	2.30			1.00	1.40	27.30

凡手工者，皆有木工、金工，图画则课以自在画（即写生画）、用器画；历史于普通历史外，上级加授工业发达史（以本国为主）；地理于上级加经济地理、商业地理。其注重职业教育如此。高等小学校商业部之概略，有所谓商业之中央小学校者，其教科比诸工业第四年缺图画、手工、理科，而加速记术、簿记商事要项，法语自第一年级即授之，英语、历史、地理、算学各科亦颇适于商业。

泰勒之主张　以上为法、德、英三国高等小学校或小学校第七、八年实际之课程，其高级之教科，厘然含分科之意盖如此。泰勒之言曰："对于儿童之教科，八年之间是否须授同样之课程，今已成为问题。凡令人人平等云者，其意非必对于人人授以同样教育之形式也。"盖第六学年之终，为授同一课程最后之期。至第七学年以后，以往其课程当适合将来实际所执之职业，即为使人人受平等教育之机会，于是泰勒遂有设中间学校（Intermediate school）之议，而发表《分科之职业教科案》，将高学级之教科分科教授，因析为商业、文学、工业、家事四科。其详如下。

一、商业科	（甲）读书、作文、习字、算术、地理、历史、理科	12.5 小时
	（乙）体操、唱歌、休息、游戏	7.5 小时
	（丙）簿记、商事要项、筹划上之商业算术	5 小时
	（丁）打字、手工	5 小时
二、文学科	（甲）读书、作文、习字、算术、地理、历史、理科	12.5 小时
	（乙）体操、唱歌、休息、游戏	7.5 小时
	（丙）近世语（德语、法语等）	7 小时
	（丁）图画、装饰、修缮	5 小时
三、工业科	（甲）读书、作文、习字、算术、地理、历史、理科	12.5 小时
	（乙）体操、唱歌、休息、游戏	7.5 小时
	（丙）簿记、商事要项、筹划上之商业算术	5 小时
	（丁）打字、手工	5 小时
四、家事科	（甲）读书、作文、习字、算术、地理、历史、理科	12.5 小时
	（乙）体操、唱歌、休息、游戏	7.5 小时
	（丙）家事	10 小时

综观泰勒之教案，普通教育时间为 20 小时，职业教育时间为 10 小时，女子之家事亦占 10 小时之多。其重视如此。惟其教案中修身独付缺，如美国之学校往往不设此科，凡私立学校多设宗教科，公立学校则否其有教授某宗派之教义，强制一般儿童，悉令学习者，是为违背建国之精神。

斯奈登之说 斯奈登之主张，废第七八学年赘一之课程，而加入别种教科，以其一之殊恐未必切于实用，而不免令一般教师负担过重，无以收教育之效果。故最切要之事项：（一）宜以外国语为随意科，于必须之处及愿望者课之；（二）当多与以实科教授之时间，现在之手工每星期仅 2 小时，殊不能适用，如以 10 小时到 12 小时教授实科，而以之为随意科，则其教案必可为模式而有实效；（三）宜以 7 至 11 小时课商业算术初步、簿记初步、商业习字、实用英语及打字等科。质言之，即（二）为工业科之课程（三）为商业科之课程也。科目如次：

必修科　英语、英作文、习字、公民科、地理、历史、音乐、体操、理科（理科虽未标目，然课程自含于其中）

随意科（一）外国语、数学（二）实科算术、图画（即工业科男）（三）实科算术技术科（即家事科女）（四）商业科（科目甚多）

观此则其说与泰勒略同。

依第六章所述之理由，各校之上级皆加程度稍高之手工，大为分业之进行。如霍来斯曼学校二年级，加织维工业。此外各校，或授制烛、制酪等法，或木工、园艺、转运业等，一一课之。波士顿之学校局，于1907年以视学官之权限，特许各小学校组织特别职业学级而教授之，于是全省一律实行。

改革之意见　高等小学校之课程，宜分别乡村、都市二种，乡村分二科：一农业科（男），二家事科（女）；都市分三科：一商业科，二工业科（以上男），三家事科（女）。

甲、乡村高等小学课程

一、农业科	时间
（1）修身、国文、历史、地理、算术、体操、唱歌、图画	22时
（2）理科（注重博物）	4时
（3）农业（连实习）（初步农业簿记1小时在内）	6时
二、家事科（乡村小学校）	
（1）同农业科	20时
（2）理科（注重博物）	2时
（3）农业	2时
（4）裁缝	5时
（5）家事（实习1时半在内）	3时

乙、都市高等小学校课程

一、商业科	
（1）修身、国文、算术、历史、地理、理科、图画、体操、唱歌	23时
（2）商业要项、簿记、商业算术、英语	7时
（3）手工	2时
二、工业科	
（1）修身、国文、算术、历史、地理、图画、体操、唱歌	21时
（2）理科（以物理化学为主）	4时

（3）手工、制图（用器画）　　　　　　　　　　　　　　　6 时

（4）簿记计算　　　　　　　　　　　　　　　　　　　　1 时

三、家事科

（1）修身、国文、算术、历史、地理、图画、体操、唱歌　22 时

（2）裁缝　　　　　　　　　　　　　　　　　　　　　　5 时

（3）家事　　　　　　　　　　　　　　　　　　　　　　3 时

（4）手工或商业、算术或簿记（任学生自择）　　　　　　2 时

综括各科而列时间如下。

学　科	乡　村		都　市		
	农业	家事	商业	工业	家事
修身	2	2	2	2	2
国文	8	8	8	7	8
算术	4	3	3	4	3
历史、地理	3	3	3	3	3
理科	4	2	2	4	2
图画	1	1	1	1	1
唱歌	1	1	1	1	1
体操	3	2	3	3	2
裁缝		5			5
手工			2	6	2
农业	6	2			
商业			7	1	2
家事		3			3

第二学年之修身二小时内，当以一小时课公民科，农业等各科皆然。各科目中尤当注意为理科、手工、农业、商业、家事，盖专注精神于职业教育而为有机的组织，固当如是也。

第三节　各科教授之实际

一、修身科

修身教授固当随儿童之学级而异，学级渐高，儿童推理之力渐次发达，精

神之活动能胜繁复，思虑日见绵密，意志亦日见巩固，己之意识亦自能坚定，故其教科不论注重知识注重技术，而教育之效果无不昭然有可计之功。假令教授方针稍有歧误，则所蒙之影响殊非纤细。因儿童既达高学年后，其意识已渐坚强，有时教师之命令有所不行，有时且乘暇抵隙、谤议喧腾反抗教师之所为，故教授修身于此处最宜注意，勿令有所缺失。彼其意识既强，利害之关系已明，利己的精神亦因之而固结，宜应先就其直接关系利害之方面，大体纳之于规范之中，尤宜着意于职业上必需之道德，陶熔而磨练之，且彼等之志愿在于自获利益，宜先迎机而利导，并令尊重他人之利益，而发育其利他之精神，更进而渐摩其尽力于国家社会之美德也。

修身之教授，其功效全在教师之以身师范，与学生之能感动而实践。教师授先圣昔贤、英雄豪杰之前言往行，即宜反躬自省，语语出以至诚而性情之真挚，与自己忏悔之恳笃，一一流露于不自知，学生闻之自然感动，而激发其抗怀希古、步武前贤芳轨之心。惟教师是时宜处处针对学生说法，以应用为归宿，学生将来无论为工、为商、为农，而记其平日所闻于师之实践道德之言措，而施之于实际，自无周张蹉跌之虑。是故修身教本不过为机械的，而其枢纽则全在教师之活用矣。

二、国文科

儿童智力之发达，感觉最先，次有表象之呈现，又次有思想之发生，最后乃有判断之能力。文德有言："儿童当入学之年，感觉、表象、思想三种智力均已增长，惟三者有多寡厚薄之区别耳。"故国文教材之选择应注意此三种智力之发达，为之平均分配。今日学校所施之教育，偏重智识而于意志之陶熔大都忽略之，专务记忆而于机能之发育，绝不加以利导，此小学普遍之情形。是故教授国文，当使之足为思想感情之媒介，足以陶冶国民之品性，且借以通各科学之陲，使之触类旁通于百。凡智识经验各方面之事事物物，皆能以文字表现之，而有意到笔随之乐，斯为国文教授之明效大验矣。

且学校教育非仅求之于文字，要在造成能随社会进化状态而适于应付之人。法国教育家泰斗尔梅特尔有言曰，市民勤劳自治之精神，必于田园生活中养成之。狄慕伦亦曰，常人多费时日于教室中，甚属无谓。世固有博闻强识而毕业后不能执一事者。是故国文之效果全在适合于实用，文字之取材务取达意，易于领解，以便学生读之如布帛椒粟之常接于目，融化胸中，了无捍格也。他日益以经验之所得，提笔抒写，绝无黏滞枯涩之病。此在当时教授作文之际，即就学生所常见之实物、实事，生计上、社会上共闻之偶发事项，家庭、学校及出游时所经验之事项，一一发为问题，以练习其活泼之思想，又时使拟作寻常书函及便启、通告、电报、广告之类，并令习电码翻译法、邮信寄递法及各种契约文件之程式。此等智识经验既于学校中储之，庶岁社会上种种繁赜之事项不至穷于应付，而将来无论就何职业，无习非所用之虑而较然成为有用之才矣。

三、理科

我国小学校之理科，当为根本的革新，已如前述。今更稍稍具体的论之。

理科教授之目的，在使生徒理解自然现象之简单过程及法则，且使其学习应用于道德生活之上也。故其目的决非于其知识之量有所要求，且徒注入数多之知识，必不能达其教授之目的。故第一，于其知识之量，须大加限制。试先一考德国民亨小学校之理科教授。民亨小学校于第五学年专取生物（即动、植物）为教材，以其根本现象教示生徒，说明有机体之形体及生活方法；于第六学年，发展上述之简单的根本原则而教授之；之于第七学年，则明示自然界种种之相互关系。故在第五学年，从脊椎动物及百合、蔷薇二科植物，以求得其根本观念；在第六学年，则于昆虫之生活，求此简单的根本法则；在第七学年，则于共同生活团体，以提示自然界之相互关系，矿物及化学，以欲为理解动、植物生活之助，而唯使知必要之根本概念耳。至第七学年，始为系统的之物理及化学教授。而此时，于男生徒则兼有 2 时间之实验练习。物理学之教授，于第七年级则授其初步静的法则及热学之根本原则，第八学年则授以光学、声学及电磁气等；化学之教授，于第七学年专化合混合之概念，及其生活过程上之应用为限，第八学年则应用酸、盐基、食盐于矿物及工业之疑问上而授之。又于第八学年，授卫生论以为全理科之结束。女子之化学、物理教授则变形为家事科，每周教授 8 时间。其中 4 时间为理论教授，又 4 时间为庖厨之实际教授，以完备衣食住三者之要求焉。

观上所述，理科教授于最初二年专以动、植物为主，于最后二年专以理化学为主。自始迄终其教材于右述之种类，固亦有几分之多少，而其遍及于理科全体，果为适宜与否，虽尚难决定，然较诸集合无数之教材，错杂纷纠不相统一者，其教授之效果，正不可同年语矣。要之理科之选择教材，在都会小学，宜重理化，在乡村小学，宜重博物，教授时间亦宜加多。故在高小一二年级即当加至 4 小时，至少亦须 3 小时。至教授理化之试验，不可仅于室内之实验室行之，必令赴他校之完全实验室或工场等处，详加观察，方有可计之成绩。乡村小学之理科，既以博物为主，尤当有研究考察之时间。

乡村小学校之教授博物，第一要在熟知自然物与人生关系之效益，而使增加农业上基础之知识，此必非仅皮相之讲解与实物之教授所能奏效，须用悉心观察随时实验之方法。夫欲求农业之改良，宜熟察种植畜牧种种事项，知其繁育之法、受病之原、而将所施之计划、将来预防之道、适当之处置，人人贮为普通之知识，故平时之观察力及实际上之经验，在所必须。而博物教材，务择本地所有之植物虫鸟，以便将一般动植物界现象之初步，解析透彻，更详细观察，务期十分明了，而后已所列教材，无取过多，如以多为贵，而于农民生活之关系不甚紧要，则徒费时间与劳力已耳。唯欲增多观察经验之机会，则必使儿童与乡村之自然界常相亲近，故博物教授，行之于教室不如行之于园圃，或在校园中，或在可为模范之花园菜圃，或率学生以临野外，于实物为种种之研究。凯兴斯泰纳亦力倡此说。凡谓教授必须在教室内者，此古来相传之谬见，今已无可从之价值。是故观察野外自然现象为切要之学问，当盛加提倡。惟野外之观察、实验其目的之所在，须随时与以明了之观念，不然将无成效之可言矣。

野外之观察经验，每蕆事必须令以文字或语言叙述而说明之，以为报告。此不惟求观察力之进步、智力之整然有所归宿，且练习作文、图画等之能力，亦在所必须。或与地理科相联络，使之审知地势、地质、山川等，与植物农业种种之关系，同时更使采集各种重要之动、植物矿物，保存弗失，亦觉得有一种深厚之兴味。而自然界之知识既已充足，则于道德方面亦有种种之贡献焉。乡村博物教授之改良断乎其不容缓矣。

第四节　实科之教授

一、农业科

振兴农业教育则必以改良小学之农业教授为起点。盖今日小学校所授之农业教课，实不足以发生学生之兴味，效用如何，茫然不知。故农业教科在校时业已生厌，毕业后更未必欢迎，此当然之事也。究其原因，实有二三。（一）所用教科书全国皆同，无适合于各地之善本。（二）惟依读本讲解，而无农圃试验场等处之实习。（三）教师缺农业之知识技能，讲解绝无兴趣，此其重要之原因矣。

欲去第一缺点，则未若勿用教科书，由教师选择适合本地之教材，随宜讲授。其在园艺繁盛之地，教授儿童，不必限于谷类；以普通农业为主，而不事育蚕之地，则育蚕等详细之教课，于儿童无直接利益；至其他非主要之农业，而为其地所不能产者，尤不必郑重教授。是故果为直接必须之事项与否，固宜熟知其分际，即教授之繁简，亦应斟酌于其间，而其所持之主义，则务专意于地方之教材，育蚕最盛之地则以蚕事为主，植果最盛之地则以果树为主，专事畜牧之地则关于畜牧之教材务宜充足，多产米麦之地则关于米麦之教材尤当注意。又如养鸡、猪、蜜蜂和园艺等副业，其地既已盛行，将来且大见发达者，教本中亦宜一一编入。教授果树则果物之种类、树之种法、培养法、驱除害虫法、果实保存法及其价值买卖行销地方之类，学生举以为疑问者次第为之解决，而授以必需之知识，启发其愈益精究之热心。夫培植副业增加土地之生产力，使乡间各户家计丰裕，宁非今日最切要之事，而农业教授之责无旁贷欤？

欲去第二缺点，是在教师之能勤。今之农业课程与寻常读本何异？惟关于农业之专门名词较多耳。其不能满学生之意，理所宜然，然故将来之农业教授较诸他学科，尤须离去书籍，离去语言。举凡观察及栽种、保存、灌溉、施肥等事，必教师与学生共为之，苟学生欲知简易之种植，如蔬菜、大小豆、果实之类，简易之畜养，如蚕与蜜蜂之类，则必直接学习，方能知蔬菜等之如何下种、如何成长、如何培溉、如何结实，蚕之如何孵化、如何成眠、如何抽丝，蜜蜂之如何分封、如何营养、如何割蜜，凡此自然现象初步之概念及法则，举非可求之于读本，不能不资于确实之经验。故凡从事农业科之教师、学生，宜舍弃纸上谈兵之教科书，而入学校园，赴实习场躬自耕作，一切均经目验，胼胝其手足，劳苦其身体，然后乃有收获。由是之故，乡村之高等小学，园圃与实习场在所必设，苟其无之，则市乡总董与教师之职任为未尽矣。

欲去第三缺点，则教师关于农业之学力、技能，宜先自深造，夫此固有所受之。以今日师范教育之情形，有此结果，当然之事，以此责诸教师一己之自修，不甚踊跃则为其原因之一。愿乡村小学之教师深自觉悟，发奋自修以弥此缺憾，而教育行政、教育制度之方面于此亦宜注意改良也。

二、手工科

手工科之主旨，非全为他日从事工业者之预备。其重要之目的，则在启发儿童创造之计划，练习其发表之胆力，发达其独立构成之心思。故手工一科如直以实利主义视之是为大误。

手工为独立之学科，亦当与其他科相联络。历史上古代之工艺品，如以黏土细工模造之趣味殊厚，且于高等小学之手工教授宜至为合宜。远足旅行所经之地，如山野、河海、村落、道路等之地形，使多数学生用砂及黏土小石等共同模造，则地理观念由此愈益明确，而道德方面获益亦多。模造之法，山岳可用黏土累积，为近处村落之房屋用小石并列，树木可以细枝梗及草代之，河湖或注水盘中或以白砂作水状，此在小学儿童为最有兴味之事。又本国与世界各国产煤之比例、产钢铁之比例，亦可用手工制成塔形，以颜色或界限区别其多寡。此类之物均便于直观，儿童既乐为之且于地理历史上益足发其兴趣，而聚若干儿童共同制造，又甚能涵养道德的情操也。

以上为勤劳教授（Arbeitsunterricht als Prizip）之一例，盖本于凯兴斯泰纳之原理，兹当更述关于实科之勤劳教授（Arbeitsunterricht als Fach）。职业上最要之事项在脑筋、手目相为一致，务令心思鞭辟入里，工夫熟练绵密，以期精擅其技术。故凯氏对于学生手工纯熟及发达其发表能力之问题，论议很多。综其主旨，则希望学生于所择之技术，自能会通其机缄，整理其思想，敏锐绵密，以求进步。于是凯氏又根据其勤劳教授之原理而设研究学校（Versuchs-schule）二所，第一年起即授手工，其所选择者为木工焉。

选择木工之理由计有，历述于下。

（甲）由手工所得之能力及各种熟练之手法，不但关系于日后之生计，即于算术、图画及物理之教授益颇有效益。

（乙）工作之程序，初时即使秩然不紊，则学生自有统制之力，己所制造之品常得完成不至中辍。

（丙）一一依工作之程序为之，渐及困难之际，可发达其绵密、正确、忍耐等之习惯。

（丁）能为多种之工作，且甚觉容易，因之使用材料亦有得心应手之乐。

（戊）凡女生之大多数对于木工之业务及其工作之程序亦大有兴趣，一如男生然。

教材　一、二年级所授教材如下。

第一学年

一、以长十密理米突榉木之四方形截成十至十五之小方块。

二、以长十五密理米突之坚木截成小块，数与前同。

三、以长二百及十八及七密理米突之椶木三种交叉用钉钉之。

四、造有珠二十之算盘，计纵十四生的米突，焊十密理米突，令旋转自如，横二十密理米突成长方形（18小时）。

五、体操器具（4小时）。

六、长二十八生的米突，阔七生的米突之踏台（8小时）。

七、长七十一，阔八十生的米突高 6.5 生的米突之桥（12小时）。

八、橇（4 小时）。

九、三十二生的米突，贮木片之方形小箱。

十、定规（3 小时）。

十一、园庭之篱落（3 小时）。

十二、花棚（2 小时）。

合计：81 小时。

第二学年

一、团体同造房屋木材之架势（24 小时）。

二、钟表之面，人各制一枚（16 小时）。

三、长十七阔二十五生的米突之面台（4 小时）。

四、晒布机（4 小时）。

五、合适二十五生的米突之正方形，高 21.5 密理米突之坐席（12 小时）。

六、洗濯台（5 小时）。

七、二十四人合造一木桥（7 小时）。

合计：72 小时。

备考 以上所述，如第一学年之三与九等，译语殊不甚明，录之以知教材之大概而已。

凯氏尝言其经验之结果，学生每乐于从事，略无厌倦之意，工作虽细密，不以为劳苦，转觉月有进步。虽然吾人于儿童手工之教授不知应示以如何之模范，用如何之机械，方为合宜、谓如凯氏之欲，学生达于绵密、忍耐、熟练之域，即不以如此艰困之工作，课六七岁之儿童，而但教以黏土、细工、竹细工、厚纸细工、铜丝细工之类，亦能得其相当之进步。如凯氏言，木工即有种种便益之处，恐亦非六七岁儿童所宜，此吾人之主张不能不与凯氏相反者，意于高等小学第一学年起，课以木工、金工方为合宜也。

民亨之教程 民亨小学校独于第八学年课以木工、金工，其教授法足资参考。兹录某人参观记一节于下。

木工教授，则揭示模范物于壁间，模范物至少，唯以教授详细之原理为主。儿童见此模范物，先画一工作图，其后照图以制造器物。是日适遇儿童既集，教师发问：作此物应用何种材料？答：木板。又问大板太费，小板不合用，如何方为合宜？因于架上出一板，先问此为何木，次询以板之坚实与否？儿童熟视答曰：有节，不坚实，一节半已腐败，一节全部腐败。又问：锯成此板之时何故留节，使后此费无益之时间以削之？答：一时锯板甚多或未及见。教师视其节在板之一端，因问今削此板自何端为始。答语甚庞杂。经教师之暗示，遂答如由有节之削起，未及用铇已有破损不堪用之虑，故宜由无节之端削起。儿童乃各归座位削其板。一生有质疑之事，他生必当同听者，仍集全体学生互相问答。人人明了，始复归座。儿童做事之忠实，诚可敬服，而前述纤悉之问答，颇注意于经济方面，则又为德国之平日风尚也。

铁工所用器具机械等之构造，一一教以各部分之名称，并令各画此等断面图于小册。又确实示以铁矿之产地，铁之种类及其分析，器具机械用法之始末。教授亦用问答法，不令彻底明白不止，与木工同。而儿童之热心努力，诚所希见。各自家中，揣来黑白之胸衣垂于胸前，两手握巨炉，全力锉之。参观者问一生工作，似大有兴味，笑答曰，是无待言。于回廊遇儿童四五问毕业后将何作，毅然答曰职工，绝无犹豫之态。其教授法之绵密，深合于教育学原理如此。

三、图画科

前曾述及我国图画教授之缺点，在于教材与儿童图画能力之发达不相适应，故不能唤起儿童图画的发表之欲求冲动，而反而有束缚之、萎缩之之忧。然欲革新图画教授之教材及其与他科之联络，果当如何，请于本节稍稍述之。而所述者，专以绍介凯兴斯泰纳之论议为主，盖以吾人对于图画教授之经验殊未能有完全之见解，不得不以凯氏为识途之老马也。

吾人意识内之观念，盖人皆有欲发表之之本能，而其发表则著见于种种之方面者也。儿童发表之本能极为强烈。其在幼年时代，专欲以图画而表出之，故图画为其观念界发表之要具。当其自由描绘之际，其欣悦愉快，殆有不可言语形容者。夫儿童之表象与概念，既发表于图画，是观其图画即如见儿童之表象与概念矣。或谓表现概念之发表，言语亦为其最重要者，斯固诚然。然在感于视觉之具体的表象，其效果甚少，而图画实为最良，如鱼鸟山林等之表出，言语迥不若图画之易，又图画非仅为具体的视觉表象之表出手段，而于吾人概念之构成，亦至为有效。直观教授及实物教授，授一切之具体的表象材料于生徒，此具体的视觉表象，得再由图画而被其构成，故图画实为小学校必不可缺乏之教授对象，而所以增进儿童之发表力者也。故图画之教授，目的不专在图画，实兼有裨益于他教科者也。图画教授之目的，一言蔽之，唯在构成视觉表象，以增进其具体的表象之表出手段耳。如是以定图画教授之目的，则如何施此图画教授之问题于是乎生，欲决定此问题，当由如下之四点而考察之。第一，为发达儿童实际的表出能力之教材；第二，为一切图画艺术之要求及根柢；第三，为今日施行于小学校之全制度；第四，为儿童图画能力之发达。其中一、二、三固属重要，而最要者尤在第四所云施以适应图画能力之教育也。

（一）**直观教材** 图画所以构成视觉表象，促进儿童观察周围（关于形色者为主）之能力者，故当先以映于眼中之一切物件为图画之对象。盖儿童欲描绘其周围物体之欲求实至为强烈，就中如人为最难描绘者，彼实最喜描绘之，若其物不在彼之周围或不足引起其特别之注意者，虽极简单绝无描绘之之意也。从图画能力之发达程度言，男生 9 岁以前，女生 11 岁以前，其教材当由直观教授及实物教授共同构成其表象。故下级生徒之图画务宜密接合直观教授及乡土科教授之教材，又儿童游戏之范围，亦当应入于取给教材之范围焉。故于最初一二年间，当以车马、裁缝师、时计、庖厨、校舍、校园、养鱼器、果树、商店等供其教材之选择，即当于此等相关联而使其自由为图画的发表，此即适应于图画能力之发达者也。

（二）**乡土科教材** 儿童 8 岁至 10 岁时所喜描写之对象即于乡土科之教材略相同一，此时尚未达于描写概念的者之阶级。故不能描写抽象的之山谷、小丘、树木等，而当使描写其实际观察之此山、此树，即凡建筑物、田舍、街衢等之排列，一定之山谷、山脉之侧面，乡土地方河流之地图，或乡土之花卉及动物，皆于儿童之图画表出及视觉表象之构成最适切之教材也。如此则可渐由雏形式而少进于假象式，同时而言语亦自分立而进于连续，有具体的之表出能力矣。此时之图画，记忆画较自然物之写生，成绩尤佳，此时之教授法，当使儿童自由发表其表象及其观察，若徒为谆谆之说明，则反足窒塞其图画能力也。

（三）**系统的教材** 若为系统的图画教授之际，其教材则不宜过多。何则？当此之际，儿童描画之欲求全被拘束，无自由之选择，惟须选择某一定之形、某一定之色，若教材过多，必将阻害图画能力的发达，故其教材以节约为必要焉。

凯兴斯泰纳以上述之见地，其教材选择大凡如次：于下级与实物教授相结合，于中级与乡土科相结合，于上级则于工艺手工教授相结合。而于女生之上级，其课装饰画视男子为多，最初四学年之图画教授以记忆画，上四学年则以记忆画与写生画相结合，而于第八学年则注意自由之透视的图画及底边高阔之三方面，而亦依然与理科教授相结合。如是而儿童之表象，儿童之精神能力、图画能力悉充分结合矣。此与我国图画科教授孤立之教材与儿童生活全无关系者大异，我国一二年之实物教授，以乡土科之阙，如故其可与结合之教材，甚非易得，此吾人所以力主以乡土科加入教科也。

英国之例

今试举英国图画教材之一例，以示其与理科手工互相联络之实际。伦敦中央（高等）小学校第二学年之图画教授细目表示如次。

第一学期

周	题目
一	三角柱
自二至六	三角柱（每次换其位置并示其形）
七	木制之方尖碑
八	拍节器（音乐用）
九	六方锥
自十至十二	六方锥（更易种之形）
十三	铬矾之结晶
十四	路灯（在学校运动场之一隅）
十五	晴雨计（物理用）
十六	取水素之装置（用于此级生徒之实验者）
十七	哈依特洛利克、利夫德（手工用）
十八	刀（同上）
十九	锯（同上）

第二学期

周	题目
一	叶
二	叶与干
三	芽
四	枝与实
五	以色彩描写板之木理
六	天竺牡丹之叶
七	筱悬树之叶
八	郁金香之叶
九	克洛加斯之叶
十	天竺牡丹之花
十一	筱
十二	郁金香之叶与花
十三	克洛加斯之花
十四	天竺牡丹之图案
十五	筱悬树之图案
十六	郁金香之图案
十七	克洛加斯之图案
十八	毡之图案
十九	同上（但种类不同）

图画固兼有写生画与工夫画，而临画则全然无有。其如何与手工理科相联络，亦可知矣。又使以种种观察法，变化绘画三角柱及六方锥，自能十分理解其观察方法及形体之变化。又其始唯描绘一般之叶，次乃进于一定之花卉的叶与花，而又作其花卉之图案，如是则其考案画图亦自能十分逞其想象力矣。此与我国图画教授无定见、无方针，而唯应用多数之新教材者相较，彼如何有教育的组织，可了然矣。如次之图画教授始得为有裨益于产业方面之基础学科也已。故以吾人之意见，高学年之图画不使用教科书亦宜，即使用之，而于其应用画、写生画、考案画等当与理科手工相联络，若在农村则当与农业（农具、农作物、家畜、家禽等）联络，于女子则宜以装饰品、家具等为教材而课之，使各理解其职业而发起兴味，以为发达职业技能之一助，此吾人所亟望于现今之图画教授者也。

四、家事科

家事科之目的第六章已略述之，教授女生之主旨但使有完全实行女子固有职业（即为主妇及母之任务）之知识和技能而已。

家事科教材选择之法，因种种见地各有不同。要之，其根本原理，必当于主妇与母及女子在国家之位置三方面着想。现行之家事教科，其教材之选择但注意于前二者，而于后者则殊为不足。虽然今日家事教授根本改良之处，要在实习之充足，学校之中宜设实际练习之庖厨及必须之器具，如盥器、洗濯器、食桌、碗筷、燃料、肴馔之实物或模型之属。现在各校所授之家事，亦与理科农业无异，大都惟凭言语与书籍二者，其能实际练习，实居至少之数，此其重要之原因，在设备不完全且缺乏良教师也。

教授之一例　兹举民亨补习学校家事科关于幼儿养育之事，以见实际教授之一斑。《欧亚两洲职业学校之概观》中（美国哥内的吉省古萨满同盟出版）言幼儿教育之次序甚详，凡婴儿之衣服、食物，小儿之疾病预防法、病时看护法，儿童之普通性质，一一教授学生，所教虽极初步，亦以科学之次序编次之。兹举书中所述教授衣服处如下，以极敏捷之问答为始。

婴儿始生，衣服何以宜温暖？毛布何以暖于棉布？衣服何以必须柔软？右之问答既终，学生二三人，用自由画画婴儿之衣服于黑板上，且说明衣服为必需之物品，所画之尺寸，衣褶需恰适于婴儿之用。又为问答如次。

婴儿何以每隔二小时必饮乳一次？何以百事清洁即能预防疾病？有疾病时何故须安卧？何以休息安卧当在户外空气清洁之处？户外与室内自比较相差几何？

观此则其教授所取之方针皎然可知，惟此为补习学校之课程，与小学校不相当。特以后此更无述补习学校家事教授之时机，故述之于此耳。

第八章　实业补习学校

第一节　实业补习学校之意义

以吾国现在义务教育之年限，授儿童以相当之教育，果能磨练其巩固之意志，发达其有为之知能，俾克尽国民之责任与否，殆尽人不能保证。又将来职业上所必要之知识技能，至少有其初步与否，恐亦无以应也。其既毕业高等小学而仅与国民学校之程度相等者，或既在中等各校修业数年，而仅与高等小学之程度相等者，姑置勿论。今夫毕业于国民学校之儿童年龄，不过十一二，每以欲得工资之故，即从事于劳动。然于所执之职业并无夙裕之知识技能，遂不得不从初步练习而入以百文左右之工资，为 8 小时迄 10 小时之工作，而不能免工场长及工头严苛之待遇。至在学校所得之普通知识、浅近文字遗忘殆尽，道德的情操踪影不留，身体之健康亦因之而损。然苟于职业上果大有进步，其得失犹略足相偿。若仅供人指挥而为机械之练习，则于使用机械之方法终不能纯熟而应手，尽彼一生但为低级之劳动者，得微薄之工资而止。其生活常不能脱悲惨之境遇已耳。是专指为职工者而言，而从事商业、农业者，其情状亦无以异此。彼徒耗贵重之岁月，虽尝毕业于国民学校，实与未入校者之相去不过五十步与百步间耳。

如此，职工既于国民应有之知识道德及生产之能力程度甚低，身体甚薄弱，积此多数之人以成国家，于国家之发达进步，岂不受甚恶之影响。国家生产事业之品位，必因之而降至极低之度，不能与他国相驰骋。此其原因，皆由学生时代储蓄职业知识造就工作技能之际，但视为偶然练习，全不计及后来应用之结果耳。呜呼！教育之效力最大，奈何耗费数年贵重之光阴，使彼等之职业能力居于低级而减少国家之生产力，阻碍国事之发展、国力之充实如此乎？泰勒于此特制一图以明其得失焉。

学生 14 岁到 16 岁之间，岁月之大部分，皆属空费。但于工场商店等处，得不合规则效力微薄之知能。而丧失他处已得之学识，则如乙图。若于此二三年中更受教育以弥其阙，则如甲图。学校与职业活动间之空隙自得补满。此之空隙不特减少其间之生产力，个人之一生及国家皆蒙甚大之损失。其效率之差别，可以山形示之。

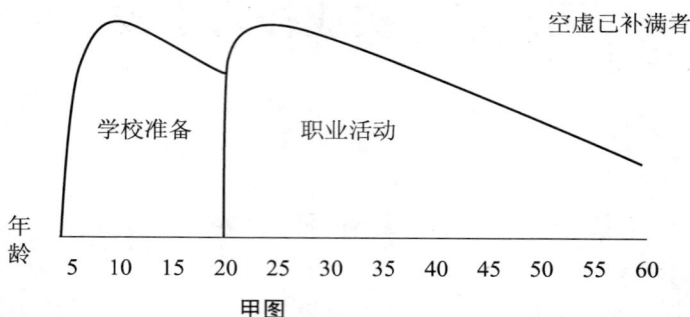

甲图

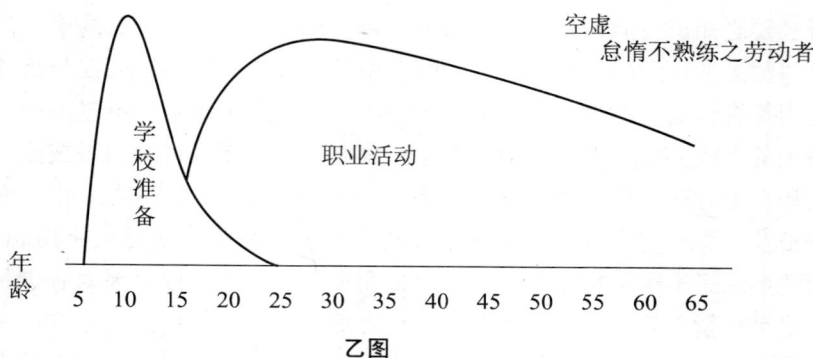

乙图

乙图以代表美国，甲图以代表德国。美国蹈此失者，约凡二年，则凡不逮美国者，其空隙益大，无论在个人、在国家，生产力必大减弱，苟以图表之，其山形亦必甚低。哈佛大学教授卡伐曾演说于国民工业协会，对于浪费岁月之国民，大声疾呼，以为浪费最甚者为教育不完全及未受教育之雇工。然则浪费岁月尤甚于美国者，尤不得不急谋填补空隙之法矣。填补之法惟何？曰在彼等少年当令受补习教育，其他亦当以其余暇力自奋力，外此无他法也。

补习教育之意义　补习教育云者，并非补小学教育之不足，而与小学相接续。今人于此大都误解。考之各国其见解各异。于是德国有称曰 Fortbildung 者，Fort 虽为继续之意，而亦兼前进之意，言之即进而从事学业之谓也。故英美二国曾称继续学校（Continuation School）者，今则有称为 Improvement School 矣。泰勒即其一也。Continuation 为传习的文学之义，与内容不相当，必用 Improvement School，其意方能明显。由此以思，可知补习教育之目的不惟继续小

学教育而已，且益增进其职业上之知识，厚殖其生活上之能力焉。惟仅用
"补习"二字，其意义似嫌未完耳。

补习教育为职业之中心 美国教育部报告力言，补习教育非止令小学校教
育之延长，实欲使人人各裕职业教育之性质技能。其大意略谓职业指导之首
领、社会事业家以及其他青年学生，凡于工场、店肆、仓库等处有所经验者，
其年龄若在 16 岁左右，皆必强令从事于补习。而社会方面所采用者，必为含
有生产意义之职业教育。此自然之事也。以生产的教育为社会共同之福利，故
凡属儿童必当授之以此，虽一人毋许自外焉。盖公民开宗明义之要求惟在于此
也。由此观之，其注重之处可概见矣。

上之报告中最可注意者莫若"公民开宗明义之要求"一语，夫计职业上
知能之发达，以为补习学校开宗明义之要求，则所谓开宗明义者，非终竟之目
的可知。然则补习学校终竟之目的为何？曰公民教育而已，使儿童各受明敏有
为之公民教育而已。英国屋克斯福大学发行之《英国以及其他之补习教育》
中有云，补习学校之目的及任务有二：（一）准备有守有为之才，以行公民之
义务；（二）于谋生职业之能力，须使熟练而有进步。书中又载关于补习学校
之问答甚多，其第一问云：君曾否思各种补习夜学校之目的何在？答曰：一为
教养善良之公民，二为培植熟练之技术者及职工（包括书记、助手）。此二目
的天经地义无可动摇，其为重要不待详述矣。

补习学校之位置 补习学校者，在使小学校毕业之学生无论已未从事职
业，分其适当时间以从事教育之处也。奇尔克斯有言，补习学校之设立，在使
小学毕业后从事职务之青年更以学校之方法为数年之陶冶也。其说最为明显。
故补习教育实与小学教育不同，而以职业为中心者也。至其异于实业学校之
处，则实业学校所以教学生之尚未出就职业者，学期大都由一年至三四年，而
以全日全星期授课。补习学校则以日日就雇或自营职业之青年为学生，一星期
中取适当之时间，以 6 小时至 12 小时课以职业教育焉。

补习学校之定义 补习学校之目的，详言之即对于已毕业义务教育而入实
业界之青年于每日执业既毕，或其执业时间之中择适当之时，以学校方法教育
之，使于其职业十分熟练，达于高级之程度，并以公民的义务深印于意识之
中，而发达其实行之意志及能力是也。定义颇长，然准此推究当可知其大
概矣。

强迫与自由之议 补习学校之有重要目的，既如前述，则其入校果应强迫
与否，各国论议皆不一致。德意志、瑞士二国主强迫，此外诸国其国情大都不
能强同，故至今用强迫制度者不过德瑞二国。英国补习学校学生与苏格兰并

计，其数已近百万，但尚未有强迫之处。伦敦虽经决议实行，其成绩尚不甚著也。

补习学校经营之困难　由补习学校经营上之困难考察之，则有四个问题焉。

（一）小学校与补习学校不紧相连接。

（二）一般人民于补习教育不甚热心。

（三）教师之问题。

（四）佣工时间颇长，又以保全健康之故，殊乏更接受教育之余暇。

解决第一问题，试视目前各地方之办法有下之种种。（甲）令小学校课程与补习学校课程相联络而统一，（乙）由小学校及补习学校两处教师之热诚，（丙）令地方官吏深知小学毕业后直入补习学校之有益，以得其补助，（丁）统一市乡教育费而使用之。

第二，不甚热心之故有种种。（甲）昧于近代教育之大势，（乙）考察本地之教育殊少热诚，（丙）不知补习学校为益之宏，（丁）小学教育不适于日常生活之处甚多，（戊）专主利己而无公共之心（雇主尤甚），（己）强迫入学则减少儿童执业之时间，（庚）经费之竭厥。欲去此数弊，当用讲演法或散布印刷品等，使一般人民知世界教育之大势及本国之现状，以见补习教育之必要，破其利己之见，起其公共之心，并令补习学校之课程务求适合于地方情形，而示以目前之效果，尤须深察地方之要求，而使身受此项教育之人民所获效益实大，自觉补习学校之大有造于人，故补习学校当与地方人民为有效之联络，实其至要之务也。

第三，教师问题详后章。

第四，工作余暇之时间问题，于第十章研究徒弟制度与工场法之处论之，兹不赘述。

补习学校与实业家及团体之应联络，更详述之。凯兴斯泰纳尝极言其利矣。以为苟不与当地之商工业家或农家、工头、同业组合等融洽无间，终不能期补习学校之发达。又商工业家等惟尽力于是校，为徒弟等谋入学机会及时间之便利，庶几对国家稍尽公民之责任。罗泽克兰亦有言曰，补习学校之制度，务除褊狭，且力避不合实际之处，组织妥善，人民当无不爱之重之，果能与地方关系密切，一一应其要求，施以适宜之教授，则学区内尽人愈知是校之有益，将争出力以援助之矣。

补习学校协会之必要　英美二国国民自治力甚富，凡所设施皆有协同努力之精神，以致其事之发达。德国凡对于官署之命令协议及一切布告等，务合力以答其目的，贯彻其主旨，所以成绩无不秩然斐然。如伦敦协力以谋补习教育进步之会，有夜学校慰安协会（The Recreative Evening School's Association）等至少有三四协会。利得市于 1905 年调查本市工业实际之情形，并学生之学力技能等，而设利得教育委员会，是市补习学校之组织因于达于今日完备之域。美国最近亦设各种团体有 20 以上，行动均遵一轨，以谋职业教育之尽善。德国之民亨市补习教育制度未设以前，其市视学苏密德氏与补习学校长会议研究凡 48 次，而一方凯兴斯泰纳亦自与雇主工头等会议 48 次，方决定补习学校之组织及教科等种种。故凯氏对于苏视学颇表感谢之意，其言曰："余于校长及雇主解决纯粹工业与夫工艺美术问题之际，其识见之卓、举动之无歧深为感谢。"观此则协会之有益可知。故教育部及各省教育行政机关、商业会议所、实业家、工程司、工头与夫一般有志之人，必当提倡组织一发达补习教育之机关，如补习教育协会之类，以发挥其自治之精神及能力焉。

补习学校的意义及发达之策已略述如前矣，次节更述研究强迫与否之问题及德国补习教育制度模范的规程，以资参考。

第二节　补习教育强迫之可否

强迫制度之研究　补习学校如听人民自由入学，不加强迫，则由以上之原因，其发达必甚不易强之，则于前述之二、四两问题困难，尤甚不易实行。然实际此项要求今日愈益急迫。英国议会延长义务教育之提议已四次，观此则强迫之必不容已，其事甚显。今惟苏格兰已以地方自治体之法令实行强迫，美国如马萨诸塞州，但发布形式的法律未能切实见诸实行。英国则强迫与否之议论甚多，摘述如次。

（一）学生由自己志愿入校者，较诸强迫而来者成绩为佳。此说法之力极薄弱，由其所言，则小学学生之入校与否亦当听之矣。强迫云者，但迫令入校而于学科课程，初不强求其齐一，仍随学生之能力及其职业所必须，多设科目使人人各得弥其所阙，而绝无兴味之事，丝毫不存。德意志、瑞士盖如此已。

（二）或谓强迫入学，则于学级训练上甚为困难。夫已达一定之年龄而未入中等学校者，强之使入补习学校，实甚易易。以今日之情状，即后此无论达于何时，苟行强迫制度则因年龄相差太甚或有参错不齐之虑，又学生出席不能尽合规则之事，皆可防止之。故补习学校所有二、三最困难之处（如出席之凌杂、学级之难于编制、训练之缺乏是），转得借是以解决之矣。

（三）或谓强迫入学有损少年健康的体力，而主自由入学者。静言思之，此说或转相反。何则？强迫之制行，则执业之时间得以法律齐一而减缩之，因之以修学故而损其身体者，亦必不多。若令自由入学，则在少数从容有暇之人，自当别论。而卒卒少间锐意求学者，要属多数，此类之人最易害身体之健康，不观德国乎？其工场法所制定，凡学生出席于补习学校者，务在日间而出席之，时间亦不并计于执业时间之内。如此则于身体尤宜矣。

（四）有谓教师多为小学校教师所兼任，故夜校教授之成效难言，即采强迫制，成绩也未必便佳。此说固有理由，然果采强迫制，此点亦未尝不能改良也。

凯氏之答辞　英国之某记者尝以补习学校事项询于德之凯兴斯泰纳，凡八条，凯氏一一答之。第一，问凯氏对于补习学校之废自由入学制，用强迫入学之于意云何？答曰：德国自由、强迫两制度，议久不决，今日则各都市皆用强迫制，此制之性质不惟便于学生而已，且足以感动雇主。苟非然者，多数男子、女子之有志者，无论如何深怀进步之热诚，卒因雇主之不加注意或无厌之贪心阻碍其入校，且以教育为途之广，苟无法律之强制力，以定若干之科目，则多数学生但肆力于专门学业之进步而对于国家、社会、个人义务责任之教科，将望而生厌，此必然之理也。由凯氏之言，推之公民教育之本义既不能达，职业教育之真意亦复全失。观于前述补习学校之目的可知矣。第二，问凯氏对于女子亦曾详细考察，应加强迫如男子否？答曰：强迫入学，女子尤为必要。为母及主妇种种应尽之义务，必当先事准备，使受大有价值之教育。故就学与否，不可听其随意，且现在之状态，多数少年女子年龄甚稚，以欲得生活之费，不得不出而操作，若补习学校之入学，果不加以强迫，则无由受至有价值之训练，而将来之任务亦无由明矣（以下问答略之）。德国之实行强迫制，其意盖在于此。

虽然合全国都市、乡村之补习学校悉强迫人民入学，此甚非易事，既非出于自然，又在教育原理上，或不必划一。如此，夫强制入学之权当付省议会及市乡议会，以国家之法律制定之，以地方自由之法令或市乡议会之决议，由其自动之奋心合力进取之精神，以力致补习学校之发达。庶岁于已实行之日耳曼联邦、苏格兰及将实行之美国马萨诸塞、新泽西两省之制度，有同一之精神，所以付此权于地方自治团体者，可使各依其地必须之情形努力施设。补习教育发达之根本政策，其必在此乎！

强迫入学之模范条例　以补习学校强迫权委诸地方自治团体，在当规定于工场法中，因工场法与有关系也。惟自治团体采用强迫制，必须洞瞩人民之一般之性质，未可轻率。兹录 1903 年 12 月 10 日普国工商务大臣所发布之模范条例（Normalstatut），可知德国补习教育之状况，以为行政立法之裨助。

某市工业（或商业）补习教育之市乡条例（Ortsstaatut）

兹据 1900 年 6 月 25 日发布之德意志帝国工场法第 120 条及第 42 条、第 150 条之规程，经企业家及劳动者（如商业则有店员旁听）旁听之地方自治体市会之决议，规定各条如次。

第一条，定居或暂居其地执业之工业劳动者（助手、书记、主管、学徒并赅在内），于市长所定日期及时间之内，皆有出席于其地之公立工业（或商业）补习学校受教育之义务。

学生在学之义务，以满 17 岁达学龄之末为终结，或延长半年达 18 岁为终结。

第二条，依是校规则，所有之知识既已充裕而经证明者，或已入团体所立实业学校之工人，则此义务皆得免除，惟实业学校须与公立工业（或商业）补习学校有同等之学力，经监督官署所认定者为限。

第三条，凡依此条例不强令入学之工人（即助手、学徒）可从其愿望，免入校肄业，惟每半期仍须交授业费若干马克，且免其入校与否，须由学校管理人（或监督 Kuratorium）决定。

第四条，久居其地或以企业故暂居其地之企业家，每三月或每半期担任学校经费若干马克，纳诸本地之库中。

此项负担及第三条之授业费，学校管理人得酌度情形，免其一部分或全免之。

第五条，欲令学生依补习学校之规则按时出席，且确实履行其义务，又欲使此规则与学生之关系切实不浮，更定规程如次。

（甲）工人（或商业店员）有出席于补习学校之义务者，须依所定之时间按时出席，必不可未经学校监督之许可，而全体或一部分缺席不到。

（乙）凡学生必备之学用品，经校中揭示者，各人必须携带入校。

（丙）凡为补习学校发布之学则，学生必须遵守。

（丁）学生入校时，必各盥手，衣服亦须清洁。

（戊）学生不可以不适当之行为妨碍授课，或毁坏校具、教具等物。

（己）学生到校及散归之际，应力戒喧哗粗暴之行为。

上之规程或有反抗者，应依 1900 年 6 月 26 日发布之《工场法》第 150 条第 4 号，科以罚金 20 马克，不能者拘留 6 日，有时亦可不依规程益加重罚。

第六条，父母及他保护人，凡其子女或被保护人有入学补习学校之义务者，不得妨碍之，并须为择适当之时间。

第七条，雇主对于在其工场操作有补习教育义务年龄之工人（或店员），当雇定到工后，迟至 6 日之内，必须报告补习学校管理人，雇主必减其工作之时间以便按时入校受业。

第八条，雇主遇其工人（或店员）有病不能出席者，当为作证明书，于病愈出席之际，令携之到校，若工人（或店员）有不得已事故，欲暂时或永久缺席者，必呈明管理人，经其许可。

第九条，父母及保护人不遵第六条之规定，又雇主不依第七条之规定报告学校，或不许其工人（或店员）入学，或任其工人全体或一部分怠于受教，又或不依第八条所定工人因病学习为出证明书者，应据 1900 年 6 月 26 日发布之《工场法》150 条第 4 号，科以罚金 20 马克，不能者拘留 3 日。

第十条，此项市乡条例，除下列特别事项外，于 19××年 4 月 1 日施行，在 19××年前毕业小学校（或生于××年以前者）之青年工人（或店员）免其入补习学校肄业之义务。

由此标准之规则观之，各市乡补习学校教科等内部之组织，可以知所取法矣。又黑森拿索州乡村补习学校之市乡条例，亦可奉为标准，与上述商工补习学校无甚差别。其所谓学校管理及监督者，以县长和乡视学任之，教科一切由乡董、乡视学与教师共同决定。议不能定者，由县长决之，其全例凡七条。吾国补习学校之设立行强迫制与否，授权于地方自治团体，并制定标准条例，以为全国所取，则是今日至急之务也。

第三节　都市补习学校

一、补习学校之系统

预备教育　各国都市之补习学校，普通皆为商工业之补习，不涉农业，亦一二补习园艺者，顾寥如晨星。女生方面有以家事（家事之广义包括裁缝）为主之补习学校，有商业补习学校，而工业则无之。技艺之补习亦不闻别出。综言之，补习教育施之于已受完全小学教育之人。若小学教育未毕业或虽毕业而普通教育尚未完全者，则必更施以基础教育，故非高等小学毕业者不得谓基础教育之完备也。

高等补习教育　更进而思之，补习学校者非必限于教育 20 岁左右之少年，亦非定授以初步职业之教育。凡从事一定之职业，利用闲暇时间授以关于职业之知识技能，使之更求进步，是亦补习教育也。英国尤以高等补习教育为必须，德国略同，英例别详于后。德国之高等补习学校设置商业、工业、技艺三学科，其中多纯属实业学校之学生，然其程度与商、工业学校一年以后相等。校中又设较高之课程，所收学生年龄亦较长，以备技术尚未十分精熟之职工于此更求进步焉。

由上观之，补习学校凡三阶级：一为施小学教育，但完备初步普通教育之补习学校；二为本来之实业补习学校；三为高等实业补习学校。第一为第二之预备教育，故可谓为实业补习学校之预科。以高等小学毕业者，即得入实业补习学校也。英国现设此项教科为多。民亨市定小学校强迫教育七年，则置预科一年，如第七章所述，已延长强迫教育一年，且第八年之教科性质已甚近职业方面，无须更设预科，故其补习学校之成绩非常优美。以上三阶段是从纵之方面之系统而言。若加以横之方面如商工业、工艺、家事等之教科，则愈益使之复杂矣。学校系统为最重大之问题，都市补习学校发达与否之根源，其枢纽全在系统，故宜加以研究调查之工夫也。

德、英二国之补习学校　欧洲各国中补习学校之最发达者莫如德、英二国，以二国之制度比较研究之，则差异殊甚。盖德国多于日间教授，故须特建校舍；英国多于晚间教授，故可用小学校、实业学校等校舍。曼彻斯特之补习学校所以功效大著者，由补习夜校长即为小学校长，既用其校舍并以其非常之热诚、强烈之观念，措办一切重要的事务，故成绩之佳如此。由是观之，英国制较为易从，而其预科之设亦较德国甚高，之程度易于企及也。兹更举利得市之成例以见英国都市补习学校系统之一斑。

利得市之补习学校系统　利得市为约克省之省会，人口约50万，工业甚盛，其补习教育系统的组织足为英国之模范制度。曼彻斯特之补习学校亦颇发达，于历史及传习之方面甚有兴味，但其组织稍觉芜杂而散漫，因其稍近于通俗，故效益较利得为多。利得补习学校有如此整然之系统，本于1905年才慕士当教育行政之任，嘱利得教育委员会调查本市之实业，因将旧有之补习学校大加改革，乃因是而发达。盖本市之青年从事机关建筑、商业、柔皮及制靴、制衣等业者，其数甚多，所居之地大都有定，其他受雇以治化学工业及采矿、织布者亦不可胜数，对于此等青年，欲施以职业教育，因以市立各校之校舍，先与委员会之事业相为联合，此外自公私之工业学校以至大学校，无不彼此相通融。如此建设之补习学校系统如下。

一、工业补习学校
- （甲）一般预备夜学校　（学科）英语、算术、实用数学、图画、木工；（程度）小学校未毕业者。
- （乙）工艺补习学校　（年限）工艺补习学校三年，机械补习学校三年。
- （丙）高等工业补习学校　（年限）二年乙之三四年生入此。
- （丁）利得大学　教授极专门之某种学术。

二、商业补习学校
- （甲）商业预备校　（学科）英语、历史、地理、数学、图画。
- （乙）商业补习学校（年限）二年；　（学科）英语、商业、算术、商业、实习、簿记、商业地理等。
- （丙）高等商业补习学校。
- （丁）利得大学补习学校　（学科）经济学及商法。

三、各种技术补习学校
- （甲）预科。
- （乙）专门各科补习学校。
- （丙）高等科。

四、女子补习夜学校
- （甲）预科。
- （乙）幼女补习学校　学乳酪、洗灌、保姆等。
- （丙）中央学校　以上三科外，又加家计科。

其年限各预科皆为一年，商、工业之补习学校，乙丙大都各二年，若乙三年则丙为一年，其他仿此。一、二之丁，讲义亦一年而毕。

以上之组织，英国大都市如伦敦、曼彻斯特、格拉斯哥等补习学校亦大体从同，兹不赘述。

理想之系统　兹于理想上假定都市补习学校之系统如下。

（一）预备科　商、工业实业科，以读法、书法、算术为主，更视将来执业之方针，别加数科。如商业则授以商业、算术、外国地理，遇必要时又加初步之英语，工业则授以手工及理科。资格以国民学校毕业者为限，修业一年。校舍即借资于小学校，教师亦以小学校之教师为主。

（二）商、工业补习学校（女子补习学校也概括在内）　资格以高等小学校毕业者为限，年限三年或四年。学校用小学校及中等学校（如中学校、女中学校、商业学校、工业学校）之校舍，商业补习学校可任意，惟工业补习学校最宜使用中学校（授物理、化学故）、女子中学校（教授家事故）及工业工艺等各实业学校，以便教授专门学科。读法、书法、算术，以一般小学校教师任之；物理、化学、商工业等专门教科，以小学校之专科教师及中等实业学校或中学校之物理、化学、数学、英语之教师任之；家事以女子中学校之家事教师任之。每星期授课二十五六小时以上。校中种种杂务，由小学校教师为补习学校教师者办理外，中等学校教师亦必宜协力。中等学校多为省立，省中教育科对于此事亦宜盛加奖励。凡物理、化学、家事等教授之设备，小学校必不能周，务宜利用中学校、女中学校现成之具，此在经济方面及教育之效果方面，无不宜然，盖以此举纯为国民之利益，即由道德上言之，亦极为必要者也。英、美、瑞士等国各学校校舍及种种教具之供用，所以贡献于国家社会者甚大且多，成例昭然，况经济力薄弱如我国者宁不当效仿和遵率者乎？

（三）高等补习学校　此种学校必须设立两种：（甲）对于第二补习学校修业已毕，更求业务上之知识技能有进步者，则更授以较深之教育，约二年。（乙）对于毕业中学校及商工业学校、高等商工业学校已就职业数年者，特设高等专门教育教授之。甲之教科，中等程度学校之教师，已能胜任而有余；乙之教科，则须以高等商工业学校或法科、工科大学等教师当之，利得大学之经济学及商法之教授即其例也。

综言之，欲图职业教育之发达，国中之小学校、中等学校、高等各学校等，宜相联络相提携，各自详查其学校之性质、位置、设备、职员等，以立大都市补习教育之大系统，以相辅助，或施下级之预备教育，或施普通之实业补习教育，或施高等补习教育，如此则都市之实业教育方有进步，实业方有发达之可期，而国家之产业亦渐致隆盛，教育之力之盛大固如此也。

调查实业　于此应筹度者，各市商工业当时之状况、商工业之种类、经理人及工场之位置等，一一详细调查。凡从事同一种类之工业多人聚居之所，则必设立商、工业补习学校，以不欲其因通学而空费时间，增其疲劳之故也。如利得市其先即从事调查，学校之组织，纯应本地之要求，故能甚见发达。伦敦之补习学校恒设于大工厂之旁，多设各种特别教科，而所有教场大都利用工艺学校（Polytechnic）之校舍，并请其教师担任教授。前曾有云，小学校以教授手工之故，而有特别之设备，如补习学校之教授不相通假，则其教具、校具等种种之设备，将不能全然利用，而于事为左矣。

二、学科课程

学年制与科目制　制定补习学校之学科课程，第一之大问题则为学年制与科目制之差。学年制者，如以算学科为例，其课程自二年以上逐年由简入繁，由易至难是也。科目制或半年或一年，仅授同一科目，以科目为本位是也。此中孰得孰失，何去何从，皆于设学校之初所当熟思审虑者矣。

设有一校，于此入学之生有幼者、有甚长者，年龄既不甚齐，虽在一校毕业，而其程度某科较优、某科甚为拙劣，学力又不同等，从学年制则各自选择之学科与学力实不相应，其愿望之学科教授亦所不及，有此种种窒碍，则似科目制较为适用。而由真正教育之见地言之，如用科目制，则商业方面，仅教商业要项既须半年或至一年，次练习簿记，次授商业地理及商品学，如此而欲修得商业上统一联络之知识技能，盖难言之。即以所得之知识，随宜取用，不主故常，亦复不能全适于实用。工业方面以制图、物理、化学、算学、机械等种种关系之学科，联络教授，应可得系统整齐之知识，然以联络之故，教授时各科不能首尾完具，又制法之发明发见、机械等之改良、各科之知识，几于东鳞西爪不能完备。要之科目制，为牵萝补茅之主义，于教育上之价值，比诸学年制，其细已甚，且在学生自身，既有相当之普通教育，遇有机会，求其所欲得之知识技能，扩而充之，引而进之，庶几得有系统之学力，欲达此期望当必采取学年制，故提倡学年制之说亦甚有力也。

学年制之准备 果行学年制，学生学力之基础，必求其平均，年龄必求其齐一。故对于小学校之毕业生，必须盛加奖励，使之径入补习学校，不虚掷有为之岁月，此补习学校与小学校（赅括国民、高等）之联络，及都市中之强迫教育，其为重且要。也可知英国大教育家于此亦甚注意而多方奖励之矣。若国民小学毕业，径入预科，高等小学毕业，径入实业补习学校，其间绝无间隙，则多数学生之年龄学力略皆同等，可得齐一之学级，自以采用学年制为便。若以其课程与科目制适合，卒业者不能尽有径入补习学校之力，或当时径入者或三四年后始入者，甚至年龄达于二十余乃入者，际此情况，如永采学年制，亦颇有质疑。故应年长者之要求，则当兼设科目制，而每年毕业小学校之学生，劝之径入补习学校，习学年制之课程，则其成效必弘。要之大都市补习学校之经营，当煞费苦心，非尽力研究详细调查决不能得适宜之方针。凡大都市之主持教育者，当建立三级补习学校之系统，而其课程则采用学年制，当地之各小学校、中等学校、高等学校相为协同，相位辅助，以熟思其校舍、位置、设备、教师等之关系，互相联络，务使都市补习学校之内外两组织成为有机的关系，此筹备补习教育者之所当务者也。

教科之选择 采科目制则其教科应当合其都市商工业实际之要求，而不能定之于一。采学年制，其课程也须各应地方之要求，大凡各地所需主要之科目，则为电气、建筑、机械、化学工业等，此等各科，盖由最初之基础科及他种之补助科，夫本来之教科三者联合而成。由理想上言之，公民教育应有之教科亦宜存于其中。而采用学年制之补习学校（预科）又宜如前所述，更加读法、书法、算术、商工业或家事等科，与以基础之知识。实业补习学校则加国文（读法、作文）及公民科，其他则应有直接职业之科目及补习科。高等实业补习学校之甲乙，皆为纯粹专门之学科，而甲之一方，宜加公民科焉。

三、德国教科课程之实例

民亨市之例　补习学校如用学年制，其教科课程易流于散漫，求其统一联络不可得，教育上之价值必为之大减。举民亨、柏林二实业补习学校教科课程之大概以供参考。

民亨旋盘工业补习学校教科大略如下。

	I	II	III	IV
宗教	1	1		
国文	1	1	1	1
工业算术	1	1	1	1
公民科	1	1	1	1
图画	2	2	2	2
材料学	1	1	0.5	0.5
实习	2	2	2.5	2.5

宗教科兹不详述。国文（读法、作文）中作文之课程，以专门教授及公民科教授之结果，先用谈话法贯串而综述之，次著之于文。又加书牍文字及公民生活、职工生活并官署之公函呈文等，其次序略如下。

一年　旋盘工学生与其助手之往来文件（参看公民科中学生及助手之任务）。

二年、三年　旋盘工场主与商人、团体、职工会馆之书函，工业裁判官及工场监督官、市会裁判官等之文件。

四年　做助手及工头许可考验之呈文及各项契约。

算术科之教材大概如下。

一年　外国货币之价值；平面及立体之大小、定规、百分算；租金及盈余亏耗之计算；每星期、每月、每年之决算；短形、图形等平面之计算；工作成绩表之用法及制法。

二年　六面体与球之立体之计算；球之表面之计算；价格估价之初步；租金及工作成绩账之计算。

三年　职业上之簿记、税金、运费、关税、工作成绩账之损害记载法，卖价之计算。

四年　汇划及各种付款之计算。

图画科之教育大概如下。

一年　小学校从来之教材，随其职业必须之旋盘投射画，对于实习教授之工作图、自由画，职业对象之图书的表出（梗概）。

二年　专门图画旋盘上所用线的装饰画、工作图（续第一年）。

三年　专门图画旋盘所用装饰之圆柱、圆锥之画法，螺旋之画法，木材结合之制图及他项工作图、自由画，依透视图法描写简单之家具。

四年　工作图、家具等之简单及详细图，箱箧及装饰材料之投影画、自由画，练习与工作联络调色之观察练习。

公民科无特别注意之处，与普通工科补习学校无甚差别，其教科之主要者为工业之发达史，扩张国家之进步、公民之义务，并加个人卫生及工厂卫生。教科中常采入工业之历史，兹举钉书业补习学校之"生活及公民科"第二年课程如下，以见梗概。

钉书之进步早成为一种职业。溯自中世，有基督圣书之面纸及印刷术之发明，其影响所及，钉书业遂由此发达。其后乃有意国派之钉书式，德国派之钉书式。东西两洋日益进步以成今日订书业在社会上之位置，且其工厂之周备、团体之扩大，以视古代之同业组合及自由手工情状迥不侔矣。

公民科之第一年以个人生活为主，第三、四年与他校公民科课程同。其主要在确审自己职业之位置，与国家之关系、团体之关系，使之有职业上自觉之观念而养成其致国家发达进步之精神。

柏林市之例　今更述商业补习学校之教科课程，而取证于柏林之女子商业补习学校，教育家事等方面之教材，亦于此可知其不完备，处以民亨之教科课程补之，兹举教科及时间于下。

学科 学期 学年		商事要项	生活科	算术簿记	商业及经济地理	习字	家事教育科	一星期授业时间总计
一学年	前期	1.5		1.5		1.5	1.5	6
	后期	1.5		1.5	1.5		1.5	6
二学年	前期	1.5		1.5	1.5		1.5	6
	后期	1.5		1.5	1.5		1.5	6

续表

学科 学期 学年		商事要项	生活科	算术簿记	商业及 经济地理	习字	家事 教育科	一星期 授业时间 总计
三学年	前期	1.5	1.5	1.5	1.5			6
	后期		1.5	1.5			3	6
全学年 授业时间		150	60	180	120	30	180	720

第四节　乡村补习学校

国家当务之急首宜讲求农村之兴盛，欲求乡村兴盛，必须谋农业之发达、生产物之进步。而欲求二者之发达进步，则舍增进国民农业之知能，其道无。由加尔顿曰："农民忧土地之硗瘠，收获之不丰者，其回复之策，惟有用科学的布置，增加其生产而已。果能熟习园艺之技术，又能增高农业化学之程度，则其地方生产物之登于市场者将必不可胜计。"达芬卜德（著《教育之能率》者）亦曰："吾人如借职业教育之力以改良农业，则国家之进项当骤见增加，因此消费之金亦可无虑利息之无着。一转移间，子母之相权其价值当与存储款项于世界银行、地方银行无异。"由是以思，则乡村补习教育之重要，为何如哉。况乎农业状态之衰敝，乡村生计之艰涩，孰有甚于我国之今日者。吾愿全国上下尽力创设乡村补习学校以培养农民之新精神、新态度，以谋农业教育之发达，实目前之急务矣。

应与教育之热力同时发达者，厥惟维持交互之信用，设立产业组合。近今以来，凡百事业皆宜都市乡村交相联络，以为有机的组织。乡村社会之幸福，由一致之结合，而觉醒其迷梦，浚发其知能，一一见诸实用而来。故能设立产业组合者，凡生产物之保存、转运、出售于市场以及购买肥料、改良土质，种种事项无不由联合之人协力以为之事。既甚便而较有利益。循是行之，凋敝之乡村不难渐即于繁盛。虽然自治之精神、相互之信用、巩固之联合，无一不由教育养成之，而教育之最大事业尤在以公共道德之精神，灌输于幼年男女之脑中，以形成其个人义务艰苦之道德观念，是即公民教育最高之目的也。

主要科目　乡村补习学校必以农科及公民科为主要科目，是为当然之理由。而农业科必当应各地需要之事项，以为主要之教材，前章已详言之。英国人奥斯镇金曰永久不变之毅力，宜益以最为必须之教材，而以实际的方面陶冶之，又曰纯粹地方之兴味最不可缺。乡村夜校之成效，端在于此。故补习学校之教材，允宜就地选择其主要致力之物，有为米麦、五谷者，有为蔬类果类者，有为蚕业或水产者，有为园艺或林业者，不可不选其一科或二科以上也。

理想之教科 由公民教育及职业教育两方面观察之，因定理想之补习学校课程于此。由国民学校四年毕业入学者，拟为设预科一年，次年方入本科。第一年其方法与补习学校全同。学科必为有机的组织。教材之中最当注意与地方产物者为农业及博物，而他科亦必参以若干地方情形焉。兹将学科课程及各科教授之要旨拟定概略如下。

		一学年	二学年	三学年	教 科
预科	修身	1			高小修身第一、二册
	国文（读法 作法 书法）	4 3			高小读本第一、二册，习书牍，学行书、草书
	算术	1			日用各种计算
	历史	1			高小历史第一、二册
	地理	1			高小地理第一册
	博物	1			乡土之博物，自然界及农产物、家畜家禽等之形态构造
本科	修身	1	1	1	高小三年用修身课本，修身中佳文伟人小传
	国文（读法 作法 书法）	4 3	2 3	2 3	高小二、三年读本，农业读本，习书牍，学草书
	算术	1	1	1	农业用日常诸计算、家计、簿记
	地理 历史	2			现代史、高小三年用地理课本
	生活及公民科		2	2	人体之构造，卫生法等处世法，公民之义务，农业与国家之关系
	博物	1			乡土之自然界，动、植、矿物一斑，农产物家畜家禽等之构造形态
	农业		3	3	农业之普通知识，农业发达史与商工业之关系

教授要旨

修身。小学校要旨以外，益使知农家特别之事项。第二、三学年，更令读伟人之传记及道德方面之佳文。又令学生自作之，由根本上涵养其德性。本科第一年教授，用高等小学三年之修身课本，须与地理、历史联络。

国文。普通要旨以外，发达其正确之理解及常识，引起其农业之趣味，增进农民应有之知识，熟习农业必须之问题，使之自作，并留意家庭及职业上之往来书牍及书法。

算术。凡肥料米谷之买卖计算等，农家必须之计算问题，衣食住之计算，其他储蓄债券出入，债款之利息，保险税，农民收支款项之概算等，与他学科联合教授之。

历史。预科授高等小学历史第一、二册，使知国体之大要、国史之变迁。本科一年与地理教授联络，详于现代史，使知共和政治之精神、国民之责任。

地理。五大洲之地理概要，并知本国及关系重要诸国之政治、经济、军备、教育等现状，养其国民之思想、进取之观念。本科第一年，用高等小学第三年之教科书，并与历史、修身联络，使知本国在亚洲及世界之地位，国民之职任。

生活及公民科。授以生理卫生之常识，使知衣食住、疾病、交际、雇主与雇佣关系等之实际问题。农业之发达。俄、德、丹麦等国之农民生活，与本国相比较，授以共和国公民必须之知识，涵养其德性发达其经济思想。

博物。先授乡土之自然现象，美观之动、植、矿物，养其亲爱乡土之精神，更由家畜、家禽、蜜蜂，进而审察米麦豆类等农产物之形态、构造、发芽、营养、开花、结实之类，以为农业科之预备。

农业。授以土壤肥料之成分，及与有关系主要产物之播种耕耘，本地农业上实际之知识。应用学理，正其讹误，补其阙略，更注意副产物，进而使知农业与商工业之关系、乡村与都市之关系、农业与国家之关系、农业经济发达史之概要、农具之发明。一方使感其留贻之惠，一方鼓吹其发明之精神，并使知开垦荒地之实际，海外殖民或国内殖民之必须，及现时之状况，以作其勇敢之气。

教师问题　农业教师必当延聘专门教师，后此小学校中当稍注重农业科。一县之中宜请农科教师数人，每人担任数校之教科，而补习学校之农业科，即以小学校农科教师兼任，他科教授仍区分部落，惟农业科则集学生于小学校教之。夫设备完全学校，使附近村落之青年，依时就学于此，以受专门教师教授之利益。此英国教育书中尝屡述之教师巡回讲演，英德两国亦均盛行，其收效亦至弘也。

第九章 实业科教员养成问题

专门教师之必须 无论小学校、补习学校，其实业科之教师，务须裕有专门卓绝之知能，已述于六、七两章矣。利得市之补习学校，曾报告专门良教师之教授学生，兴味渊渊，热心就学，缺席者很少。伦敦之补习学校亦尝述教师学力知能之超轶者，教授之效力甚大。虽一小时间之空费，亦不使学生感受之，以是补习学校成绩甚佳。故欲谋实业补习学校及小学校实业科之发达，必求专门之良教师教之，于是教师养成之问题以生。本章于此考察英德美三国所取之径，同时又研究补习学校之教师问题焉，兹先述教师问题如次。

补习学校之教师 由理想上言之，此问题固极简单，即补习学校的教师，不以小学教师兼任是也。然补习学校日间授课，为事势所不能，不得不设夜学校。既为夜学校，则教师问题当然可以解决。由他方面言之，已所教授之儿童，自有一种感情，颇愿更教之数年。此为人人同具之心理，多数小学校毕业生，不即舍弃，复以一二年之长时期当其教养之任，此为小学教师之职务，而亦为其所乐任。其次则为经济上之问题。如聘用多数专门教师，以任补习学校之教科，恐非经济力所能及，势不得不由小学校教师兼任之，唯所最难解决者为教师之疲劳问题。

教师于日间既费相当之脑力，夜间更殷勤教诲，精神既易疲乏，教育力亦大易减杀。《英国以及其他之补习教育》书中亦言，与补习教育相随之困难有四，其三为教师之问题。略谓"夜学校教师中，多数对于职务上种种之条件，与其真正之能力不能两立，凡教师非由实际之经验解析，不能十分明澈。故日间在小学校已耗费其精神于长时间之中，更受夜学校之兼职，亦当尽其当然之义务，然补习学校，则固须用教育最新之方法与小学校之日课，藐不相涉，故其精神之疲劳尤甚"。盖日间为小学教师，苟不能十分尽其任务，则为补习学校教师，亦必不能完全负其职责，设以是之故，全然区而为二，则又非经济力所能胜。然则如何而可？曰补习学校如认为国民教育所必须，而于职业教育有大势力者，则除改良小学校教师奉职之条件外，他无善法。其法维何？曰为补习学校教师者，在小学校中，只于上午或下午授课，以半日之暇，修养其精神。此不得不谓之理想的方法。英国于此问题亦议论纷纭，亦提倡此策焉。

校长之专任　欲补习学校之成绩炳然，然其内容施设皆备，则校长亦当有专门之知识而专其职任。英国亦盛倡此说。而以延聘专任之校长或置学务主任为原则，然以地方官署教育科之书记或工业学校长或教师兼任者，往往有之，唯其本职事繁，对于校务势不能十分尽力，故其法尚未为确当。欲其指挥管理，精神专注于校务，而收完全之效果，必置专任之校长或学务主任，使于下列各项十分注意之。

（一）调查各生于各自适当之方面，日渐进行与否。

（二）学生确实出席与否。

（三）毕业后是否更进上级适当之学校。

（四）出适当之宿题，且监督其练习。

专门学科之教师　国文、算术等普通学科大都可以师范毕业之小学校教师兼任，若专门的簿记、商业、地理、经济、代数、几何、商工业等专门学科，势不能各得专门之教师，不得不请他校教师兼任之。而合于此项之资格者，不惟中等各学校之教师而已，即奉职于官署公司工厂之中，或个人经营之事业，而有专门之知识技能，为笃志努力之人，皆可以此委托之。

教员养成问题　如上所述则补习学校之教师，普通取之于各小学校，专门取之于各种方面。以今日师范学校、商工业学校之次第兴盛，似已不患无师资。虽然补习学校者，非以单纯意义之职业教育为目的，当进而以公民教育之目的施设之。故普通师范教育及少数之实业专门教育，殊不足以供其需要，况一校之中至少亦必置专任教师四五人，是补习学校教员之养成，其为急务，可不待言。而小学校实业科之教员，亦为重要之问题，不可不同时养成之。兹调查德意志补习学校教员养成之概略著之于下。

德国补习学校教员之养成　小学校实业科教员之养成，不甚明了，上级实业教员之养成亦然。惟各工业、商业大学校，农业专门学校等，必有实业教员养成之机关。普鲁士于此尤为致力。教育行政人员及实业教育家之识解，莫不以为欲各科教授之成功，必当先贮优裕之师资。盖德国于1885年左右，实业科教员较诸普通教员待遇为薄，其后注全力于实业教育，盛加奖励，去职时并给以恩俸，于是地位始出他教员上。补习学校教师，初以小学教员充之，今则须受特别教育，如工艺、商业及商业算术等是也。最近德意志补习教育协会所定六星期讲习会课程，普鲁士、巴威伦、撒克逊、瓦敦堡等处，皆实行之。兹录其概略如次（1908年）。

（甲）科学讲演　　（1）社会法律12次（2）工场法12次（3）国民经济

22 次（4）自 1870 年至现在之最近世史 12 次（5）工艺 10 次（6）工业 24 次（7）金工工厂之秩序经营 7 次（8）一般补习学校 6 次（9）女子补习学校 4 次（10）工场卫生 7 次。

（乙）方法论　（1）补习学校之方法 3 次（2）金工学级之实际教授入门 3 次（3）木工学级之实际教授入门 2 次（4）各种职业之学级教案 3 次（5）面包制法之学级教案 2 次（6）工艺用图画 4 次（7）专门图画 4 次。

（丙）实际演习　（1）簿记 15 小时（2）练习计算 10 小时。

（丁）旅行　每星期中，午后赴各工场及实业学校 2 次。

（戊）参观　参观补习学校之实际教授。

（己）讨论夜会　自由讨论补习教育制度之重大问题。

柏林、汉诺威、北勒斯劳、窝特巴敦等处，亦如普鲁士开五星期之讲习会，分为上下二组。商业、农业、工业各科，循环教授。然至近年，悟此法之非善，改正当之实业补习学校教员养成法，定年限为一年。

普鲁士之教员养成所　此为实业补习学校教员养成所，凡试验及格之小学校教师、补习学校之助教员，及实际工作满三年而有适当普通教育之职工，皆有入学资格。其入学试验，凡教师试以特别专门学科，此外则试以普通学科，课程区分为二，教师则致力于专门学科及图画，职工则致力于教授法之练习，其学科为普通职业科、公民科、图画、主要职业科、卫生教育学，其经费 1909 年支出 23.8 万余马克，约合华银 9.6 万余元。

女子职业学校之教员养成所有三，附设于波森、波搭斯达、莱因之三王立高等女学校中，其学科大别为三，手工（裁缝、乳酪）、家事（编物、刺绣、普通手工）、特别工业是也。各以一年毕业，毕业后更实习半年，入学资格须为完毕九年课程之高等女学校毕业生。兹将手工及家事两科之教科及教授时间列表如次。

手　工　科

	前期	后期	全年时间
手工	9	12	420
机缝	8	6	280
研究材料	1	1	40
图画	4	2	120
教育学	2	1	60

续表

	前期	后期	全年时间
实际教授	2	5	140
卫生	1	1	40
德语　公民科	2	2	80
算术	1	0	20
唱歌　体操	4	4	160
计	34	34	1360

家　事　科

	前期	后期	全年时间
烹饪	10	10	400
手工	3	0	60
洗濯　家庭操作	6	3	180
博物（食物）	3	3	120
家计　账簿	0	1	20
教育学	2	1	60
实际教授	0	7	140
卫生	1	1	40
德语　公民科	2	2	80
算术	1	0	20
图画	2	2	80
唱歌　体操	4	4	160
计	34	34	1360

民亨补习学校教员养成法　民亨之补习学校教师养成法与普鲁士不同，其入学资格不收学校毕业生，每年在工场之职工中录取，教育科长尝出广告，招从事实业之第一流职工，尤以造成木、金工科之教师为最要。故职工之候补者甚多。试验种类为实际工作之一部、工作图、所需之工价、工程之说明等，合格者实习六个月，无报酬。其后半年，有教育学、工业机械器具之构造等各种讲义，每日各给 3 马克。一年后再受此科之试验，就一年中所听之讲义，应其

发问。此外，更有试验以证明实际教授之力量。此类一一合格，则为工业教师，年给 1700 元。别有实业教员养成所，每星期教授 48 小时，分三学期，以六星期为一学期，其教科为工艺化学、工业物理学、工程学、专门图画及工业之测量、工艺之图画及笔法、公民科及工业之教训、工业算术、交通事务、教授法、实习及旅行。

巴敦实业教员养成法　巴敦大公国致力于实业教育最早，首设补习学校，创职业学校之制度，故其学校非常完备。加尔斯莱之职业学校建于 1787 年，今于其中附设养成商业、工业、建筑等教员之课程。商业科之入学资格：（一）巴敦的公民；（二）中学校修业七学年或小学校教师而有证明书，且实际经验满一年者。其教科，作文、商业书牍、商业算术、簿记、外国语、速记、打字、普通商业地理、经济及财政学、法律、商业史、教育及教授法，凡十有二目。工业科入学之资格与商业科同，其教科选与工业适合者，兹不赘述。又巴朗丁堡及瓦敦堡等处，其养成教员之方法亦皆完备，以篇幅过长略之。

要之，实业教员之养成，学校教授与实际之经验，最宜联络紧密。德国于此亦最为注意。志愿入学者，多以有实地经验者为条件，毕业后，苟无数月或半年之实际练习，无一得为教师者。凡学生所受教育，必与一定之工作相合，故教师者不惟熟其工作之理论，凡工厂之实际、工人之状态，必须一一以身历之，周瞩而无遗，此实德意志全国教员养成之方针。而其成功亦在于此。

美国亦有国民实业教育发展协会，其于教员养成法盛加研究，发表主要规制三条，于工场或店肆中募集志愿入学之人而教育之，养成至有能力之教师，与德国的取径全同，尤酷类似于民亨之方法。普鲁士教育行政家当号于国中，曰"不注重教师而求教育之革新，是为梦幻"。其目光如炬，见解远大，如此其国势之盛强、产业之丰足为当然之结果矣。

第十章　徒弟制度与工场法

第一节　徒弟制度

欧洲中世纪之徒弟制度，惟德国较为完全。然自近世产业革命以来，大工业勃兴，旧时制度无不破坏，职工司账等人，既不能谋独立之业务，终身佣于工场，以送其岁月。为店员者，苟受中等以上之教育，其技术较优，故其所入亦相当，其仅受小学教育者，则俸给至薄，永无较大之希望。又工场店肆等处，十分练习其技能之机会颇少。雇主但利其薄给，得以使用，故下级工人店伙永不能遂其优裕之生活，甚或教养子孙之费用，且亦无力负担。于是职业教育补习教育，遂不得不设。徒弟制度既已破坏，新徒弟制度之复兴成为问题，而工场法亦为至要之事项。泰勒曰："职业教育者为近代之设备，以代徒弟制度者也。若此项教育，徒弟对于国家及实业学校之关系，用意稍误，不可谓尽职业教育之任务。"诚至言矣。今试研究徒弟之制度，更进而考各国工场法之比较。

德国凡受雇于工场学习业务者，谓之 Lehrling（徒弟之意）；受雇但得佣赁者，谓之 Ungelernte Arbeiter（不学之劳动者），为一生不熟练劳动者（Unskilled worker）以终身焉。设有一工场中，凡年龄稍长之童，试习之工人所称为徒弟者，多为不学之劳动者，则其工作必为机械的，仅能渐次熟练，以供机械的使役，将永为低级之劳动者而已。盖教养无方，生活低浅，道德缺乏，能力薄弱，以致然也。此区别不惟关于个人之进步及劳动者之幸福已，也直关于国家之强弱。何则？今日之徒弟即明日之公民也，计厂主之利益，亦当计国家百年之大计，则徒弟制度之设立，不可缓矣。兹历举各国之徒弟制度，而先及德国焉。

德国徒弟之契约式　德国之徒弟制度以法律规定之。雇主须为公民，年龄在 24 岁以上，且经受其业务上一定之试验合格者为限。徒弟之父母因迫于困乏，必须速得其子之佣值以自赡，则于小学校八年毕业后，直为不学习之劳动者。其最初一年内，每星期给资三元八角至四元八角。至第四年后，每星期给予七元二角至九元六角。当入为徒弟之时，即订立契约，其普通契约式如次。

（甲）业务之名。

（乙）年限。

（丙）相互之义务。徒弟方面之义务为从顺、诚实、勤勉、正直、所管器具之特别注意、补习学校之受业。

（丁）解约之事项。窃盗、诈伪、不从顺、不谨于火、对于主人及主人之家族有反抗之行为、陷同伙于危害、对于主人家族有不道德之行为、怠于职务、学校缺席等。又主人方面，役使徒弟漫无节制，或不付佣值，或其职业有害于健康，皆可由徒弟解约。

（戊）保病险。

（己）与以闲暇之时间及机会，俾得制造终业之成绩品。

雇主之义务　雇主或工头之对于徒弟，须将其业务上种种事项一一教之无隐，其教授宜注重实际，不可畸于理论方面，并宜自行教育徒弟，执务时须与以相当之补助，又当注意于徒弟之行为及道德。

徒弟执业年限既满，雇主当给以详列职业名目、年限、熟练之程度及其行为之证明书，若其所习者为手工业，则宜与以自力制作物品之机会，及受同业组合试验之时间。伺商业会议所等委任试验委员后，则令受毕业试验，徒弟乃呈其制作品与雇主之证明书、补习学校之入学证书，以受试验。合格者则为工头，得一年志愿兵之许可证书。不中程者，必求新主更受工业教育，然是时之费用须由旧主负担。盖旧主以己之技能教徒弟，既已认定其徒弟为一职工，而徒弟之力不足当一职工之用，必其雇主工头之技术尚劣，故就他较优之雇主工头更学之，而其费则由旧主负担，宁非有深意存期间乎？

更当注意者为既得工头之资格者，则与以一年志愿兵之证书，其国家于养成技能卓越之职工非常注重，此为有力之证据。又德国以生产品之优美饶给蜚声于世界之商场，横行阔步，以期无与敌对之现象，亦可察知其一二矣。盖德国之徒弟制度如法律之所示，以为徒弟者应从事学习之人，不惟以贱值之劳力供雇主之用而已。全国以坚刚之毅力实行此言，养成多数卓绝迈众之职工，时时奏凯于商战剧烈之世界，夫岂偶然之事哉？

执业之介绍　德国各都市必设劳动局（Arbeitsamt），凡小学校毕业而有为徒弟之愿望者，则详书于一定形式之加特（Card 小型之厚纸片），而呈递于市之劳动局，局中据其加特所书，为种种之调查，遂为选择雇主并绍介之，双方商榷既定，乃定前述之契约。其加特之形式各市大致差同，兹举士都拉堡劳动局之模样如下。

姓名：　　　　小学校：　　　　生年月日及出生地：

宗教：　　　　原籍：　　　　父兄及保护人之姓名职业：

希望为徒弟之职业：　　　　父兄于徒弟执业年限中能养之与否：

父兄能出酬金与否：　　　　徒弟能向各地方执业否：

选择何种职业：　　　　现在之住址：

其反面则载医师之证明及学校教师记载之事项。

医师之证明：（一）体格（二）身高及重量（三）容貌及境遇（四）胸围（五）感觉（六）注意事项

学校教师记载之事项：学年　品行　能力　勤勉

此与十一章指导职业之加特性质略同，其注意细密增进徒弟之幸福如此。

瑞士之徒弟制度　瑞士之补习学校甚见发达，其徒弟制度与德国略异。凡求补习学校之兴盛而计职工教育之进步，恒有三问题焉，瑞士解决之如下。

（一）雇主必当与徒弟以补习学校入学之时间。

（二）徒弟必当入补习学校受业。

（三）徒弟必须出席以备他日试验。

上三项苏黎世等 12 省皆公认之，采入于其工场法之徒弟法中，成为法律。

徒弟法　联邦内阁于 1904 年以徒弟与补习教育之法案提出于议会，经议会可决成为法律凡 11 条。

（一）徒弟属于省之统制之下。

（二）任命监督官。监督官 14 人中，必由政府任命者 7 人，实业家选定任命者 5 人，其 2 人为女子。

（三）雇主虐遇徒弟，得剥其使用徒弟之权。又为徒弟者须年在 14 岁以上。

（四）契约上必当由雇主保护人及徒弟署名盖印。

（五）契约应制三份，雇主徒弟各存一份，其一纳诸内务部，以为证明之用。

（六）契约内载明业务之种类、徒弟年限、执务时间及其他之要项。

（七）主人有教诲徒弟之责任，并宜与以暇豫之时间如次：（1）宗教教授之学级（日曜日）出席时间；（2）补习学校及试验之出席时间；（3）准备试验时间。

（八）徒弟必须入补习学校受业。

（九）徒弟之劳动时间每星期不当在 60 小时以上，补习学校出席之 6 小时亦赅于其内。15 岁以下之女子不得过 54 小时。

（十）内阁当以试验时之出席为徒弟之义务，试验时凡属徒弟皆得受试。

（十一）徒弟对于其主人、学校及教师不尽义务者，科以罚金或拘留之。

瑞士之徒弟制度完全如此，与德国相较在伯仲之间矣。

英国之徒弟制度　英人保守性质甚强，又自古即为工业国，其徒弟制度渐次由平时之习惯成立稍臻完备。今天德国之制度进步如此，对于职工之待遇，亦颇能保障其应有之权利。而在英国，则早有相当之规制也。凯兴斯泰纳于德意志青年公民教育中述英国职工，其能力及产业上之知识大有进步，又佣值较高，故其生活绰有余裕，因归功于英国劳动者及职工有进取之气象，富豪贵族等咸能一致尽力，始得至此，此为德国所不及云。英国又有特别之协会以增进徒弟之福利，谋职业教育之进步，即各产业组合、劳动组合、徒弟及熟练之雇工协会是也。

"徒弟及熟练之雇工协会"之目的在令少年男女依其协定之徒弟法及其他方法出席于工业补习学校，受完全之工业教育。伦敦一市有此协会之分会 12 家，各地亦有分会十。凡 14 岁之男儿毕业于小学而不能入中学者，强要入会为徒弟，或研究种种职业，或访雇工而为之求事，或激励之使入夜学校焉。伦敦市中已定补习学校强迫入学之制，苏格兰则依市乡条例，以此权付诸市乡自治体，前已述之。总之，英吉利全国补习学校强迫入学，所至皆盛。实行此制，势必依工场法规定之时间，及令雇主负其义务，涉于徒弟之问题，不一而足。虽其详不可得之，而其制度之细密，及待遇工人之优厚，可断言矣。

美国之徒弟制度　美国国民之性质与英国差同，而其徒弟制度则不以为国家或省法之一部而公布之，但渐次注意对于各大工场之徒弟及年龄差同之人施以教育。泰勒曰美国之徒弟（Apprentice）与德国所谓徒弟者不同，实为不学之劳动者。虽不能受完全之教育，其训诲亦极笃挚。加尔顿曰，吾第一次调查之际，某县工场百十六之中教育徒弟者八十六，第二次调查百十二工场中用徒弟制度者七十三。铁路公司及气锅制造厂组织最为完备，二十五之中采此制者乃二十二焉。其教授方法为夜学校及函授二种，以工头为下级工人之监督及教师。兹举一例于此。波尔特温气锅制造厂尝分徒弟为三级，初级以 17 岁为止，每星期出席夜学校二次，授以小学程度之教育以三年，毕业时给予赏金 150 元。入厂时年在 18 岁以上者，授以高等小学程度（即我国中学校三年为止之课程）之教育，必须毕业，完全毕业时给予赏金百元。第三级授以专门学校（College）之教科，惟不定正则之出席时间，然徒弟之必读工业杂志，则定于规则之中。最近马萨诸塞、新泽西两省之补习学校亦实行强迫制度，以应其急需。既须强迫入学，势必须于徒弟制度之外别立规程，今美国徒弟制度之基础已坚筑，而其渐次之规划则令最良之徒弟与劳动者同时出席而为学生，执此方针，无论雇主、雇工学力无不普及，徒弟制度之进步盖可知矣。

第二节　工场法之比较研究

大工业愈益兴盛，他方面之生计愈益艰难，而青年之入工场从事业务者亦愈益增加，此不得已之事也。虽然工场生活阻害少年身体及精神之发达，实无可避免。故工厂中少年日益增多，国民之体格及其精神之发达，其结果实为可虑。加之劳动时间之长、佣值之廉，少年职工之身体、精神、道德各方面无不蒙受甚大之损害，因之欲扩展普通之知识，练习自己职业上之技能，其机会竟不可得，并无由启发其意志，而于小学校习得各种之知识德性反遗忘渐减，至于罄尽，影响且及于国家。于是各国咸制定工场法规定职工之年龄及劳动时间等，并与职工以受补习教育之机会，谋其身体精神之发达，使成善良有为之公民。此不惟造福劳动者而已，实于国家之发展大有贡献焉。欧美先进各国早制定工厂法而见之施行，其以此欤。

对于少年职工之法令　兹由教育上将各国工场法比较而评断之，爰述对于少年职工法令之梗概如次（少年职工指十二三岁之职工）。

（甲）执业严禁之年龄　受雇而为职工之法定年龄，英国12岁，德国13岁，瑞士14岁，日本12岁。瑞士之条件最有利于职工，次为德国，日本与英国同，然多例外。日本向未有工场法，至本年（民国五年）6月始制定施行。施行之际，幼年职工有10岁以下者，此为例外之一事，又本法中附有条件，凡轻易之业务，许10岁以上之儿童为之，其法颇宽。

（乙）工作时间　英国规制凡12岁之儿童其做工时间当得成人之半，13岁已毕业于小学校者于后述之14岁同，否则亦如成人之半。纤维工业二星期中共55小时半，此外之工场须60小时，家庭之工作74小时半。德国则各处工场每星期皆36小时，家庭工业并无规定。故工场一日之执业时间，英国5小时，德国6小时。瑞士14岁以下，皆在严禁之列，日本15岁以下，不得超过12小时。十二三岁者，各工场皆不同，或有在12小时以内者，惟至多以此数为限，待遇比诸英、德、瑞士亦苛，英、德于急需之时，得增加劳动时间，惟不能增至一星期中总数之时间。

（丙）夜工　英国于十二三岁之儿童，全然严禁夜工。德国尤绝对注重，日本之规定，下午 10 时至上午 4 时其间不得工作，其余时间虽夜不禁。又其工场法第五、六两条云，遇有特别事项，得于后此 15 年内，于前述之时间执夜工焉。

（丁）休日　英国工场于日曜日工作全停，德国则日曜及祭日均强迫修业，绝对不工作，日本每月有休日二次，其下午 10 时至上午 4 时之间就工者，月给休日四次。

对于青年职工之工场法　十二三岁之儿童，不谓之幼年而谓之少年，由此上之年龄当谓之青年，尚不能与一职工相当。英国自 14 岁以上至 18 岁，德国 14 岁至 16 岁而有小学毕业证书者，瑞士 14 岁以上 18 岁以下皆谓之青年职工。日本无少年青年之别，常以 15 岁为一工人最低之标准年龄，过此以往即为成年之职工，劳动时间之内一律工作。

（甲）工作时间　英国纤维工场每星期 55 小时半，每日为 10 小时以下，他工场一星期 60 小时，每日 10 小时半。瑞士则一星期 64 小时，每日 11 小时，惟休日之前一日为 9 小时。日本未满 15 岁者，每日 12 小时以下，十四五岁者每星期须 72 小时以下（星期休业），较诸各国约多十小时。

（乙）延长时间　美国除设若干特别之例外，其余一切严禁之。德国仍如其少年工场法，不能增至一星期中总数之时间，而于特别之时亦得随其必需，增加若干时间。瑞士亦然，惟不能过二星期。日本许于后此 15 年内延长 2 小时。

（丙）夜工　英国凡女子皆禁做夜工，男子许之，惟亦设有条件。德国普通禁之，至必需之时，许做夜工四星期。瑞士与英国同日本下午 10 时至上午 4 时之间不许工作，他时不禁。遇有要事，虽深夜不禁，至 16 岁以上，且视深夜工作为当然也。

（丁）休日　英于日曜日全体停工外，一星期中尚有半日之休息，德国日曜、祭日强迫停工，与少年职工同，瑞士日曜日亦全停，然有例外。

以英、德、瑞士、日本四国工场法大体比较之，少年工作过度禁止最力者为瑞士；定一职工之年龄较为宽缓者，为瑞士及英德，次之日本，则 16 岁以上即许深夜做工，其待遇工人殊不优。

补习教育与德国工场法之关系　凯兴斯泰纳曰，"佣主所牺牲者，与徒弟以必须之时间，使出席于学校是也"。夫以强迫徒弟职工入学于补习学校之义务，使父兄、雇主、工头分担之说，叮咛明载于工场法者，惟德意志、瑞士二国。德于 1897 年之商法（Handelsgesetzesbuch）及 1900 年德意志帝国工场法

（Die gewerbeordnung fuer das Deutsche Reich）规定之后，厉行尤严。兹举其工场法重要之条文如次。

第 120 条　工场主对于 18 岁以下之职工，有给予官署指定之时间之义务，以便受业于自治团体或国家所立之补习学校。

第 142 条　依市乡条例，得强迫 18 岁以下之男子（并女书记、徒弟）受业于补习学校，因强迫学生及其父母、保护人、雇主行义务之故，凡学生依法之出席、训练及种种举动归于确实，悉规定于法制之中。如少年已受业于与国家所设补习学校相等之同业组合实业学校者，可无须强迫入补习学校。

第 150 条　违背第 120 条及此外某条之规制者，每违背一次，科罚金 20 马克，不纳罚金者拘留三日。

此外则教师当勤勉其徒弟出席于补习学校或实业学校，又日曜日不妨碍其诣教堂礼拜之功，皆规定于 127 条中。

观于上之条文，德国国家于强制补习学校入学之事，其意之所注又可知矣。此制实行之初，工场主等无不尽力反对，今则于徒弟等入学之事乐与之便利，且有资以学费及各种学用品者。

瑞士之工场法与补习学校　瑞士的工场法所规定尤较德国为精密，1905 年改定工场法，称曰徒弟法。

第 5 条　徒弟之身体及精神福祉，当视力所及，大加注意，由此之组织，得业务上之原理及技能之熟练。凡此教育之事，所以谋徒弟之发达者，悉为雇主之义务、组织云者。为雇主必自己或请适当之代理人施教育于徒弟，徒弟除契约上明许之事外，不能受雇为学习业务以外之事，其业务的学习须无他事以妨害之。

第 11 条　雇主所居之处或其附近，有商工业或一般补习学校者，徒弟必当出席于学校或施徒弟实业教育所用之工场，雇主必当于做工时间之内，每星期至少予以四小时，使出席于学校，其出席所费之时间，与做工时间并计。（下略）

第 19 条　徒弟于徒弟年限之终，须受专门知识及技术之试验。

第 23 条　经徒弟试验合格者，应授予徒弟年限内之成绩证书。

其条文大体如上，其甚致力于徒弟之补习教育如此，是故瑞士虽小补习学校及学生之数乃至伙。盖全国补习学校之数，凡 3417，学生之数 101947 人（1912 年），影响所被国家之产业，至丰饶矣。

以上为工场法之关于强迫教育之梗概，补习教育之强迫与工场法有密接之关系，于此可知矣。

第十一章　指导职业

与职业教育相需而近来甚见发达者则有所谓职业指导（Vocational Guidance）者，是此于生活上实为至重要之计划。盖人之资禀、知能、技俩万有不齐，等差各别，故选择后来所执之职业，必当慎之又慎。今日生存竞争之时代，所谓既试而后知误（"trial and error" method）者，其覆辙不容更蹈。何则？其初苟不加注意，漫然择一职业，迨知己力之不逮，不得不更择第二职业，未几又不适宜，弃而之他，如是第三第四更易无已。职业无定，所需之知识技能亦永不能达于优秀之地位，处兹竞争剧烈之日，势必为劣败之人，而为天演所淘汰。匪特个人方面无可资以为生，国家社会经济力、生产力所蒙之损失亦何可以数计，是故后此凡择业者慎毋爽失惟一之机会，切不当蓄心于更择。然欲于最初选择时即能如矢之得鹄，弦之应节，则非几经审慎，内熟察诸己，外受富于经验者之忠告指导，必不能有功。各国职业局所要求于青年而忠告之者曰"汝宜知己甚审"，又说"自己知识之缺乏，多为悲痛之源"。虽然，青年者大都能瞩千里不见目睫之人也，知己之审谈何容易。是故职业局必须供给其选择职业之方法材料，使青年熟知自己之资禀诣力，熟知实业之性质状态，于选择之宜，洞若观火，斯无不常厌业之弊。其道惟何？曰资于指导而已。指导者事前先为选择之准备，选择既定，促之进求职业之知能，殚精竭力，镞而不舍，使尽得其职业上之奥窔，斯为克尽指导之责务矣。简言之，效种种之忠告，指示一定之方针，使青年选择最宜于性质知能之职业是也。故泰勒谓职业指导为少年生活上发轫之第一步，关系之重，可想而知矣。

职业指导与社会道德　今日分业益细，科学之应用益精，而生存之困难亦日益加甚，故此职业指导与职业教育甚当相需而行。盖指导职业实为最切要之教育的事业，亦社会的事业也，而其影响于社会之道德亦甚大。青年苟无一定之职业，辗转流荡，岂惟懈惰，苟且丧失个人之利益，直成为不良少年之群，而贻社会以甚恶之影响。巴德里·台威士尝著一书曰《职业及道德之指导》（*Vocational and Moral Guidance*），极论职业道德振兴之策，而其有效与否，视乎指导职业之尽力与否，苟不加指导或指导而讹误，则足以破坏学校教育而使道德之率骤为低降。

职业指导最近之发达 指导职业之事，德国大都市之劳动局行之较早，美国近亦盛倡此说，故泰勒亦谓职业指导与职业教育之运动，其重要差同。虽然此语极新颖，《欧美职业教育瞽见》中亦谓"职业之指导，前此举不以为重，今日则与职业教育同为最急要之大问题矣"。近年德国已建议设立国民职业指导协会（National Vocational Guidance Association），三日之间凡职业之野心、教育之价值、职业之研究、职业名簿、职业选择、职业准备、职业道德等，无不加以讨论。最近发刊一书曰《职业指导》，盖集多数人之讲演以成是书，其在英国之大都市此议亦盛，美国运动尤力，纽约、波士顿、芝加哥、克利夫兰、费城、彼得斯堡、圣路易等大都市进步最著。兹举纽约及波士顿之成规以见其梗概。

纽约之例 纽约指导职业之创始者为爱理达·勃尔威佛氏，曾设学生目的调查会（Student's Aid Committee）而为其会长，其会之目的凡四条。

（一）汇集关于精练实业家必须性能之知识。

（二）已有为实业家或专门家资格之青年，市中如有要求之机会，及因此需费之事项，会中皆通知之。

（三）对于欲入实业界者，由劳动同盟会，及职业团体所加之制限，会中确定之。

（四）实业家及专门家之平均报酬及比较无变更之事项（位置及主人），会中确定之。

此种调查及种种运动之事项，社会上渐知其必须。1910年，设中央职业局（A Central Vocational Bureau），各校亦以指导职业之故，各列预算费200元（美金），要求市机关承认中央职业局，由雇工协会、劳动同盟会、教育及社会的事业家、教会之办事人、本市督学官之学校课诸人组织而成，其职任如下。

（一）青年已受学校之职业教育而未得该校必须之赠言者，局中为进应陈之忠告，并指示其方针。

（二）雇工与雇主，或雇工毕业之学校教师有交涉之事项，局中裨补之。

（三）关于有普通能力之劳动者及有特别教育者遇有机会之报告，关于因工作不同，特设一种试验，以便工人进于某种不同之阶级之报告，并关于法令及劳动同盟限制之知识等，均以次之方法汇集之：（1）雇工协会；（2）个人的雇工；（3）统计之印刷品及政府之报告；（4）社会事业家；（5）劳动能力之职业记录。

（四）据发表的特别公报、讲演录等，作市内就事人员的报告，以变益于选择职业的学生及其父母与社会事业家。

（五）学生因欲得较高之位置，而习必须之学科者，局中为告其种种应注意之事。

（六）对于能力甚优者，或设特待生，或取短时间之雇佣法以裨助之，使其学业达于深邃之域。

波士顿之例　波士顿市职业指导之组织大概如下。

（一）各小学校皆制成卡片，由为职业顾问之二教师记录，盖印其上。其一人记以后欲为劳动者之学生，一人记中学校课程之选择，以忠告学生及其父母。故学生考查簿，必须记录于平日，且必十分详细正确，更当加入予以附加知识之青年及其父母。总之教师、父母之外，必更有熟练其职业之人，三方协力动作是为至要。

（二）中学校（赅括实业学校）亦须有教师一人或一人以上为顾问，署名盖印，此则以离学校而入实业界之学生为限。

（三）职业指导之最为必要者，是为补习学校。本市亦设此校，自不待言。

今举某女子商业学校之职业助力者（Vocational assistant）之任务于下，以为一例。（一）访问缺席生之家庭及店肆。（二）答欲就店肆雇佣者之质问，在店时须请店员（女）记录，又于其职业上相当之事项，与以裨助。（三）每星期赴夜学校一次，以答日间未能质问者之质问。又凡为职业顾问者之职务，须熟知家庭、学校、工场、店肆等少年之情形。又在教室则对于教师，在家庭则对于父母，又于学校、店肆有种种关系之少年、青年，皆负指导之责任。

波士顿之劳动介绍所（The Placement Bureau of Boston）　虽系私立而与学务委员会联络一致，以行其职务。别有职业局及女子职业教育同盟之团体，各方面皆为劳动工人尽力。今录小学校、补习学校、中学校等所作卡片之雏形，分送于劳动局、职业顾问及雇主等者如下。

波士顿小学校_____公立补习学校学生记录_____

个人记录_____（1914）_____名_____字_____别号_____

校址_____住址_____区_____阶_____

男女_____肤色_____出生年月日_____产生地_____

美国居住年月_____

父_____职业_____执业地_____

母_____职业_____执业地_____

记录日期——卒业日期——卒业学年——教师名

身体特性——重量——身长——品位——
体中特别缺陷——
备考——

学校记录——行为——出席时间——缺席时间——缺席原因——怠惰时间——
算术——英文——地理——读法——历史——文法——音乐——作文——
图画——手工——裁缝——烹饪——习字——理科——体操——生理——
中学校学科——科目——
英文——历史——外国文——数学——理科——书牍——家事——
特别才能

结　论

一国教育之方针，全视国家之目的及政策而定，而非他物所能束缚。惟教育学、伦理学以及心理、社会各种之学，未尝无影响及之。然旷观近世之情形，各种教育皆由国家经营而管理之，虽小学教育亦然。所以然者，盖国家自欲达其一种之目的，含有重大之意义，故教育上一切规定，悉依国家之目的、理想，此当然之事也。培利所著的《教育行政概论》中有曰："自己及子女之教育，果悉任个人之自由，则其办法成效或较今之小学教育尤为便利而有益，己之最妥善之目的、理想，当于是乎达。虽然小学教育者，国家目的、政策之变形物也，国家竭力经营之，人民不可不悦怿而就其绳尺，是故今日之教育非个人本来之权利，而国家所与之特权也。"况人格之真高尚者又足以成国家真实之风气，故国家苟求国力之充实、国势之隆盛，国民苟图实力之膨胀发展，则其国家所施之国民教育，其目的及理想务依平日心目中所营求者以养成其国民，而其国教育上之经营，亦当一一由此方针制为定则。现在欧洲之大战，一以见各国实力之暴露，一以见教育为其有力之原因。他国姑勿论，德国之强盛及其教育，实大有研究之价值也。

此次世界大战，旷古罕闻。计自开战至今已及三载，德国战场之军士，国内一般之国民，团结一致，戮力军国之事，外则为祖国，故力战以驱敌军，而裹尸疆场者，已达百万，伤者病者垂三百万；内则严镝其物品，国民勤苦节俭，应用科学使军需粮食不至甚缺，至今其国无显然困乏之状。联合国之封镝物品，固为惟一有力之战略，虽然本国之兵器粮食究有求过于供之患，则不得不取资于美国、日本，至于各物无不翔贵，尤以药材、颜料、机械等为甚，价倍于平日三四焉。

深求德国所以强盛之故，为今日世界各国之一大问题，兹考德国近代之教育，其致力之点有七。

（甲）今日德以一国而敌六七强国，从事战斗从事实业，固不待论。设全国国民体非壮强，于事何能为役，盖前此之奋战力斗于国民身体强壮之基础，固已殚精竭心力矣。

（乙）德意志国民于本国之国力及其国在世界中政治经济之地位，人人如胸罗泳雪，国家之意识极明确而巩固，上自德皇下至低级之国民，无不以国家之理想为理想、国家之目的为目的，一志齐力以求见之于实事焉。

（丙）国家之意识既明确巩固矣，则深维本国将来之地位，更将其继承之德意志魂并祖宗以来之爱国心，愈益洗练而旺盛之。人人用其意识深知国家、深爱国家，献身尽命以努力于国事，非爱国之精神——蕴诸胸中能如是乎？

（丁）德意志国民本富于勇敢尚武之气象，昔罗马人尝目之为敢作敢为之野蛮人。全国国民苟无此气象，则今日从征之人势必已及于大学之教师，统计小学教师为疆场之雄儿者约 8500 人，彼等尚武气象之旺盛盖如此矣。

（戊）德国国民经济思想之发达无与伦比，由一家之经济以至一国之经济，且于德国经济在世界上之地位，无不有明了之知识，而其一切规划无不具世界的眼光。故其富力直如山海之无尽藏，尤以国家经济的地位进而至于世界的经济，而竭力欲为世界经济界之霸王，其魄力之雄厚可知矣。

（己）但谓德国国民于经济上之知识思想卓绝宇内，犹未也，盖其国民个人经济的能力又非常强盛，其生产力优厚，其货物坚牢耐用，为值又廉，商人机敏诚实不失可乘之时机，是皆德国国民之特长，而亦为实业补习教育之效果，足以称雄于世界者也。

（庚）高尚复杂纯粹科学之知识，即有各专门学者之极深研几，而普通应用工业上初步之科学知识，又无不普及。即以小学言之，理科之知识已远出他国之上。实业补习学校中，凡工业上必须之博物、理化、数学、商工业初步、专门科学之知识技能悉已受适当之教育，故其所造尤深。由此发达普及，则个人之经济能力因有显著之进步，其间盖有循环之效果焉。

以上七项教育方针惟能戮力实行，斯彼之富力、经济力、工业贸易力骤然得发展如此。国民当此大事，举国之人，万心一致，万首一向，以求世界空前之大成功。彼于 19 世纪以前一般教育已致力于此点，既入 20 世纪，益以前述之方针施最新之教育政策，日昃不遑，以举其成绩致有今日之效果。盖所谓新教育政策者，公民教育也。公民教育之一大要素是在职业教育（Berufbildung erziehung），当然之事矣。

职业教育者，非徒个人职业能力进步而已也，其义当为使国家及国民职业能力之进步。若以个人为主眼，则当国家危急存亡之秋，尚有如英国下级劳动者之同盟罢工。是故养成工人一般之品性最为急务，须厉行含有职业道德之职业教育，而使之发达。彼德国国民从事一己之职业而努力发抒爱国之精神、巩固国家之意识，以完成真正之人格，而播其芳徽于全世界之中，苟欲取法，恶可舍此？

职业教育概论

庄泽宣①　著

①　庄泽宣（1895—1976），浙江嘉兴县人，祖籍常州。著名教育家。获纽约哥伦比亚大学、普林斯顿大学教育与心理学博士学位。著作共 30 余种，有《职业教育通论》（1926、1934）、《教育概论》（1927）、《各国教育比较论》（1928）、《西洋教育制度的演进及其背景》（1928）、《如何使新教育中国化》（1929）、《各国教育新趋势》（1936）、《乡村建设与乡村教育》（1939）、《战争受害国的文化与教育》（1949）等。

序

　　我没有到美国去的时候，就感到中国职业教育的重要。在美国的时候，一方面考察欧美职业教育的成绩，一方面研究中国社会经济的情形，很有些意见在心里。虽则发表了几篇短文，却始终没有聚拢所得编写出来。今年夏天黄任之先生要我到南京去讲职业教育概论，并且把他以前所讲过的稿子寄给我做参考，我感他的厚意努力把我所知道的组织起来去充讲稿。但当时只有大纲，并没有全写出来。讲完以后，我很想把所讲的就正于国内同志，所以就写成这小册子，不过讲的时候，引用别的书上的话，这本小册里一概从略，细节里面也稍有更动。一切不妥当的地方，深望大家予以指正。

庄泽宣

目　次

第一讲　职业教育的定义

职业教育是什么？要回答这个问题，一定要先知道职业是什么。照《辞源》引《史记》上用法看来："职业，分内应为之事也。"又引《三国志》上用法看来："社会中各依流品以谋生计谓之职业。"（均见《辞源》）

照《韦白士特大字典》：Vocation——A calling; a summons; a call; etc.

Vocation is often exactly equivalent to calling; but it sometimes retains the suggestion of an employment to which one is destined by nature, or called, as it were, by some higher power (under occupation).

我们可以说：凡是对于社会所尽的一种役务间接或直接增加生产力的叫做职业。凡是不能直接或间接为社会增加生产力的事情，不得称为职业。乞丐是自己不能生产而仰仗人家的，不能算为职业；盗贼是用不正当的方法去抢人家偷人家的，更不能叫职业。至于卫国的兵士、探险家、育儿的母亲、家妇等，却都是直接或间接生产的，当然是有职业的人。

我们明白了什么是职业，对于"什么是职业教育"这个问题，就容易解决了。我们可以说："用教育的方法，使人人获得适当的职业，俾成社会健全分子，名曰职业教育。"

我们理想的健全社会是里面的人个个有职业，如此他的生产力总会大。我们理想的社会健全分子是有适当的职业，这非赖教育有方不可。

社会的健全分子不但是有适当的职业，并且知道如何尽他们对于社会的义务，如何利用他们的闲暇时间和如何发展他们的体格。所以职业教育不能占教育的全部。

有一班人太看重职业了，以为人在社会里既须有职业，可见职业是人生生活的中心点，别的事都是附属的。那么教育都含有职业性质，譬如学英文的目的，或为阅读英文书报，间接求职业的学识；或直接用于工商各界；自小学至专门学校课程里的英文功课都含有职业性质。这样讲起来，未免太过了。因为学英文也许是为利用闲暇的。所以我们可以把教育分为四大部分。

（甲）　公民教育亦名社化教育

人之初生，与社会并无关系，以后渐渐化为社会一分子而成为良善公民。以这件事为目的的教育，称社化教育或公民教育。这两个名词好像一样，实际上却也有区别。公民教育的方法各国不同，譬如日本的公民教育使日本人成帝国忠民，俄国则带共产色彩等。但是社化教育则全球一致，教化人民为社会良善分子。

（乙）　文艺教育亦名闲暇教育

良善有职业的社会分子，不能日夜做职业上的事，而必须有非职业的活动以娱乐身心，或与他人交换意见，等等。所以有文艺教育或闲暇教育发生。闲暇教育似乎是个奢侈品式的名词，所以有人主张叫文艺教育。

（丙）　体育

身体为做各种事业的根本。身体不健，则不能尽公民义务及职业上责任，所以世界各国自小学到大学，无不有体育一门以健身，并设生理卫生等功课以辅助之。

（丁）　就是职业教育

譬如教写字，单讲为学生写得好看，这是文艺教育；若是预备他们做书记或卖字的人，这是职业教育。又如讲卫生学，单求学生实行个人卫生，这是体育；若是预备他们做医生或卫生宣传的人，这是职业教育。

职业教育的目的是——使无业及失业的有业，使有业的巩固及增进地位，为国家及社会增加生产力。

其他关于职业教育的定义，参看《教育与职业》杂志二卷十一号（即23期）。

第二讲　职业教育的起源

职业教育的起源，广义地讲，可以说是起于从人类有职业的时候。有职业便须教人一代一代的继续下去。不过近世所谓职业教育，我们细分它的来源，有三条。

（甲）　课程内容的艺术化

欧洲 17 世纪以来，就有许多的教育家以为教育不应当偏重书本。Locke①、Comenius② 等在 17 世纪的中叶，就提倡感官的训练。到卢梭的时候，公然的讲，身体活动不但是强身，并且使感觉灵敏，手脑联运。他在《爱弥儿》里讲用调查工商业的方法，使儿童了解社会实际状况，并且应使儿童在家庭和学校里练习木工。裴斯泰洛齐看了卢梭的书，就实行起来，招了些穷苦学生，教他们许多的实用艺术，同时也教其他文字上的功课，这可以说是课程艺术化的第一次试验。后来又开了几个注重实用艺术学校，一时称盛于欧洲。裴氏以后，又有 Fellenberg、Froebel③ 等继续提倡。但是直到 19 世纪才日渐普及。尤以北欧诸国如俄罗斯、芬兰、瑞典、挪威等为最。我们先讲俄国的工具训练（tool instruction）。

俄国的工具训练是莫斯科皇家艺术学校的主任 Victor Della-Vos④，在 1688 年时所首创，用最有效率的方法教学生以艺术。后圣彼得堡在 1870 年开展览会，工具训练的成绩，大受欢迎，各种普通学校也加这种训练。到 1876 年美国费拉特费亚开展览会，俄国送了八架的成绩品去，遂为美国人所注意。一方面有手工中学出现，一方面在一般学校加实用艺术的功课。

瑞典、挪威、芬兰、丹麦等国有所谓"技术制度"（Sloyd Dystem），是芬

---

① 洛克，英国教育家。——编校者注。
② 夸美纽斯，捷克教育家。——编校者注。
③ 福禄培尔，德国教育家。——编校者注。
④ Victor Della-Vos（1829—1890）：毕业于莫斯科大学，在手工培训这一教育领域中作出了杰出贡献。他在任莫斯科帝国技术学校校长期间，发展了所谓的"手工培训教学方法"，在工作车间与技术学校之间建立了联系。——编校者注。

兰人Otto Cygneaus 在 1858 年所发明。目的是教各种技术、发达脑力、明了器物、间接预备职业。7 岁以前做手工，7 岁以后用各种器具做工，并且常常变换，使儿童不致厌倦。首先实行的是 Otto Salomon 博士。到 1868 年，芬兰政府下令强迫各小学及师范一律学习这种制度。1892 年挪威也叫都市学校一律实行。后来瑞典、丹麦更为普及。

所以课程的艺术化是诸大教育家提倡于先，北欧诸国实行于后，渐渐普及于其他各国。其影响，一方面使一般学校的课程加艺术功课，一方面为发展职业教育的基础。

（乙） 学校教育的职业化

职业教育的第二大来源比较第一大来源更近的是学校教育的职业化。学校教育职业化的缘故，是因为学校毕业或曾肄业的青年，到社会里去无一技之长，变成了高等游民；于是办教育的要想个法子救济这个弊病，他们以为唯一的方法，便是在学校里教授职业。

学校教育的职业化，在西洋最盛行的是美国。美国所以如此，是由于《莫利儿案》的提倡。这个案的动议是因为有一位杜纳儿教授（Prof. Turner）创议把政府的官地拨给各州作开办实业学校的经费。1853 年国会采其议，未成。四年后，议员莫利儿（Morrill）复建此议，因为美国是个新国，官荒很多，此案通过，于 1862 年经林肯总统签字，拨地以各州议员额作标准，每议员三万英亩，计共 1130 余万亩。此项实业学校成立后，逐年扩充，遂成为今日之各州立大学及实业专门学校。1890 年国会又通过《第二莫利儿案》，增加各州实业教育经费。第一年每州 15000 美金，自后每年加 1000 美金至 25000 美金为止。1907 年，国会又通过《增加实业教育经费案》，计每年每州 5000 美金至每年 50000 美金为止。这是全美国的奖励。至于各州政府以麻州（Massachussets）为最早。1870 年，州政府令凡一万人口以上的城市，至少皆须有教授关于职业的功课。纽约及威斯康星继起提倡，各种中等职业学校及补习学校相继设立。

美国是一个新国，要赶紧追上欧洲的实业，所以不得不用学校的方法来教授。在旧国中同美国取同一方法的是日本。日本国虽旧，但是实业却本不发达。看见欧洲实业的盛，于是不能不用学校的方法来振兴。所以学制里面就有各种实业学校的规定，而于工业学校尤为注重。现在中等以下的工业学校，已有 200 余所。有中等工业学校，有职工学校，有徒弟学校，有工业补习学校等，所以现在日本工业大兴，可与欧美抗衡。

中国初办新教育的时候，仿照日本学制，有所谓高等、中等、初等实业学堂，实业补习学堂等机关。民国成立以后的学制，也有甲、乙种实业学校的名称。但是现在所谓职业教育，与以前的实业教育的发生不同。当时的实业教育，一方面以为一个学校系统里面不可不有他，一方面以为有了他，实业便可振兴。现在的职业教育，是想用教育方法来救济中途失学而无业可做的青年。

民国二年的时候国内教育家就觉得中国的教育太不切于实用，《教育杂志》曾经发出许多问题征求意见。到民国三年发刊专号称为"实用主义问题"。到民国五年教育部用法令增加园艺与手工于小学课程。江苏省教育会同时编辑《实用教育丛书》。一方面调查全省各中学毕业生升学的人不过百分之二三十，至于高等小学毕业生升学的不到十分之一。照教育部统计，当时全国的中学有 403 所，而甲种实业学校只有 94 所。高等小学有 7315 所，而乙种实业学校只有 230 所。可见甲乙两种实业学校不合时宜，而且数目太少。为救济青年中途失学而无相当职业起见，不能不提倡多设职业学校。于是在民国六年有中华职业教育社之组织。一方面宣传，一方面实验。将来的成绩，全靠大家的努力。

参看《中国教育的民治趋势》（英文本，商务印书馆出版）及《中华职业教育社成立宣言》（见中华职业教育社《社务丛刊》第一册）。又最近的《中华教育界》（十四卷一期）登有《中学教育问题》一文，对于中等学生升学问题有所讨论。

（丙）　职业训练的学校化

古时候的职业训练是父传子、子传孙的。到后来各种职业渐渐发达，有所谓徒弟制度出现。徒弟制度在欧美与中国都有几百年的历史。在各种机械未发明以前，这种制度本很适用。他有许多的好处（参看《最近之五十年》）：

1. 注重实际作业与经验，学与用相连贯。
2. 养成耐劳耐苦的习惯，没有妄自尊大的恶习。
3. 膳宿有店主供给，无所谓学费。穷苦的子弟也有学习技术与知识的机会。

但是缺点也多：

1. 偏重技能，忽略知识。关于阅读书写的能力，毫不注意。
2. 只晓得照师傅所教的，陈陈相因，不知改良。
3. 杂事太多，学习技术的时间与精力，都不经济。

况且自从机械发明以后，分工很细，徒弟制度渐渐不适用。欧美各国最早改良徒弟制度的是德国。

德国自从联邦政府成立以后，俾斯麦就实行实业政策。一方面用种种的法律振兴实业，如同《保护关税》、《工作时间法》、《工人的恤金律》等皆是。一方面与各种实业团体合作，倡办职业学校，改良徒弟制度。德国的职业学校，大概可分为三种：第一种初级职业学校，收小学毕业生，而且曾经在工厂里实习过四年的，毕业的期限从四个月到两年不等。第二种中等职业学校，收曾在中学肄业六年的学生（中学共九年），而且在工厂里实习过两年的，毕业期限两年半。第三种高级职业学校，收中学毕业而且在职业界有过经验的人，期限三年。

自从德国办有成效以后，英国、法国都步它的后尘。英国的职业学校也分三等，但是英国到现在徒弟制度还很盛行。法国直到欧战以后，才觉悟职业教育的重要，现在正极力提倡。美国有振兴职业教育的大计划，以后再讲。

（丁）　职业教育的全国化

职业教育有了这三大来源，到近二十年来汇合在一起，教育界与职业界通力合作，职业教育在欧美已有普及之势。因为 20 世纪时代，是国民经济竞争的时代，所以各国都极力设法增加本国的生产力，于是不能不提倡职业教育。富的国家生活程度一天高一天，穷民的生计也一天难一天；贫的国家连上等的人也不容易谋生；解决的方法的一种，就是普及职业教育。

职业教育到现在所以能普及的缘故，是由于各种方法的推行，同各国的互相借鉴。推行职业教育的方法，一方面在小学里面注重职业陶冶与训练，一方面用职业测验与指导，替青年代谋适当的职业。这种种的方法以后再讲。至于各国的互相借鉴的例子很多。譬如美国曾经叫 Dr. Deckwith 及 Dr. Cooley 到欧洲去考察。德国的 Dr. Kerschensteiner① 又到美国去调查。中国也有许多的团体到欧美去调查。所以一国有好的办法，别国可以仿照去做。但是普及全国职业教育的计划，要算美国的最为完备。美国的《职业教育案》，又称《Smith Hughes 案》，是 1917 年通过的。本案的主旨是增进职业教育，规定各州与中央合谋农工商教育进步，养成职业教育的师资的方法；与此项经费支出的分配。本案所规定各州农业职教员等薪俸的经费如下：

1917 年到 1918 年，50 万美金

1918 年到 1919 年，75 万美金

1919 年到 1920 年，100 万美金

1920 年到 1921 年，125 万美金

1921 年到 1922 年，150 万美金

---

① 凯兴斯泰纳。——编校者注。

1922 年到 1923 年，175 万美金

1923 年到 1924 年，200 万美金

1924 年到 1925 年，250 万美金

1925 年到 1926 年，300 万美金

以后每年 300 万美金。此项经费照各州人口分派，但在 1923 年以前，每州每年至少 5000 美金；1923 年以后，每州每年至少 10000 美金。

又规定支出各州工商及家事经济职教员等薪俸经费如上数。

又规定支出养成以上各项师资经费如下：

1917 年到 1918 年，50 万美金

1918 年到 1919 年，70 万美金

1919 年到 1920 年，90 万美金

1920 年到 1921 年，100 万美金

以后每年 100 万美金。此项经费也照各州人口分派。但在 1919 年以前，每州每年至少 5000 美金；1919 年以后，每州每年至少 10000 美金。

自从此案通过以后，美国的职业教育普及于全国。

参看《教育与职业》第 4 期及第 6 期和《职业教育研究》。

第三讲　职业教育的分类与分级

（甲）　职业分类

职业的种类很多。中国有所谓三百六十行，实际分析起来恐怕还不止这个数目。但是我们可以把各种职业分为九大类：

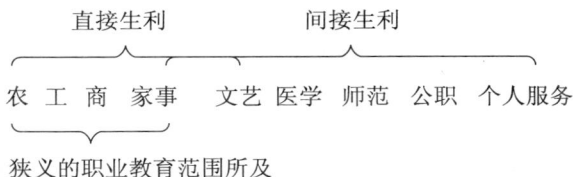

　　直接生利　　　　　　间接生利

农　工　商　家事　　文艺　医学　师范　公职　个人服务

狭义的职业教育范围所及

　　直接生利的职业，严格地讲，可以分为农工商三大类。间接生利的职业，严格地讲，只有公职与个人服务两大类。至于家事与文艺，是介乎直接与间接生利之间。因为家事之中，如缝纫、烹调等，都可独立成为职业。譬如裁缝把布匹绸缎缝成衣服，厨子把菜蔬鱼肉变成食品，可以说与做工的把砖瓦木料变成房屋一样。但是家妇缝纫、烹调，只能算为间接生利。又如文艺里边的作文卖字画画雕刻等，也可直接生利，也可专为娱乐，使人享受，增加生利效率。医学与师范两大类，实在讲起来可以归并在公职与个人服务之内。所以分开的缘故，是因为这两大类的人很多，而且所处的地位很重要。还有许多所谓不正当的职业，有的可以归在个人服务里边，有的简直不能称为职业。譬如算命、择字、戏子、歌妓，可以说是个人服务。至于乞丐、扒手，既不直接生利，又不间接生利，当然不能称为职业。还有许多坐食遗产，或者依人吃饭的，当然都不能算为有职业的人。

（乙）　职业教育机关分类

　　职业教育的机关分类，如果以种类分，当然有一种职业，就有一种职业教育机关。所以现在我们的分类，不是根据种类分，是根据办理的机关而分。这个分法是民国十二年中华职业学校联合会所议决的。

　　（一）农业学校、工业学校、商业学校、家事学校或职业学校，凡类此者，皆属之。旧制甲、乙种实业学校包括在内。

（二）农业、工业、商业、家事或职业传习所、讲习所等，凡类此者皆属之。

（三）设有农、工、商、家事等科之高级中学校，及设有职业科之初级中学校。

（四）设有各种职业准备小学校。

（五）设有职业专修科之大学校或专门学校。

（六）农业、工业、商业、家事或职业补习学校及补习科。

（七）农业、工业、商业、家事或职业教师养成机关。

（八）实业机关附设之职业学校。

（九）慈善性质或感化性质，各机关附设之职业教育。

（十）军队附设之职业教育。

（丙）　职业分级

职业的分级，国内办职业教育的人还没有十分注意。本来职业的分级，是要各种职业发达以后才有的。职业愈发达，分级也愈细。照现在各国职业的分级，大致如下。

（一）专家　各种职业界，应当有专家负研究与计划的责任。这种专家非有职业界的经验与高深的学识不可。

（二）技师及经理　专家研究与计划的结果，应当有人去实行。关于技术一方面实行的是技师，关于经营与发展一方面实行的是经理。

（三）助手及工头　在技师及经理之下，应当有助手帮助他们办事。至于一部分的首领，在技术一方面称为工头，在营业一方面名称不一。

（四）徒弟及工人　助手以下再有徒弟及工人，学习种种事体。

（五）杂役　不必要多少知识，只需身体强健，行为端正，俱可做杂事。

我们所以要注重分级，是因为普通一班的职业学校，往往不知道造就哪一种人才，结果毕业的学生也没有相当的位置。假使照上面的分级，我们知道杂役是无须学习的；徒弟及工人初等职业学校可以养成；助手及工头在初级职业学校训练已经勉强，大概须在中等职业学校养成才行；技师及经理在中等职业学校里训练也是勉强，最好在高等职业学校或专门学校里养成；至于专家非有高等教育不可。还有一层我们应当注重，就是做过工人的工头，比没有做过的更好；做过工头的技师比没有做过的，以及做过技师的专家比没有做过的，也更好。单在学校念书而没有职业的经验，做技师与专家，成绩难好。所以我们理想的职业教育，想做工头及助手的，先做工人及徒弟，再入中等职业学校，这样毕业出来，一定胜任。想做技师及经理的，先做工头及助手，再入高级职业学校，这样毕业出来，也必胜任。详细的情形，在第九讲里再提。

第四讲　职业教育在各国学校系统中的位置

世界各国学校系统的制度，大概分两种。

（甲）　双轨制

欧洲旧国的学校系统全是双轨制，近来渐渐有采单轨制的。所谓双轨制，就是中等社会以下的子弟进的学校与中等社会以上的子弟进的学校完全分开。中等社会以下的子弟一律先进小学，小学毕业以后，或入社会做事再进初级职业学校，或直入初级职业学校、补习学校与师范学校，预备入职业界及做小学教师。至于中等社会以上的子弟，或直入中学的预科，或在家庭里请教师预备入中学本科，或入私立学校再转入中学与大学。有的中学六年毕业的入中等职业学校做一部分的领袖，大都中学九年毕业后入高等职业学校或大学做各界领袖。所以中等社会以下的子弟年长后很少能做领袖，至多做工头或助手。而中等社会以上的子弟，有时虽做工人，不过是为预备做领袖起见而做工。生而贵则贵，生而贱则贱，这种制度也是因为历史上的关系如此的。凡政界官僚、大学教授、文艺专家，中等社会以下的子弟很少有望做得到的。而一般的小职业，中等社会以上的子弟是不屑做的。

（乙）　单轨制

单轨制则不然，不论富贵贫贱，一律先入小学，再升入中学及大学或各级职业学校。这种制度，为美国所首创。美国以平等主义立国，所以最不分阶级。不过从前因经济力的关系，也只有有钱的人能送子弟入中学及大学。近来他们极力提倡天才教育及中学普及，中学教育差不多愿受的人都有这种机会，因为大半不收费的。所以最近二三十年里面，中学生数，增加十倍有余。就是各大学也都有容不了学生之势，一万学生以上的大学已经不少，几千几百学生的大学更多。限制学生入大学的问题，正为美国教育家所注意而不易解决的。一方面各种各级职业学校也都发达，求过于供。他们理想的办法是人人得其所。有天才的应当受最高的教育；宜于做某种某级职业的，即给他相当的教育。所以各种测验指导等方法日新月异。

其他各国如英国各属地，欧洲各新国，亚洲各国办新教育的，大半采取单轨制，但是真能实行平等的精神的，还不多见。

参看《各国学制系统图》（商务印书馆）。

（丙）　职业教育在中国新学制中的位置

中国自从前清颁布学制以来，即采用单轨制。前清学制中关于职业教育的，有初等实业学堂、实业补习学堂及艺徒学堂，初等小学毕业生入之；有中等实业学堂及实业教员养成所，高等小学毕业生入之；有高等实业学堂，中学毕业生入之。民国学制中有乙种实业学校及补习科，国民学校毕业生入之；有甲种实业学校及补习科，高等小学毕业生入之；有专门学校，中学毕业生入之。

但是直到最近的新学制颁布的时候，才标明发挥平民教育精神，谋个性之发展，注意国民经济力等原则，意思在学美国均等机会的教育；不过事实上不是一时一刻所能办到。

关于职业教育的，在系统中的中等教育段上列有不规定年限的职业学校，高等教育段上仍有三年到四年的专门学校。并且附以说明：

1. 小学课程，得于较高年级斟酌地方情形，增置职业准备之教育。

2. 初级中学施行普通教育，但得视地方需要兼设各种职业科。

3. 高级中学分……农工商家事等科，但得酌量地方情形单设一科或兼设数科。

附注：依旧制设立之甲种实业学校，改为职业学校或高级中学农工商等科。

4. 职业学校之期限及程度，得酌量各地方实际需要情形定之。

附注：依旧制设立之乙种实业学校，改为职业学校，收受高级小学毕业生，亦得收受相当年龄之修了初级小学学生。

5. 为推广职业教育计，得于相当学校内酌设职业教员养成科。

6. 大学及专门学校得附设专修科，年限不等，凡志愿修习某种职业而有相当程度者入之。

又经当时讨论新学制的人说："新学制本意并非欲将职业学校列在中等教育段，只以受职业教育年龄须在12岁以上，故其位置遂于中等教育齐。其实职业教育只有年龄限制而无程度限制。……且就职业补习教育言之，虽未识一字之人，亦未尝不可受职业教育也。……"

参看《实施职业教育要览》。

第五讲　各国职业教育的趋势及比较

（甲）　各国共同趋势

1. 提倡职业指导。
2. 注重职业陶冶。
3. 强迫补习教育。
4. 与职业界合作。
5. 兴办军队职业教育。

关于职业指导与职业陶冶，随后再提。

补习教育这一个名词，在中国还没确定的意义。在外国凡是小学毕业的学生，或是 14 岁以上的儿童，因为要做工，不能全天入学，而于工作律规定时间以内，每星期上课几小时的，这种教育，叫做补习教育。补习教育分普通及职业两种。但是不论普通或职业，补习教育大半是有职业的人去学的。而且国家规定不论哪一个职业界，必须让它里面做事的人，每星期于工作时间之内受这种教育。这种办法，德国最早实行，在 1891 年颁布法令，强迫从 14 岁到 18 岁的人必须受补习教育。每星期上课从 4 小时到 8 小时。每年上课大约 40 星期。期限从两年到四年不等。最初的时候所教的功课很普通，现在渐渐趋重职业性质。

美国强迫补习教育的有 20 州。大半规定 16 岁以内的雇工，都要入补习学校。每星期上课也是从 4 点钟到 8 点钟。年限也是从两年到四年。

英国直到欧战以后，才觉得有强迫补习教育的必要。在 1918 年通过《Fisher 案》。这案规定凡是 16 岁以下的，必须进补习学校一年，共 320 小时，或一星期 8 小时，共 40 星期。

法国直到 1919 年才通过《强迫补习教育案》。凡 14 岁到 18 岁的青年必须进补习学校，每星期从 4 小时到 8 小时。

德国职业教育的振兴，就靠职业教育界合作。每一个地方有职业教育委员会。会里面规定有职业界的代表与专家。中央政府也有各职业界代表帮助办理职业教育。所以职业学校毕业的人才，极合职业界的需要。

美国在普及职业教育大计划里面，规定中央政府及各州均须设立职业教育局。局里的董事必须要有职业界的代表。

英国、法国现在也知道办职业教育非同职业界合作不可。

中国办职业教育的人，也极力提倡与职业界合作，可惜还没有实现。

军队职业教育美国实行最早。在 1918 年国会通过《职业再造教育案》，拨国库美金 200 万作为海陆军受伤与退伍的兵士职业再造教育之用。于 1919 年国会再拨 1400 万为增加费。现在受此项教育的兵士，约有 16 万人。全国学校至少有 500 所，工商业机关至少有 200 所，收容这种兵士，施与再造教育（参看汪懋祖著《美国教育彻览》）。

德国在欧战以后也极力提倡军队职业教育。所办的职业学校，大概可分为三种：（一）工业职业学校，有附设于工兵营内的，共分四科，即水木作科、铜铁匠科、木工科、电器工科。有附设于电信团内的，分两科，即电报科与电机装置科。有附设于炮兵团内的，分三科，即机匠科、皮匠科与造车科。此项初级职业学校期限有 1 月到 3 月不等。毕业成绩优良，还可升入中级及高级职业学校。（二）公职的职业学校也分初等、中等、高等三班，或专研究办公处应具的知识，俾将来国家机关雇用，或专习商学与商业簿记以作商业就事的准备。（三）农事职业学校，利用于农业有经验的兵士，在国有田间，学用新式农作机器与科学方法，改良种子，增加出品。在军队里的时候国家直接得利，退伍以后间接为国家生产（《教育与职业》第 51 期）。

英国、法国现在也极力提倡军队职业教育。

中国军队办职业教育的渐渐增加。据中华职业教育社的调查，有苏州第二师（《教育与职业》第 27 期）、浙江第二师（《教育与职业》第 43 期）、山西全省（《教育与职业》第 36 期）、京兆冯玉祥军队（《教育与职业》第 45 期）、四川第九师（《教育与职业》第 34 期）、云南省城（《教育与职业》第 43 及 51 期）等处。

（乙）　各国趋势的比较

1. 关于种类的——德国最重工业，英国最重商业，美国、法国重农及家事，这是半由于历史上，半由于地理上的关系。

2. 关于目的的——德国重出产，法国重艺术，英美重个人训练。所以德国的出产品最多，法国的出产品最精良，英美实业界里的人随机应变的本事最大。

3. 关于方法的——英美以个人为起点，而以职业就个人，所以注重职业指导及测验。德法以职业为起点，而以个人就职业，所以注重职业调查。但是德国已经渐渐改变，仿照英美的办法，注重职业指导及测验。

4. 关于人才的——英法注重造就领袖人才，以为有了领袖，各种职业便可发达。结果好的专家与技师很多，而好的工人较少。德美领袖与一班工人同时造就，所以各种实业可以有大规模的发展。

第六讲　职业教育的办法

（甲）　以办理机关论

1. 由教育机关办理——由教育机关办理的职业学校，大概可以分为普通学校办的职业科与独立职业学校或传习所两种。但是还有一种办法很好，而中国还没有人实行的，就是家庭作业由学校认学分。这种办法于农业及家事尤为相宜。譬如农家子弟进学校学农，学校里面可以不必自设农场，而利用各学生家里所有的田地，教学生去实习，由教员监督及指导。这种办法有许多好处：

（1）所做工作是实际的，不是假设的；（2）父兄看见子弟能工作，必很高兴；（3）利用儿童以新方法传给父兄；（4）学校设备可以减少。

但是我们应当注意的：（1）学校的功课，要与家庭作业相联络；（2）注意父兄或他人代子弟做工，报告学校；（3）实习的地方不可离学校太远；（4）教员要热心，而且技术精良。

假使以上的条件都可办到，这种家庭实业的办法很可试用。

2. 由职业机关办理——由职业机关办理的职业学校，大概也分两种。一种是独立的专业学校。这种专业学校是由一种职业界的团体合办的。譬如钱业公所开一个钱业学校，收钱业界的子弟，教他们种种的功课，也有普通的，也有专门的。这种学校的毕业生因为同业的关系，谋事一定容易。还有一种是由实业机关附设的养成工人或工头的学校，又称为入门（vestibule）及升级（upgrading）学校。这种学校外国很多。

3. 由教育机关与职业机关合办——这种合办的学校，大概可以分为三种。第一种工读制，就是同时在学校读书，也在职业界做事。工读的分量不等，有四分之一的，有三分之一的，有二分之一的。办法有半天在学校，半天在职业界的。有一星期在学校，一星期在职业界的。有两星期在学校，两星期在职业界的。大概把学生分为两组，甲组在学校，乙组就在工厂。第二种就是补习学校，前面已经讲过。第三种是夜校，就是白天在职业界做事，夜间在学校念书。夜校与补习学校的分别，就是补习学校必定在法定工作时间以内上课，而夜校只在法定工作时间以外上课。

此外还有一种办法，我们应当提倡的，就是职业学校的学生，毕业以后，必须在职业界服务一年有成绩，再发文凭。这种办法一方面使学生必须尽力服务，才可毕业；一方面职业界必定欢迎这种毕业生。如果能得服务机关签字于毕业文凭更好。

（乙）　以办理方法论

1. 短期——短期的职业教育有几种办法，我们都知道的。譬如短期的讲习同短期的补习，这是最普通的两种办法。此外还有一种推广班，这种推广班或由教育机关主办，或由职业机关主办，或由行政机关主办。由主办机关派人到各城乡表演、宣讲与试验。譬如江苏农家发现蝗虫的时候，东南大学农科推广部就派人到各处教导农民如何驱逐蝗虫。又如民国八年的时候，农商部曾经利用京汉铁路把火车满装各种农用的物品及产料，沿路停下，将所装物品表演给农民观看。同时散布各种小册，教导他们新方法，可惜这件事体以后没有继续进行。此外还有一种制度叫做单位制，就是专门研究一件事体，精神集中，成效很快。譬如学做裁缝的，本来不会做大衣，可以专学做大衣，几天工夫或几个礼拜，就可学会。又如假使一种新机器发明，也可设单位班，收有经验的工人，专教他们如何使用这种机器。

2. 长期——长期的职业教育最普通的，就是日校、夜校。但是推广的办法，也可以长期的办。在美国无论什么地方，只要离州立的大学不很远，若有5个人要学一个学科，便可请求州立大学，派一个教员到那个地方，开一班。还有函授的办法，如万国函授学校或一个机关附设函授部教授各种职业。

（丙）　以办理地点论

1. 中心制——中心制可以拿全国为范围，也可以拿一省为范围，也可以拿一个地方为范围。譬如江西景德镇瓷器最好，我们可以在那里办一个大规模的瓷业学校。凡是全国学造瓷器的人，都可以到那里去学。又如江浙一带出产蚕桑，我们可以在一个适当地点，办一蚕业学校。至于一省也可以在工业发达的地方，办工业学校；商业发达的地方，办商业学校。还有一个地方可以设一个中央教室。凡是本地要学各种手工的都可以到那里去学，别的学校可以不必另行设备。这种集中的办法，设备也可以讲究，教员也可以请好一点的，收效很大。

2. 分立制——与中心制对待的制度，就是分立制。普通一般的制度，大概如此，不必细讲。

3. 巡回制——巡回制又叫循环制。如某地有好几个学校都有簿记一科，可以联合请一个好教员。这位教员可以轮流到各学校教授。这个办法与中心制不同的地方，就是这个制度先生动而学生不动，中心制则学生动而先生不动。但是这个制度只有不用设备的功课，可以采用。凡是短期的各种办法，大都可以用这个制度。

（丁）　师资养成法

我们现在所要讲的师资养成法，专指各种职业学科的教员养成法而言，职业教育行政及管理员的养成不包括在内。因为这种人的养成与其他行政管理员之养成方法差不多，而且不发生什么大问题的。至于职业学科教员的养成，确是一个大问题。因为这一种的教员，好的很不容易找到，所以我们讨论一下。

1. 学校出身

（1）师范学校设职业科——教学生同时学职业的功课同师范的功课。

（2）师范学校收职业学校的毕业生，授予师范功课。

（3）职业学校设师范科。

（4）专设职业教师养成所。

（5）设职业教师短期的讲习会。

（6）教普通功课的教员补习职业功课，预备他们做职业学科的教员。

2. 职业界学生

（1）用经验所得教法——就是请职业有经验的人来做教员。

（2）一方面教，一方面补习教法，或者先补习教法再做教员。

以上各种办法，以最后一种为易办而有效。其次以最后的前一种，就是用经验所得教法易收效果。再次以学校出身的（2）、（3）两种办法比较好一点。

第七讲　中国职业教育的现况

（甲）　总数

中国职业教育机关的总数还没有精确的调查。照我们现在所知道的，民国七年教育部调查有 531 所；民国十一年中华职业教育社调查，有 842 所；到民国十二年该社又调查，共得 1194 所。但是全国职业学校的总数，是否在民国七年从 531 所增加到十一年的时候，就有 842 所；又从十一年的时候 842 所增加到十二年的时候 1194 所。这个问题，我们不能解决。因为民国十二年的1194 所里面，也许有许多在十一年的时候已经成立而未经调查到的；至于民国十一年的 842 所里面，一定有许多是民国七年所没有调查到的。

（乙）　种类

据民国十二年的调查，专教农工商家事等职业的学校全国有 846 所；职业传习所或讲习所等全国有 78 所；中学校附设职业科的，全国有 18 所；小学设职业预备科的，全国有 26 所；大学或专门设职业专修科的，全国有 52 所；各种职业补习学校及补习科全国有 78 所；各种职业教师养成机关全国只有 8 所；实业机关附设的职业学校全国也只有 8 所；慈善性质或是感化性质的职业教育机关全国有 75 所；军队附设的职业教育机关全国只有 5 所。民国十一年的调查是用农工商来分类的，农业教育机关数目占 48% 有奇；工业教育机关只占12% 有奇；商业教育机关占 18% 有奇。又据民国十一年的调查，女子职业教育机关只占 10% 有奇！

（丙）　分省

照民国十二年的调查，各省职业教育机关以数目的大小的次序列下：

江苏 275	山东 136	河南 92	山西 75	京兆 73	湖北　70
湖南　60	直隶 54	云南 47	浙江 46	安徽 45	奉天　39
福建　30	陕西 34	广东 23	四川 22	江西 22	黑龙江 19
吉林　12	广西　8	甘肃 7	贵州 7	绥远 1	察哈尔　1

（丁）　地址

据民国十一年的调查，各种职业教育机关设在城市的有 79% 有奇，而设在乡村的只有 20% 有奇。还有可注意的，就是农业教育机关设在城市的有 78% 之多，而设在乡村的反只有 21% 有奇！

以上各项可参看《教育与职业》第 37 期及中华职业教育社最近编辑的《全国职业教育统计报告》。

（戊）　各省区进行计划

职业教育的将来，全靠进行计划的周到不周到。据中华职业教育社的调查，各省有全部计划的只有下列各省区：河南、江苏、安徽、陕西、奉天、绥远。各省区有局部计划的，只有直隶、山东、山西、浙江、云南。详细情形可以参看《教育与人生》第 5 期，和《教育与职业》第 42、43、44 及 48 期。

（己）　职业教育与其他教育机关数目的比较

上列职业教育机关总数系包括十种的。单就与甲乙种实业学校相当程度的第一种职业教育机关则仅有 846 所，若与中学及高等小学相加的总数（参看中华教育改进社最近编印的《中国教育统计概览》）比较，约 1 与 13 之比，因为中学校总数有 547 所，而高等小学有 10236 所之多。就把全国九种职业教育机关（除第五种大学或专门学校附设的职业专修科 52 所外）的总数，与中学和高小的总数比较，也不过 1 与 10 之比。可见职业教育的机关实在太少。

第八讲　中国职业教育的困难

（甲）　根本观念未改的困难

在中国办理职业教育最大的困难，就是有许多的根本观念，没有改变。这许多的根本观念，是否应该改，那不是我们讨论的问题。但是这些根本观念不改，确是我们办职业教育的困难。根本观念最紧要的是：（1）职业不平等；（2）学校是读书的地方；（3）读书为功名富贵；（4）职业界没有觉悟职业教育的重要。

职业不平等的观念，在中国最甚，在欧洲大陆也有一点，在美国完全没有。无论什么人只要有一样职业，不论他是剃头的、送信的、包工的、做买卖的、教书的或是做医生的，好好地干，没有人看不起的。反过来，如果一个人吃饭不做事，不论他家里头是有几百万的家产，大多数的人都看不起他。在中国就不然，从前有所谓士农工商，士顶高，农次之，工又次，商为最贱。现在商人的地位已经渐渐升高，而农工的地位还是很低，所以我们办职业教育的人，办农工比较困难一点（自然还有别的缘故）。职业不平等的观念不改，职业界就有高下之分，各种的职业教育，断不能平均发达。

学校是读书的地方的观念，可以说受科举的遗毒。从前的教育是为考科举的，书院是为念书的。不想做读书人，不论是做农、做工、做商或是别的职业，都不必受正式的教育。所以现在我们为各种职业设学校，社会似乎以为多事，大家很迟疑送他们的子弟进职业学校去学各种手艺。这是我们办职业教育的第二个困难。

读书为功名富贵的观念，也可以说受科举的遗毒。读书为考科举，考科举为功名富贵，这是差不多没有人起疑问的。现在我们办职业学校教的大半不是书本上的功课，富或者可以，贵是不行的，更无所谓功名。况且有许多的职业非短打不可。本来在外国也有所谓白领（white collar）的职业与非白领的职业之分。大家都是愿意做白领的职业而不愿意做非白领的职业。中国的职业可以说是分为三等：穿马褂的职业、穿长衫的职业与短打的职业。凡是进学校的学生，就是小学生，没有不想至少做穿长衫的职业。大家都不愿意做短打的职业。所以我们各种职业学校都要办的时候，就发生了困难。

职业界没有觉悟职业教育的重要，是因为他们相信徒弟制度还是职业的训练最好的方法。他们以为办职业学校是多事，是想抢他们的饭碗，所以他们不但不合作，还要反对。这也是办职业教育的一个很大的困难。

（乙）　学生入学同出路的困难

1. 学生年龄太幼。

2. 学生多愿升学而无升学之力。

3. 学生就事不惯于职业界生活。

4. 学生与职业界接触太少。

根本观念未改的困难不是一时一刻所能免除的，而且不是我们办职业教育的人独力可以改得掉的。但是学生入学及出路的困难，我们办职业教育的人很可极力想法去解决。

有许多的职业学校他们收的学生年纪太轻，所以有许多的工作他们体力不够、见识太浅，做不好。现在这个弊病已经渐渐减少，有许多职业学校都把入学年龄渐渐提高，这是很对的。

学生多愿升学而没有升学的力量，大概是因为受了读书为功名富贵同职业不平等的观念的影响。以为能进高级学校，便能进高级职业界，所以愿意学预备升学的功课，而不愿意学能直接谋生的功课。但是力量又不能升学，等到非出学校入社会做事的时候，再想学关于职业的功课已经来不及了。我们办职业教育的人遇见这种学生，应该把他们的家庭经济状况详细调查，再与他们的父兄同心合力的开导他们，一方面把许多中途失学而找不到事的人的例讲给他们听，使他们自己觉悟。

学生就事不惯于职业界的生活，是因为学生在学校里面太养尊处优了。我们现在的学校里的生活不要说设备一切与职业界不同，就是生活的习惯，每天的顺序，也与职业界不同。而且大半的学生看不起做一班职业的人。普通的青年，就是我们办职业教育的人，都以为可以拿学校去改良社会，学校生活好，将来社会上的生活也会进步。这个理想虽高，可惜事实上办起来很难。

学生与职业界接触太少，一半因为学生自负很高不愿意与职业界接触，一半是因为办职业教育的人不想法子叫他们接触。所以我们一方面要想种种的法子叫他们接触，一方面要极力开导学生，使学生知道非与职业界接触将来无事可做。

（丙）　受社会牵制的困难

1. 各种事业不发达。

2. 经济组织的变迁。

3. 做事不论资格学识。

4. 土匪兵乱的骚扰。

受社会牵制的困难，也不是我们办职业教育的人所可想法的，并且不是一时一刻所能免除的。譬如各种事业的不发达，最大的原因，是受国内政乱与国际竞争的影响，一方面因为大家忙于改革政治，没有力量去发展各种事业；一方面因为政府的保护不周，法律无效；一方面因为经济的困难；一方面因为交通的阻滞；再加关税操于外人之手，大规模的组织也都在外人掌握之中，洋货充塞于国内，本国的各种事业如何能振兴。

经济组织的变迁，也是因为受外人侵入的影响。旧的组织已经被淘汰了，而新的组织还没有成立。各种旧的职业不能同别人竞争，新的职业也没有学会，结果入款减少，但是生活程度一天一天的高，出款一天一天增加，如何得了？

做事不论资格学识，可以说是受政乱的影响。旧社会原有的论资格做事的制度已经消灭了，但是照外国论学识做事的制度还没有成立。在现在过渡的时代，一切没有次序，只要有金钱有势力，便可居高位。照这种情形，谁还愿意好好的学一门本事，实事求是的去做呢？

土匪兵乱的骚扰，也是受了国内政乱的影响。不要说各种事业不发达，就是在某个地方各种事业已经发达，只要有土匪兵乱，终究是同归于尽。所以固有的事业尚且不能维持，开办新事业，更其困难。

以上各种受社会牵制的困难，可以说是相关的。这种种的困难已经很大，再加根本观念未改的困难与学生入学及出路的困难，所以我们办职业教育，非常不容易成功。

第九讲　个人以为应取的途径

（甲）　原则

1. 用分类及分级法，规定标准及科目。

2. 宜别性择地。

3. 学生年龄不宜太幼。

4. 设施愈近于该职业界生活状况愈好。

5. 出品必须常有销路，而非单为一时所需的。

6. 教师如不能得学理技能兼备的，可舍学理而请职业界中技能好的。

7. 实习应与职业界合作。

8. 初办的时候，应认定一种一级，望勿太奢。

以上的几条原则，都是根据从前所讲的而成立。不过提出来使大家格外注意。现在办职业教育的人，往往初办的时候，希望很大，这样的课目也要设，那样的课目也要办。经费既不多，教师又难请，结果一样也办不好。反不如先办一种一级，精力财力集中，办好以后，得了社会的信用，自然可以扩充。

参看《实施职业教育要览》（中华职业教育社）。

（乙）　方针

1. 初等职业教育从改良徒弟制度入手，目的在继续及改良旧有小职业。可以联络慈善事业机关办理，用不用学校名称不拘。入学的人虽不识字也可。

（1）教艺徒以各种手艺，须随时随地能做的——继续旧有小职业。

（2）收贫民设艺所或农场，教的时候可以略参新法——改良旧有小职业。

这种初等职业教育机关，设备应该极其简单，注重于技能的功课，至于关于书本的功课越少越好。所请的教师，（1）种的只须手艺略好的工人就可以；（2）种的或须略为补习。学生的生活不可太高于艺徒的。毕业的期限越短越好，少的几个月，多则一年，至多不过两年。学费完全不收，膳宿费可免收更好。或者收学费而把他出产品的卖价一部分——就是除了材料用费之外所卖的钱，一概还给学生。如此做工作得勤而好的，还可赚钱。这种办法，可以有徒弟制度的好处，而没有徒弟制度的坏处。年限比徒弟制度短，只要有一笔经费开办，一定容易发达。

2. 中等职业教育目的在养成大实业的助手及工头，与小职业的组织及优等人才。入学的人必须国文算术略有基础。

（1）在各大厂店铁路等机关里面或附近设助手及工头养成所。

（2）设讲习所收手艺略好的工人，教他们关于管理及经营事业之要点，养成小职业的组织人才。

（3）设技能增进班，收手艺略好的工人，教他们高深的技能，使有进步。

我个人以为中国现在的大实业所缺乏的不是技师，也不是专家，因为假使没有技师或专家，还可以请外国人；但是助手及工头请外国人太不经济，而中国人能做助手及工头的很少，非赶紧养成不可。养成这种助手或工头的机关，最好由各大实业机关负责，如此可以需要适宜，供求相应。大实业机关一处不肯独设，可以几处合设。专收好的工人，最好在学的时候仍旧给工钱，但是毕业以后必须回原工厂做助手或工头，这样办法，两得其利。

至于小职业所以没有进步，一方面是缺乏组织的人才，一方面是缺乏增进技能的机会。我以为组织一方面，应当提倡经济合作的制度（cooperative system）。我们中国的小职业，往往规模很小，工人的出产品与农家所收的米谷，都不能直接到市场去卖，而须经中人的手，所以利息很小。等到经济周转不灵的时候，又须向盘剥重利的人去借，卖去钱来，往往还债还不够。假使我们造就组织的人才，去把他们联合起来，困难的时候互相帮助，去卖的时候不靠中人，如果再有好的银行，这种小职业大可发达。再叫他们有增进技能与改良方法的机会，必能更有进步。

以上三种机关，毕业的期限，大约从一年到三年。

3. 高等职业教育目的在养成大实业的技师专家与组织的人才。入学程度能有高级中学毕业的最好。高级中学肄业或初级中学毕业的也可。但是都必须曾有实业界的经验，假使不能得经验与学识兼全的人，不如舍学识而取有经验的。

（1）在大学或专门学校附设专修科，或独立开办职业专门学校，养成技师及专家。

（2）设商业专门学校，养成管理及经营大实业的人才。

以上两种学校，都应与大实业家合作，毕业的期限大约从两年到四年。

第十讲 余 论

还有许多事体与职业教育有很多关系的，我们现在只能大略讲一讲。

（甲） 职业教育行政

世界各国的职业教育，有归教育部管的，有归实业部管的，现在的趋势是由教育实业各部联合管理。并且有职业界的代表在内，庶乎办事不至于有隔阂的弊病。在中国，江苏首先倡立教育实业行政部联合会，里面的当然会员有省长、政务厅长、实业厅长、教育厅长、省公署第三四科长，里面的聘用会员有教育实业专家十人。江苏的职业教育进行计划，就是由他们议决去办理（参看《教育与职业》第42期）。

安徽教育厅也设有职业教育委员会，由教育家、实业家合组（参看《教育与职业》第43期）。

今年中华职业教育社在武昌开大会的时候，已经议决各省仿设教育实业行政联合会。

（乙） 职业课程

职业课程的内容，就性质而论，可以分为三类：

1．职业学科——如商业的簿记。

2．职业基本学科——如商业的经济。

3．非职业学科——凡是关于公民、体育、文艺的功课都在内。

这三类功课的分配，职业学科约占50％，职业基本学科约占30％，非职业学科约占20％。

参看《实施职业教育要览》。

（丙） 职业指导

职业指导的原理，就是以个人为起点，而把职业去就个人。知人的方法有：

1．职业陶冶。

2．职业试习。

3．假期作业。

4．学生家族调查。

5. 学生个性研究。

6. 职业测验。

知业的方法有：

1. 职业调查。

2. 职业分析。

职业指导的主要任务是以业就人。以业就人的方法有：

1. 选科指导。

2. 升学指导。

3. 选业指导。

4. 入业指导。

5. 职业介绍。

6. 服务指导。

这种种的指导，非请职业专家帮助不可。并且应当常请他们对学生演讲，使学生知道应注意之点。

（丁）　职业陶冶

职业陶冶可以说是职业指导与职业教育的初步。但是它的功用还不止此。

1. 普通功课太偏重书本，所以应当用职业陶冶的功课去调剂。

2. 职业陶冶的功课，合于创造本能。

3. 住在城市的人须知乡间农事，住在乡间的人须知城市工商状况。

4. 男子须略知家事及女子职业，女子须略知男子职业。

（戊）　职业测验

职业测验分三种。

1. 普通智力测验——大概各职业所需的智力不同，有的职业所需的智力很高，智力低的不能去做。有的职业所需的智力较低，智力高的去做未免可惜。所以可以用智力测验去预定何人宜于何业；但是现在还没有正确的标准。

2. 职业性向测验——我们知道有许多关于职业的基本能力是遗传的。譬如学工的人必须善于用工具，而有许多人是天生欢喜使用工具的。可惜这种分析职业性向的工夫很少人去做，所以职业性向的测验有成效的还不多。照我所知道的，以 Seashore 的音乐性向测验为最有成效。他是用了 15 年研究工夫才做成的。哪个要做音乐家，或是要能欣赏音乐的，可以预先测验，知道他能成功不能。假使各种职业都有这种测验，那么职业指导就很容易办了。

3. 职业效能测验——职业效能测验就是用测验的方法，如口试、图画、实际工作、团体笔试等，去定一个人或若干人已经学过的职业的效能。这种测验在欧战的时候，美国已经在军队里面试用过，成绩很好。详细情形可以参看《职业智能测验法》（邹恩润译，商务印书馆出版）。

（己）　职业调查和分析

职业调查和分析是知业的唯一方法。关于职业内容的调查和分析在第三讲里已经约略讲过。在外国这种调查与人口统计同时办理。所以每若干年政府必调查一次，如此还可以知道各种职业在各地方的消长，再研究所以消长的原因，这不但与办职业教育的有关，并且与全国经济力及其发展都相连的。中国全国既没有人口统计，也无所谓职业调查，详细的分析更不必说了。山西的人口统计，曾有职业调查计。

类　别	人　数
农　业	6039107
商　业	1422533
杂　业	853064
劳　力	820432
生　徒	697834
工　业	420864
无　业	387175
矿　业	62198
僧侣教徒	31541
教　员	27339
公　吏	16510
医　士	7437
官　吏	2664
娼　妓	712
渔　业	560
新闻记者	264
议　员	·126
律　师	73
未　详	656824
共　计	11447257

并且有分县的统计及从元年到九年各业人数比较（参看《山西省第三次人口统计》），可惜没有分析。

各地方有职业调查略加分析的，据我所知道有江苏第三师范附小的《无锡实业现况调查》。计分：

全县职业调查表二；

工厂及工人统计表二；

一年间重要物价中数表一；

纺织业调查表四；

缫丝业调查表四；

面粉业调查表四；

织布业、榨油业调查表各二；

钱业、电灯公司、绸缎业、粮食业、蚕茧产量、邮务状况调查表各一；

商店统计、分布及最近二年中比较表各一。

我很希望各地方多办精密的职业调查与分析。

附　研究职业教育的重要书目

《实施职业教育要览》、《全国职业教育统计报告》、《职业教育》　均中华职业教育社出版

《职业教育研究》、《职业教育表解》　均商务印书馆出版

《职业教育设施方法纲要》、《欧美职业教育》　均江苏省教育会出版

《英美德法四国职业教育》　中华书局出版

Snedden：Vocational Education，Macmillan Co.

Robinson：Vocational Education，H. W. Wilson Co.

Gillette：Vocational Education，American Book Co.

Snedden，Weeks，and Cubberley：Vocational Education，Houghton Mifflin Co.

Hill：Introduction to Vocational Education.

Payne：Vocational Education，Administration McGraw Hill Book Co.

U. S. Bureau of Education，Vocational Secondary Education.

Bulletins and Reports of the U. S. Federal Board for Vocational Education.

职业教育概要

杨鄂联[①] 著

---

① 杨鄂联（1888—1956），名卫玉，鄂联为其字。江苏嘉定人。少时就读师范，后学理化，毕业于上海理科专修学校、上海尚贤堂书院。辛亥革命后，杨卫玉在江苏省办小学校施行新教育，倡导女子职业教育。曾任江苏省第二女子师范学校附属小学主事（校长），及江苏省第一师范学校、第二师范学校、苏州女子职业学校主事。从辛亥革命至1949年，除主事上述各校外，还先后兼任上海大夏大学、上海工商专科学校、中华职业学校、民立女子中学、位育中学、南翔苏民职业学校，以及重庆、桂林、昆明等地30多所学校的教授、校长、董事、董事长等职务。1949年10月，被任命为中央人民政府政务院轻工业部副部长。1954年当选为政协第二届全国委员会委员。1955年当选为中国民主建国会第一届中央委员会常务委员。著有《女子心理学》、《职业教育概要》、《小学职业陶冶》、《工业教育》、《职业教育理论与实际》等书。

目　次

第一章 总 论

一、职业教育之意义如何解释？

答：职业教育意义之解释，颇不一致；在欧美各国教育家，亦各有主张，大别之有六种。

（一）视为狂想。

（二）视为狭义的实用。

（三）以生产与消费为职业教育与自由教育之区分。

（四）以特殊效率与适应环境为职业教育与自由教育之区分。

（五）以职业教育为实利教育。

（六）以职业教育为实用教育或技能教育。

综上六说，或失于狭义，或偏于个人，当代教育家泰斗杜威、孟禄二博士，对于职业教育，亦有相当之解释，俱不以狭义或片面为是。最近经一般研究职业教育之专家，根据学理，参酌事实，下一定义曰：凡用教育方法，使人人获得生活上之供给及乐趣，同时尽其对于人群之义务，此种教育，名曰职业教育。

此定义，见中华职业教育社出版之《教育与职业》月刊，及《实施职业教育要览》，其言简而赅，合诸杜威、孟禄博士等之主张，亦恰相合。据云经过许多专家之研究，为全国职业学校联合会所通过者，故比较的以此定义为最确当也。

二、职业教育之起源如何？

答：欧美各国，往昔无所谓职业教育，其重文艺教育、贵族教育而蔑视工艺教育，与我国之习俗盖相似也。迨中古时代，学徒制盛行，但亦无专设学校以陶冶群众者。19 世纪以后，因工商业之勃兴，工厂制之盛行，新机械之应用，工人入厂操工，无暇教其徒弟，而工艺既以浩繁复杂，亦非徒恃简单模仿所能奏功，于是始有职业教育，盖为 20 世纪之新产物也。

三、职业教育之目的是什么？

答：兴学数十年，普通教育所造就之人才不知凡几，然毕业于学校，失业于社会者比比，大半无工可做，无业可就，故为个人谋生准备计，不可不提倡职业教育。中国教育向不注重自动，教育即读书，读书之外无发展服务能力之机会，一旦入社会即扞格不相容。故为服务社会计，不可不有职业教育。20世纪物质旺盛，科学昌明时代，利用厚生，端赖教育，故为世界国家增进生产力，不能不注意职业教育。综上诸说，因可确定职业教育之目的如下。

1. 为个人谋生之准备（使有业者乐业，无业者有业）。
2. 为个人服务社会之准备。
3. 为国家及世界增进生产力之准备。

四、职业教育之需要若何？

答：教育以适应时代的环境与需要为原则。以今日物质文明之日昌，社会经济问题之紧张，民众思潮之变迁，在在足以觉到旧教育之未尽适用，而自然趋于职业教育之途径。故职业教育之需要，实为时势所求，环境所迫，分析言之，约有数种。

1. 教育观念之改变　往昔教育，乃为闲暇阶级而设，重在文艺。今则此种注重点已迁移矣，其所重者乃在工业的、实利的与平民主义的教育观念。盖社会之基础，不在书本教育，其所授教育，必须适用于各阶级之个人，大概近代教育界都有如是观念，而职业教育，即随之而愈觉其需要矣。

2. 民生问题之紧张　社会分业日微，生存竞争愈烈，向之靠一手一足之力以做工，今则不能生存。向之以一艺之长养五口之家者，今则入不敷出。民生问题既如此紧张，乃知为农为工为商，以及其他为一种之职业，非先有适当之教育不可。

3. 旧教育之失败　教育即生活，此古来承认之原理也。但以前之普通教育，往往偏于片段部分的生活方面，不能完全适应一般群众之要求，于是毕业于学校，失业于社会，或得志于学校，而见弃于社会者比比，此足征以前教育之失败也。因此关系，亦使职业教育见重于社会矣。

4. 社会之需要　以前教育之失败，固无论矣。然今之所谓新教育者，仍与社会扞格不相入，欲谋一业于社会，而苦所学之无可以为用，甚乃并一瓯饭地而不得者，又比比皆是。于是社会感觉职业之需要，而从事鼓吹提倡矣。

五、我国职业教育之演进情形如何？

答：职业教育，非中国所独有，亦非近代所新倡，不过最近以时势所需求，而特别发达耳。其在我国演进之情形，大概可分三个时期。

1. 实业学校时期 前清光绪二十九年学部颁行之《实业学堂通则》，有高等实业学堂、中等实业学堂、初等实业学堂、实业补习学堂、实业教员讲习所、艺徒学堂等。其设学要旨，乃所以振兴工商各项实业，为富国裕民之本。其学专求实际，不尚空谈，此种教育，虽非纯粹的职业教育，然可谓我国职业教育之第一时期。

2. 民国初元时期 民国二年教育部颁布《实业学校令》，分实业学校为甲乙二种，相当于清代之中等实业学堂。并改艺徒学堂，为乙种工业学校。此外又增女职业学校一项，我国学制之有职业学校自此始。

3. 最近时期 自民国六年国内教育实业两界之领袖，鉴于旧教育之无裨社会，而新教育之亦蹈空虚也，于是有中华职业教育社之设，从事提倡鼓吹，而职业教育之名词，始在中国风行。迄民国十一年新学制行，而职业教育始得占学制系统之一部分。统计全国职业学校已达一千九百余处，同时中国国民党第一次代表大会亦列职业教育为政纲之一，此职业教育最近进展之情形也。

六、职业教育之分类若何？

答：职业教育之类别，细分之则奚止数十百种。即如德国职业学校，只工业一种，分科达三百余种，其繁复可想。然大概可分为广义与狭义二种解释。

1. 广义的职业教育 凡含职业性质之教育，无论分科简密，俱得谓之职业教育。如律师、教师、医生、新闻记者等皆是。然含义失之太广，反失职业教育之真谛，故本书不再赘述。

2. 狭义的职业教育 可括为四项：一曰农业教育，二曰工业教育，三曰商业教育，四曰家事教育。虽四项之中分目不知凡几，但各国之称职业教育者，俱以此四项为代表。兹再分述四项教育之意义如下。

（甲）农业教育 中国以农立国，农业教育实为最切要之职业教育，其目的有三：（子）授以农业上切要之知识。（丑）使知农业对于国家社会之关系而乐于服务。（寅）使之逐渐改良农村生活。农业之范围有农夫、农师之别，而农之种类又包括蚕丝、作物、园艺、畜产、养鸡等种种，其设校又可分为四种：（子）特设之农村学校。（丑）设有农科之职业学校。（寅）小学农科。（卯）中学农科。

（乙）工业教育　"工业"两字之意义，实纷繁不胜枚举，其普通意义包括任何一类之人类工作。在工业教育上所用之"工业"二字，其意义乃专指生产性质之机械工与手工，大概从事工业者不外四种人，即工人、工场管理员、助理员、技师工程学者。故工业教育机关目的，亦准此而可以确定为四种：（子）职业学校工科，又名为工科职业学校。（丑）初中职业科之工科。（寅）高中工业科。（卯）大学专门学校工科。（子）项养成工人或管理员，（丑）项养成管理或助理员，（寅）项养成技师，（卯）项养成工程师、工程学者。此外小学校亦有设工科者，或仅为职业之准备，或养成工人而已。

（丙）商业教育　商业教育惟一目的，在造就商业上应用人才。现在社会上需要之商业教育为五种：1. 年在 14 岁以上 16 岁以下之学生，志愿从事商业者。2. 年在 16 岁至 18 岁之学生，将入商业者。3. 年在 18 岁以上欲谋高深商业学识者。4. 18 岁以下之学生，欲补修学识者。5. 18 岁以上商店学徒，欲补充商业上知能者。故设施商业教育机关，应依据以上需要而立下之五种：1. 初级商业学校。2. 高中商科或高级商业学校。3. 大学商科或商业专门学校。4. 商业日夜学校。5. 商业补习学校。

（丁）家事教育　家事教育，有认为女子应有之知能，如公民教育，不承认其为职业教育者。但家事究为一种职业，吾人以为凡直接生产或间接生产之事业，俱可认为职业。杜威夫人曰："家事系一种业务，亦系一种社会事业。"她亦认家事为职业教育之一种也。此种职业学校，大概有三种：1. 职业学校设家事科，或特设家事学校。2. 高中分设家事科，及属于高等教育性质之家事专修科。3. 普通学校设家事科。

第二章 职业教育与学制

一、民十一新学制上之职业教育？

答：中国学制系统上，向无职业教育之地位，有之自民国十一年颁布之新学制始。兹录其系统图并说明如下。

职业教育在新学制上的位置图
依据十一年十一月一日《学校系统改革案》

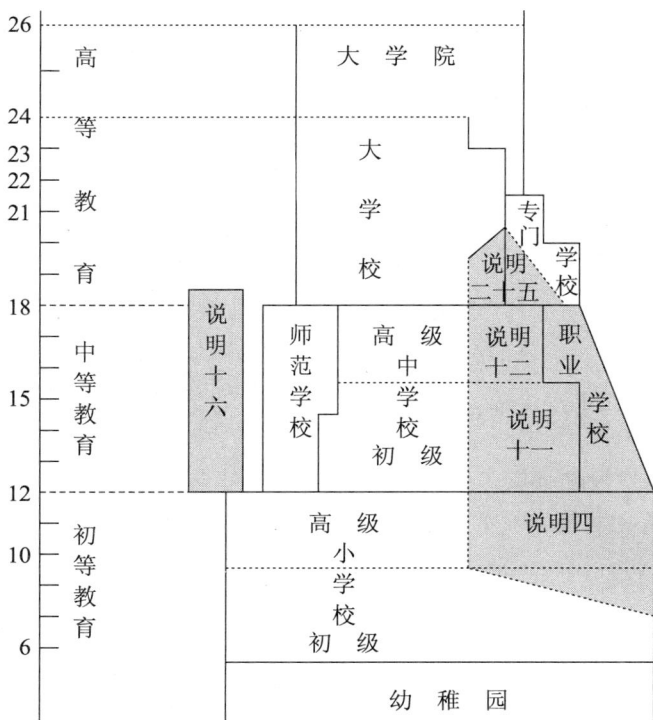

```
26 ─ 高        大 学 院
24 ─ 等
23 ─
22 ─          大
21 ─ 教        学                专    学
     育        校                门    校
                          说明     说明
18 ─          师  高      二十五
     中   说明  范  级              说明  职
     等   十六  学  中              十二  业
     教        校  学                    学
15 ─ 育          校              说明    校
                 初级             十一
12 ─
     初        高  级            说明四
10 ─ 等        小
     教          学
     育          校
                 初级
 6 ─
              幼  稚  园
```

说明四：小学课程得于较高年级斟酌地方情形增置职业准备之教育。

说明十一：初级中学施行普通教育，但得视地方需要兼设各种职业科。

说明十二：高级中学分农工商家事等科，但得酌地方情形单设一科或兼设数科。

附注二：依旧制设立之甲种实业学校改为职业学校或高级中学农工商等科。

说明十五：职业学校之期限及程度，得酌量各地方实际需要情形定之。

附注三：依旧制设立之乙种实业学校改为职业学校，收受高级小学毕业生，亦得收受相当年龄之修了初级小学学生。

说明十六：为推广职业教育计，得于相当学校内酌设职业教育员养成科。

说明二十五：大学及专门学校得附设专修科，年限不等（凡志愿修习某种职业而有相当程度者入之）。

依据民国十一年新学制本意，并非欲将职业学校列在中等教育段。只以受教育者年龄，须在 12 岁以上，故其位置遂与中等教育并齐。其实职业教育，只有年龄限制而无程度限制。观其说明第十五"职业学校之期限及程度，得酌量各地方实际需要情形定之"，其下附注第三"职业学校……亦得收受相当年龄之修了初级小学学生"等语，意自明了。且就职业补习教育言之，虽未识一字之成人，未尝不可受职业教育。最近大学院召集之全国教育会议，对于学制系统，仅稍有变更，而原则初无二致也。

二、职业学校之定义？

答：职业学校之定义，实即职业教育之定义。故各国别无职业学校定义之规定。但民国十七年五月大学院召集之全国教育会议，审查报告对于职业学校下定义曰："职业学校以授直接生产之技艺者为限。"

三、职业学校之种类若干？

答：职业学校之种类，依据民国十二年五月全国职业学校联合会之议决，分十种如下（此案曾经教育部公布）。

（一）农业学校、工业学校、商业学校、家事学校或纯粹之职业学校，凡类此者皆属之。

（二）农业工业商业家事或职业传习所、讲习所等，凡类此者皆属之。

（三）设有农工商家事等科之高级中学校，及设有职业科之初级中学校。

（四）设有各种职业准备之小学校。

（五）设有职业专修科之大学校或专门学校。

（六）农业工业商业家事之职业补习学校及补习科。

（七）农业工业商业家事或职业教师养成机关。

（八）实业机关附设之职业教育。

（九）慈善性质或感化性质各机关附设之职业教育。

（十）军队附设之职业教育。

四、职业学校之设置标准？

答：十七年五月大学院召集之全国教育会议，审查报告定职业学校设置标准如下。

1. 职业学校得单独设立。

2. 职业学校以业为单位，惟同一校内，得设性质相同之各组。

3. 职业学校设置，以应地方需要，及利用其环境与生产为原则。

4. 职业学校之教育方针，以实地工作为主，以上班授课为辅，俾学生毕业后，能在工厂内担任技术工作，或有自立一种小工业之能力。

5. 职业学校之教职员学生等，须一律短装，能自操作，免除一切文人旧习。

6. 校内工场设备，务求适用。

7. 学校出品以能推销市场，减轻耗费为主。

8. 学校应多收寒素子弟，求学费用，务使减轻。

9. 职业学校学生毕业年限，应视各业性质及所期造就学生之程度，由各校规定，呈请主管机关核准施行。

除上述九种设置标准外，又有十三年五月全国职业学校联合会所定之设施标准十四条，可与上述九条，互有发明，兹分述如下。

1. 凡合于职业教育性质之机关，得适用本标准。

2. 职业教育机关之设科，宜按社会状况，就大概言，城市以工商为宜，乡村以农为宜。

3. 职业教育机关，专收男生或女生，或兼收男女生，视地方情形定之。但男女子不同之职业，其设科必各审所宜。

4. 职业教育机关，欲决定设科，首宜从事调查，其方法宜从地方调查，如现有之职业孰为发达，孰应改良，及未来之职业孰为需要。

5. 职业教育机关调查研究之结果，于农工商……各科中决定何科，尤当于一科之中，决定专设何种。宜简单，宜切要，俟其收效，逐渐推广。

6. 职业教育机关，设农工各科时，对于该科必先试验，确已有效，然后招生传习。

7. 职业教育机关，斟酌设科时，必先审察学校财力，是否能为该科相当之设备。

8. 职业教育机关招生，必审察其将来生活需要，是否为是项职业所能供给。

9. 职业教育机关招生，必审察社会需要之分量，以定学额之多寡。

10. 职业教育机关待遇学生方法，不宜与是项职业社会之环境相距过远。

11. 职业教育机关之训育，除普通的道德训话外，须切合于是项职业社会所需要。

12. 职业教育机关修业年限，宜分节，每节宜短。

13. 职业教育机关，为增高实际效能计，其实习组织，宜兼事营业试验，但其营业，以独立计算为宜。

14. 职业教育机关，学生毕业后，宜令就职业若干时间，察其成绩，然后给予证书。

五、职业学校之名称标准？

答：民国十四年八月十八日，教育部通令云：查民国十一年《学校系统改革案》公布以来，各省区前后设立之职业学校名称，极不一致，亟应厘定，俾免分歧，嗣后此项学校，无论其为旧有或新设，应令一律按照所设科目，称为职业学校农科或工科商科。其有两科或三科并设，则两科三科并称，得省去中间各"科"字。但现在各省，称某科职业学校者为多，大约取其较为明显。

第三章　职业指导

一、职业指导之定义若何？

答：职业指导，在我国为最新之教育运动，即在西洋各国，亦仅为十年左右事。其解释与意义，各国微有不同，但不过主张之范围有广狭耳，其定义则仿佛也。兹录两个最显明的定义如下。

1. 纽约指导会说：职业指导，是用一种选择的方法，使青年得到相当的训练或机会，对于他的职业，得到最适合的能力。

2. 孟禄博士《教育大辞典》说：职业指导，有时虽要做代人介绍职业的事情，但是他的重要职务却在根据相当的知识，以努力获得选择职业的智慧。所以职业指导，在增进青年或儿童的职业机会，并不专在介绍职业的位置。

二、职业指导之范围及效用若何？

答：职业指导之范围，不仅于学生离校后介绍适当职业而已。凡选择职业、调查职业、预备职业、从事职业、改进职业等问题，无不本实际调查研究而予以有效之指导与协助。其实施之时期，自小学职业陶冶起，直至青年在职业界能自立时为止，其效用甚多。兹分青年、学校、社会三方面言之。

1. 青年方面

（甲）有职业指导为之提示，则当知注意自身之前途，与处世之方针。心目中既有注意之目标，则心志专一，为学必求实际，遇有服务机会，亦必勇于任事，克尽厥职。

（乙）人各有所长，亦有所短。有职业指导，能知利用其所长而选相宜之职业，则事半功倍，将来易于成功，且于自身之性情天赋，亦可常加注意，不致趋入歧途。

（丙）青年处世未深，见解幼稚，有职业指导，供给以实际调查之资料，庶几外察大势，内省能力，胸有成竹，不致盲从。

（丁）青年求学求业，若无抉择方法，每致进退维谷。有职业指导，则知预为之谋，其求进之方法，与所特别注意之知能，皆有充分之考虑与准备。

2. 学校方面

（甲）学校之职务，不仅在授予知能而已，尚须注意其所授之知能，能否使学生措诸实用，而却能借此自效。有职业指导，则学校可因此常受刺激，知其全部职务之所在。

（乙）学校为社会造就人才之机关，故学校与社会，须有及密切之联络贯通。质言之，学校之所教，宜即社会之所需。有职业指导，则学校当局不得不注意社会职业之实况与需要。

3. 社会方面

（甲）职业指导，使青年选择预备适宜之职业，则学成服务社会，社会必得适宜之人才。从前社会所需之人才，每非学校所深悉，今有职业指导以通声气，社会必得相当之人才以供给其特殊之需要。

（乙）人才不经济，则社会事业必大受影响。人才苟能各用其当，则种种事业，皆能因此增加效率。职业指导，即以引导青年各尽所长贡献于社会，故直接蒙其利者青年，间接蒙其利者社会事业。

三、职业指导之历史？

答：职业指导之起源甚早，但有系统的组织与科学的方法，则为近时事。19 世纪美国教育家巴生（Passons）对于职业指导运动最力，在波士顿（Boston）设立一地方服务机关，又著《职业的选择》（*Chosing of Vocation*）一书，实为职业指导专书之第一步与职业指导局之鼻祖。从此以后，美国职业指导日渐发达，而欧洲各国，如德意志、英格兰等，亦同时受时代之要求，而盛行职业指导矣。今则非但地方有职业指导所，学校有职业指导课程，即其他如商会、图书馆、社会局等，亦皆有职业指导之专门部分矣。

四、欧美职业教育之现况如何？

答：无系统无组织之职业指导，我国自来之。然比较的有系统有组织之职业指导，则欧美实为先进。欧美职业指导，已由提倡试行而入于科学方法的时期，其中尤以英德美三国为最发达。故述三国之现状，即可知欧美各国职业指导之一般。惟有一事当特别注意者，凡有效之方法，必根据本地之特殊状况与需要，决无抄袭他国成法而遂有良果。兹述英德美三国职业指导之情形如下。

1. 英国之职业指导 英国有组织之职业指导事业，实发源于立法机关之两种议案。一为 1909 年通过之职业介绍所律（Labor Exchanges Act），一为

1910 年通过之教育律（Education Act），又称选择职业律（Choice Employment Act）。全英国职业指导事业之进行，虽其方法各有异同，要皆以此二律为根据。上述二律颁行之后，全国青年职业介绍所与指导青年委员会，遍地皆有，全国有二百多处云。

2. 德国之职业指导　德国在欧战以前，其社会事业最注意者二：一为补习学校及一部分时间学校之建设，一为劳动局之建设。各城市中有于劳动局外，由地方当局特设职业指导事务所者，亦甚多。此种事务所之最著者，推哈勒（Helle），主其事者，为吴奥夫博士（Dr. Walfe），现在仿效哈勒之办法者已遍全国。

3. 美国之职业指导　美国职业指导之鼻祖，推帕森斯博士（Frank Parsons）。自帕森斯博士竭力提倡以后，职业指导之事业，乃大受社会之欢迎。帕森斯于 1903 年在波士顿开始宣传职业指导事业，1908 年即在波士顿设职业局，距今 20 年耳。研究推行日趋完善，波士顿遂为美国职业指导之发源地，今则各校有职业指导科，各省皆有职业局。

五、我国职业指导之发轫到如何程度？

答：我国最早提倡职业指导的，要推中华职业教育社内设有职业指导股及职业指导委员会。所办的事业，如调查职业概况、调查毕业生出路、编行书报图表。民国十二年至十三年间，又举行职业指导周，在南京、济南、武昌、上海等处中学校试行。十六年设上海职业指导所，实行与社会及国外联络。十七年又举行上海市职业指导运动，又与南京特别市教育局南京青年会合组南京职业指导所。此该社提倡之情形也。十七年国民政府大学院召集之全国教育会议，议决各中等学校应酌设职业指导课程，各地方应设职业指导所，于是从社会提倡而至政府提倡，职业指导之事业，正方兴未艾也。

六、职业指导之机关与方法若何？

答：职业指导之机关与方法，各国虽不完全相同，但其组织方法之原则，并无二致，大概可分为校内校外两种。英德二国之职业指导机关，校外为多，美国则校内校外并重。兹将两种机关分别述之。

1. 校内机关　校内之职业指导机关，亦有二种。一为职业指导委员会，由校长与若干教师组织之，每教师负有特别注意若干学生之责任，其调查报告及办理方法，则通力合作。一为专任一人为职业指导员，专事学生品行知能及家境状况，外与职业界联络，辅导学生解决职业问题。惟亦须与各科教师及校医等联络，得各方面之协助，始克有成。

2. 校外机关　校外之职业教育机关，亦有二种。一为附属于他机关之职业指导机关，如各国附属职业介绍所之职业指导部，或如德国附属于统计局之职业指导。一为独立之职业指导机关，如美国波士顿之职业局。

但校外校内之职业指导机关，非相对的，必须互相联络，非但校内校外互相联络，即校与校之职业指导机关，亦须联络协作，共谋切实有效之方法，故美国有组织各校职业指导联合会者。

职业指导之方法大概有下列之六种。

1. 调查职业状况，作为指导之根据。
2. 测验学生个性，为选择职业之标准。
3. 调查各种职业供求状况，为介绍之准备。
4. 调查学生境遇，为指导之参考。
5. 启迪学生择业兴趣。
6. 随时领导学生，参观工厂商场。

七、职业指导与教育指导什么分别？

答：以教育的广义言，职业指导与教育指导，二而一者也。为便于分以教育的广义言，则职业指导与教育指导，亦可截为两事。

职业指导，为指导择业之趋向准备。

教育指导，为指导领受适宜之教育。

但性质虽如上述，二者可分，在事实上则二者宜联络贯通，不可厘然区分、各有界限也。如选择职业而用预备工夫，即需教育指导，在校求学而谋将来效用，即需职业指导。

八、职业指导与职业介绍有何区别？

答：职业介绍，为职业指导之一部分，非职业指导即职业介绍也，故各国有两种分置者。若以职业指导即为职业介绍，则非但轻视职业指导，亦足以滋流弊。盖职业指导之宗旨，一方面为青年商榷选择最适宜之职业，一方面即为社会培养最适宜之人才。故正当之职业介绍，绝非贸然介绍职业所能塞责，必须根据平日对于青年调查之所得，如天性、知能、志愿、体格等，为之介绍适宜之职业，然后可以使人尽其才、职得其人，故职业指导，可以包含介绍，而绝非介绍即指导也。

第四章　职业心理

一、职业心理之重要对象为什么？

答：往昔之从事职业，无所谓研究心理也。而研究心理者，往往仅知注意个人相同之精神生活而忽于各个心理之差异。但职业界既需注重专门人才，则对于特别智力，宜特别注重，务使各得其宜，殆为自然之趋势。有此趋势，乃有所谓职业心理，故研究职业心理之重要对象，即为研究个性差异。

二、个性差异量度如何重要？

答：吾人诚欲应用研究个性所得之结果，则理论与实施方面，对于一群内某种特性或几种特性，皆须求得一种量度之方法，且不但量度而已，并须比较各种特性，而后可以明白某宜于某种工作，某宜于某种学习。但此种量度个性差异，为一种专门学问，不可以率而操觚也。大约要求结果，有下列之数种方式。

1. 次数分配曲线法。
2. 全距离分数法。
3. 二十五分差距离。
4. 平均差。
5. 均方差。

以上均各有专书，非本编所能尽。

三、形相学之内容如何？

答：职业心理学上，明白形相学之内容，亦为重要。盖形相学之内容，实即分析个人品性之方法，其历史甚旧，其势力则至今未衰。此由于心理学家只知终日孜孜于其所学之搜讨索究，而未尝措意及此，遂使一般迷信者，认形相为与职业大有关系，若能明白其内容，庶可汰其空泛而用其实际。兹略举其内容部分如下。

1. 脑相学　以脑部之大小与形式，为研究之资料。

2. 气质之分类　以身体各部分之比例与特质，为研究之资料。

3. 注意心境之表现　以心境及习惯之表现，为研究之资料。

四、个人谈话有何用？

答：依据形相学以定人之品性优劣，实未可恃。故自来录用人才者，大半皆恃个人谈话为鉴别品性心理之重要途径。就已往之事实，选人与职业指导，每偏重于个人谈话，恐将来亦未能避免。盖科学发达，关于智能、智力、体力等，尽多测验之方法，但仅可为补助个人谈话，不能替代个人谈话。因人之同情、信仰、特性、习惯等，非个人谈话，不能观察正确。故个人谈话，亦占职业心理之重大部分也。

五、智能测验之效用若何？

答：智能测验，为补助职业心理之一种科学方法。其方法乃具有一定标准之考验方法，其最大优点，即在有准确的客观标准，与笼统揣度大异。然用时亦有危险，一则恐答案之互相传授，一则恐偏于机械而有暗示之作用。故编造测验者之对于所用材料，非加以审慎选择不可。其方法大约有下列之数种。

1. 口试测验法　口试测验法，易言之，即为一种有标准之个人谈话。

2. 图画测验法　图画测验法，乃将某业上所用之工具机械，及其他需用之物件，绘成图画或摄影片，使受验者依问句解释。

3. 实践测验法　实践测验法，乃用实际之工作或职务，以测验职业智能之程度。

六、速率测验之效用若何？

答：速率亦可谓筋肉受束力，即筋肉反动之速率，亦与职业内容及职业上需要有甚大之关系。有几种职业，须有较大之运动速率，始克胜任。如筋肉反动迟钝之人，欲其在打字、缩写、钢琴、及工厂中管理机器之事，能占优势，殊无可望。故速率测验，亦为职业心理及职业测验中之重要事项。其方法亦有多种，且有器械应用，本编不能尽矣。

七、感觉测验价值如何？

答：感觉力与各种职业更有甚大之关系。其中视觉听觉每多用者，盖当为检验体格所有也。至于筋肉感觉及触觉之测验，则尚未为一般人所注意，实则于职业指导，大为重要。但此种测验，皆须极专门而极精密之器械，有团体测验、个人测验之两种，其法含有高深之数学与生理学，非本编所能尽也。

八、体力与耐力之测验如何？

答：体力与耐力，对于服务与择业关系之大，尤甚于其他。但体力测验，已为一般人所重视，而耐力则未也。在职业指导的职业心理学上，则两者均所重视也。其测验皆有器械，所测者如足底足背之弯曲力、旋转力，大腿之紧缩力、伸张力，腕指之伸直力、弯曲力，肩胸之筋角力，手之握力、弹力等，皆与职业有关系者也。

第五章　职业陶冶

一、职业陶冶之定义若何？

答：人咸知职业教育之重要，然最要训练，初不在已具职业目的之学校，而必在一般小学施以基础陶冶。何谓职业？一方为己治生，一方为群服务，凡此确定而有系统的互助行为皆是也。何谓陶冶？范土成器谓之陶，铸金成器谓之冶，以此法施之教育，使儿童于不知不觉中养成为己治生、为群服务之兴趣与习惯，谓之职业陶冶。故职业训练，职业学校所有事也，职业陶冶，则非仅职业学校所有事，而一般小学所有事也。

二、职业陶冶与教育陶冶之区别？

答：职业陶冶并非直接授儿童以专门的技术，使为徒弟、为职工，乃避去从前一切素空的书本的教育，而注重于实际的教育。譬如教之算术，教育陶冶也，教之算术而使之应用于事实，职业陶冶也。他若手工、图画，以及自然科、社科等，皆如是也。如设学校园使之爱玩天然，而习为种种，初不知为农而农已在其中；教之手工，使依样制作自由制作，初未尝有意为工，而工已在其中。故职业陶冶，固可谓职业教育的初基，实亦是普通教育的基础，二者互相为用，不能截然区分也。

三、职业陶冶与工艺陶冶的区别？

答：工艺陶冶者，即教育之适应于工艺及手技的工作，凡男女之有职业趋向者，宜受此陶冶，俾将来可在各工厂或店铺工作。职业陶冶初非直接授以工艺知能，已如前节所述，不过间接使之习为工为农为商，使将来可以应付实际社会之生活，是一种职业的无形陶冶，不是替代职业教育，亦不是直接的工艺陶冶。

四、儿童个性与职业陶冶之关系？

答：调查儿童个性，为训练之根据，在教育方面有相当之价值，而在职业教育上尤关重要。此不独尽人知之，亦尽人能言之。无论何人经此详密性考察后，均能由此获得教育上之成功，而其真价值，在能改变不适切儿童性之学校制度，而臻于至善。故在小学校施以职业陶冶时，对于儿童之个性，尤为必要，而后可以就各个儿童天性之宜，施以适当之陶冶，使将来受预备职业教育时，不致感特殊的困难。

第六章　职业预备

一、职业预备之意义若何？

答：职业预备，又名职业准备，此名词之用途甚繁杂，其意义亦因之分歧，有时且将误认与职业陶冶为二而一者。欲取一简单之解释而定其意义，诚非易事。但吾人一想及大学校之所谓法科预备、医科预备，恍然知职业预备，即职业教育之准备。

二、职业预备与职业陶冶有何区别？

答：职业陶冶者，不使儿童知其为习职业，而职业之兴趣与习惯等，自然已习于不知不觉之中，盖其目的，不完全为儿童习业而始然也。职业预备者，乃以预定习业之目的，虽未入真正专门习业之境界，但却已确定为习业之准备矣。故二者之区别，一则为有目的，一则为无目的也。

三、职业预备于特殊儿童有何益？

答：普通学校的设备与教学，每不能适应各个儿童之个性，已于前章言之，尤其是一般特殊儿童，非另行设法不可。如有粗心之学生，酷好活动而不喜书本，是宜于工者也；有畏缩之学生，好缄默而不喜发表，是亦宜于工或农者也；有口辩之学生，性灵敏而好趋避，是宜于商者也。诸如此类，在后期小学中，往往发现。如能因势利导，使受职业预备之教育，可以事半功倍，否则事倍功半矣。故职业预备教育，最宜于特殊儿童也。

四、职业预备之价值如何？

答：职业预备之价值，大概已于前节略述之，尤其大者，为补助平民教育之普及。因有多数儿童，因种种原因而受阻滞，或厌弃学校生活，而不得不早年厕身职业界，以求自立。苟主持教育者不为之所，岂平民主义所许？所谓职业准备教育，即为此类儿童计，俾立职业教育之基础，而定后来职业生活之趋向，此其真价值也。

第七章　职业补习教育

一、职业补习教育与普通补习教育的区别？

答：补习教育，寻常分为二种，一为普通补习教育，一为职业补习教育。所谓普通补习教育，乃对于未毕业义务教育，而即从事职业之儿童，令其分执业时间之一部分，补受充足的义务教育。所谓执业补习教育，乃对于已毕业之义务教育，而入执业界之青年，令其于执业余暇，受执业上之专门技能。故就教育系统上言之，职业补习教育，实在普通补习教育之上，可以衔接而进，但亦可离普通补习教育而独立，盖以其分科故也。

二、补习教育之种类若干？

答：职业补习学校之设立，须视各地方之社会状况与需要而确定，故其种类千差万别。考诸德国，此种补习学校，种类繁复，虽极微小之职业，亦有特设一校者，如理发、拭靴、驾御、宰屠等，均有补习学校。日本亦分为工业、商业、农业、水产、商船等补习学校。我国学制，关于职业补习学校之种类，虽无明文规定，然在大体上可分为农业、工业、商业三种。兹分述之如下。

1. 农业补习教育　农业补习学校，宜就各地特殊状况而区别其性质，如各地之农产物，有以米麦为主者，有以园圃蔬菜为主者，有以森林为主者，故其课程亦宜就各地情形而定。施肥之方法，品种之改良，害虫之预防，亦皆宜就各地之状况，取适当之教材，决不能以一般农业理论，教授生徒也。

2. 工业补习教育　工业种类甚多，其范围亦甚广，大者如电气、建筑、陶器、染织等，小者如各种艺术，种类尤多。故欲举办工业补习教育，仅可就地方上最需要最紧要者设立之。故寻常称工业补习学校者，不过就大体上言之耳，决非取各科而俱设之也。亦非仅设关于普通工业之教科，而遂可称为工业补习学校也。要之，此种补习学校之设科，范围宜狭，种类宜多，各视其地之相宜，而设立一种或数种也。

3. 商业补习教育　商业补习学校，与工业补习学校微有不同。盖工业补习学校，必专修一种专门工艺上之必须之知识技能，其他关于普通之教科甚少，而商业之种类虽甚繁多，但所设之补习学校，其科目大概以共同学习之普通科为多。如应用国文科、算术科、簿记科、英文语科、打字科等，并非以一种商业之性质，更设一种补习学校也。

除上述三种职业分科外，又有以时间分者，兹不具述。

三、职业补习教育之法令？

答：各国对于补习教育，极为重视，故规定于法令之中，几为强迫教育之一种。我国工商部最近订定工厂法规，对于职业补习教育，亦有相当之规定。兹分述各国补习教育法令如下。

1. 美国　政府以国库补助奖励各州实施强迫补习教育，现已有法令规定者凡 19 州。每周授课时间规定为 4 小时，亦有 8 小时者，均并在工作时间内。每年上课总时间颇不一致，依政府规定，至少须有 144 小时。又为励行补习教育起见，有违背此项法令者，辄罪及学徒之雇主及家族，处以罚金或拘役。

2. 英国　英格兰政府 1918 年规定补习教育法令于普及教育律中，各处教育局应设立补习学校，供年在 14 岁至 16 岁间工徒之补习。艺徒之不愿按律入学或家长不令子弟入学者，均处相当之罚金。苏格兰于 1918 年，对补习学校亦有强迫律之规定，凡学校如无特别故障，应一律为 14 岁至 17 岁之青年设补习科，如家族或雇主不遣其应入补习科之子弟或学徒入学者，科以 20 先令之罚金。

3. 德国　宪法规定，凡儿童在八年小学卒业后，须继续入补习学校，至 18 岁止；凡一地方在连续三年内有工商学徒 40 人以上者，须设职业学校。其全国工业条例颁行，即以 18 岁以下学徒设立补习学校之义务，责之地方行政机关，或职业机关，或职业团体；以遣送并督察学徒入学之义务，责之雇主及家长。

4. 法国　法国于 1919 年 7 月 25 日通过 14 岁至 18 岁学徒强迫入学律，授课时间由雇主在工作时间内酌量抽出。

5. 苏俄　苏俄政府于 1920 年明令 18 岁以上 40 岁以下之工人未受过职业训练者，须一律入工厂附设特别班，于晚间受补习教育，工资仍照给不扣，不入学者当受违令之处分。

四、职业补习教育之价值若何？

答：今日办实业，可云千难万难矣，但技术非难，以有专家可聘也；资本不难，有利可图也；最难者工人问题耳。然欲增进工人之智识技能，非有补习教育不可；欲使工人尽心尽力于做工，非教育不可；欲为工人谋幸福而又不欲工人走入迷途，尤不可无教育。工人如此，商人如此，推而至于农人，亦如此。故职业补习教育，一方增进工人之智识、技能、幸福，一方面即减少工人盲从恶习而增加生产力。

第八章　职业训练

一、职业训练之意义若何？

答：职业训练，有两种解释，一种为专门职业智能之训练，一种为职业德性之训练。前者已于上述各节中言之，属于教学方面的，如习工者训练以工、习农者训练以农等皆是。今兹所谓职业训练者，是专指后者而言，即谓对于一般已受专门知能训练之人，更施以职业德性的训练也。

二、职业训练之标准如何？

答：职业训练，即为德性的陶冶，宜于各种职业需要之德性，定以适宜之标准，为训练之根据。兹分述之如下。

1. 各科公共的　（甲）须启发健全之人生观。（乙）须令了解民生之原理，及职业之真义，在服务社会。（丙）须养成勤劳的习惯。（丁）须养成互助合作的精神。（戊）须养成理性的服从之美德。（己）须养成适于所欲人之社会的正当习惯，而授以稳健改进之精神。（庚）须养成其适于是种职业之健康体格，并预防其因职业而发生之病害。（辛）须养成其对于是种职业之乐趣。（壬）须养成经济观念及储蓄习惯。

2. 农科除公共的外　（甲）须保持乡村淳朴的风习。（乙）须充分养成其农夫的身手。

3. 工科除公共的外　（甲）须养成其精密的思想与正确的动作。（乙）须充分养成美术的意味。（丙）须启发其创作的精神与能力。

4. 商科除公共的外　（甲）须养成其敏捷和决断的能力。（乙）须充分发挥信实的美德。（丙）须养成其注意社会状况之习惯。

5. 家事科除公共的外　（甲）须启发其审美的观念。（乙）须养成其卫生的习惯。（丙）须发挥其社会化的精神。

第九章　职业分析

一、职业分析之目的如何？

答：最近在教育上所用为科学方法上的工具的，莫要于职业分析（Job analysis）。其目的：（一）为增进工作效率；（二）为改良治事规律；（三）为发展训练人才的方法；（四）规定合宜的工资标准与给薪制度；（五）减除工作的靡费；（六）利用适当的工具，以促工作的精进；（七）厘定时间标准与程序。以上种种，是构成近代工业上所谓科学管理法的要素，今则教育界亦利用此方法来应用教育的问题。

二、职业分析之定义如何？

答：我们要了解职业分析的方法，先须有一个正确的观念。现在下一个定义曰：职业分析是一种法则、一种手续，是达到某种目的之工具，不是目的的本身，是搜集关于一种工作的各项事实与论据，整理为研究与决定工业改良的标准。

三、职业分析的用处有几种？

答：普通职业分析之用处约有两种。

1. 备做参考用的　此项分析，包括一种工作的全体与其各种的关系。在无事时，把一种工作，详细分析、记录，以备应用。遇有欲研究该项工作之任何问题时，即可取该记录当做参考。但此法亦有弱点，即分析之时期与应用的时期，前后不同，往往情境变迁，以前的记录未必可靠。

2. 具有特殊目的之分析　此方法只就本项目的有关的事实，而加以分析。现在将举行职业分析之种种目的，举其重要者如下。（甲）研究生产过程，以期发现最有效最精善的工作方法。此种分析，包括时间与活动的研究、治事规程与计划的规定等。其结果则为生产上专门技术的发现、质与量的标准，以及机械工具设备的改进等。（乙）研究工业上的本能问题，以期发现最适宜的工作人员。此种研究的结果，为发现人的专门学识，包括体育与智力状况、教育经验、性情履历等。（丙）规定或改善工资制度与奖励规则。（丁）研究人员更动频速的原因，而求补救的方法。（戊）调查雇员工作精神不佳的原因与补救方法。（己）考察一切职业的优点与劣点、雇员必要的资格，以及升擢的机会与条件等。此项研究，大抵系供职业指导之用。（庚）调查一种职业的学术、技艺升擢须知，以及一切可训练可传授的质素。此项材料，可编成职业训练表，并可由此演成职业训练科与教育顺序。

此外种种，不胜枚举。总之职业分析并无一成不变的形式，各随其目的而异。无论哪一种工艺（Industry）、手艺（Trade）、职业（Profession 与 Vocation），只要有确定的意义，都可用此方法来分析。

四、职业分析的进行步骤？

答：举行职业分析，需要特殊的训练与专门的技术，并须出以审慎、运以智识，方不致挂一漏万，演成毫厘千里的差误。兹将其进行步骤条举于下。

1. 明白规定所欲分析的为何种工作，尤须标明分析的目的。

2. 编制一种或数种表式，内含所欲查知的种种事工的细目。

3. 与本项分析最有关系的人，作种种接洽，以为分析他们的工作与搜集见闻的准备。

4. 为该项工作或职业下一个正确的定义，除定义以外，又须知道该项工作所有的各种名称，然后按其性质，另定一适当的合于科学的名称。

五、试举职业分析的重要举例？

答：举行职业分析，虽然目的万殊，具见上文所述，但粗别之，则不外两大类，即（1）机械（2）人员。

1. 机械项下，我们可得下列节目　（甲）工作的手续。（乙）与别种工作的关系，尤其是承前接后的工作。　（丙）材料的种类、数量与形式。（丁）发动机。（戊）手用机器。（己）装置工场内之器具，及其他省力器械。（庚）体育状况。（辛）工作的法则。

2. 人员项下，我们可得下列各节目　（甲）工人所需要的体格。（乙）所需要的智力。（丙）所需要的特别材具。（丁）人格上其他质素。（戊）工作的体育状况。（己）已往的经验。（庚）职业的特别训练。（子）技艺（丑）技术智识。（辛）工场中监督与指导。（壬）奖励规则与升擢机会。（癸）副业或补助的职业。

第十章 结 论

一、提倡职业教育何以为必要?

答:现在国中最重要、最困难的问题,厥惟生计。欲求根本上解决生计问题,厥惟教育。然兴学将三十年,全国学校有十万以上,何以教育较盛之区,饿莩载途如故,盗匪充斥如故,毕业于学校失业于社会者又如故,可见已往之教育,决无能解决生计问题之希望。且中国现在之教育,不惟不能解决生计问题,且将重予关于解决生计问题之莫大障碍。此而不思救济,前途何堪设想!救济之道奈何?曰:惟有提倡职业教育,使受教育者皆有治生之观念与知能。德国科学发达为世界第一,美国富力甲于全球,尚亟亟焉力谋职业教育之推广。日本为亚东第一强国,而最近调查受专门教育而失业者达十万人以上,方亟亟谋职业教育之改善。回顾我国之贫弱既如此,文化落伍,事业消沉又如此,安得不提倡职业教育哉?

二、民生主义与职业教育有何关系?

答:中山先生于民生主义,下一定义曰:"民生就是人民的生活、社会的生存、国家的生计、群众的生命。是则无民生,人民、社会、国家均无生命之可言。"故戴季陶氏谓:"中山先生领袖的国民革命,最初的原因,最后的目的,都在于民生。"中山先生讲民生主义曰:"以国家之力,协助人民解决衣食住行四大问题,同时要注重人民之教养及享乐。"可见要解决衣食住行四大问题,非可一蹴而几,必须有教养。将来建设万端,所谓衣也食也住也行也,无一不需科学方法与科学知识。职业教育者,即根据民生主义,用科学方法,以教育群众,解决其衣食住行之问题。

三、文化教育与职业教育之关系如何?

答:今之重文化教育者,曰文化教育立国做人之基础也。斯言也,任何人亦不否认。盖文化者,所以增人生之价值,促人类之进步,人种之文野由是而别焉。然以今日社会之状况而论，受四年初级小学教育后，能入高级小学者有几人乎？高级小学毕业后，能入中学者有几人乎？中学毕业后，能入大学者又有几人乎？夫由初小由高小由中学而直达大学，毕业之学生，其大多数固能养成高等专门之学，然其余之不能由下级而达上级，无一技之长以谋独立生计者，亦比比也。此种学生，听其自然乎？抑将设法以补救乎？如曰补救，舍职业教育其奚由？虽然，一方固补救之使之治生，一方仍不能舍文化于不顾。故文化教育不能无职业教育以为用，职业教育不能无文化教育以立其基，此两者之关系也。

四、发展职业教育之必要方式如何？

答：发展职业教育，考诸列国，当有以下必要方式。

1. 中小学校课程，应注意实际生活之经验，及生产活动的练习。

2. 各级学校应注重个性发展，及职业指导。

3. 职业教育在教育制度上，应有一贯正统的及整个的地位。

4. 教育行政机关，应有负责设计指导之专责。

5. 中小学校之教学课程，应谋与社会接近。

6. 职业学校在现代环境下，应单独设立。

7. 职业学校设立之标准，应绝对根据社会需要。

8. 职业学校课程，应以科学的职业分析为根据。

9. 职业学校之修业年限，为弹性的，依学科性质、个人能力、社会需要定之。

10. 职业学校教科目，应分基本学科、职业学科、实习学科三种适宜支配之。

如教育行政方面与实施职业教育者方面俱能依此方式分别进行，则职业教育庶几盛矣。

附录

小学校职业陶冶纲要

吾们都知道小学教育是一切教育的基础，吾们又承认教育就是生活，那么怎样使小学教育完成他生活基础的使命，是研究初等教育的一个重要问题。美国斯奈登（Snedden）说："教育者，使人有生活准备。"所谓"使人有生活准备"，必使教育有生活的意义。这种生活意义，并不是仅谋衣食罢了，要使受教育者顺着他自然发展的原理，适应于社会实际生活，解决社会实用问题。换句话说，就是使受教育者在他自己环境里可以生长发育。初等教育实验家约翰逊女士（Miss Johnson）说："为儿童将来的成人生活计，最好把儿童能发生兴趣和意义的事物，使他得一种经验，学校里要供给机会使儿童生长、自行发现知识，并且知道怎样去和别人做事。"照上面所述的种种原理，吾们可知道小学教育决不是仅给儿童读书写字，或是给几分钟的游戏唱歌就可了事，要使儿童运用天赋的本能，很自然去学习。而这种学习绝对不是仅仅记忆符号和知识，并且要明白学的就是做的，怎样使学的就是做的，那就不能不注重职业陶冶了。

职业陶冶，并非就是职业教育，却是职业教育的一部分，也就是小学教育的一种重要训练。职业陶冶与教育陶冶，似为两事，实在还是一事。例如教儿童习算术，原始教育的陶冶，然因此得到商业上基本知能，就是职业陶冶了。职业教育的解释，原来并不限于狭义的生利主义，其大目标在培养智力、意志、感情各方面，而成完全有用之人。人类在社会必须有相当之职业，即必须受相当之训练。小学校的职业陶冶，是完成教育目的而设施之教育，原非即是农工商等专业之预备教育。所以我们如果承认人人都应有职业，就应该承认人人都应受职业陶冶。什么叫做职业陶冶？简单说起来，就是使儿童于不知不觉中养成为己谋生、为人服务之兴趣与习惯。如设学校园使之爱玩天然，而习为种种，初不知其为农，而农在其中。教之手工，使依样制作，初非有意为工，而工在其中。他若于工作之中，养成劳动、惜物等良好习惯，其直接间接之影响，皆于职业有深切之关系。兹拟实施大纲如下，以供研究。

（甲）　属于课程方面者

1. 教材要含职业化　小学工艺及图画当然可为职业陶冶外，他如教算术可以兼授簿记，教理科可以提到园艺、畜牧、工业、家事上的关系。总之使一切教材与书本上的学问，要与日常生活中一切事物互相联络起来，发生深切的兴趣，同时即得到职业陶冶的实效。兹摘江苏省师范附小联合会所定各科教授要目，以资参考。

- 国文科

形式方面

（1）合言语自然次序的，可以口语（白话）讲说成译述（文言）的。

（2）层次明晰，使儿童读过，就可以明白它的大意。

（3）行文活泼，非呆板的。

（4）自然而不雕琢用典的。

实质方面

（1）是儿童需要，并合与其境遇，使他自己能想象得到的。

（2）能使儿童读过以后，发生隽永与爱读的趣味的。

（3）主义积极的。

（4）平民的，和平的。

- 书法科

（1）采用的字要日常所应用的，儿童所需要的，并且在生活方面有关系的。

（2）所选字体要平正美观容易学习的。

（3）字体大小宜适合儿童腕力及观察力。

- 英语科

（1）选的材料，都要现在应用的。

（2）要与行为服务社会生活有关系的。

（3）要能表演的。

（4）写的字要取半斜体的。

- 算术科

（1）数目要选有系列的，能比较的、分解的，不远离实际生活的。

（2）问题要选儿童可以测量的，有直接经验可以作抽象计算之基础的。

（3）可以使儿童充分联系日常生活问题解决方法的。

- 地理科

（1）与人类生活有重大关系的。

（2）足以探寻人事与自然相互之关系的。

（3）足以增进儿童对于人事、自然研究之兴味的。

（4）与各种文化发达上有关系的。

- 历史科

（1）与现在有因果关系的。

（2）要使儿童喜欢学习的，学校可以生出许多观察、观念、表演情趣与作业的。

（3）足以发挥平民精神的。

（4）有关于社会民生而非一人一姓之事的。

（5）足以表演共和国民互助牺牲正确的人生观的。

- 自然科

（1）合自然界进化法则，与人类生活有关系的。

（2）可以为衣食住行及工艺的原料的。

（3）可以为农工商运输的助力的。

（4）有社会性研究的。如（蚁、蜂）有合群、互助、劳动等性者。

（5）能发生改革思想与创造思想的。

- 工用艺术科

（1）有工艺陶冶价值的。

（2）可以使儿童自己设计，养成创造力的。

（3）能使儿童自觉有应用价值，发生兴味的。

（4）应用科学原理的。

（5）要有生产价值的。

（6）要在短时间中有结果的。

- 形象艺术科

（1）含有美的要素的。

（2）与工用艺术有联络作用的。

（3）能应用于多方面的。

（4）儿童经验界、思想界设计产出的。

（5）合画理的。

- 家事科

（1）学的就是做的。

（2）适合中等人家生活的。

（3）合于境遇与能力的。

（4）能改革旧家庭不良习惯的。

（5）对于本国良习惯可以保存的。

其他各科与职业陶冶，皆有多少关系，但不必特为重订耳。

2. 教学要重实际　教学要注重实际，为当然之事，为使儿童接近实际生活，养成对于事物观察正确起见，更有注重之必要。如教至电学而参观电气厂，教种稻而参观农场，教河流山脉而举行远足，或以陇亩陵溪为比喻而指示之。其他各种可以实地指示或直观教授者，勿使失机会。

（乙）　属于训育方面者

1. 要有社会化的环境　杜威博士说："以事物对于社会的功用为标准而施教育，实为养成道德增长知识所决不可少。"儿童所学与社会情况愈有密切的关系及直接的联络，则其所得知识亦愈加真确，愈有实用。此所谓"行远必自迩"，必先养成处理近处事物的能力，而后可以有照料远大事物的能力。换言之，即欲使学校的工科有生气，不仅在读书、写字、习算，要使与地方上的利益及职业发生密切的关系，要使儿童有此能力，必须使学校的工作有社会性。上文所述课程教材的标准，固然是一种例子，但尤其要注重服务的训练。自杜威氏提创"社会化"的教育以来，小学校的训育，已由平面的而进于立体的趋势。最流行的有两种：一为学校市（school city），一为公益教育（civil club）。但说者谓前者偏于形式，后者恐蹈虚妄。方法之施用固在人为，所谓"神尔明之在乎其人"。前者固属偏于形式，只须汰其政治臭味与消极作用，而注重公民训练与积极的服务斯得矣。后者原为补救前者之失之一种训练，当然有可取之价值。以外如美国之葛雷学校（Gary School）及非耳和普（Faihope）种种设施，实可为注重职业陶冶之小学的借镜（见朱经农译《明日之学校》）。江苏省各示范附属小学及东南大学附属小学之训练实施标准及要览各书，或则采取市乡式之编制，或则参用分团式之训育，要皆含有社会性、职业化的意味。如设学校医院，以增进卫生常识；设公园，而培养公德；设工场、农场、商店、家事实习室，以练习职业知能；设消防队、图书博物馆、禾黍俱乐部、玩具农场等，为工作之中心；更有假设家庭学级会、音乐会等，为社交之练习。凡此种种，虽不尽为职业教育而设，而职业基础之训练寓乎中矣。

2. 要有因地制宜的设备　教育要适应需要，所以设备亦当因地制宜。如都会之区之学校，可设附属商店，或实习工场。乡村之区，可设农场等。

3. 要组织训练团　关于知能上之陶冶，有课程有设备等以辅助。关于儿童之心理与性行之陶冶及指导，将来择业之方针，非有深切的熏陶、长期的考察不可。故组织训导团，每一教员负训导若干学生之责，为必不可少之事也。

（丙）属于其他者

1. 开恳亲会　职业陶冶，为学校之责任，将来择业问题，学校与家庭间应同负研究指导之责。故定期开家属恳亲会以商榷研究，其效用不仅在联络情谊也。

2. 简易的职业智能测验　人之天禀各异，将来之造就，自当各应其所长，故应行简易之知能测验，以为因材施教之标准。

职业教育通论

庄泽宣　编著

自　序

　　我在上海南洋中学毕业的时候，一方面报名想入金陵大学农科，一方面想投考哈佛医学校（设上海）。那时金大农科刚开办，接到我的报名信，竟免试准我入校，哈佛的报名费也交了，但是终于因为同学中多考交大，拉了去同考，进了交大的电机科。入校以后，兴致还不差，而且得交许多良友，不过自问心性两方面都不适宜，又终于在毕业的前一年，转入清华最高年级而留美改习教育。出国时正值国内职业教育的声浪很高，我对于农虽曾过门不入，对于工程亦未入堂奥，但是职业教育却打动了我的心弦。因此，初到美国两三年完全把时间集中在职业教育的研究上面。在发表方面我曾在《教育与职业》初二十几期内投过好几篇稿，编了一部《初步木工学》（中华职业教育社印行），译了一部《美国家事教育》（商务）。回国以后，我在清华主持职业指导，又做了一部《职业指导实验》。十四年夏承中华职业教育社之招到南京讲学于暑期学校，又编了一本小册子，单本称《职业教育概论》，万有文库本称《职业教育》（均商务）。还编了一本《我的研究》（中国出版公司）与《青年四大问题》（中华）。这几年来此调早已不谈，虽则对于职业教育的兴趣还是很浓厚的。去冬为允任职业教育这门功课起见，不得不将历年所得材料与个人见解，加以整理，且遍觅坊间没有适当的课本，于是着手编辑本书。编了不多，便听见职业教育社社内专家多人合编了一本《职业教育之理论与实施》，但等到出版的时候，我的稿子已成四分之三，因此，我仍继续把本书编成，借贡一得之愚，当然他们的材料我也采取了一些。编好以后，曾油印多份，供同学阅读，现在再铅印出版就正于海内外专家。

　　　　　　　　　　　　　　二十二年六月泽宣在广州中大教育研究所

目　次

第一章 英法职业教育的发展

西洋各国的职业教育可说是工业革命后的产物。工业革命发源于英，次及于法，所以英法两国的职业教育也先开办。不过法国在工业革命过程中又遇到了政治革命，而且因地理的关系，全国工业化的程度远不如英，职业教育的发展也较迟缓。德国工业革命直到俾斯麦时代才由政府用全力推行，但后起之秀，对于职业教育的提倡颇有青出于蓝而胜于蓝之势。美国自南北战争后，工业革命也日渐兴起，惟对于职业教育的推广，初仅及于农，近始注意到工商业。

工业革命究竟算从什么时候起，似乎很不易解答，因为工业革命的过程是逐渐进行的。不过所以有工业革命的缘故是由于机械的发明，因此工业革命的开始，可从机械发明的进程里看出来。

关于机械的发明，以蒸汽机为最重要。蒸汽机虽在 18 世纪初年已经有了，但能实际应用，则始于瓦特的改良，时在 1765 年。当时英国的纺织业已开始，所谓织机工的飞梭，则于 1733 年已发明。机械的发明可说是从那时开始，不过大规模的应用，使工厂的组织在英国社会生活上占重要位置，则约在 18 世纪末叶。英国工厂的兴起在 1785 年至 1830 年间。蒸汽机于 1807 年用来走船，火车头则在 1814 年发明，第一条铁路于 1830 年在利物浦曼彻斯特间敷设。从 1802 年起英国开始通过关于工厂的法律，可见工厂的地位，逐渐重要，而在社会生活上的影响也逐渐严重。

在这种情势之下，英国的职业教育也应运而生。

英国的职业教育，从史的发展上来看，可分为下列各时期。

一、胚胎时期——1850 年以前。

二、建基时期——1851 年—1889 年。

三、稳进时期——1890 年以后。

英国虽在 1791 年已有了工业学校（School of Industry），但在职业教育发展史上无甚影响。直至 19 世纪初年，才有大规模的工艺讲习（Mechanics Instiute）运动。

这个运动创始于苏格兰格拉斯哥地方的 Birkbeck 博士。这位先生本是一个医生，在 18 世纪末年任自然哲学教授。他因为讲授时要用科学仪器，叫工匠来制造，他就把科学原理大要讲给他们听，他们很感兴趣，因此在每星期六晚上开了一个工人班。据说第一次开讲时有 70 人去听，到了第三次已有 300 人。1808 年听讲的人组织了一个管理委员会。后来这个委员会与学校当局意见不合，于是独立组织起来。在 1823 年格拉斯哥的工艺讲习所便宣告成立。

1808 年 Birkbeck 在伦敦也组织起个人讲习所，到了 1823 年伦敦的文艺科学社成立，即以他的名字名之，后来变成了伦敦大学的一部分。

1824 年以后，英伦各地都相继设立工艺讲习所。到了 1841 年各地已有 200 所以上。可惜当时小学教育没有普及，一般工人的基本学识太低，不能充分利用这种机会，而且工厂法对于工作时间的限制太宽，以致工人有余暇去研究的不多，所以这个运动的势力只影响及于少数教育程度较高的工人。

自 1842 年起，英国又有一个工人学院（Working Men's College）运动。这个运动是与工艺传习运动相辅而行的，侧重于增进工人普通学识方面，尤其注意于社会经济常识。工人学院以设裴尔德（Sheffield）的为最早。后来伦敦及他处亦相继设立。

这两个运动，所提倡的虽非纯粹职业性质的教育，却已做了职业教育的准备工夫。

1851 年伦敦开了一个世界物品展览会，这个展览会给英国工业界不少的刺激。同年通过了补助工业夜班的办法。1853 年成立了艺术科学部，可说是现在的教育部的前身。这个机关的最大功用便是用补助金的方法提倡科学及艺术的教学。

英国政府对于职业教育的提倡，始于 1836 年，因为在那年设立了一个图案学校，还附设有博物院及演讲厅。自艺术科学部成立以后，政府对于这方面更作大规模的奖励。1859 年又通过了补助科学班的办法，于是科学学校及科学班在各地风起云从。计 1860 年凡 9 所，学生 500 人；1862 年达 70 所，学生有 2543 人，补助金凡 2666 镑；1872 年达 938 所，学生有 36783 人，补助金凡 25201 镑；1880 年达 1455 所，学生有 57000 人；1886 年达 1662 所，补助金 73141 镑；1896 年 2583 所，补助金 157916 镑。

这些学校的学生大都是工人，所学科目有数学、几何、力学、机械学及机械画、建筑学及建筑画。后来还加入地质学、矿物学、动物学、植物学、矿学、冶金学、航海学、航海天文、造船学、磁电学、蒸汽学等。

1887 年英国的全国教育促进会成立。这个会的目的有四：（甲）用教育方法增进工业的效率；（乙）发展青年的手眼训练；（丙）推广科学及艺术以树工业的基础；（丁）改进中等教育。

此外还有他方面的工作，都促进英国工业教育的成熟，于是在 1889 年通过了工业教育案，使英国职业教育日臻完善。

依照这个工业教育案，英国各地方得设工业教育委员会，利用艺术科学部的补助金促进该地的工业教育。次年（1890）复通过地方税案准许各地方征地方税用以提倡工业教育。于是不但工业夜学的发展突飞猛进，即职业日校的基础也从此建立。

此案初推行时就有种种困难，其大者如行政权的不统一，初等教育未普及以至工业教育无基础，后经几个法案的通过，便把这些困难逐渐解除，其中尤以 1902 及 1918 的教育法案最占重要，虽则这些法案并非直接关于职业教育的。至于职业教育的办法，亦屡有修正。

1900 年艺术科学部并入教育部。1902—1903 年，上述的科学学校改称中等学校甲组（Secondary School，Division A）。此项学校既改名称，原有特点也渐失却。因此职业训练的惟一机关，一时只剩了夜班。为补救这个缺陷起见，1903—1904 年发布《关于实业教育的新条例》（*Regulations for Technical Schools，etc*），除夜学外，另行规定实业日校或日班的办法。

1913 年教育部又发布《初级实业学校条例》（*Regulations for Junior Technical Schools*），确定此种学校的补助金。这两个条例当然关系很密切，但直到 1926 年才把它们合并，并改称《继续教育条例》（*Regulations for Further Education*）。照这个条例，关于职业教育的机关有下列各种。

Ⅰ．部分时间上课的

一、补习日校　普通或职业性质，家事或艺术教学，部分时间上课，但在早八时晚六时之间。年龄自义务教育终了至 18 岁。

二、（甲）初级夜校　同上，但在晚五时后上课。年龄自义务教育终了及入学时在 15 岁，离学时在 17 岁以下。

（乙）高级夜校　职业、家事、艺术，或普通性质的，部分时间上课，在五时后。年龄较长的。

Ⅱ．全日上课的

三、初级实业学校　为工业、商业，或家事工作的准备，全期上课两年或三年。入学年龄 13 岁或 14 岁。

四、初级家妇学校　家事及普通教育，全期上课。入学年龄 13 岁或 14 岁。

Ⅲ．全日或部分时间上课

五、实业日班　以职业或家事科为主要的，部分时间制或短期全日制。年龄在义务教育终了后。

六、（甲）艺术学校　图画、艺术手工及图案（在特种状况下文学及教育科目），为已受初级图画训练而设的部分时间或全日上课制。年龄同上。

（乙）艺术学校内的初级艺术班　图画、艺术手工及普通科目，全日上课制。年龄在 16 岁以下。

七、继续教育性质的学院　为已达初级考试程度的学生而设的全日上课制，年限至少一年，或为专门职业之准备，或为已经大学入学考试及格作大学中级或学位考试之准备；及（或）职业、家事、艺术或普通的夜校。

16 岁以上的学生，曾受夜校教育至 16 岁止或曾在小学或他处受高级教育至 15 岁止的。

（注）义务教育终了在多数地方为满 14 岁，在少数地方为满 15 岁。

英国最近出版之1932 年《教育年鉴》曾将美国职业教育机关作系统图如右。

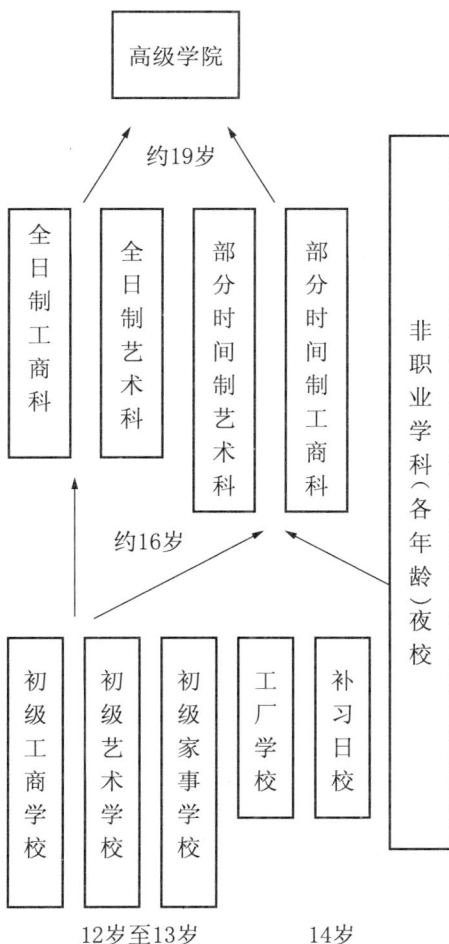

高级学院

约19岁

全日制工商科　全日制艺术科　部分时间制艺术科　部分时间制工商科　非职业学科（各年龄）夜校

约16岁

初级工商学校　初级艺术学校　初级家事学校　工厂学校　补习日校

12岁至13岁　　14岁

据最近统计英伦及威尔士的职业教育概况在 1930—1931 年，有如下列。

名　称	校　数	学生数
初级实业学校	177	21066
初级家事学校	177	21066
艺术学院初级班	35	1943
高级学院	57	8030
实业日班	167	27819
艺术学校	229	58700
补习日校	59	20656
夜　学	5156	905786

此外在大学工科肄业的于 1929 年—1930 年度 4152 人。

初级实业家事及艺术学校所设专科有建筑业、书业、家具业、厨艺及侍者业、制车业、鞋业、商科、营造、家庭服务、制衣、刺绣、工程、矿学、理发、洗衣、制帽、乐器、航海、造船、粉饰、照相、橡皮业、银器、裁缝、制垫等。

高级学院有建筑业、艺术、鞋业、造车、化学及其应用、农业、商业、家事、土木工程、电机工程、普通工程、机械工程、饮食业、一般工业、制革、医药业、矿业、乐器业、造船、眼镜及光业、印刷及照相、普通理科、纺织业、其他等。

实业日班的分科也大致相同。

夜学中普通科目的学生约占二分之一，计学英文的学生约占全数三分之一，其他语言、社会科学、数学、理科、体育、艺术音乐等约占六分之一。职业科目的约二分之一。

工厂学校及补习日校性质大致相同，均在工作时间内上课。惟前者之学生直接来自各工厂，上课时仍得工资，有的由工厂供给一部分经费或校舍，有的完全由工厂设立。

1926 年—1927 年间为训练职业教师而设立的短期全日班凡 10 种，星期末班亦 10 种，部分时间上课班 9 种，共计学生 38447 人。

此外尚有职业准备性质的中央学校，课程有分工商两组的，非如上列各校分组之细。

英国非农国，故农业教育机关较少，大别之可分为高低两级。低级的有农事讲习学校，大都以一年为期，且在冬令上课，分为二学期，上学期在耶稣诞

前，下学期在耶稣诞后。入学年龄为 16 岁，大都男女兼收，间有专为女子设
夏季班者。科目除普通农科外，有园艺、牛乳及养禽专科，各校均有农场，训
练重实际，以备毕业后任农场助手，或竟做长工，二年后任农场场长。全英伦
及威尔士此种农校约 17 所。1930 年学生数约 600 人。

高级农校即农科大学，程度与他科大学等，此种农校单独设置的有 5 所，
在各多科大学中设置的凡 7 所。此外设兽医科的大学 5 所，设牛乳科的 1 所，
养禽科的 3 所，园艺科的 2 所。1930 年学生数 1603 人，计普通农科 889 人，
园艺科 234 人，牛乳科 115 人，养禽科 75 人，兽医科 261 人，其他 17 人。

此外尚有短期性质的农业教育，计 1930 年有：

	讲习会	日 班	夜 班	函授班	农业手工班
班 数	102	317	378	9	440
学生数	1120	3335	8976	208	3503

又 1930 年曾举行表证及演讲会，计 10185 次。

法国的职业教育，从史的发展上来看，也可分为三期，惟各期年限与英国
的不相同。

一、胚胎时期——1862 年以前。

二、建基时期——1863 年—1880 年。

三、稳进时期——1881 年以后。

法国工业革命虽与英国的差不多同时期，但在 18 世纪末年因政治革命的
扰乱，工业状况反而衰落，直到 19 世纪下叶共和制度确立后，工业才日渐发
达，不过农业仍占重要地位。

法国第一所职业学校可说是多艺学校（Ecole Polytechnique），在 1795 年
便成立。1806 年又设立了一所图案学校（Ecole de Dessin），此校在 1811 年还
加开夜班。1819 年工艺学院（Conservatoire des arts et Meticrs）成立，内分三
科，（一）机械科，（二）工业化学科，（三）工业经济科。1830 年加开（四）
应用物理科。1820 年中央艺术制造学校（Ecole Centrale des Arts et Manufac-
tures）由私人力量开设。

关于童工的法律直到 1841 年才通过，可见在这时以前，法国社会还未工
业化，1851 年又通过了一个艺徒律。同时农业教育开始发展。所谓农民学校
（Fermes Ecoles）第一所在 1830 年成立，到 1846 年已有 9 校。是年政府开始
补助。从 1846 年到 1848 年，增设 16 所，到 1852 年又增 45 所，共计 70 所，

但自后因种种关系日渐减少，直到 1875 年，始有农业实艺学校取而代之。

政府对于职业教育作有系统的规划，可说始于 1863 年成立的调查委员会，这个委员会是受伦敦展览会的影响而成立的，工作了两年多。在 1866 年居然成立了一所职业师范学校（Ecole Normale Speciale de Cluny），在法国职业教育初期的发展上影响颇大。

在 1870 年共和制度确立以前，即帝制时代的末年，全法国有 80 个地方设立职业训练机关，学生数约 33000 人。

为振兴工业起见，政府在 1867 年及 1878 年开了两次的国际展览会。共和政府成立后 1871 年至 1879 年中国会对于职业教育有多次的讨论，但直到 1880 年才通过了关于职业教育的重要法案，规定在全国各处设立艺徒手工学校。

按照此法案的规定，各县市应设初级程度的艺徒学校，为整个学校系统中一部分。次年政府又成立国立工业学校。计先后设立的初级艺徒学校 59 所，国立工业学校 3 所。

1888 年，规定职业教育机关受教育工商两部共同管理，实行结果互相牵制，到 1892 年，乃统归工商部管理，1892 年通过的财政法，内开高级职业学校的学科，为工商两种，应受工商部之管理，其校名即称为工商实艺学校（Ecoles Pratiques des Commerce et L'industrie）。至 1875 年成立的农业实艺学校则归农部管理。此种学校初为半时制，至 1904 年才改为全时制。1902 年且增设冬季农业学校。1930 年—1931 年，农业学校有学生 1839 人，冬季学校有学生 2898 人，女子班有学生 3380 人。

1893 年政府规定高小自第二年级起须设农工商科，以为不升学者职业的准备。

1892 年全国工商实艺学校凡 13 所，1906 年达 55 所，学生 11000 人。1923 年达 112 所，学生 21752 人。1928 年达 140 所，学生 26278 人，1931 年—1932 年达 37358 人。又 1923 年高小凡 499 所，学生数 73219 人，内二、三年级生入农工商科的 14809 人。（1931 年—1932 年高小生数凡 93476 人，入农工商科的不详）

工商实艺学校的课程比之高小工商科的要偏重职业性质的多。以实习钟点而论，工业实艺学校第一年即有 20 小时，而高小工科仅 4 小时，第二年前者增至 23 小时半，后者 12 小时，第三年前者在一、二学期凡 28 小时半，第三学期竟有 38 小时，后者仍仅 12 小时，商科实艺学校外国语及实习均比高小商科的多一倍。但高小毕业生入工商界者亦极多，计 1922 年高小各科毕业生 25000 余人中仅 5000 余人升学，有 4000 余人入工界，4000 人入商界，1400 余人入农界，2000 余人入邮政等公共服务机关。此外尚有补习性质的职业科，于 1919 年开始由地方政府与劳资两方代表合组委员会办理之。上课须在 8 小时工作时间内。1923 年—1924 年全国凡 552 所，学生数 148476 人。1925 年通过徒弟税案，凡各业受雇人薪额年超一万法郎者抽千分之二，征收后用以办职业科，每年收入有一亿六千万法郎。因此近年来职业科颇为发达，1931 年—1932 年学生数已达 180384 人。

以上可称为初级职业教育机关。

至中级职业教育机关，则现有国立农业学校 3 所（?），国立工业学校 8 所，商业学院 17 所，收实艺学校或高小毕业生，入学考试颇为严格，分初试及复试，口试、笔试皆有。修业年限三年。1931 年—1932 年计有学生 7406 人。

高级职业教育机关则为各大学程度的专门学校，其中最著名的为军政部设立的多艺学校，私立的中央艺术制造学校，及 4 所国立农业大学（计农业、森林、农业行政、农业工程各 1 所）。1931 年—1932 年计有学生 6154 人。

中级及低级工商教育机关本归工商部管理，1920 年后改归教育部管理，1927 年后教育部中且专设一次长，掌工商教育行政事宜，至农业教育机关仍归农部管理。

参考用书

1. Reisner，Nationlism and Education Since 1789，Macmillan.（法德英美的教育与建国，崔载阳译，《民智》）

2. Granes，History of Education in Modern Times，Macmillan.

3. Sadler，Continuation Schools in England and Elsewhere Manchester University.

4. Sears，Roots of Vocational Education，Tohn Wiley.

5. Wilson，The Schools of England，University of North Carolina.

6. Creasey，Technical Education in Evening Schools，Sonnenschein.

7. Millio，Technical Education Arnold Waterfall，The Day Continuation School in England. George Allen and Unwin.

8. Education in England and Wales，1925—1926，H M Stationary Office 1927 and 1928.

9. Survey of Technical and Further Education in England and Wales，Board of Education.

10. The Year Book of Education，1932 and 1933 Evans Bros.

11. Ahmal，Systems of Education Longmans.

12. Paquier，L'Enseignement Professionnel en France，Colin.

13. Rascol，La Véritable Education Professionnelle，Colin.

14. Beresovski-Chestov，Statistique Intellectuelle de La France，Les Presses Universitaires de France.

第二章　德美职业教育的发展

德国工业革命比之英法为迟，但通过《童工法》的时期比法国的还早，即在 1839 年。关于职业教育方面的发展，可说以补习教育为最早也最占重要。至全国大规模的发展，直到 1871 年联邦政府成立以后。自 1891 年始德国职业教育极为猛进。因此我们也可以把德国职业教育的发展分为三期。

一、胚胎期——1869 年前。

二、建基期——1870 年—1890 年。

三、猛进期——1891 年以后。

德国的补习学校最初是宗教性的，在 16 世纪末年已经有了，初设于 Wittemberg，后来 Baden 与 Bavaria 跟着开办。Baden 在 1756 年便通过了强迫补习律，Bavaria 在 1803 年，Wittemberg 在 1836 年，Waldeck 在 1855 年，接着都通过了强迫补习律。

Baden 的强迫补习律，是完全宗教性的，上课限于星期日。1803 年后始有职业性质的功课，如图画、算术、几何、工业、经济、簿记等，上课在星期日及假日，每周 6 小时，年限自二年或三年。Bavaria 的则开始时略有职业性，凡艺徒皆须入学，科目除宗教外有读写算。Wittemberg 在 1818 年即设职业学校，1826 年有 18 城市设立此种职业学校，但上课也在星期日，到了 1846 年全邦有 69 校，学生 4500 人。在 1853 年且在宗教教育部下设工业补习教育委员会。并且把职业学校分为二级：初级者收艺徒在星期日上课，高级者收艺徒及工人，得在非星期日夜间上课。复设女子补习学校。

其他各邦强迫补习律的公布，虽在 1870 年后，但对于职业教育方面也都有了萌芽。撒克逊（Saxong）邦在 1765 年已设了一所矿业学校，到 1830 年已有 5 所职业学校，到 1850 年又增设 6 所，在联邦政府成立时凡 20 余所。补习学校在各城市也纷纷成立，不过入学是自愿的非强迫的。

普鲁士最早的工业学校成立于 1705 年，称手工业学校，可见那时工业尚未机械化。18 世纪末年也有所谓星期日学校出现，而且有几省还强迫入学。19 世纪初年此项学校渐带职业性质，但入学人数仍不众多。

1869 年各邦联合（？）通过《工业法》，规定凡有补习学校的地方，雇主有送 18 岁以下男工入学的义务，各地方政府及工会在各州未立法前有施行强迫补习教育的权。1873 年至 1875 年，有 14 邦先后通过强迫补习教育律，虽仍在星期日上课，但课程内容已非宗教性了。普鲁士自 1874 年起，补习学校经费由州政府任半数，1884 年后且归工商部管理。同时非补习性质的职业学校亦日见发展。

工业性质的补习学校在 1877 年计南德四邦有 500 所，学生约 29000 人。北德工商业发展较缓，撒克逊（Saxong）仅有 22 所，学生 4900 人，普鲁士邦虽大，仅有 213 所，学生 21700 人。汉堡（Hamberg）市在 1875 年前则有 1500 人。1882 年普鲁士邦增至 623 所，学生增至 57000 人。至商业性质的补习学校，全德境内在 1840 年前仅 4 所，后十年加 9 所，至 1860 年加 10 所，又十年亦再加 10 所，至 1890 年共 161 所。

1891 年上述之《工业法》成为联邦工业法之一部分，并规定雇主如不依法送所雇男工入学，应处罚。1911 年复规定 18 岁以下女工亦应入学。1889 年至 1908 年间又有五邦通过强迫补习教育律，至此除三五小邦及市外均有强迫补习教育律办法，惟内容则多不同。大致趋势每年上课 40 周，每周自 4 小时至 10 小时不等，年限自二年至四年不等。星期日上课办法逐渐废除，始则在星期一至六晚间，终则在日间工作时间以内。到了 1919 年革命后新宪法公布后始规定全国 14 岁至 18 岁青年均须受强迫补习教育，惟各邦施行年限大都为三年。

本世纪初年在商部下有联邦职业局的设立，局内设专门委员，其职务为关于职业教育的设计调查及促进，对于全德职业教育的发展，帮助颇大。

非补习性质的职业学校，普鲁士在 1891 年尚不多，可考的有 10 所建筑业学校，9 所金工业学校，到 1910 年建筑业学校有 25 所，金工业学校有 22 所，磁业学校及工艺学校有 6 所，纺织学校有 13 所。在撒克逊（Saxong）邦内 1884 年有纺织学校 28 所，建筑业学校 5 所，机器业学校 2 所，其他工业学校 20 所，到 1904 年，纺织业学校减至 26 所，建筑业学校则有 12 所，机器业学校 7 所，其他工业学校达 98 所。他邦的虽无统计，进展情形大致相同。由此可见 19 世纪末年及 20 世纪初年，德国非补习性质的职业学校已有显著的进步。

据另一报告，本世纪初年德国职业教育及补习教育的统计，有如下列。

类　别	普通补习学校		职业补习学校		工业学校		商业学校		农业学校		女子补习学校		女子职业学校	
	校数	生数	校数	生数	校数	生数	校数	生数	校数	生数	校数	生数	校数	生数
Prussia	1	5000	1330	180000	132	15625	310	40000	1863	56780	43	9078	178	15392
Bavaria	85	7340	426	53299	62	10653	39	4024	485	8765	38	6988	28	1569
Saxong	2150	83590	45	14860	28	12916	48	6420	15	1230	13	1978	22	2870
Wittemberg	2156	34176	175	17890	8	1289	18	2763	26	489	1260	53087	42	3570
Badev	1780	28960	132	10550	18	1670	25	1965	28	780	1780	18916	164	7650
Hesse	945	27850	89	9322	8	854	9	965	15	437	4	232	6	284
Saxe-Weimar	498	8756	17	2380	22	678	10	468	2	90	2	49	—	—
Saxe-Meiningen	335	5459	—	—	5	145	7	268	—	—	25	219	3	64
Saxe-Aetenbury	22	1520	2	290	1	180	3	125	1	49	—	—	—	—
Saxe-Caburg-Gotha	241	5652	5	780	5	391	1	120	2	36	1	7	4	120
Anhalt	—	—	29	4676	6	309	3	210	1	30	—	—	1	125
Brunswick	—	—	18	2899	3	297	14	1140	2	268	1	159	4	240
Oldenburg Schwerin	—	—	28	269	5	345	5	412	8	336	—	—	—	—

续表

类　别	普通补习学校		职业补习学校		工业学校		商业学校		农业学校		女子补习学校		女子职业学校	
Mechlnburg-Sehwerin	—	—	52	4558	4	289	8	356	3	68	—	—	—	—
Mechlnburg-Strelitz	—	—	14	1020	3	960	3	74	4	56	—	—	—	—
Schwarzburg-Rndolstadt	26	856	5	250	4	936	1	26	—	—	3	86	2	60
Schwarzriburz-Sonderschausen	105	1658	7	569	2	?	3	136	—	—	—	—	6	172
Waldeck	135	1460	1	45	4	324	—	—	4	148	—	—	—	—
Reuss	4	326	8	1706	2	268	3	321	1	156	1	286	2	35
Schaumberg-Lippe	2	13	1	30	—	—	—	—	1	30	—	—	—	—
Lippe	—	—	16	1460	2	180	—	—	1	58	—	—	—	—
Hamberg	1	1896	15	6780	21	175	10	1890	—	—	1	95	12	1267
Liilbeck	1	35	1	1250	4	235	1	268	1	69	—	—	4	167
Bremcn	—	—	6	2167	5	863	3	1150	1	58	1	680	1	640
Alsace-Lorraine	49	1520	25	2686	6	814	3	69	14	628	4	336	6	350

至近年来统计据德国联邦政府统计年报，1922 年全国职业及补习学校凡26226 所，学生 2063617 人。1926 年—1927 年则有 29652 所，学生 2507028人，内约94% 系补习学校学生。

又据 1933 年《教育年鉴》，在 1926 年—1927 年，普通补习学校生数系439804 人，职业补习学校生数 1765818 人，职业学校生数 373269 人。

按照现行制度，补习学校在城市者大都分科设立，如金工、木工、农业等，而在大城市中各种职业界青年人数众多，有每一种职业设一校的，如锁匠、家具匠、裁缝等，因此这些学校多称为职工学校（Berufschulen），且有冠以工业、商业、家事等名称，实为德国的低级职业学校，不过各校均有数学、簿记、作文、公民等共同科目。在城市中为无职业青年或在乡村中设立的始称为普通或乡村补习学校，仅有共同科目，或更有农业及农科生活等科目。以上所说的各种补习性质的学校，经常费大都由地方担任，但教师薪金一部分由邦政府补助。师资来源多出自大学或专门学校，或职业师范学校。入此类学校的在普鲁士占 14 岁至 17 岁青年之 55%，若男女分计则男青年占86%，女青年占 24%①。以全德而论，男青年约半数，女青年约五分之二入补习学校。

中级的职业学校（Fachschulen）分两类，一类为未入职业界者而设的，理论实习并重，一类为已在职业界有数年经验者而设的，偏重理论功课。以程度而言，有收小学毕业生的，有收修业中学六年的。以性质而言，有农、工商、女子、职业之分。若详分之，有如下列。

甲、关于农业、园艺、畜牧、森林及水产的有：

（1）冬季农业学校，农田学校，地主学校。垦殖学校，农村妇女家事学校。园艺种果学校，畜牧学校。牛乳业学校，军人农业学校。

（2）森林学校，水产学校。

乙、关于工业、矿业及建筑的有：

（3）矿业、制铁、盐业、矿业化学、煤业学校。

（4）打石、制砖、窑业、磁器学校。

（5）细金工、铜工、锌铁工、铁工、制锁、铸铁学校。

（6）机械制造、航海工程、制表、机器制造、乐器制造、精细制造及镜光业学校。

（7）化学工业及实验室助理学校。

（8）烛业、制皂、制胶、油漆业学校。

---

① 原著数据如此。疑有误，但服从原著。——编校者注。

（9）纺织、花边、织造学校。

（10）纸业、装订、艺术学校。

（11）制草、制皮衣、制皮手套学校。

（12）木工、雕刻、家具、编篮学校。

（13）酿酒、制醋、罐头等学校。

（14）裁缝、制帽、制手套等学校。

（15）洗染学校。

（16）营造建筑、测量、卫生工程学校。

（17）制图、打样学校。

（18）图案、美术女子学校。

（19）工厂管理行政学校。

丙、关于商业及运输的有：

（20）商业、书业、军人商科学校。

（21）保险业学校。

（22）运输航海学校。

（23）旅馆、饭馆业学校。

丁、关于家事及杂物的有：

（24）侍役、农村家事、机关事务学校。

戊、关于社会服务、军队及其他的有：

（25）社会服务、妇女服务、行政管理、军队职业、警察、公务人员学校及劳工学院。

全国计有此类 800 所。经费或来自地方政府，或来自职业团体，但均受政府监督。教师一种为大学毕业生，一种为有经验技师。

高级的职业学校即大学程度的专科学校，计有工业者 10 所，矿业者 2 所，农业者 2 所，兽医者 2 所，森林者 5 所，商业者 5 所。1930 年—1931 年度学生数在工科大学的 24201 人，农林科的 1378 人，商科的 3943 人（一切大学生总数 130072 人）。中学毕业生须肄业三年后始可考商业证书，肄业四年实习一年后可考农工证书，又二年始可考博士学位。工业大学与工厂关系极为密切，故德国工业最科学化，进步亦最速。

美国的职业教育，若照上列时期来分，则约如下。

一、胚胎时期——1861 年以前。

二、建基时期——1862 年—1916 年。

三、猛进时期——1917 年以后。

美国最早的职业学校要算 1820 年在纽约成立的机工学校和次年梅因成立的农业学校。1824 年康纳弟克州也成立了一所农校，1828 年辛辛那茅接着也设立一个机工学校。但是那个时候美国的工业还不发达，这可于 1831 年纽约还成立了劳工促进会及麻州于 1842 年才准工会成立两件事见之。1851 年费城有春园学院之设，教授工业画及图案，工人渐见此类学习的需要。1859 年纽约的工人协会也开设夜班，教授机械画、打样、数学物理等。

美国那时还是一个未开辟的国家，但是国会里已注意到农工教育，于 1862 年通过了《设立农工大学案》。同时联邦政府中成立了农部。从那时到 19 世纪末，美国的实业发展是以农为主体的。我们看联邦政府的工商部直到 1904 年方告成立，可以知道了。

农工大学直到现在还是对于农的贡献多。一方面作专精的研究，一方面作普遍的推广。1887 年国会又通过《农业试验场案》，此种试验场大都附设于农业大学内。各农业大学除大学本科外，设有各种的短期训练班，如冬季班自一周至十二周不等，专重实习，内容有种植、畜牧、乳业、养鸡禽、园艺、养蜂、森林、制糖、昆虫学、家事等。如夏季班予教员以补充训练。如两年制冬季上课班，对于农业的基本学科及实习各方面均顾到。如推广班，作数次或数周的演讲与表证。如农人阅读指导，辅助农家研究农业上各种问题，如散布小册子等。

据 1912 年美国农部的报告，在 43 个农业大学中有推广部主任之设，在 27 州中有 109 人专任农业推广工作，在 29 州中有 256 人费一部分时间于农业推广工作。有 47 州举行农业讲习班，听讲的 2292000 人。14 州且设有 168 个活动的农业与家事学校，28 州利用火车 71 次，教育农民。

1888 年 Minnesota 首先设立中等农校，继起而设的有 37 州，威斯康星州且于 1901 年起，设立区立免费农校。各校年限二年至三年不等。到 1911 年全国有 1600 所中学或专设农业或设有农科。

关于童工的法令始于麻州。该州于 1867 年通过法案禁止 10 岁以下的童工在工厂工作。1888 年将禁止工作最低年龄改为 13 岁，次年又增一岁。1906 年该州公布《工业教育报告》，在美国工业教育发展上影响颇大。

自 1861 年至 1900 年，各地仅有私立的工业学校，其中著名的约有 20 余所，学生不过数千人。1906 年后，各州纷设公立工业学校。1911 年威斯康星首先通过强迫补习教育法令，1915 年本薛而佛尼亚继之。

商业学校最早的成立于 1834 年，至 1860 年，各大城市均设立商校，但至 1900 年全国仅 373 所，学生 90000 余人。至 1907 年全国商校有 445 所，学生增至 136000 余人。1915 年全国商校达 843 所，学生凡 185286 人。

家事教育始于 1874 年。是年波士顿发现了一所私人设立的烹饪学校。1901 年威斯康星创设的区立农校亦授家事，自后家事与农校常相辅的发展。

1906 年有些教育家和热心社会服务的人看见美国职业教育正到了应该大规模发展的时期，于是组织了一个全国实业教育促进会（National Society for the Promotion of Industrial Education），来鼓吹提倡。经过八年的奋斗，到了 1914 年，国会里居然派了一个委员会来调查全国职业教育的状况和审议补助职业教育的办法。同年通过了各州农业大学与农部合作从事于农业推广及国库补助办法。

上述的委员会做了一个很长的报告，国会遂于 1917 年通过《职业教育案》。此案规定国会补助费及职业教育研究费如下。

	农业 教育员薪	工业及家事 教育员薪	上项师资养成费	研究费
1917 年—1918 年	50 万		50 万	
1918 年—1919 年	75 万		70 万	
1919 年—1920 年	100 万		90 万	
1920 年—1921 年	125 万		100 万	
1921 年—1922 年	150 万	同左 （但家事教育员薪不 得超过二成）		每年 20 万元
1922 年—1923 年	175 万			
1923 年—1924 年	200 万		以后每年 100 万	
1924 年—1925 年	250 万			
1925 年—1926 年	300 万			
以后每年	300 万			

该案复规定每州应设职业教育司，办事者至少三人，与中央联合进行。设中央职业教育司，以农工商三部部长、中央教育局局长及总统选任于职业教育有经验者三人为董事，此三人中，须一代表资方，一代表劳方，一代表农界。各州欲得此项补助的须本州或地方政府或两者负担至少与中央补助金同量的经费，此两项经费限用于薪金，设备及其他须另由本州或地方支出。凡领受补助费的职业学校所收如系无职业的须每年至少上课 9 个月，每周至少 30 小时，至少一半时间实习。补助费至少须以三分之一用于补习学校，此项学校收 14

岁至 18 岁已有职业之学生，每年至少上课 144 小时。如系夜学，入学年龄至少须 16 岁。

中央职业教育司成立以后，将全国划为五区，每区设一办事处。各州为领补助费起见，纷纷通过职业教育案规定职业教育办法及设立职业教育司，通过补习教育律的也接踵而起，惟多数州规定 14 岁至 16 岁为强迫受教期，少数规定至 18 岁，间亦有规定 21 岁以下不识字的亦须入夜学。

1918 年国会复通过《伤病再造职业教育案》，计经费 200 万元。1920 年又通过《受伤劳工再造职业教育案》，第一年经费 75 万，以后每年 100 万元。此两项费用均由中央职业教育司支配。

以上各案通过后，美国职业教育突飞猛进。1924 年至 1931 年全国受职业教育人数（商业教育不受补助，故不在内）有如下列。

1924 年	1926 年	1928 年	1930 年	1931 年
690055 人	885509 人	999031 人	1064536 人	1125250 人

1931 年受职业教育的学生若以类别如下。

农 业							
夜学		补习		全日		单位制	
男	女	男	女	男	女	男	女
81505	5809	6459	26	128693	3510	10437	936

工 业								家 事		
夜学		职业补习		普通补习		全日		夜学	补习	全日
男	女	男	女	男	女	男	女			
163216	12949	37003	10850	142199	153067	69237	13835	134466	42747	108306

就上表观之，受农业教育的，男子以全日上课的为最多，女子以入夜学最多。受工业教育的，男女均以入夜学的为最多，女子受普通补习教育的且多于男子。受家事教育的男子极少，故并入计算，均以入夜学的为多。就三种教育合计，亦以入夜学的为多。（注：所谓农业单位制，系于人数太少不能设农科之普通中学学生短期训练，农业中每一门训练期 6 个月，每周上课 90 分钟。）

以上学生数系就一切职业教育机关，不论受国库补助与否，合并统计。其中受补助的占 90%。

至养成职业师资机关，1931 年受国库补助的凡 151 所，内农业的 75 所、工业的 91 所、家事的 98 所（每所有兼两种或三种的），受训练的凡 22088 人。

商业教育不受国库补助，但近年来亦极发达。1929 年—1930 年单以私立商业学校学生数论，有 179756 人。据中央教育局报告，全国受商业教育的，超过 100 万人，全国中等学校学生入商科的占 28%，1929 年—1930 年全国中等学生数凡计 4426708 人。

美国对于农业推广教育最称发达。自 1914 年《全国农业推广案》在国会通过后，美国农部即与各州农工合力从事于农业推广，除在各大学设推广部聘专家主持外，并于每郡（Country）设一农事指导员，家事指导员，青年四 H 会指导员等。此项指导员，上受中央农部及各州农科大学推广部各专家之指导，下有各种农会及表证农家为助，故美国面积虽大，但全国推广制度指挥极为灵敏，遇有战事或灾害发生，救济之力尤大。

1929 年全国中央农部有推广主任 1 人组织及各科专家 35 人，各州推广主任及副主任 60 人，指导员 410 人，专家 1100 人，各郡指导员 4000 人，各乡区义务的表证员或他种领袖 25 万人。全国推广费凡 23000000 金元，内 1703000 金元由中央支出。

所谓青年四 H 会，系在推广员指导之下所组织的农业研究实习会。全国有 70 万 10 岁至 20 岁青年在 45000 个会中从事于农事工作，并至少每年将成绩比赛一次。许多青年成绩胜过成年农人，由此引起整个农村的注意，且受过此种训练的青年，达成年后，对于农事更作科学的经营。

据中央教育局统计，1930 年—1931 年度美国各州立农工大学专攻工程的有 35731 人，农业的有 13123 人，森林的 1400 人，兽医的 1037 人，家事的 9359 人，商业的 15353 人。又一统计则云 1929 年—1930 年度，美国全国各大学工科学生凡 75000 人，农、商、家事等科学生未分列，故不详。

此外尚有一种较大学程度较低且偏于实用方面的工程学校。据工程教育促进会最近调查，全国计有 37 所，内全日上课的 19 所，半时间上课与工厂合作的 2 所，夜间上课的 13 所，函授性质的 2 所。全日上课的年限自一年至三年不等，大都二年，夜间上课的则年限三年、四年的为多，二年的也有。

参考用书

除前章者外有：

1. Roman, The Industrial and Commercial Schools of the U. S. and Germany, Putnam. Sandifard, Comparative Education, Dent.

2. Slatistisches Tahrbuch für das Deatsche Reich, 1923.

3. The German Education System, Voigtlader Verlag, 1932.

4. Löffler, Das Öffentliche Bildungswesen in Deutschland, mittler.

5. 《教育与职业》四十六期。

6. Educational Yearbook, 1928, T. C.

7. 15th Annual Report of the Federal Board for Vocational Education.

8. Laws relating to Vocational Education and Agricultural Extention Work Senate.

9. Vocational Education in the United States, U. S. Bureau of Education Bulletin Vos. 20, 1928. 20, 1931.

10. Twenty Five Years of American Education, Macmillan.

11. Smith and Wilson, Agricultural Extention System, John Wiley.

12. A Study of Technical Institutes, S. P. E. E.

第三章　俄日职业教育的发展

俄国在西洋各国中为工业落后的国家，五年计划未实施以前，全国工业极为幼稚，因此职业教育也不发达。五年计划施行以来，职业教育发展颇速。兹分述如下。

俄国职业教育从史的发展上来看，可分为下列各期。

一、胚胎时期——1888 年以前。

二、建基时期——1888 年—1917 年。

三、并入普通教育时期——1917 年—1920 年。

四、复兴时期——1920 年以后。

俄国在亚历山大二世以前，已有职业学校，但为数很少。（第一所中等工艺学校于 1865 年成立于莫斯科）亚历山大二世曾于 1878 年草拟《全国职业教育计划》，惜未实现。直到 1884 年《全国职业教育计划》始行决定。复经教育部审议，至 1888 年公布成为法案。

按此法案，全国设立四级职业学校。第一级为职工学校，第二级为初级职业学校，第三级为中级职业学校，第四级为高级职业学校。职工学校收受已在小学修业两年或三年的学生，予以三年的训练，通常有金工、木工二科。初级职业学校收受小学六年毕业生，年限亦三年，分机械、化学、土木三科。中级职业学校收受在中学修业五年的学生，年限四年，分机械、化学、土木、农业、矿冶五科。高级职业学校即专门学校，收受中学毕业生，年限四年或五年。

1894 年又规定《商业教育办法》，于 1896 年开始实行。除七年或八年制中等商业学校外，复设各种短期班。

据革命前 1914 年统计，全国职业学校除商业学校外凡 2877 所，学生266982 人。

革命初年苏俄政府未暇顾及教育，及政治略入轨道，政府将一切学校劳动化，中小学都改称劳工学校，以为不必多设职业学校。教育部中原有职业教育司也被裁撤。以致 1918 年—1919 年全国职业学校仅余 475 所，学生仅 33259人，较之帝制时代大为减少。经过三年的试验，政府始知失策，乃于 1920 年

1 月恢复教育部中的职业教育司。

同年七月重新规划全国职业教育方案，分职业学校为三级。初级职业学校收四年制初级劳工学校毕业生，年限三年至四年。中级职业学校收七年制初级劳工学校毕业生，年限二年半至四年。高级职业学校即专门学校，收九年制劳工学校毕业生，程度与大学同。

此外更新设工厂学校一种，办法颇似他国补习学校，初收四年制初级劳工学校毕业生，近拟逐渐加高程度，收受七年制劳工学校毕业生，年限四年，每周上课 18 小时，做工 24 至 34 小时。不过此种学校系设在工厂内。

自新经济政策决定后，乌克兰邦的教育委员长首先倡议一切学校职业化，于 1921 年—1922 年在该邦试行。1923 年联邦中最大的俄罗斯邦也实行了。（俄国联邦由七大邦组织而成，以俄罗斯邦为最大，乌克兰第二。参看拙著《各国学制概要》，万有文库版）在 1922 年新经济政策开始的时候，列宁也定下了一个新文化政策，把大学与研究机关的程度提高，恢复入学竞争考试，到了 1927 年且把有名的 Complex 制取消，恢复各种科目。惟自五年计划实施后，实用人才深感不敷，于是一方面尽力增加学校校数，尤其是职业学校，一方面将职业学校制度改革。四年制初级劳工学校毕业生或直入农工界，或升入初级职业学校受三年训练再入农工界。已在农工界服务几年后得再入劳工学院以备升入专门学校，或入职业夜班。七年制劳工学校毕业生得入中级职业学校受四年训练，或入工厂学校受三年训练，毕业后可入专门学校。至非职业性质之中学及大学一律废除。工厂学校与中等职业学校不同之点有二：一为工厂学校不准备升学；二为分科极细，有冶金、机械、电机、纺织、铁路、矿业、业务管理、化学、印刷、食物、糖果、建筑、航业、木工、砖石工、制纸、农业、制革等。中等职业学校，则有工科、农科、师范科、医药科等，可升入专门学校，乌克兰在 1922 年即取消大学，俄罗斯于 1930 年亦然。

五年计划施行后之学校系统如下。

| | 四年制劳工学校 | | 农工界 | | 职业夜班 | | | | 农工界 | | |
| 8-9 | 9-10 | 10-11 | 11-12 | 12-13 | 13-14 | 14-15 | 15-16 | 16-17 | 17-18 | 18-19 | 19-20 | 20-21 | 21-22 |

五年计划实行以后，职业教育行政权虽仍在各邦教育委员会中之职业教育部（各邦教育委员会大都下分社会教育、职业教育、政治教育三部。职业教育部实掌一切中级以上学校教育），但职业教育设计则全国均由最高经济会议负责，以便与实业计划打成一片。

五年计划施行以来，职业教育之进步有如下表。

学 校	年度 1927—1928		年度 1928—1929		年度 1929—1930		年度 1930—1931	
	校数	生数	校数	生数	校数	生数	校数	生数
初级职业及工厂学校	1733	174407	1809	192998	1927	229766	2764	516834
初级职业学校	1033	188542	1054	207828	1111	235562	2932	593710
职业夜班（班数）	2331	193709	6807	232068	3236	307048	5251	505872
劳工学院	147	49233	177	56654	239	68185	694	150823
专门中学	129	159774	129	166824	151	191055	537	272125

至中级职业及专门学校 1930 年—1931 年分科统计如下。

科 别	中级校数	生 数	专门校数	生 数
工 科	1129	264948	243	140468
农 科	651	97007	96	35955
经济科	271	40681	58	22810
教育科	618	129402	88	41432
医药科	218	43691	38	26807
艺术科	99	17981	14	4653

日本第一所职业性质的学校成立于明治十三年（1880 年），即京都府立画学校，后改称为京都市立美术工艺学校。次年东京职工学校开办，这就是东京高工的前身。至于日本的职业教育见之于法令可说是始于明治二十三年。是年颁布《小学校令》，内开实业补习学校为小学校的一种，但办法由文部省（教育部）定之。次年文部省规定，各府县欲办实业补习学校的，须将办法呈核。二十六年始公布《实业补习学校规程》，到了三十二年（1899 年）又公布《实业学校令》。所以我们可以说，日本职业教育史的发展，约如下列。

一、萌芽时期——1899 年前。

二、建基时期——1899 年—1920 年。

三、稳进时期——1920 年以后。

按照明治二十六年公布的《实业补习学校规程》，入学者须在寻常小学毕业，年限三年，科目有修身、读书、习字、算术及实业。关于实业的科目，得视地方情形，选设如下。

一、工业地方得设图画、模型、几何、地理、化学、力学、工艺、图案、手工等。

二、商业地方得设商业书信、商业算术、商品学、商业地理、簿记、商业习惯及法令、商业经济、外国语等。

三、农业地方得设农业大意、种植学、害虫、肥料、土壤、排水、灌溉、农具、园艺、家畜、养蚕、森林、农业簿记、丈量等。此外并得酌设水产、机织、刺绣及其他职业科目。上课时间得在星期日及夜间或其他时间。

同时文部省发布施行上项规程的旨趣及顺序，可见日本政府很注意这件事。明治二十七年，全国即设有实业补习学校 19 所，学生 1117 人。到了三十二年，学校数达 108 所，学生增至 5959 人。

明治二十七年还颁布了《实业教育费国库补助法》及《工业教育养成规程》。

明治三十二年颁布的《实业学校令》规定实业学校分为工业学校、农业学校、商业学校、商船学校及实业补习学校。一切经费由府县负担之。

当时的实业学校分为甲乙两种：甲种的收高小毕业生，年限三年以上；乙种的收寻常小学毕业生，年限二年以上。

实业学校的数目在二十七年公私立的共 27 校，学生 3580 人，到了三十六年就有 465 校，学生达 31163 人。

至于大正初年（即民国元年）实业学校和实业补习学校的发展情形，有如下表。

类　别	大正元年校数	学生数	大正十一年校数	学生数
甲种工业	36	6237	67	17453
乙种工业	—	—	34	4013
甲种农业	82	14054	132	26130
乙种农业	167	14776	192	24089
甲种商业	68	21598	138	64251

续表

类　别	大正元年校数	学生数	大正十一年校数	学生数
乙种商业	32	4589	49	10355
甲种水产	—	—	10	956
乙种水产	—	—	2	173
甲种商船	11	1869	12	2647
职　业	108	10824	78	15606
工业补习	199	12993	123	11415
农业补习	5530	229037	11506	724505
水产补习	128	4926	192	9054
商业补习	197	14760	421	32492
商船补习	1	32	2	191
其他补习	842	85019	2322	229904
实业教育养成所	—	—	4	318

大正三年修正明治二十七年所颁布的《实业教育费国库补助法》，以补助金奖励各公私立实业学校及充作实业教员养成经费。大正四年颁布《实业学校教员养成所规程》，制定大学及专门若干所，附设实业学校教员养成所。

大正九年（民国九年，即 1920 年）关于职业教育方面，有几件重要的改革：将属于农业学校的水产科独立成为水产学校，公布《补习学校新规程》，及规定《实业补习学校教员养成办法》。次年又颁布工业、农业、商业及职业学校规程，废除甲乙种名称。十二年复颁布商船及水产学校规程。因此，我们认定大正九年是日本职业教育转入新方向的一个阶段。

照《补习学校新规程》，补习学校分为前期、后期：前期修业年限二年，收寻常小学毕业生，授以普通及职业基本功课，每年上课关于工商者 210 时至 420 时，关于农业水产者 200 时至 320 时；后期修业年限关于工商者二年，关于农业水产者二年至三年，收前期修了者或高小毕业生，授以普通及职业专门功课，每年上课关于工商者 210 时至 420 时，关于农业水产者 160 时至 320 时。

商业补习学校教员养成所入学资格须寻常小学毕业后经五年以上实业学校，或三年以上实业学校及二年以上实业经验，或师范学校毕业，或中学高等女学毕业生有小学正科或专科正教员检定证者。年限一年至二年。科目有修身、教育、法制、经济（女子的得缺此二门，另授家事、裁缝）及实业科目与实习。

工业农业商业学校入学资格分两种，寻常小学毕业生修业年限二年至五年，高小毕业生修业年限二年至三年。

工业学校除实习外，每周至少上课 24 小时。每周实习时间视科目而定，并得于一学年中另定两个月专做实习工作。工业学校科目种类，有如下列。

机械科、工作机械科、蒸汽工科、舶用机关科、内燃机械科、精密机械科、制造用机械科、水力机械科、制图科、木型科、铸工科、锻工科、机械仕上科、兵器科、造船科。

电气科、电气机械科、电力科、电气通信科、电气铁道科、照明科。

土木科、铁道科、河港科、道路桥梁科、水道科、水力科、测量科。

筑建科、木工科、石工科、涂工科、铅工科。

采矿科、炭矿科、石油科、钻矿科、冶金科、制铁科。

应用化学科、分析科、涂料科、制药科、酿造科、制革科、油脂科、制纸科。

电气化学科、电铸科、电镀科、电解科。

窑业科、制陶科、陶画科、珐琅科、硝子科。

染织科、色染科、机织科、纺织科、纸物仕上科、制丝科。

金属工艺科、木材工艺科、雕金科、锻金科、铸金科、原型科、玩具科。

家具科、漆工科、图案科、雕刻科、印刷科、制版科。

农业学校上课时数同上。种类可分为农业科、养蚕科、园艺科、畜产科、林业科等。另设兽医学校，收高小毕业生，年限四年。

商业学校每周上课时数 30 小时。分科与否，得视情形而定。

商船学校入学资格分三种，寻常小学毕业生修业年限五年，高小一年生修业年限四年，高小毕业生修业年限三年。每周上课除实习外，亦 24 小时。种类可分航海科及机关科。

水产学校入学资格及办法与农业学校同。

职业学校的前身称徒弟学校，大正十年改今名。修业年限二年至四年，入学资格为寻常小学毕业。每周至少上课 24 小时。种类有裁缝、手艺、割烹、写真、簿记、通信术、洗染、打字、速记、珠算、铁道、自动车、航空电镀、机械修理、家具、时记、印刷、测量、制图、图案、造园、养鸡、整容美发、助产、看护、针按、演艺等。

日本女子教育在学制及法令上，没有职业教育的名义，但事实上，如实科女校、家政女校、女子蚕桑讲习所、缝纫传习所和洋料理讲习所、产妇人科、医学校等都是女子职业教育机关。各实业学校及实业补习学校的女生也不少。

日本职业教育最近统计（昭和四年，即 1929 年），有如下表①。

类　别	甲种校数	学生数	乙种校数	学生数	共计校数	学生数
公立工业	81	28931	16	2425	97	31406
公立农业	207	47753	114	18002	321	66555
公立商业	156	84204	14	3416	170	87620
公立商船	11	2426	1	178	12	2599
公立水产	12	2001	—	—	12	2001
公立职业	69	16090	13	2138	82	18228
合　计	536	181455	168	26954	694	208409
私立工业	6	3111	3	205	9	3316
私立农业	7	1734	6	19	13	2263
私立商业	90	47108	11	1903	101	4902
私立职业	78	21118	6	1153	80	22271
合　计	181	73071	26	3790	207	76861
公私共计	717	254526	184	20744	901	285260

补习学校则有：

工业的	180 校	农工合设的	294 校
农业的	12511 校	工商合设的	212 校
商业的	516 校	农商合设的	568 校
商船的	9 校	农业水产合设的	376 校
水产的	194 校	其他	610 校
总　计	15470 校，学生 1024806 人		

---

① 表中个别数据疑有误，但原著如此，服从原著。——编校者注。

关于受职业教育的女生如下：

甲种农校　2382 ⎫
　　　　　　　　⎬ 5600
甲种商校　3218 ⎭

乙种农校　3076 ⎫
　　　　　　　　⎬ 4550
乙种商校　1474 ⎭

乙种职校 5565

女高中实科　　　　　29140 ⎫
　　　　　　　　　　　　　　⎬ 29864
女高中专攻科及选科　724 ⎭

合计　45609①

又补习学校学生中有女生 306849 人。

　　昭和四年，日本文部省组织了一个中学教授要目调查会，从事于调查研究，并组织特别委员会，拟定《教授要目改正案》。次年公布改正的《中学校令》，施行规则，于中学第四年或第三年起，得为不升学的增设实业及其他实用的科目，并自第一年起，一律增加作业科，以养成劳动习惯。实业科课以农业工业或商业每周三至六小时。这是日本中学劳动化的第一声。

参考用书

1. 《文部法令编纂》文部省文书课
2. 《日本教育史》高桥后乘著　东京教育研究会
3. 《各国教育比较论》庄泽宣著　商务印书馆
4. 《实业补习教育研究》铃木，山口合著　明文堂
5. 《教育与职业》72，111，118，125，126，133—135 各期
6. Hans & Hesson, Educational Policy in Soviet Russian. King.
7. 《明治、大正产业发达史》高桥龟吉著　改造社

---

　　①　数据疑有误，但原著如此，服从原著。——编校者注。

第四章　中国职业教育的发展

中国职业教育的发展大概可分为下列数个时期。

一、学制未颁布前时期（1867 年—1902 年）

二、实业教育时期（1903 年—1916 年）

三、职业教育时期（1917 年—现在）

　　甲、私人鼓吹时期（1917 年—1921 年）

　　乙、学制正名时期（1922 年—1930 年）

　　丙、政府提倡时期（1931 年—　　　）

据黄任之先生的调查，中国在学制未颁布以前，有下列职业教育性质的设施。

同治六年（1867 年）六月，福州船政局设英文、法文学堂，继又设绘事院、驾驶学堂、管轮学堂、艺圃。所谓艺圃是训练 15 岁以上 18 岁以下艺徒的机关。这可说是中国最早的职业学校。

光绪初年，天津（1879 年）、上海（1882 年）先后设立电报学堂。

光绪十九年（1893 年）张之洞在武昌设立自强学堂，内分方言、算学、格致、商务四科，但不久因无适当图书，将格致、商务两科停办。

当时北洋武备学堂附设有铁路班，张之洞任两江总督后又于光绪二十二年（1896 年）在江南陆军学堂内附设铁路班。

上面所讲的各种职业教育性质的机关，大都偏于交通方面，可见当时的学校训练的一个趋向。

光绪二十二年起国内教育又有了一个新的趋向，就是农业教育。是年江西绅士蔡金台在该省高安县地方设立蚕桑学堂，考求种植，所购浙湖蚕桑种及新出茧丝，并由政府暂免厘税。

次年杭州府知府也在西湖上设立了一个蚕桑馆。

光绪二十四年（1898 年）清室变政，依工部主事康有为的主张，论各省整顿农工商业，于京师设立农工商总局，各省府州县设立农务学堂、广开农会、刊农报、购农器等。可惜还未见实行，光绪就被软禁了。

那时清政府已渐注意实业，次年谕令出洋学生分入各国实业学校，有所谓《出洋学生肄习农工商矿实学堂章程》的颁布。

光绪二十八年（1902 年），山西农林学堂首先成立。树后此各省开办实业学堂的先声。

这一时期的职业教育机关只不过是各地自动地零碎地设立；既无系统，亦无统计。

光绪二十八年管学大臣张百熙等拟定《全国学堂章程》，经清政府审阅颁布，称《钦定学堂章程》，在这个学制里，有简易实业学堂、中等实业学堂、高等实业学堂三级。

简易实业学堂程度与高小相等，须经过四年制的蒙学，三年制的寻常小学方可入学，修业期四年。

中等实业学堂程度与中学相等，收高小及简易实业学堂毕业生，修业期限亦四年。中学第三、四年级得设实业科。高等实业学堂收中学及中等实业学堂毕业生，修业期限三年。

上项章程于光绪二十九年（1903 年）重行修正，称《奏定学堂章程》。改简易实业学堂为初等农工商实业学堂，年限三年。另设实业补习学堂，年限三年；艺徒学堂，年限半年至四年，均收五年制的初小毕业生。中等实业学堂改称中等农工商实业学堂，年限三年，附预科二年。高等实业学堂改称高等农工商实业学堂，年限三年，附预科一年，另设实业教员养成所，年限一年至三年。

"职业教育"这个名词，也于次年（1904 年）见之于官文书。那年山西农林学堂总办姚文栋《添聘普通教习详文》中有一段话："论教育原理，与国民最有关系者，一为普通教育，一为职业教育，二者相成而不相背……本学堂兼授农、林两专门，即是以职业教育为主义。"又《保送游学详文》："外洋本以职业教育为最重。谓国有一民，必须予以一民之职业。"又《送农林学生崔潮等游学日本文》："职业教育为东西洋各国所最重，生等出洋后自知之，予不必言也；普通教育与职业教育，相需为用，缺一不可，生等出洋后自知之，予不必言也。"但学校名称，仍为实业学堂，而且在学制初立的时候，实业学堂开办的不多，因此光绪三十二年（1906 年）学部又通令各省举办实业学堂，三十四年（1908 年）再通令各省，限两年内，每府设中等实业学堂一所，每州县设立初等实业学堂一所，每所收学生百名。到了宣统元年，学部行各省提学司整顿各等实业学堂。

前清末年，学部共发表了三次统计列表如下①。

类 别	光绪三十三年	光绪三十四年	宣统元年
高等农业学堂	4	5	5
学生	459	493	530
中等农业学堂	25	30	31
学生	1681	2602	3326
初等农业学堂	22	33	59
学生	726	1504	2272
高等工业学堂	3	7	7
学生	449	1184	1136
中等工业学堂	7	12	10
学生	698	1080	1141
初等工业学堂	36	45	47
学生	1653	2381	2558
高等商业学堂	—	1	1
学生	—	213	24（？）
中等商业学堂	9	9	10
学生	754	635	973
初等商业学堂	8	10	17
学生	363	619	751
其他实业学堂	23	37	67
学生	1910	2905	4038
共计学堂	137	189	254
学生	8693	13616	16649
各级学堂总数	37672	47532	58896
学生总数	1013571	1284965	1626720
实业与各级学堂百分比	0.36	0.39	0.40
实业与各级学生百分比	0.85	1.05	1.02

民国成立，于元年（1912 年）公布学制系统，实业学堂改称实业学校，并且分为甲、乙两种。甲种相当旧日中等实业学堂，年限三年，附预科一年；

---

① 表中个别数据疑有误，但原著如此，服从原著。——编校者注。

乙种相当旧日初等实业学堂，年限亦三年，不设预科，收四年制国民学校毕业生。高等实业学堂则改称专门学校，年限三年或四年，附预科一年。

民国二年（1913 年）八月公布《实业学校令》，规定实业学校的种类为农、工、商、商船、补习等类。又规定女子职业学校，得就地方情形与其性质所宜，参照各项实业学校规程办理。职业学校名词始见于法规，但女子职业学校设立的地方很少。

民国四年（1915 年）九月教育部又颁布《实业教育养成所规程》，内分农、工两种，各四年毕业。

由此可见民国初年的实业学校与前清末年的，内容上无大区别，数量上则较增加。下表为教育部发表民元年至民五年间的统计，专门学校尚不在内。

民国初年，全国甲乙种农工商实业学堂数及学生数，统计如下①。

			元　年	二　年	三　年	四　年	五　年
乙种实业	农	学校	219	244	270	288	282
		学生	9526	10952	12736	11521	11500
	工	学校	90	105	105	91	59
		学生	5192	5455	5699	4706	3238
	商	学校	37	50	68	110	100
		学生	2539	3127	3637	4440	4827
	计	学校	346	399	443	489	441
		学生	17257	19534	22064	20667	19575
甲种实业	农	学校	39	42	41	42	41
		学生	4512	4698	4698	4659	4982
	工	学校	22	20	22	30	21
		学生	8128	3442	3207	3923	3436
	商	学校	18	20	19	24	22
		学生	1829	2116	1695	1969	2106
	计	学校	79	82	82	96	84
		学生	14469	10256	9600	10551	10524

---

① 表中个别数据疑有误，但原著如此，服从原著。——编校者注。

		元　年	二　年	三　年	四　年	五　年
共　计	学校	425	481	525	858	525
	学生	31726	29790	31664	31218	30099
一般教育总计	学校	87272	108448	122286	129739	121119
	学生	2933387	3643206	4075338	4294251	3974454
职业教育对一般教育百分比	学校	0.48	0.44	0.42	0.45	0.43
	学生	0.108	0.081	0.077	0.072	0.075

从上面的统计数量来看，五年中无甚进步，而就学生百分比言，实业教育实见退步。且各年均没有超过百分之一的比例。较清末尤差，可见一般人对于实业教育的不注意。

自民国二年（1913 年）以来，国内教育界中人，对于当时的教育现状即感不满，有所谓"实用主义"的产生，一呼百应，渐成一种教育思潮。

于是到了民国六年（1917 年）有中华职业教育社的发起。其目的在（一）推广职业教育，（二）改良职业教育，（三）改良普通教育俾为适于生活之准备。其方法有调查、研究、劝导、指示、讲演、出版、表扬、通讯、答问等。

职业教育社是私人组织的，最初只有个人社员，民国十二年后才有团体社员。职务方面最初分议事、办事两部：议事部由社员推举，办事部主任由议事部推举。后议事部改为董事部，另设评议部。

中国的职业教育，经该社成立后不断的鼓吹，对于理论与实施各方面均有相当的研究实验与介绍，质与量均渐有进步，国人对于职业教育也渐渐加以严重的注意。

民国六年十月，教育部召集了一个全国实业学校校长会议。

同年同月，全国教育会联合会第三届大会通过《职业教育推行计划案》：一、调查及研究，二、培养师资，三、实习职业补习教育，四、促设女子职业学校，五、小学校注重实用。

民国七年（1918 年）职业教育社厘定职业教育的分类为农、工、商、家事，及专门职业教育。同时筹设中等职业学校以为工商业教育实验机关，课程内容以一种职业为单位，打破混合性质的工科或商科，先后有木工、织工、珐琅、纽扣、电镀、染织、文书、机械、制图等科的设立，并设各专科职业教员养成所。同时附设上海市中央木工教室，供附近六个市立小学的实习。这种办法可说是开中国职业教育的新纪元。

自民国六年该社成立大会（上海）起，每年该社都举行年会，计第一次至第六次均在上海（民国七年至十二年），而第七次以后则在各地举行，可见该社鼓吹职业教育的空气逐渐及于全国。（计十三年第七次在武昌，十四年第八次在南京，十五年第九次在杭州，十七年第十次在苏州，十九年第十一次因该社新社所开幕又在上海，二十一年第十二次在福州。）

该社自民国十年起发起全国职业学校联合会，在上海开成立大会，以后每年开年会一次，计十一年第一次在济南，十二年第二次在上海，以后每年都与该社年会同时同地举行，只有十八年第八次独在杭州举行，二十年第十次（？）在镇江举行，并改称全国职业教育讨论会。

该社在十一年二月举行第一届职业学校出品展览会于上海，参加的有 8 省 50 校，出品有 3039 件。

该社在是年四月还举行了一个全国职业学校总调查，得 842 所，内农校占 48%，商 18%，工 12%，其他 22%。男校 88%，女校 10%，其他不详。设在乡村的 20% 余，设在城市的 79% 余。分布情形则江苏 142，山东 111，河南 71，山西 60，湖南 52，直隶 45，安徽 44，浙江 41，云南 40，湖北 36，陕西 26，福建 23，广东 21，江西 20，黑龙江 19，京兆 16，奉天 15，广西 10，四川 9，甘肃 8，贵州 7，吉林 5，绥远 1。

同时该社做了一个全国职业教育书籍的调查，计 368 部，内农类 25%，商 18%，工 16%，余为总论及其他。

上面两个调查可说是新学制颁布的前夜中国职业教育概况。职业教育经该社五年的鼓吹，到了十一年（1922 年）新学制颁布时，职业教育在学制中便占了确定的位置。

在这一个时期里，职业教育的风气并且旁及于正式学校以外的机关。这些机关的一种是慈善性质的机关。中国的慈善机关如普善堂、育婴堂、节妇堂、养老院之类，本有悠久的历史。规模较大的，且拥有广大的财产。里面附设有教育机关的也不少，所施的训练多是职业性质的。以前办理既不善，又没有正确的统计。职业教育社发起以后，对于这一类的机关也加以注意，在上海附近的并请该社指导。在该社举行上述的调查时便包括这一类机关在内。

民国九年交通部鉴于铁路职工教育的重要，便在部里设了一个铁路职工教育筹备处，先调查津浦、京奉、京汉、京绥四大铁路的职工实况，并招收师范学校专门学校毕业生 96 人到职工教育讲习会讲习，次派这些人到这四大铁路开设职工学校，每路三所，不收费用，各路职工入学的颇为踊跃。学生最多的学校达 596 人，其余各校大都在 200 人左右。

还有当时的军人领袖也颇注意于军队中的职业教育。据该社调查有报告的，在民国十年在驻扎苏州的第二师，所施职业训练有种菜、制鞋、织毛巾、制籐器、制袜、制毛刷、制纱带、糊火柴匣等。十二年该社派人至冯、阎二氏军队中调查，有织毯、肥皂、铁工、木工、籐工、纽扣、缝纫、织布、制革、织袜、织巾、制烛、制粉笔、制罐头食物、制火漆、金工、石印等、后来云南、浙江、江西、湖北、广东各省的军队均继起施行职业训练，颇极一时之盛。最近广西拟施行兵农政策，已设立军人垦殖委员会，以柳州、都城两县为试办区（《香港超然报》二十一年十二月二十日）。

中国的新学制经过全国教育会联合会三次大会的提出，到了民国十一年教育部感到学制有修改的必要，于是召集了一个学制会议，再行详加讨论，才呈到政府于十一月公布。

照这个学制里的规定，小学课程，得于较高年级，斟酌地方情形，增置职业准备之教育；初级中学，得视地方需要，兼设各种职业科；高级中学分农、工、商、家事等科，但得酌量地方情形，单设一科或兼设数科；大学及专门学校得附设专修科，年限不等，凡志愿修习某种职业而有相当程度者入之；为推广职业教育计，得于相当学校内，酌设职业教员养成所。

十二年五月，全国职业学校联合会第二次开会的时候，根据江苏省教育实业联合会的提议，通过了一个《职业教育机关种类案》，计：

第一种　农业学校、工业学校、商业学校、家事学校或职业学校，凡类此者皆属之。旧制甲乙种实业学校包括在内。

第二种　农业、工业、商业、家事或职业传习所、讲习所等，凡此类者皆属之。

第三种　设有农、工、商、家事等科之高级中学校，及设有职业科之初级中学校。

第四种　设有各种职业准备之小学校。

第五种　设有职业专修科之大学校或专门学校。

第六种　农业、工业、商业、家事或职业补习学校及补习科。

第七种　农业、工业、商业、家事或职业教师养成机关。

第八种　实业机关附设之职业教育。

第九种　慈善性质或感化性质各机关附设之职业教育。

第十种　军队附设之职业教育。

又通过各种职业学校非职业学科之种类及分量，规定职业学校之教科目，应有下列三种分配。

（一）职业学科　所以培养各该职业之知能，如农、工、商、家事等之各专科。

（二）职业基本学科　所以培养各该职业知能之基本，如农科之须习生物及化学，工科之须习数学及物理，商科之须习算术，家事之须习理科等，是而国文算学为基本必需之学科。

（三）非职业学科　此为人生不可少之修习，与职业有间接相关之影响者。各级各科，性质情形，互有不同，设置此种科目，当然不能一致，惟至少似应有下列之三科：（一）关于公民者，（二）关于体育者，（三）关于音乐等艺术者。

其教学总时间，至少应占全时间20%。

同年八月，第二届职业学校出品展览会开会于北京，参加者9省58机关。次年五月，第三届展览会开会于武汉，参加者11省区158机关。

同年八月，该社印行《中华民国现有职业分类表》计9类，约600项。

十二年十月，全国教育会联合会议定新学制师范及职业科课程标准，把职业课程交托该社草拟至次年脱稿。所拟定的课程标准，有农业科、工业科、商业科、家事科的。工业科内又分机械、电气、市政工程，土木工程、木工、篮竹、染织、应用化学、教育玩具、印刷等科。并将职业教育依照教育程度分为三个阶段：第一阶段为收容四年小学毕业的，第二阶段为收容六年小学的，第三阶段为收容初中毕业的。年限自一年至四年不等。假定之科系共有80种。

该社在民国十二、十三、十四年度继续调查全国职业教育机关，各年度依上面所定种类计，如下①。

	一	二	三	四	五	六	七	八	九	十	共计
十二年	846	78	18	26	52	78	8	8	75	5	1194
十三年	1006	167	42	41	77	86	8	18	99	4	1548
十四年	1006	185	57	35	113	99	8	24	132	6	1666

民国十年以后，该社没有调查报告，教育部也没有统计。直到民国二十年（？）教育部才发表十七年度全国中等教育概况，二十一年又发表十八年度全

---

① 表中个别数据疑有误，但原著如此，服从原著。——编校者注。

国中等教育概况。又在二十年十月发表十九年度全国公私立中等学校名称及分布摘概况。兹录其要项如下。

十七年度全国中等职业学校凡 149 所，占中等学校总数（1139）13%，职业学校学生数 16641，占中等学生总数（234818）7%。

十八年度全国中等职业学校 219 所，内男校 176 所，女校 43 所；学生数 26659，内男生 19656，女生 7003；毕业生 4470，内男生 3457，女生 1013。经费岁入 4136540，岁出 4131919。学生数与中等学生全体（341022）比，占 7.8%，而中等学生全体与学生总数比，占 4.09%。职业学校数目则占中等学校总数（2111）10.04%。

又据同年度《全国社会教育概况报告》，农人补习学校有 4000 所，学生 80675 人，工人补习学校有 193 所，学生 15043 人，商人补习学校有 151 所，学生 10506 人，妇女补习学校有 299 所，学生 11959 人，其他补习学校有 718 所，学生 29549 人。大约这些学校普通性质的居多，职业性质的必占极少数。

十九年度《全国中等学校分布概况》内载农业学校 66 所，工业学校 46 所，商业学校 43 所，性质不明（?）的职业学校 129 所，共计 284 所，仍占中等学校总数（2828）10.04%。

据杨廉先生统计各国中等职业学校学生数如下：美国有 999031 人（1928 年），英国有 848431 人（1927 年），德国有 1000000 人（1926 年），法国有 30352 人（1924 年），中国只有 16641 人（1927 年）。

若与全国人口比，则如下：美国 110 人中有 1 个，英国 500 人中有 1 个，德国 59 人中有 1 个，法国 1300 人中有 1 个，中国 26000 人中有 1 个。

若与普通中学生比，则如下：德国 0.3 个普通中学生有 1 个，英国 0.5 个普通中学生有 1 个，美国 4 个普通中学生有 1 个，法国 5 个普通中学生有 1 个，中国 14 个普通中学生有 1 个。

上列各国统计来源原文中未注明，中国者大约系 1926 年（民国十五年）之误。杨文中又有中国各大学所设学院统计：

文学院　40
法学院　33
理学院　33
工学院　19 ⎫
农学院　14 ⎬ 合计 47 所
商学院　14 ⎭

这个统计，可惜来源亦未注明，姑录之以供参考。

据教育部高等教育司二十一年一月发表之《高等教育统计》，民国十七年至十九年度各大学学院数及学生数，约如下表。

	十七年度		十八年度		十九年度	
	学院数	学生数	学院数	学生数	学院数	学生数
文学院	33	4142	37	4849	39	5800
理学院	28	1743	31	2085	33	2717
法学院	30	5605	34	7006	36	8951
教育学院	25	1214	26	1578	29	1746
农学院	11	574	11	766	12	908
工学院	13	1180	17	2657	20	3305
商学院	13	1501	15	1485	16	1703
医学院	10	670	13	894	18	1079
各大学附设专门部	21	3594	22	4179	23	4175
内实科生	345		285		150	

又该项统计内列有民国以来专科教育概况，摘录如下①。

	民 元		民 二		民 三		民 四		民 五		民 七	
	校数	生数	校数	生数	校数	生数	校数	生数	校数	生数	校数	生数
高师	12	2304	12	2298	11	2076	10	2108	7	1481	7	1759
法政	64	30808	56	27848	44	23007	42	15405	32	8803	35	3220
医药	5	233	5	353	7	637	9	900	9	950	10	713
农业	5	1341	7	1554	7	1274	7	1305	6	985	7	438
工业	10	2312	10	2394	13	2488	13	2558	11	1807	10	1938
商业	5	1236	6	1034	5	987	5	940	5	680	6	396
外国语	5	554	5	641	2	316	2	202	2	283	4	389
其他	5	845	8	880	6	561	6	605	4	806	?	?
合计	111	39633	109	37002	95	31346	94	24023	76	15795	79	7863

---

① 表中个别数据疑有误，但原著如此，服从原著。——编校者注。

	民　九		民十四		民十七		民十八		民十九	
	校数	生数	校数	生数	校数	生数	校数	生数	校数	生数
高师	6	?	—	—	—	—	—	—	—	—
法政	34	6032	11	2465	7	1354	6	1552	5	1336
医药	10	746	9	974	3	222	3	206	3	230
农业	7	817	6	955	2	331	2	312	3	341
工业	10	1206	11	1870	4	432	4	340	4	281
商业	6	532	5	1382	1	112	1	97	1	142
外国语	3	351	1	283	—	—	—	—	—	—
其他	?	?	15	3114	8	961	10	1112	11	1389
合计	76	9734	58	11043	25	3412	26	3624	27	3719

二十年二月，职业教育社召集专家会议，发表了一个很沉痛的宣言，并于宣言之末，提出 14 条办法，希望政府及社会注意。办法中主张各行政机关联合提倡职业教育，限制添设普通学校，教育与职业两方极端联络，职业学校采用先习后学制度，普通中学兼设职业学科，会同职业团体举办补习教育，择地试办农村改进，提倡女子服务，师资切实培养，教育勿与固有生活脱离，小学实行职业陶冶，各级学校训练劳动化，提倡职业指导，确立工商保护政策等。

同年四月，教育部通令：

"自二十年度起，各省应酌量情形，添办高初级农工科职业学校。

自二十年度起，各县立中学应逐渐改组为职业学校，或乡村师范学校，其办法即自二十年度起，停招普通中学生，改招职业或乡师学生。

自二十年度起，各普通中学应一律添设职业科目或附设职业科。

自二十年度起，各县市及私人呈请设立普通中学者，应分别督促或劝令改办农工等科职业学校。"（《教育公报》）

同年五月，国民会议第五次大会议决确定《教育设施案》：

一、（略）

二、中小学校教育，应体察当地之社会情况，一律以养成独立生活之技能，与增加生产之能力为中心，务使大多数不能升学之学生，皆有自立之能力。

三、社会教育，应以增加出产为中心目标，就人民现有之程度与实际生活，补助其生产知识与技能之增进。

四、尽量增设职业学校及各种职业补习学校。职业教育之制度科目，应使富有弹性，并接近固有之经济状况，私人筹设职业学校者，国家应特别奖励之。

五、尽量增设各种有关产业及国民生计之专科学校。

六、大学教育，以注重自然科学及实用科学为原则。

因此我们可以说自二十年度起，中国的职业教育又转入一个新的时期，不过时间太近，效果如何，且待将来。

参考用书

1. 《民国十八年之中华职业教育社》

2. 该社十九年度社务简报

3. 该社十五周年大事表（二十一年五月）

4. 该社《社务业刊》第一期

5. 《教育与职业》第 37 期，100 期，115 期，122 期，128 期，139 期

6. 《新学制职业科课程标准》

7. 《调查全国职业教育报告》

8. 《全国职业教育统计报告》

9. 《中华民国现有职业分类表》

10. 《职业教育实施要览》

以上上海中华职业教育社出版

11. 《最近之五十年》　申报馆

12. 《最近三十五年之中国教育》
13. 《实用主义问题》　｝商务

14. 《中国教育史料》　中华

15. 《增订教育论文索引》　民智

16. 《全国中等教育概况》
17. 《全国中等学校名称及分布》　｝教育部
18. 《全国高等教育统计》

19. 《明日之教育》第一期　北平文化学社

第五章　农业教育

中国的农业教育，虽自光绪二十二年已经开始，但是直到现在尚无成绩可言。几十年来农业教育的没有成绩，原因虽多，不外乎外延与内包两种。所谓外延即制度以外的社会环境，如土匪、兵灾、赋税、外来竞争等皆是，致使中国的农业一天一天的衰败，关系这一方面，读者可以参看《教育研究》第三十九九期合刊《中国教育与生产问题》专号。

农业教育没有成绩的内包原因，就全国来讲是没有整个的计划，就各地来讲是制度不良。中国自创办新学校以来，即完全抄袭外国，不问本国需要，一切的职业学校办法亦是如此的。

中国的农业学校向分三级，即农业专门、甲种农业、乙种农业，现在农专虽有升大的，甲乙种的名义虽也取消，但是依程度而言，仍有三级之分：高级的收中学毕业生，中级的收高小毕业生，低级的收初小毕业生。

全国农业教育机关分布状况，据民国十一年邹秉文先生的报告有如下列[1]。

	农科大学	农业专校	甲种农校	乙种农校
江　苏	3		5	20
浙　江			4	15
安　徽			7	7
江　西		1	5	3
湖　北			1	20
湖　南			6	7
四　川		1	2	3
直　隶		2	5	11

---

[1]　表中个别数据疑有误，但原著如此，服从原著。——编校者注。

	农科大学	农业专校	甲种农校	乙种农校
山　东		1	3	75
山　西		1	12	28
河　南		1	13	63
陕　西			2	21
甘　肃			1	2
广　东	1	1	3	1
福　建			3	1
广　西			1	
云　南			2	33
贵　州			1	3
奉　天			1·	4
吉　林			1	
黑龙江			1	12
总　计	4	8	76	329

以后无人统计。民国十七、十八年度的教育统计仅有职业学校，而没有分农工商等项。

民国十九年（？）教育部颁发各省中等学校调查简表，于二十年编成《全国公私立中等学校名称及分布概况》一书，内列中等程度的农业学校如下（括弧内者系该校同时设农以外各科）。

江苏	女子蚕桑	省立	中级蚕桑科、高级蚕桑科、制丝等	苏州
	苏州农业	省	预科、农本科、蚕本科	同上
	水产	省	渔捞科、制造科、航海专科	吴淞
	淮阴农业	省	同苏州	淮阴
	初级职业中学	县	农蚕科（商科）	太仓
浙江	高级蚕桑科中学	省		杭州
	初级农科职业	私		江山

续表

安徽	第一中等职业	省	蚕丝科（其他）	安庆
	第二中等职业	省	农科、蚕科、（商）	芜湖
	第四中等职业	省	蚕、农（其他）	宿县
	第五中等职业	省	蚕、林	贵池
江西	第一农业	省		赣县
	第二农业	省		临川
	第三农业	省		吉安
	第四农业	省		九江
	林业	省		九江
湖北	—	—	—	—
湖南	第一农业	省		长沙
	修业农业	私		长沙
	开物初级农业	私		长沙
四川	璧山县立职业	县	农（工女职）	璧山
	南部县立职业	县	林、蚕、农	南部
	资中县立职业	县	农（工）	资中
山东	第二职业	省	蚕（其他）	济南
河北	—	—	—	—
河南	第三职业	省	农蚕	洛县
	第四职业	省	蚕丝（染织）	汲县
	第五职业	省	农蚕	汲县
	封丘职业	县	蚕	封丘
	上蔡职业	县	又	上蔡
	荥阳职业	县	又	荥阳
	信阳职业	县	又（织工）	信阳
	镇平职业	县	又（农）	镇平
	临颍职业	县	又	临颍
	密县职业	县	又	密县
	滑县职业	县	又	滑县

续表

山西	第一职业	省	农	运城
	第二职业	省	农林	翔县
	第三职业	省	农	长治
陕西	第一职业	省	农、林、蚕	西安
甘肃	第一农业	省	农	兰州
辽宁	第一农科高中	省	农	省城
	第一农科职业	省	园艺	省城
	东边林科高中	省	林	安东
	水产高中	省	渔捞、制造	营口
	开原职业	县	园艺、农（商）	开原
	东丰农科职业	县	农	东丰
	凤城职业	县	园艺、蚕桑	凤城
	桓仁职业	县	蚕桑、园艺	桓仁
	辑安职业	县	蚕桑	辑安
	宽甸职业	县	林（商）	宽甸
	法库农林职业	县	林	法库
	怀德职业	县	农	怀德
	康平职业	县	农	康平
吉林	—	—	—	—
黑龙江	第一农科职业	省	农	省城
福建	农林中学	省	农林、蚕丝	福州
	南平职业中学	省	农林（其他）	南平
	崇安初级职业中学	县	农蚕	崇安
	集美高级水产	私		同安
	集美农林	私		同安
广东	仲恺农工	私		广州
	华南蚕丝	私		顺德
云南	第一农业	省		昆明
贵州	—	—	—	—

续表

热河	农业推广人才养成所	省		承德
察哈尔	农业专科	省		张家口
绥远	职业	省	农（商）	新城
宁夏	—	—		—
南京	农科职业	私		
上海	立达学园	私		
北平	香山慈幼院	私	农（工）	
青岛	—	—	—	—
东省特区				

从上表看来，中等农校以河南、辽宁最发达。设推广人才养成所的只有热河一省。有许多省连一所农校也没有。

高等教育段内的农业学校，据教育部发表的《高等教育统计》，十九年度各大学设立农学院的，系别及学生数如下①。

	农艺	园艺	森林	蚕桑	农化	畜牧	昆虫	农业经济	共计
中央大学	40	12	18	11	20	6			107
北平大学	163								163
中山大学	35		7		3				45
浙江大学	50	6	5	16				11	88
劳动大学	36	62			30				128
河北大学	24								24
东北大学	27	27				28			82
河南大学	5	1	6						12
四川大学	5								5
金陵大学	89	9	30	1			3	24	156
岭南大学	19								19
南通学院	79								79
总　计	572	117	36	28	53	34	3	35	968

---

① 表中个别数据疑有误，但原著如此，服从原著。——编校者注。

以上各校自"九一八事变"以后，东北大学人数大大减少，而农科因学生没有实习的场所已根本失其效用，"一·二八事变"以后，劳动大学也已关门了。

至于各省的农业专门学校，到了十九年度还存在的，只有下列之数。

山西省立农专	农林、畜牧	专科生	298		
江西省立农专	农林	专科生	19	预科生	150
察哈尔省立农专		专科生	24	预科生	23
河北省水产专科		专科生	69	预科生	25
北平盐务学校（？）		专科生	91		
共　计			501		198

我们就上面的统计和各校现状来看，便知道各级农业学校设校的宗旨如何？目标如何？想造就什么样的人才？这些问题似乎都没有详加考虑过。

当新学制草案初成立的时候，中华职业教育社曾征求教育界对于该草案职业教育一部分的意见。农业教育专家过采先先生对于职业教育中等农科一部分的意见，曾有下列的话：

"中等农业的人才，要在农业上去发展，很不容易。在学校中所得的经验及学识，只能应用于试验研究的机关；若欲自己去耕田度活，在中国现在的情形，是最不经济的，而且未必果能胜于胼手胝足的老农夫啊！我常常说的，农业教育的目的，不是造就农业的人才，是要造就一般有智识的人，为现在的农业谋发展，现在的农民谋福利罢了。靠学校去造就新式的农夫，万万不成功的。……"

"现在中等学校的学生，我敢说，十个人之中，没有一个是真实农夫的子弟，不过有十分之一二，是乡间专门收租大地主的子弟罢了。所以照现在的情形而论，无论一年期二年期三年期的完全农业科，可以不要。即渐减普通渐减职业的四年期五年期的农业科，都可以不要。现在所最要注意的为多设乡村学校。在乡村学校之中，要教些普通天然学及农学的智识。乡村学校的教员，应该要晓得农业改良的道理。……"

"所谓农业职业教育，离不开农村的教育，农村的学校一定要教农业的。若要离开农村，而办农业职业教育，是很难有效果的。……"

"乙种农校，可以改为农业补习学校。原有的农场，可改为模范农场。直接可以谋农业智识的普及，间接可以补助教员的普及。常常到附近或本县各乡村去，举行一二星期长的讲演会、农田耕作指导会、露天展览会，等等。教育的本旨，决不限于学校的里面，到处可以施行的。农业的教育，尤其应该在乡间去做，在农夫家里去做，在田里去做。"

邹秉文先生也有一段极扼要的话："农业教育范围非仅限于教授学生。就高等农业教育而言，至少应含研究、教授、推广三种事业。中等及初等农业教育，对于教授之外，至少应兼负推广之责。"

他又主张以目前人才与经费之缺乏不妨于全国先设立农业科大学 5 所。……每校之经费假定 50 万元，每校对于所在区域之各省农业，应负责任如下：

一、决定每省之农业发展改良计划，促进其实行。

二、担负解决各省农业上重要问题之责，并协助各省所有之农事试验机关。

三、造成各省所必需之农业上人才。

四、主持各省推广事业，并提倡乡村农业教育及农业组合。

五、其他有利于各省农民之事业。

他认为甲种农校向无目的，既不能造成农业专门人才又不能造成乡间农夫，应根本改造。

（甲）改组甲种农校为高级中学之一种，专造就以下各种人才：（1）造就所在区域农村小学之各种农业教员。（2）造就所在区域农村中之各种农业指导员。

（乙）学校应造就何种农业教员及指导员，应视所在区域农业情形及大学或其他研究机关能否供给以适当教材为定。譬如学校所在区域为注重棉业，而大学或其他研究机关对于棉业改良问题，已研究有确实办法可以供给适当之教材者，则甲农应妥定课程，造成棉业教员及指导员，专供各农乡小学校及农业推广之用。

（丙）学校须认本省一部之区域为其特别注意及服务之所，对于该区域至少应有下列各种设施：（1）该部农民及农业情形之详细调查。（2）确定发达改良该部农业之详细进行计划促其实行。（3）不时遣派有学术经验之教员，至各农乡演讲农事改良问题或组织农产品比赛会等。

对于初等农业教育的办法，他主张不设立专校如乙种农校之类，而主张于普通乡村小学内增设农业教员一人。并且以为：

（甲）乡村小学不论于何年均可增加农业学程。

（乙）乡村小学为施行农业的职业教育起见，儿童入学年龄，认为必要时，可改在十岁以上。

（丙）乡村小学为施行农业的职业教育起见，得附设农业补习学校。

总上面的意见，归纳起来，可以说：

一、一切的农业教育机关必须确定目标，然后整个的定一计划，依照目标做去。

二、农业教育应包含三方面：研究、教学、推广，而研究与推广的工作重要不亚于教学。

三、向来的农业教育机关以教学为主要目的是错误的，尤以甲种农校所养成的人才最不合用。

四、根本改造农业大学使成为研究机关，辅以农事试验场。同时主持境内一切农业研究教学及推广机关。

五、根本改造甲乙种农校。甲种农校以养成农业指导员及小学农业教师为主旨，乙种代以农村小学，授以农业常识。

六、各级农业教育机关必须成为联合的有机体，决不可各自为政，你东我西的做。

试再就专家意见和个人主张来申论一下。

研究方面的工作必须长期专精的去做，方可收效。农业的研究工作，在今日一切科学化的时代中，甚为重要。农业教育不从研究下手，则不但中国的农业永无进步，即各级农校所用的教材都从外国抄袭而来，农业教育变成不合中国需要的洋八股。

农业研究工作非有专门的人才及完善的设备不可，因此这种机关，全国不能多设。以中国今日经济状况而论，虽欲每省设一所恐人财两方面都不容许。况且中国各地的农业状况，未必以省界来划分。这种农业研究机关，最好就全国农业情形分为几个大学，每区设立一所。（任叔永先生近亦同样主张）

本来农业大学和农事试验场是农业研究的机关，但是现在都变了教学实习机关，失去研究本意。今后农业大学及农事试验场均须以研究为主要工作，其成绩应以研究成绩为衡，不应以学生与学科的多寡为衡。同一区内的农业大学和农事试验场应积极联络，共同规定工作计划，分期分途去做。初行时研究目标宜专一循序而进，以解决本区内农业上最大问题为工作对象。如此行之五年十年或有相当结果。研究工作不是短期内所可奏效，也不是多方面可以乱撞的。决定了研究的对象以后，如本国没有相当的人才，不妨聘自外国，但延聘的人必须知道这种人才从何处可以找到，不是随处可以乱请的。必须访查十分清楚才可聘请。在没有聘到专家以前宁可不进行研究。

就中国目前情形而论，尤其在研究工作未有相当结果以前，农业上所需要的人才，大部为行政推广指导方面的。研究人才所需之数不多，且须精选。农业大学主要工作既为研究，不妨收理科大学修业二年，对于生物学、化学等已有根底的学生，直接做研究的助手，从做里面去学。至于推广指导方面的人才，则不妨程度较低，训练的年限也可较短。在研究工作有相当结果的时候，此种人才须具实际能力，将研究结果向各省推广，或任表证农场职务，或任农事传习所又乡村师范农事教员，或任巡回指导员。所受训练，理论方面不求高深，但技术方面却须十分娴熟。

在研究工作未有相当结果以前，养成此类人才的机关，应多注意到组织方面的训练，如农村生活的改进、合作事业的推进、乡民自卫的技术等。农村改进的运动已逐渐普及于全国。这种改进运动大概可分为三方面：（一）农业改良。（二）合作事业。（三）村治运动。把政治教育经济及农事的进行打成一片。（参看拙著《民众教育通论》第七章——中华版）中国的乡村为数不下几十万，即以县为单位，为数也有一千九百多。若实行一县设一农村改进区的提议，以一区需四五人而论，即需此种人才万人，可见此种训练机关不可缓设。现在全国养成此种人才的机关只有两个：一个是山东乡村建设研究院，一个是江苏省立教育学院的农事教育系。

山东乡村建设研究院内分设乡村建设研究部、乡村服务人员训练部两部。乡村建设研究部以大学专门毕业或具同等学力的经该院取录为入学资格，乡村服务人员训练部以初级中学毕业或具同等学力的经该院取录为入学资格。前者以二年后者以一年为修业期，但必须具有解决乡村各问题之智识能力及勤劳奋勤之精神，其有修业期满而不足以副此的得缓予结业。

研究部限招 30 名，省籍限于山东本省。外省自备资斧请求附学的，亦得酌量容纳，其名额不得逾前数十分之一。训练部分区招生，第一届就第一区旧济南道属 27 县先行办理，除指定邹平为试验区特别招收数十人外，每县招取人数规定 8 人至 10 人，其总数为 300 人以内。所收学生必须世代居乡，至今其本人犹住家在乡村的，年龄则限于 20 岁以上，35 岁以内。

该院课程以注意实际问题，养成服务能力为主。计有（一）各种实际问题之讨论研究及其实习试做；（二）未解决或应付实际问题所必要之智识技能之指授训练；（三）实际服务之精神陶炼。

研究部之作业课程大别为两类。

（甲）基本研究：党义、社会进化史、乡村建设理论、军事训练等。

（乙）专科研究：农村经济、农业改良、产业合作、乡村自治、乡村教育等。

训练部之作业课程大别为五部。

（甲）党义研究。

（乙）精神陶炼。

（丙）村民自卫之常识及技能之训练：概括自卫问题研究、军事训练、拳术等。

（丁）乡村经济方面之问题研究：概括经济学大意、农村经济、信用生产消费各项合作、簿记、社会调查及统计、农业常识及技术农产制造、农家副业、水利、造林等。

（戊）农村政治方面之问题研究：概括政治学大意、现行法令、乡村自治组织、乡村教育、户籍、土地、公安、风俗改良、卫生、筑路等。

江苏教育学院的前身是两个机关，一称民众教育院，一称劳农学院。现在的农事教育系及农民师范专修科即由劳农学院转变而成。劳农学院在民国十八年一月成立，比民众教育院实迟一年。初办农民师范科二年毕业，继办农民师范专修科，两年毕业。现办有农事教育系，四年毕业，相当于大学程度；农事教育专修科，两年毕业。均收中学毕业或同等程度学生。农事教育系与民众教育系合计每次招生由本省各县每县保送 2 名择取 1 名，农事教育专修科、民众教育专修科合计每次招生由本省各县每县保送 4 名择取 2 名，此外不分省县两系及两科各收 30 名，但须出学费。各县保送的学生费用由本县供给，但毕业后须回本县服务。农事教育系及农事教育专修科课程中除教育科目外有作物学、土壤学、肥料学、病虫害学、气象学、农具学、畜牧学、农村服务、农事实习、农事教育实施法等。

该院并设有研究实验部，附有民众教育实验区、实验民众教育馆、实验民众学校、民众图书馆等。对于实习亦颇注重，实习事项分为公民教育、生计教育、健康教育、家事教育、休闲教育五大类。在生计教育方面，有提倡特约农田推广改良种子，调查乡村经济状况，提倡并指导各项合作社，提倡副业并指导改进等。该院在农业研究方面，除农场外，有昆虫实验室、生物实验室、农学实验室等。农场占地三十五亩，分为实习、试验、育种、蔬菜、果树、花卉、畜苗、畜牧、鸡蜂九区。

我们希望每省至少设一所这一类的机关。如该省有农业大学的，最好即设在一处，没有农业大学的省，可单独设置，但也应与同一区内的农业大学发生密切的关系。内部能分研究、训练两部更好，因为各省的农村建设，各有特殊的问题，这些问题非研究不能解决。研究生须程度较高，至少高中毕业且在乡间做过事已洞悉乡村问题的人，毕业年限二年即可，但证书必须服务有成绩后再发给。训练部不妨收初中毕业生，但也须有乡村经验了解乡村问题的方为合格。毕业年限一年即可，证书也要服务有成绩后再发给。

专设训练部的省份，不妨设在已办的乡村师范里面，本来乡村师范所造就的师资，直接固在任乡村小学教师，间接即为乡村社会服务人员。我们的理想办法，最好一个初中程度乡村师范生毕业后先充乡村小学教员三五年，再入母校的乡村服务人员训练部修业一年，然后回到乡村去服务，必能胜任愉快。如果觉得这种办法缓不济急，不妨在现有乡村师范中设专班，选年龄较大经验较多的高才生，予以训练及服务机会，也不难养成相当的服务人才。

无论独立设置，或附设于农业大学或乡村师范，所收学生必须符合下列条件，这种条件似乎乡村师范生也应具备。

（一）分区就地招生，学费由本县担任。

（二）修业期满后必须回到本县区服务。

（三）服务至少两年，证明确有成绩后，始发证书，才算毕业。

不论是训练部，或乡师学生所修课程，至少农业技术要占四分之一。因此这种机关必须有实习农场或其他实习机会。学理不求高深，但技术却须娴熟。农业大学研究有结果可以应用的，也须娴习，至少可以表证给农家看，这样服务时才可以得农民信仰。

推广方面的工作，其重要亦不亚于研究及教学。不过推广工作绝不是空口说白话所可奏效的。推广欲求收效，必须实地表证。任何农作物，如能在表证农场证明其本少利多，不论是方法上的改良，抑或农具种子的改良，都易推行，因此表证农场的设立极关重要。

表证农场最好由训练部及乡师的农业教员经营。这种教员必须系农业大学毕业生，表证时可受大学教授指导，把研究已有结果的东西拿来表证。经营的时候即由训练部或乡师学生佐理，借此可以得到实际训练。至于表证农场与其专择一较广大场地，不如分散在各农家田野内，方可得农人信仰。

训练部的毕业生能经营表证农场更好，如不能时，至少要会引起农民对于作物研究的兴趣。对于灾害的防止，必须可以做临时的表证。对于农品展览及竞赛，必须能做有系统的组织及公平有根据的评判。这样，在农业方面的帮助也就不少。

乡师毕业生必须对于本地农作物及农业概况十分熟悉。至少能指导年龄较大的学生实习种植，可以用费少而收成多，或在方法上能较科学化。这种实习，我们以为与其在学校中辟一幅地，不如即就学生家中有的田地来经营。初经营时不妨各选一小区，俟有成绩再行扩大。乡师毕业后服务成绩及乡村小学生成绩以此为重要部分。若经营完全失败，即不能毕业。

乡村小学入学年龄提高是我们一向所主张的。所学功课应以农业为中心。因此普通功课上课时间完全须在农暇的时候，农忙的时候，应即以农事为功课。同时乡师的毕业生，对于年长失学的农人也应当设法同他们补习。在这里，我们觉得山东乡村建设研究院所办的乡农学校，可供各省参考。

乡农学校在冬季农暇时间开办，分高级、初级两部。初级的收不识字或略识字的，高级的则收教育程度较高的。两部的课程并不以文字为主，其目标实在组织方面不在技术方面。但有了组织以后，只须技术上实际可以表证的，必极易推广。

照我们看来，农业教育的三方面——研究、教学、推广所应做的工作大致如此。在结束以前我们以为在特殊区域应注意到特殊农业问题，也是办农业教育的所不可忽略的。譬如西北方面的造林，东南方面的水产，似乎都有提倡的可能与必要。这也是须三方面同进的。还有在救济农村经济的治标方面似乎提倡合作与经营副业两件事也是很关重要的。关于合作的提倡请参看拙著《民众教育通论》农村改进一章（中华）。

参考用书

1. 《教育与职业》（上十五、三十三、三十八、一〇三期）

2. 《山东乡村建设研究院一览》

3. 《乡村建设》（二卷）

4. 《中国职业教育问题》（廖世承）　商务

5. 《中国农业教育问题》（邹秉文）　商务

6. 《教育与民众》（四卷二期）

7. 《教育研究》（三十八、九、四十期）

8. Shepardsn, Agricultural Education in the United States, Macroiela （？）

9. Smith and Wilson, Agricultural Extension System, John Wiley

10. 《独立评论》（二十一、二十三号）

11. 《农民教育研究集》——江苏教育学院

12. 《美国之农业教育》（徐正铿）　商务

13. 《全国公私立中等学校名称及分布概况》　教育部

14. 《全国高等教育学统计》　教育部

15. 《创造中国新经济制度之计划》（冯锐）　平民教育促进会

16. 《合作月刊》五卷　一、二期合刊

17. 《中华教育界》二十卷　四、五、六、七期

第六章 工商教育

中国现在大多数的人民是以农为业的，这在最近的将来五十年甚至一百年中或者没有什么大变动，况且现在有许多以为都市文明实在没有乡村文明好，主张中国勿太都市化，大规模的工商业，即在将来或亦不过限于几种重工业和进出口贸易与交通事业，而这几种事业似乎有国营的必要。因此，我们以为今后工商教育是应当与全国的建设计划打成一片的，要是枝枝节节的去办理，必事倍功半成效鲜著。

关于商的教育，我们以为不仅限于贸易与交通，一切科学的经营实都应包括在内。中国今后欲求政治之刷新，所有公务机关必须科学化。近三十年来想升官发财的人，都以学法政为捷径，殊不知政治学、法律学并非一般公务人员首要之需。谈近代政治的人，每将官吏分为政务、事务两种，而政治之研究仅为政务官所必需。此种官吏，为数甚少，且政治家的成功，赖于天才及机会的多，赖于研究的少。真正的政治研究，只为政治学者及政治设计人员所重视，而此种人实少而又少。至于法律学，除粗浅常识外，仅为律师法官所必需，无论政务或事务人员皆不十分需要。

近代政治机关的日趋于科学化，我们若到外国的公署参观，见其内部与各大公司一般无二，可以知之。这种趋势在最近的将来必更鲜明，不但在形式上如文件的减省与简单化，在组织上如关系的合理化，即在精神上一切手续莫不将效率提高务使以少数人员时间精力，求得极大的效果。甚至室与室的联络，桌与桌的布置，以至一笔一墨之微，都经过科学的研究。所谓科学管理法，在欧美各大公司工厂已行之数十年，今已逐渐侵入各公务机关，中国的政治机关若须清洗积弊，我们感到非由此道迎头赶上去不可，所以必须拿商业教育来代以前的法政教育，将来的商业教育万不可仅以养成贸易和交通事业经营人才为目标。

关于工的教育，我们以为应就全国建设计划去做一个总打算。中山先生的实业计划本已定为国民政府今后建国的基础，可惜几年来没有逐步的进行。一俟政治上轨道以后，我们必须作成一个详细的分年分区建设方案，其中大部分当然是需要工程和工业专家和训练过的工头工人去做的，这些人才如何养成？应占整个方案的一部分，也就是我们今后工业教育发展的程序。

哪种工程和哪种工业应先着手？哪个地方，应如何逐步的经营？这些问题必须经专家长期考察计划过，才不致有始无终浪费金银和扶得东来西又倒的弊病。中山先生的实业计划虽已经给了我们一个很好的范本，但是只不过是一个粗枝大叶的轮廓，在实行以前还须详细的考察研究，且须定出分年分区进行程序。

这种的考察研究，有赖于若干的学识经验两富的专家，以中国今日人才的缺乏，恐怕还要聘请客卿。这在苏俄已经如此的做，只须主权在我，而所聘的确系专家，未必会有流弊的。不过请到以后，我们必预有一班很有训练的人才，跟着他们考察研究，从做里面去学。这样，十年二十年后，我们自己便有了一班如同他们一样的专家，便可以在他们聘约期满以后，继续进行。

然而环顾国内，有几处学术机关是在那里准备这种人才的？派遣留学生，又何尝有整个计划，注意养成这一类人才？

中国大学程度的工业教育，据民国十五年吴承洛先生的调查，计有下列各校。

国立的：北平工大、同济、北洋。

交通部及水利局立的：南洋、唐山、北京交大、河海工程。

省立的：直隶工专、山东工专及矿专、苏州工专、南京工专、杭州工专、湖南工专、福建工专、四川工专、山西工专、东北大学工科、广东工专。

外国立的：中法、中俄、南满工专、旅顺工大、香港大学工科。

教会立的：震旦工科、圣约翰工科。

私立的：南通纺织、光华、东华、复旦、厦大、青大、畿辅、工商。

同年凌鹤勋、赵祖康两先生调查，除上列者外，尚有金陵、东吴、沪江各大学的化学工业系。

据教育部最近统计，十九年度全国各大学设工科的系别及学生数有如下列。

学生数 \ 系别	土木	机械	电机	矿冶	化工	纺织	建筑	测量	共计
中央大学	144	29	54		11		14		252
北平大学		105	110		59	37			311
清华大学	108								108
浙江大学	101		89		46			20	256
武汉大学	51								51
劳动大学	47	24	42						113
同济大学	43	21							64
交通大学	463	108	121						692
北洋工学院	225	34		47					306
东北大学	84	81	59	36		37	34		331
山西大学	56	53	37	84					230
湖南大学	68	17	32						117
四川大学		20		36	20				76
吉林大学	13			13					26
湖北工学院		38			9				47
金陵大学					16				16
复旦大学	126								126
南开大学			58						58
岭南大学	39								39
南通学院						90			90
总　计	1568	530	602	216	161	164	48	20	3309

　　以上各校自"九一八"事变东北大学移平后，学生数大为减少，"一·二八"劳动大学已停办。

　　至各大学设商科的，十九年度系别及学生数如下。

系别\学生数	商 学	会 计	银 行	工商管理	交通管理	国际贸易	共 计
中央大学	87	22	9	5		2	125
武汉大学	4						4
暨南大学	56	28	14	18	23	5	144
交通大学					354		354
厦门大学		10	15	2			27
大同大学	47						47
复旦大学		132	118	43		29	322
沪江大学	74			70			144
光华大学		51	67	26			144
大厦大学	85						85
南开大学	77	18	17				112
武昌中华			4	9			13
岭南大学	63						63
中国公学	18		50				68
中国学院	39						39
朝阳学院	12						12
总 计	562	261	294	173	377	26	1703

中国公学自遭"一·二八"之难以后亦停闭了。

至于全国工商专科学校，照教育部调查，十九年的有如下列。

校 名	科 别	专科生数	预科生数
中法国立工业专科		11	196
广东省立工专	机械、化学、土木	99	199
江西省立工专	土木、机械、应化、矿冶	32	309
山西公立工专	机械、应化、电气	139	42
山西公立商专		142	42
税务专门		154	
吴淞商船		82	40
共 计		659	828

我们看了上面这个表，中国的专科学校现况是何等的可怜！

民国十七年（？）黄建中先生任教育部高等教育司司长时，适为国民政府宣布开始训政六年之期，他曾拟一个很详细的筹设国立专科学校计划，分六年在全国各地就特殊情形，建立十个专科学校，计第一年设森林（庐山）、纺织（无锡或郑州），第二年设造纸（谌家矶）、矿冶（昆明），第三年设造船（上海）、飞机制造（浦口），第四年设垦殖（迪化）、畜牧（绥远），第五年设水产（青岛），第六年设工业（重庆）。又代各省市筹划所需要的专科学校凡35种81校。可惜都没有实现！（详见附录）

讲到进行研究工作的更是凤毛麟角。据作者所知道的，只有中央研究院和交通大学有工业研究所，南开大学有经济学院系研究机关，北平工大，以前对于工业化学曾作若干的研究，以中国幅员之大，建设之难，高等工商教育如此不发达不切实，希望在哪里？

我们以为高等工商教育也同农业一样，研究重于教学。以工而论，全国确定几个工业中心区域后，每个中心区域应设一个工科大学，内容研究教学并进，即以大学为该区域设计机关，教授学生共同从做里面教做里面学。各铁路公路交通干道在未敷设以前及敷设中，应利用土木科学生实习。其他国营事业凡关于工的，均须与工业大学有切实的联络。

以商而论，应在东南沿海各省及长江流域分段设立商科大学，注重国际贸易、工商管理、银行各系。在全国分区设立商科大学，注重会计、交通管理及机关管理各系。均研究教学并进。各铁路公路交通干道铺设中及铺设后，应利用交通管理学生实习。各公务机关及国营事业，凡关于管理方面的，都须与商科大学有切实的联络。

如此所研究的是当前的问题，所教的是实际的材料，所学的不怕没有用处，毕业生出路问题也不愁无从解决。

听说各省建设厅也有设工业研究所的，成绩如何，我们不知道。我们以为每省在财力可能的时候，应设一个工业调查所，以搜集本省资料、调查本省情况为宗旨。这种机关与其说是研究机关，不如说是调查机关，供给各工商大学信息与材料，当然必须与本省所属区内工商大学有切实联络，遇有疑难问题，随时向该大学报告，请求解决。现在全国这种机关，只有工商部在上海设立的国际贸易局和文化基金在北平设立的社会调查所，所调查的资料多缺而不全，但是已经比没有好得多了。我们希望每省能设一个，而且互相联络，并以工商大学为之后盾。

在高等工商教育中，我们感到有两种人才，在最近的将来有十分的需要而现在十分缺乏的：一种是工科中的测量人才；一种是商科中的调查统计人才。我们在整理内地工作时候，这两种人才都是必要的。而后一种人才在各省工商调查所成立的时候必大感不敷。照上面教育部的报告：养成测量人才的只有浙江大学一处，而且人数很少，虽则各省军事当局曾先后设立过测绘学校，但是毕业期限短促，多数基本学术太差。近两年来听说中央大学、同济大学都已设立测量系。我们希望这方面在最近的将来有大大的发展。关于调查统计人才，现在还没有一所商科大学注意到，只有短期的零星的统计人员养成所是无济于事的。

此外还有一种急需养成的，便是海外殖民人才。我们在海外的华侨有一千万人以上，以前完全靠劳力去博蝇头之利，因为能耐苦节俭，居然不但有不少的成功者，且为祖国增加财富。现在却一天一天的衰落下去。我们要保持华侨的地位或更扩张势力，非训练一种旧有美德新式技能兼有的殖民人才不可。这是东南华侨人数众多的各省和华侨子弟求学的各大学所不可不赶紧注意的。

至于中等工商教育，据教育部二十年十月发表之《全国公私立之中等学校名称表分布概况》，内列工商学校如下。

江苏	上海中等	省	高中商科	上海
	盐城职业中学	县	染织藤竹	盐城
	太仓县立初级职业中学	县	农蚕商	太仓
	镇江职业	私		镇江
	实业敬儒初中	私		南通
	启明初级商科中学	私		无锡
	中国工艺职业	私		武进
上海	中华职业	私	机械土木	上海
浙江	鄞县高级工科中学	县	工科建筑、汽车道路	鄞县
	鄞县初级商科职业	县	商科	鄞县
	海宁初级商科职业	县	商科	海宁
	嘉兴初级商科职业	县	商科	嘉兴
	柏林初级商科职业	私		嵊县
	初级商科职业	私		兰溪

续表

安徽	第一中等职业	省	土木、应化、机械（图书馆）、又染织刺绣职工（蚕丝）	安庆
	第二中等职业	省	商科（又农科）	芜湖
	第四中等职业	省	染织制革	蚌埠
	第六中等职业	省	染织缝纫	寿县
	新安中等职业	公	商科	休宁
	正阳中等职业	公	商科	寿县
	安徽职业学校	私		芜湖
	芜湖工科高中	私		芜湖
江西	省立第一职业	省		南昌
	省立第二职业	省		南昌
	陶业	省		鄱阳
	培根职业	私		宜丰
湖北	省立职业	省	师范织工速成	武昌
	省立二中	省	商	武汉
	省立三中	省	工	汉阳
	省立四中	省	初中职业科	宜昌
	汉口市职业	省	高中、商科、初中织工科	汉口
	沙市职业初中	私		沙市
湖南	第一工业	省		长沙
	第一职业	省		长沙
	第二职业	省		常德
	第三职业	省		衡阳
	第四职业	省		邱阳
	第六职业	省		芷江
	第八职业	省		桂阳
	新化县立职业	县		新化
	沅江县立职业	县		沅江
	安化县立职业	县		安化
	常德商会立商业	公		常德

四川	高级商科中学	省		巴县
	璧山县立职业	县	工（农女织）	璧山
	资中县立职业	县	工（商）	资中
山东	第一职业	省	染织、土木、金工、实用化学、商	济南
	第二职业	省	染织、商（蚕）	济南
	第三职业	省		济宁
河北	第一职业	省	色染、机织	天津
	第二职业	省	机织、染织、化学	青宛
	公立商科职业	公		天津
	弘德商科职业	私		天津
	高阳职业	私		高阳
河南	第一职业	省	染织	开封
	第二职业	省		汝南
	第四职业	省	染织（蚕丝）	汲县
	郾城初中	县	织染	郾城
	浚县第一职业		织染	浚县
	舞阳职业	县	草帽织染	舞阳
	禹县职业	县	陶瓷织染	禹县
	巩县职业	县	工科	巩县
	信阳职业	县	蚕、织工	信阳
	职业学校	私		新乡
山西	志勤职业	私		
陕西	第三职业	省	染织	三原
	陕西职业中学	共	纺织	榆林
	南郑职业	共		南郑
甘肃	第一工业	省	编染、纺织、艺徒	兰州

辽宁	第一工科高中	省	工科	省城
	第一工科职业	省	初中金工科	省城
	第二工科高中	省	采冶应化	省城
	第二工科职业	省	初中制革印刷	省城
	第一商科高中	省	商	省城
	东边商科高中	省	商	安东
	新民初中职业	县	工	新民
	开原职业	县	商（农园艺）	开原
	岫岩甲种职业	县	商	岫岩
	宽甸职业	县	商（林）	宽甸
	康能堡职业	私		盖平
吉林	延珲和汪共立职业	共	工科	延吉
	职业	省	电机	省城
黑龙江	第一工科	省	初中工科	省城
	滨江初级职业	私		滨江
福建	理工中学	省	土木、电机、电械、公路	福州
	职业中学	省	土木、机绣、印刷、商业（女职）	福州
	职业中学	省	商、测绘（刺绣）	厦门
	职业中学	省	公路（农、刺绣等）	南平
	职业中学	省	测量、染织、化学、藤竹、针织	龙溪
	职业中学	公	商	长汀
	闽南职业	私		厦门
岭东	岭东商业	省		汕头
	甲种商业	市		广州
	职工学校	市		广州
	职业学校	县		琼山
	统计学校	私		广州
	仲恺农工职校	私		广州
	岭大附设商职	私		广州
	裁华职业	私		台山
	尚宝职业	私		台山
	第三区区立职业	区		廉江
	英明职业	区		南雄

云南	昆明市立职业中学	市		昆明
贵州	高　中	省	土木（农林）	贵阳
察哈尔	第一职业	省		张家口
	第二职业	省		宣化
绥远	职业学校	省	织袜、印刷、缝纫、籐工	新城
南京	第一初级职业	市	织袜、印刷、缝纫、籐工	南京
北平	高等学校	市		北平
	职业学校	市	机械、化学	北平
	香山慈幼院	私		北平
	汇文职业	私		北平
东省特区	第三中学	区	商	哈尔滨
	第一工科高中	区	工	哈尔滨

我们看了上面的分布状况，便可知道不但全国没有整个计划，连一省有计划的也很少。比较的讲起来，似乎福建的有计划些，所有省立的职业学校一律称职业中学，而设科也比较的适应当地需要。湖南的职业学校省立的虽多，可惜设科内容不明。辽宁表示很努力，但尚没有成一系统，自失地后教育系统更破坏不堪了。江苏各省立中学，只有上海中学设有商科，连工业最发达的无锡也没有一所工业学校！安徽也像很努力，不过似乎也没有抓到需要。

至于设科内容，以染织最多，这或者是有这样的需要，不过究竟适应需要的程度如何，也很值得研究。至各省近年来较为需要的测量、公路、印刷等科，似还没有引起多数省份的注意。

我们以为在政治上轨道以后，中国所急需的中等职业人才，除较次的调查统计及测量人才帮助曾受过此类高等专门教育的工作外，尚需要合作事业人才。合作事业在中国的需要，已为有识的人所共见，但是若须全国推行此种事业，人才极感缺乏。一县的合作指导员，最好是受过高中程度的教育，即初中毕业生再经合作专门训练的。各乡区的合作指导员，则可用受过初中程度的教育，即高小毕业生再经合作专门训练的。因此，无论高中或初中程度的职业学校都可设合作一科。合作训练应对于理论实习并重。现在施行这种训练的只有华洋义赈会中国合作学社及一二省的建设厅及党部附设的合作讲习所的短期训练，理论与实习方面都欠完密。这施于养成农村合作领袖未尝不可，施于一县或一乡区的指导员，似欠不足。

最近实业部曾有四年计划的拟议。并已开始经营钢铁厂、机器制造厂、硫酸铔厂……而铁道部、交通部、建设委员会等管理之下的国营事业也已不少。铁道部及以前的交通部且设有职工委员会办理职工教育，可惜还没有整个的计划。

交通部于民国九年开始筹备职工教育，我们在前面已经提到。后在四大铁路设职工学校。据民国十四年调查，计有下列各所①。

京奉	丰台职工学校	119 人	占职工 20.1%	
	唐山	285		12.25%
	山海关	309		18.46%
但全路职工凡 10783 人，故仅占 6.61%。				
京汉	长辛店	716		25.75%
	郑州	414		66.9%
	信阳州	268		49.91%
但全路职工凡 12929 人，故仅占 10.81%。				
津浦	济南第一	272		32.45%
	济南第二	184		32.45%
	浦镇	348		24.04%
但全路职工凡 8946 人，故仅占 8.98%。				
京绥	南　口	344		21.95%
	张家口	299		36.37%
但全路职工凡 9237 人，故仅占 7.32%。				

至年龄以 20 至 24 岁为最多，约三分之一，次为 24 至 29 岁，又次为 15 至 19 岁及 30 至 34 岁，最老达 44 岁。

此外各铁路也有办补习学校的，人数自三四十人至三四百人不等。

据铁道部劳工科之报告，全国国有铁路工人总数为 99754 人，而统计各路工人教育程度，不识字最多者有 71.71%，最少者有 13.5%，平均各路不识字工人占总数 48.24%，而小学毕业或修业者，平均尚不及 5%。可见职工教育

---

① 表中个别数据疑有误，但原著如此，服从原著。——编校者注。

问题之严重。

自铁道部成立后，各铁路职工教育即移归该部管理。于二十一年五月成立职工教育委员会，并于是年六月起刊行《铁路职工周报》。据该会草定的计划，铁路职工教育系统，有如下列：

甲、学校教育——有职工识字学校、公民学校、技术学校及高等学校等阶级。

乙、补助教育——有职工游息所、教育分馆、教育馆、教育总馆等阶级。

该部规定于二年内将识字学校实施完毕，再斟酌情形举办公民学校，然后分期举办技术学校和高等学校。识字学校修学期五个月，公民学校则为一年。并先在津浦路线铺镇设立一个识字实验学校，于二十一年八月二十二号开学。同时筹设平汉、平绥、胶济、正太、湘鄂、道清、京沪、沪杭、陇海、北宁等路职工识字学校。以上各校先后开学，计十条铁路，已有识字学校 36 所，入学工人万余人。

国民政府交通部成立后，设有职工事务委员会。该会于十八年四月订布《交通职工教育暂行规程》。旋又颁布《职工补习班办法大纲》，通令直辖各机关，一律筹设职工补习班。计先后成立的有天津、南京、太原、北平、苏州各电话局，广西、山西、江苏、河北各电政管理局，杭州、北平各邮务管理局，济南邮务工会所设的补习班。并由该会在上海主办两个职工补习班。共计 14 所，学生自 12 至 350 人不等。

各矿矿工补习教育情形，曾于民国十九年由农矿部及北平社会调查所调查，计：湖南新化锡矿公司设有工人读书处凡 480 人；河北磁县设立矿务公司有工徒练习班凡 80 人，又教育讲习所人数不定；六合沟煤矿公司有工人补习学校凡 158 人；中兴煤矿公司有工人补习学校凡 226 人。

我们认为凡管理国营事业的各部会应会同教育部筹划职工教育。并由中央规定凡国营及省营的实业机关，概须附设职工学校。

此类职工学校可分为若干级。最低级的或者先施以识字教育，较高级的施以粗浅的专门技能及学识，再高级的施以工头训练。一方面确定考绩办法，务使人尽其才，智能高的有受晋级训练和升级的机会，一方面招收程度相当的学生，予以训练，以补充出缺或增加的职工。

若国营省营实业机关能办到这一步，再推及于一切公务机关，凡下级职员概须经过相当的训练。此种训练尽可委托各省县立的职业学校，不过在实习方面予以种种合作，在需要方面提供给种种消息，然后才不致发生供求不相应的弊病。

高级人员除需专门的技能以外，可由下级职员择尤或再经补充训练后升任。

现在各机关的高级职员经过专门训练的，据作者所知，以税务专门学校办理最久最善（见前）。近来设立的有中央政治学校，政治系内设有行政组、外交组，财政系内设有财务行政组、金融组，地方自治系内设有市政组、地政组、农村行政组、警政组，社会经济系内设有商科行政组、合作组、统计组、公用组等。交通部在上海设有电信专科学校。但是政治如上轨道所养成的人才绝不敷用。

倘使政府用人方面能以有相当的训练为标准，则私营的工商机关自会效法，然后由国家规定标准，令各工厂商店一律独设或合设或委托专家设立职工教育机关或与已有职教机关通力合作。如此，才能供求相应而无弃才。

最近上海中华职业教育社与南京路商界联合会合设职业补习教育委员会，在南京路设补习学校，便是上述办法的发轫。该社已在汉口路设有此类学校，近设调查统计及商业实务两科，均极切实而合于需要。兹录其内容如下。

调查统计科

一、办法　用测验方法招收初级中学毕业生（入学考试为国文、英文、算术、口试），先予以基本训练一学期，着重发表技能之练习（包括语言文字），德性之培养、调查统计之知能，此为第一阶段。第二学期起，分派各金融机关从事实习，晚间仍在校中为补充训练，此为第二阶段。第三学期起试用时期，由各金融机关酌量学生才能，委以相当职务，略与津贴，晚间仍在校中为完成训练，一学期后，各金融机关试用满意，正式录用，再经一学期，由录用机关用书面证明该生服务成绩，乃由本校发给毕业证书，认为正式毕业，此为第三阶段。

二、课程　第一学期——基本训练国文9小时，包括读法、作法、书法，英文9小时，包括读法、作法、书法、会话，调查统计学9小时，公民3小时，包括公民修养、服务道德。

第二学期——补充训练，国文4小时，注意应用之研究及商业会话，调查统计3小时，公民1小时，包括社会心理、金融状况。

第三学期——完成训练，国文4小时，注意调查报告之作法，英文4小时，注重调查报告之研究，调查统计3小时，公民1小时，商法。

三、师资及教材　国文、英文及第一、二学期之公民，由学校聘请相当人才充任教师，调查统计，第二、三学期之公民，由金融机关物色专家充任教师，并组织教材研究会，主持征集参考材料及编辑教材之任务。

四、经济　每个学生在一、二期各纳费 30 元充本班教育费外，所有不足之数暂由学校筹措，各金融机关除自酌量津贴经费外，只负精神上协助之责，如上文所述之实习试用，等等。

商业实务科

一、办法　本科办理系与上海各大公司合作，招收初中毕业程度之学生，或由各大公司选送，训练二年。

本科训练分三个阶级，第一学期为初步训练，注重品性之修养及基本知识之补充。第二、三学期为补充训练，注重知能之授予及品性常识之补充修养，第四学期为完成训练，注意特殊知能之灌输。第二学期起以半数学生分派各合作机关实习，经过二个月调换一次。修业期满，品学兼优者，介绍各合作机关正式任用。

二、课程　第一学期，公民（服务道德常识）2、国文 8、英文 8、珠算 6、商业（常识地理）6，合计 30。第二学期，服务道德 2、国文 8、英文 8、珠算 6、簿记 3、售货术 3，合计 30。第三学期，商法 2、国文 8、英文 8、珠算 6、簿记 3、广告术 3，合计 30。第四学期，各业概况 10、国文 8、珠算 6、验币术 3、簿记 3，合计 30。

三、实习办法　第一条，本校约定商务印书馆、中华书局、世界书局、大东书局、冠生园、中国征信所为商业实务科学生实习机关。第二条，学生实习自第二学期起，每期二个月，期满调换一次。第三条，每学期之最后一个月，为综合学期，全科学生回校训练。第四条，每次调换前，由学校派人征询实习机关对于实习学生品性、能力、学问各方面之意见，以为调回训练之依据。第五条，每次实习期满，实习学生应交实习日记及实习机关概况报告，作为实习成绩之一部分。第六条，实习机关认为不适宜之学生，非训练至确有把握时，不再派实习，倘品性不良，不堪训练者，令其退学。第七条，学生实习，悉依各实业机关惯例，废除一切学校例假。第八条，学生实习时，一切费用概须自备。第九条，学生实习应派往不同性质之机关，一一实习，其同性质之机关，以实习一次为限。第十条，学生实习三学期后，得由实习机关择优录用，其他学生各实习机关认为满意者，由校另行介绍职业。

我们认为此类学校在各大商埠有推行的必要与可能，但在一般内地则尚无此需要。

在一般内地，新式工商业尚未发达以前，新式的职业教育恐一时推行无效。我们以为旧有的艺徒训练还有保存的价值。所可惜的关于这方面的情形，没有人调查过。据《中国劳动年鉴》所载天津小工厂所收艺徒，年限大都为三年或四年，间亦有三年半的。全年除三节外每月有两天即初一、十五休息。工作时间每日自 10 至 14 小时不等，大都为 12 小时。年龄最低 10 岁，大都在 13 岁。每月给工资的占少数，按三节给津贴的为多，也有一年给一次的。

天津工厂的艺徒制度，以北洋火柴公司为最有系统，艺徒的训练也极严密。该公司开办历 20 年，所用工人都是本厂艺徒出身，厂中各项员司也无不由艺徒选择充任。艺徒仅供伙食，每日给点心钱十枚，但每届三节可得六十至百元奖金。厂内设有小学，不过艺徒愿就学的很少。工作时间每日 12 小时，星期日放假。

山西太原各公家工厂如平民工艺厂、贫儿院、蚕业工厂等，每届招收艺徒，先期张贴广告，限定资格，任人投考，合格即可收留，程度要识字，略等于初小毕业程度。录取后在实习期间便有工资，第一年月给一元至二元，第二年加给一元，第三年再加一元，大概三年满业，间有留级的。满业期于厂中工师有缺额可留厂工作，但工资不能与老工师一律，须逐渐增加。太原私家工匠招收艺徒，大抵由情谊介绍而来，年龄大都 12 至 20 岁。收留后按年或按月给津贴，按年则大概第一年给一千文，以后渐加。按月则月五百文至二元不等，也逐年增加。满业无定期。

北平艺徒状况在 Burgess, The Guilds of Peking 书中有述及。艺徒也大都由介绍而来，年龄通常在十一二岁。年限三年或三年又一节（三个月），有长至七年的。工业艺徒大都为三年又一节，商店艺徒则多为三年。工业艺徒则多无工资，商业艺徒则第一年后略有津贴，但工作优良时三节均有奖金。除手艺外仅有一二种工业给艺徒以普通教育如写算等，但商店内艺徒，写算为必要技能。

关于商业艺徒，民国十五年上海县公署调查商业工人状况时，曾有兼及。所调查的计有花米公所、茶食公所、报关公所、铜锡业公所、药业公所、沪杭甬转运公会、印花染业公所、上宝青蓝蓝浅批染业公所、豆腐公所、漆业外作、漆业内作、所属各店坊。对于学徒的待遇，大都供膳宿，并给以少数费用称为月规或酒资，并无工资，年终酌给花红。药店公所规定年给月规十元左右。豆腐公所规定年岁长者三年期满有五六十元。年岁幼者期满有三四十元。

美国裴义礼氏于民国十五年在上海各工厂施行艺徒教育。曾成立三处。一、杨树浦发电厂计艺徒 80 人，所授科目，为英文与算学，机械学与电学，各间日一课。二、杨树浦自来水厂，30 人，仅课英文。三、江南造船厂，90 人，英算并课。上课时间在下午 3 时至 9 时间。教师由工厂职员兼任。艺徒上课时不扣工资。十八年复就惠工学校改组，试行工读办法，招学生 200 名，内

80 名高级生，除在校受课外，派至造船厂、兵工厂、电话局及太古公司等处分期实习。上述办法实开有系统的艺徒教育之先声，可惜以后办理情形未见报告。

关于商的艺徒教育，老教育家李默非先生在 20 年前曾作有规模的计划，称为"负贩团"。所谓"负贩团"是结团负物而就买主贩卖。负贩必结团，而后可以通有无，传消息，联合调查市况，有伴侣。不但有益于全国商务，且可假负贩二名，到国外去调查。李先生之意甚善，惜不知实行的有多少？成效如何？

此外各省尚有孤儿院、平民教养院或工厂之类，系平民学习手艺的机关。中华职业教育社称为慈善性质或感化性质，各机关附设之职业教育在民国十四年有 132 所，近年来无调查。这些可称为组织化的艺徒教育机关，江苏实业教育联合会，曾作热烈的提倡。各省现虽尚设立，苦于缺乏联络与研究，否则必可成为重要的职业教育机关。

参考用书

1. 《全国高等教育统计》
2. 《全国中等学校名称及分布概况》　教育部
3. 《商业教育》（李权时）　商务
4. 《中国职业教育问题》　商务
5. 《职业教育之理论与实际》　中华职业教育社
6. 《工商半月刊》（五卷一处）　国际贸易局
7. 《制造中国新经济制度之计划》（冯锐）　平民教育促进会
8. 第一回、第二回《中国劳动年鉴》　北平社会调查所
9. Burgess, The Guilds of Peking　Columbia University Press
10. 《铁路职业周报》（十六、十七及三十三期）　铁道部职业教育委员会
11. 《教育杂志》（三卷一期）　商务
12. 《中国国民党中央政治学校课程纲要》
13. 《中国工程学会会刊》（二卷四号）
14. 《中华月报》（一卷一号）

第七章 女子职业教育与家事教育

基本的家事教育本为男女同所应受的，因为家事本应由男女共同负责处理的。不过向来社会习俗是"男主乎外女主乎内"，因此家事便成了女子的专业，而家事教育施行也是对女子而言，所以我们与女子职业教育并在一起讨论。

家事是否成一种职业？这个问题已经过许多专家的讨论。多数专家以为家事不但是一种职业，而且是一种很重要的职业。职业并非限于直接生产的，农工固是职业，商也是职业，律师教员是职业。怎么一家的主妇不是职业呢？况且主妇对于家事处理得当，不独男子在外可以无忧无虑，便大大增加他的生产力，即子女保育得人，身心发育两健，便大大的增加成年后的生产力。再进一步讲，现在的社会尤其是中国的社会是以家庭做单位的。要有健全的社会，必先有健全家庭，所以家事实在是一种很重要的职业。

家事的范围如何？大概地讲，家事可分为下列数项。

一、食：选择、购买、烹调、进馔、整理、再用、盆碗洗涤等。

二、衣：选择、购买、裁缝、洗涤、改造、修补、保管等。

三、住：布置、清洁、选择与购买家具与用器、修理、灯火照料等。

四、保育：对于儿童的保养和教育。

五、会计：支配、预算、簿记、储蓄等。

六、看护：对于疾病的预防、简单治疗、病人看护等。

七、社交：朋友往来、馈送、访问等。

八、园艺：庭园布置、花木培植等。

中国的家事教育向来是非正式的，在家庭中由母亲传之儿女的。学的时候既无一定方法，且有时并非有意识的，不过偶然的或一向看惯如此便如此做去。而况大多数的家庭是入不敷出，社交园艺等等固然讲不到，即衣食住也是因陋就简，因此正式的家事教育极不易施行。

照现在的情形而论，学校式的家事教育既不易推行，我们以为只有从社会式的家事教育那方面去发展。各处办民众教育馆的人，已经有注意到设家事教育部或股的了，这当然是好现象。以方法而论，与其举行若干次的演讲或比赛，不如做实际的表证与指导。以内容而论，与其空洞的高谈衣食住等的研究，不如在饮食、保育、看护等方面求常识的普遍。因此我们主张这件事在乡村中应与农业推广联合进行。

我们在前面曾经提到农业推广的办法，以为在各省应设乡村领袖训练学校，并在乡村师范里训练学生实施农业推广办法。凡是这类机关的女生，便应注重家事推广办法。乡村领袖训练学校的学生毕业后便派到本县区整理乡村，其中女生便应当负起整理家庭的责任。乡村师范的毕业生除了任乡村教员外，对于年长失学的农民应当设法补习。乡村小学中的女生及补习的年长失学妇女即可以一部分时间习家事。

不过家事推广也如农业推广一样，是要靠大学一类的研究机关在那里做后盾的。中国现在的家事教育在各种教育中可称最为落后，一切教材教法几乎完全自西洋抄袭来的。谈到衣便是西式衣服的裁剪，谈到食，便是西式食物的烹调，谈到住，便是西式房屋的布置……一切的一切，都是依样画葫芦。无怪乎中国的生产，还是旧式的，中国的消费，却要十足新式的。

我们要提倡新式的生产，旧式的消费，家事教育便是一个大关键。要有这种的家事教育，非从研究着手不可。

关于这种研究，据我们所知道的只有食的方面，曾经北平协和医学校，山东齐鲁大学和长沙雅礼医学校的生物化学部做过些。北平协和医学校吴宪教授曾于民国十五年在该校作公开演讲，报告对于华北中等家庭膳食的分析，发现中国人肉食固少于西人，即菜蔬也未见多，以致中国人身材矮小且不健康，故作下列建议。

一、多食鸡蛋——因乡村中易得。

二、多食粗麦及米——精细者营养价值反少。

三、多食豆类——现在所食豆类仅及米麦类十分之一。

四、多食蔬菜——现在所食并不多。

五、儿童多食乳——牛乳不可得，则喂乳期应延长而乳母宜多食蔬菜及鸡蛋。

六、烹调法应改良——例如浸菜之沸水及菜叶不可抛去。

吴先生于民国十七年又在《生理学杂志》发表一文，所搜集材料，计有北平二十九个中等家庭及商店，十五个农家，一间大学，一间中学，两家工厂，一间低级饭馆的食物。他的结论是中国人膳食中蛋白质不少，但质不佳，钙磷均太少，而甲乙两种维生素恐均不足。因此营养不足，儿童生长迟缓，体格小，精神弱，死率高。他还证以其他研究，如北平贫民，华北各地中等家庭，长沙工人及北平小学教员的膳食也大同小异。可见这是全国普遍现象。他同时还发表了一篇《中国食物之营养的价值》，内列二百余种动物、七种酒类的分析，中国常见食物可说包括殆尽。他这研究可惜各处没有能实际应用的去推广。

对于保育看护等问题，还没有人能同样的研究。假如研究一过，我们相信中国人许多的健康问题都与这些事项是有密切的关系的。中国的婴儿夭亡率虽没有确实统计，但是率很高，是无疑的。夭亡之多，便由于保育不得其法。至于疾病的防止，更是茫然。自近代医学进步以来，有许多病可以防止的。据王庚先生从美国出版的《卫生教育》和《防病医学及卫生》两书中摘要的一篇文里说：美国人死亡中死于传染病的是 9%，中国人则有 72%，在这 72 人中起码有 60 个是冤枉死的。如照这个统计计算，我国每年冤枉死的，当在 600 万以上！他还作了一个以 10 万人作单位，中英病人比较表如下。

	完全可以制止的病	不能完全制止的病	无法可制止的病
英	12.4	156	549
中	353	899	835

上表所列无法制止的相差不远，而完全可制止的，则中国多 30 倍。

他把一般可以防止的病分为四类，举其要如下。

第一类——完全可以预防或治疗的：1. 白喉，2. 天花，3. 霍乱，4. 痢疾，5. 钩虫病，6. 伤寒，7. 疟疾，8. 破伤风，9. 狂犬病，10. 淋病，11. 梅毒。

第二类——用隔离法可以预防的：1. 肺结核，2. 肺炎，3. 流行性感冒，4. 百日咳，5. 支气管炎，6. 水痘，7. 麻疹，8. 耳上腺炎，9. 脑脊髓膜炎，10. 猩红热，11. 伤风，12. 鼠疾。

第三类——改良生活习惯可以免的：1. 糖尿病，2. 动脉病，3. 痛风，4. 心脏病，5. 肾病，6. 中风。

第四类——普及卫生可以防止的：1. 营养不良，2. 齿病，3. 头痛，4. 便秘，5. 神经衰弱，6. 失眠，7. 消化不良，8. 疲乏，9. 视觉缺陷，10. 姿势不良，11. 肥胖，12. 消瘦。

中国民族的衰弱，已为大家所公认。最近中央召集了一个全国体育会议，通过了许多关于体育的议案。如设中央体育学校，开全国运动会，定各学校体育课程，各省组体育委员会等。最重要的是国民体育实施方案，其中有体育研究，师资训练，学校体育及民众体育实施办法，体育考成办法等。但对于卫生及健康教育仅寥寥数十字一提。该方案认为，"体育之组成分子纯为大肌肉活动"，试问营养不足疾病丛生的国民，肌肉如何会大？

我们认为中国民族若要转弱为强，一般的饮食保育看护问题必须解决，这些问题不解决，徒求大肌肉的活动，恐怕不但无益而且有害。这些问题若要解决，家事教育的研究必须赶紧进行，再把研究的结果，用表证的办法去推广。

关于这方面的家事教育研究，我们以为中央可以卫生署，及中央卫生设施实验处为主持机关。凡各大学设农学院、医学院的亦当分工合作，负担家事教育研究的责任。以各省市的卫生局或卫生科为推广机关，但推广决不可单用宣传，必须有实际的表证，才能得人民的信仰。

家事教育必须如此去研究去推广，才有普及的可能。若照现在的办法，在各学校里教几点钟，教点不三不四的舶来教材，徒增家庭的消费，未必有什么效果。

不过在消极一方面说，尤其是对于现在能升学的中小女学生，我们认为消费的家事教育却有注重的必要。家事教育专家杨卫玉先生在《女子教育与国货前途》一文里提及："有友人自开封来云，该地绝对用国货，无所用其提倡，又云好在那边女子教育不发达不成什么问题。吁！是何言欤？岂真女子教育之发达和洋货为正比例吗？这个问题虽不能加以肯定，但就上海一埠论，试聚全国女学生而观之，所有衣服帽履及其他附属品，洋货多乎？国货多乎？以我的武断，洋货至少要占三分之二。"这种情形，我们也敢武断，凡是号称开通而女子教育发达的地方都然。

女子本来是爱美的，结婚后又多为主持家庭经济的人。现在受女子教育的既多为家况较好的，若都习用洋货，无怪乎成为"经济侵略者之好主顾"。这个问题当然不是教育单独可以解决的，社会的风尚影响很大。但是我们希望主持女子教育的，尤其是上海方面的，一致起来提倡女子服用国货，若能其他方面的领袖共同担负起这个责任更好。上海的女子风尚无形中影响到全国，而上海的洋货买起来又最便利。望大家注意这个极严重的问题。假如我们能在现在学校式的家事教育中做到这一点，也就够了。

讲到女子职业教育，我们要先问女子职业的情形如何？

关于女子职业的调查，我们找得到的很少。民国十七年南京市社会局发表了一个首都户籍统计，内列有职业的人凡 228344，其中女子占少数，仅 18910 人，即 8.70%，无职业的人凡 269182，其中女子占多数，有 168995 人，即 62.80%，单以女子计，无业的占全数 89.80%。

又宁波市社会科调查，有职业的人凡男子 87427 人（89%），女子 11340 人（11%），无职业男子 4382（8%），女 47156（92%）。若男女分计，则男子有职业的占 95%，无职业的仅 5%，至于女子有职业的占 19%，无职业的有 81%。

又吴淞卫生模范区于十九年举行吴淞人口统计，女子共22043人，其中无职业的3670人，仅占16.60%。

上面这个统计中，女子的职业以工为最多，家庭服务次之，农及劳工又次之，其余的是商、学、卫生、交通、佣工等。

以上是几个都市的统计，各省全省的统计更为缺乏。

十七年湖北省户口统计，内列人口总数，男14179836人，女11664244人。女子中无业的2012893人，占17.20%（男子无业的1938685人）。

同年新疆省户口统计，内列人口总数，男1373511人，女1134861人。女子无业的397763人，占35%（男子无业的219406人）。

十八年辽宁省户口统计，内列人口男9523462人，女6455942人。女子中无业的2633602人，占34.70%（男子无业的2060949人）。

十九年（？）河北省户口统计，内列人口男14946451人，女11862674人。女子中无业的2173312人，占18.50%（男子无业的1987734人）。

上面这些统计虽不完全，但是可以看出女子无业的比男子多，而都市女子无业的尤多。

乡村女子的职业，大都也是务农，尤其是养蚕采桑等职业，自古相传便是女子的职业，其次便是晒烟叶。此外关于衣的职业如纺花、裁缝等也为女子的职业。其他的女子职业可惜没有人详细调查过。

女子职业教育机关据全国中等学校名称及分布，有如下列。

江苏	女子蚕桑	省	中级蚕丝高级蚕丝、制丝	苏州
	女子初级职业中学	县	刺绣	泰县
	女子初级职业中学	私		镇江
	南通学院附设女子蚕桑讲习所	私		南通
	女子职业学校	私		苏州
	正则女子职业中学	私		丹阳
浙江	助产学校	省		杭州
	初级女子职业	县	染织、缝纫、烹饪、刺绣	乐清
	初级女子职业	私		杭州
	广济医院助产学校	私		杭州
	民德妇女初级职业	私		吴兴

安徽	第一中等职业	省	蚕丝、染织、刺绣、职工	安庆
	第四女中	省	职业科（师范）	休宁
	女子中等职业	县		合肥
江西	女子职业	省		南昌
	助产学校	省		南昌
湖北	第一女中	省	职业科（普通）	武昌
	第二女中	省	同上	汉口
	女子职业	省	商艺术	武昌
	和衷女子职业	私		武昌
湖南	第一女子职业	省		长沙
	县立中学	县	附设女子职业	临湘
	县立女学	县	同上	岳阳
	衡都女子职业	县		衡阳
	女子职业	县		同上
	第一女子职业	县		湘乡
	女子职业	县		桃源
	女子职业	县		益阳
	女子职业	县		安乡
	女子职业	县		武冈
	第二女校	县	职业科	安化
	涵德女子职业	私		长沙
	日新女子美术	私		长沙
	培德女子职业	私		长沙
	日治女子职业	私		长沙
	衡粹女子职业	私		长沙
	三民女子职业	私		长沙
	崇实女子职业	私		长沙
	民本女子职业	私		长沙
	湘澜女子职业	私		长沙

湖南	纯德女子职业	私		长沙
	民生女子职业	私		衡阳
	复明女子职业	私		辰溪
四川	县立职业	县	女子职业（工农）	
山东	—			
河北	—			
河南	—			
山西	—			
陕西	—			
甘肃	第一女师	省	妇女职业班	兰州
辽宁	第一女子工科职业	省	工科	省城
	女子工科职业	县	工科	抚顺
吉林	—			
黑龙江	—			
福建	第一女子职业	县	技术、艺术、文书	闽侯
	第二女子职业	县	艺术	同上
	联模女子职业中学	县		罗源
新疆	—			
西康	—			
南京	女子法政讲习所	私		
上海	同德助产	私		
	大德助产	私		
	人和助产	私		
	中德助产	私		
	慈航助产	私		
	东生助产	私		
北平	—			
青岛	—			
东省特区	—			

总上观之，以湖南为最发达，且私立的很多，可惜设科不明。福建的设科种类最多。辽宁的有两所女子工科，可称特色。许多省（广西未报）完全没有女子职业学校。虽说男女有同校，大约男子职业学校中女子很少。

关于农工商的女子职业教育，有许多地方是与男子的相同的，我们不必再说一遍。现在再讨论的是特别适宜于女子的职业教育。

哪些是特别适宜于女子的职业教育呢？第一类适于女子的职业是家庭工业，如纺纱、织布、织毛巾、织袜、缝纫、编织、刺绣、造花、麦草细工等。这一类职业的好处是可以不离开家庭而且空时间多便多做一点，空时间少便少做一点。中国多数女子是乡村农家的，她们一天到晚很忙，但是忙里偷闲集少成多，也可做不少的生利事业。因此，我们应当尽力去提倡这一类的职业。

这一类的职业所需的是技能多而学识少，所以来学的人不必先受过高深教育，就是不识字也可以学，至于教学的方式可以采取两种：一种是互相传授，一种是聘师传习。前一种的办法已经在湖南湘乡县白鹭湾村办过，由该村罗氏进德会发起组织一女子职业社，将各人所擅长的家庭工艺，互相传授。所需原料，照消费合作办法，共同凑合购置。后一种办法，各地采用的颇多，不必赘述。

在此地我们要注意的，是传习不难，出口销流却不易。湘乡的女子职业社虽采用合作销售制度的，但是以后办理如何未见明文。我们认为这种合作销售合作运输的办法，必须切实的做去，而且要大规模的去做。现在国内不乏国货企业家，我们应当设法使传习机关与国货贩卖机关有十二分联络，这便是一个推广国货最切实的办法。在各地农业推广机关成立以后，这种切实联络工作是应当负起责任的。此外各地的民众教育馆、农民教育馆、职业介绍所以及于真正的救国会都应当从中帮助。否则，出货销不了或不合用，一经停滞，传习机关即受打击而关门。

第二类是特别适于女子性情的职业。在现在大家所想到的是助产看护的工作。这当然是应该提倡的。此外如图书馆员、统计员、书记、会计等职，都是合于女子做的。老教育家李默非先生在二十年前便主张为女子设立三种特殊职业科，即图书馆员及书记科、会计科、艺术科。中国全国只有一所武昌中华大学设的图书馆学专科学校，所养成的比较高级程度的人才，现在已供不应求。中下级图书馆管理员，在广州曾办过短期班，在北平亦有办过暑期班，均仅一次。各省市教育行政当局如有意普及图书馆事业，则此类学校亟宜举办。入学程度但须文理通顺常识丰富。性别以女子为宜，不独性近，且毕业后可以受报酬较低的职位。

书记职务女子为宜，此在西洋各国已经证明。李默非先生还提到抄写之件可以在家工作，如此虽有家累的也可服务。报酬当然可以工作单位而不以时日计。如有这种人才，职业介绍所或其他公共服务机关可以代为接洽抄件。

统计员、会计等职都是需要心细的人，也以女子为宜，这在外国也已证明。我们希望公务机关在最近的将来科学化，这些人才，必求过于供。如何去训练，必须有整个的计划。受训的至少女子要占一部分。

还有十分贫苦的女子。现在到各家庭去做佣工的，也不在少数。这种女子大多数没有受过任何正式教育，找工作的时候大都请荐头店介绍，非常可怜！中华职业教育社曾办过的一度佣工介绍所，惜未继续。将来女子职业发达，必有许多家妇不能终日在家，而需要略受教育而可靠的佣工的。各地若能由公共服务机关设立佣工介绍所予以短期训练，也许可以应一种急迫的需求。

提倡女子职业教育的先决条件，是要普及职业平等、男女平等的观念。现在最坏的风气是以女子为男子玩物，以致一般公务机关的女职员有花瓶的称号。要转移风气，男子固应负责，女子自身必须奋斗，表现独立自尊的人格。根本的改革，当然是须从社会的经济制度着手。

其次女子职业教育必赖于女界自身提倡。今日女子职业教育的失败，便在女界自身没有领袖。靠男子来解决，不但是依赖而且不切实。女界同胞盍兴乎起！

参考用书

1. 《教育与职业》（30、32、42、50、90、110、114 各期）
2. 《美国家事教育》　商务
3. Chinese Social and Political Science Review, Vol, XI, No. 1.
4. Chinese Journal of Physiology, Report Series 1928 No. 1.
5. 《教育与民众》（四卷五期）
6. 《世界年鉴　上册》　大东
7. 《全国公私立中等学校名称及分布概况》　教育部
8. 《教育杂志》　商务

第八章　职业指导

近二十年来欧美各国及日本不但对于职业教育竭力提倡，即对于职业指导亦极为注意。

职业指导虽在 20 年以前欧美已有人研究，但限于个人及私人团体，其影响亦只及于一区域，直至 1908 年美国波士顿设立职业局，职业指导始成为一种强有力的运动，影响渐及于美国全国，而欧洲各国及日本也急起直追，至现在已弥漫于全世界了。

对于职业指导，通过法案的，以英国为最早。1909 年，英国通过了《职业介绍所案》，次年又通过了《选择职业案》，这两个案树立了英国职业指导的根基。根据《职业介绍所案》，工部有在全国各地方筹设职业介绍所及青年指导委员会的职权。根据《选择职业案》，各地方的教育当局有筹划指导儿童选择职业方法的职权，负有搜集关于职业情形和协助商榷的责任。自 1923 年修正《失业保险案》后，各地方教育当局得有支配 18 岁以下青年失业保险金的权，但如欲得此权，必须同时设立青年职业所，指导及介绍青年的职业，否则指导责任仍归工部所设的青年指导委员会。因此 1924 年后，青年的职业指导机关有两种：一种是地方教育当局所设的称青年职业局，一种是工部职业介绍所的青年指导委员会。但试行数年之后，感到事权不统一，因于 1927 年后统一行政权，将各地方一切职业介绍及指导机关隶属于工部，但各地方教育当局仍极力协助此种事业。英国全国的青年职业介绍所在 1928 年有 220 处，他们的经费多由政府补助。

德国于 1919 年颁布正式法令，由工商、内务、农务等部联合训令各地凡有 1 万人口以上的皆须设立职业指导所，不满 1 万人口的则合两处或三处设立之。1922 年复颁布《联邦职业介绍所条例》，经中央职业局或各邦最高长官指令，得扩充其事务范围，根据中央职业局所规定细则，兼办职业指导。中央职业局于 1923 年宣布公立职业指导所应遵守关于职业指导的原则。据 1922 年调查，全国各邦已有职业介绍所 592 所，其中兼事指导的 568 所，设有青年指导专部的 168 所，设有指导员或委员的 392 所，又职业指导机关附设于介绍所的占 67%，附设于救济事务所的占 13%，独立设置的占 12.5%，附设于学校的占 2.4%，附设于儿童福利事务所的占 2.4%，附设于其他机关的占 2.7%。自请受指导的青年达 20 万人，其中男子占 57%，女子占 43%。

法国也于 1919 年颁布法令规定公立及私立职业指导机关受政府监督的得受国库补助。1922 年公布关于职业指导的法令，由各地职业指导机关辅助公共职业介绍部行使职务。各地职业指导有职业局的由该局办理，没有的则由工业教育委员会设长期委员办理。至监督机关，初为实业教育局，自教育部设次长专管职业教育后，由次长直辖。全国各省设职业指导机关的在半数以上，其中有独立设置的，有附设于职业介绍所的，有附设于工会、商会或艺徒公会的，有为职工会社、出校学友会以及其他组织团附设的，有由省立机关分设到各地的，有联合各地设立的，有一市设立的。

美国自 1908 年波士顿职业局成立后，职业指导事业日见发展，波士顿首先在市教育局设立职业指导部，其他各城市相继设立。自 1910 年始，由波士顿发起举行全国职业指导会议。1913 年全国职业指导会成立，自 1914 年起，该会每年举行年会，使职业指导运动逐渐普遍于全国。美国中央政府对于教育设施向不颁布法令，但在 1910 年中央劳工局对于职业指导即有极长报告，自后中央教育局也常发布关于职业指导的报告。联邦职业教育司成立后也有职业概况的调查陆续刊行。1918 年特在工部雇用局内设青年部（Junior Division，U. S. Employment Service），传递于各学校及职业界关于 21 岁以下青年职业消息及协助各地设立青年职业介绍所。规定此项职业介绍所不仅介绍职业且须对于有职业的青年予以相当的监督与指导。截至 1925 年止，该部已在 15 州 28 城市设立或约定青年职业介绍所。此种介绍所大都设在教育局内。其他城市有青年职业介绍或指导工作者已达全国半数以上。

日本于大正十年发布《职业介绍法》，于东京、大阪、名古屋、福冈、青森五个地方设职业介绍事务局，直隶于内务省社会局，此五局下有 325 个职业介绍所，分布于全国各市町村。中央内务省及五局与各市町村且设有职业介绍委员会为咨询机关。文部省中则设有中央职业指导协会，由文部省普通教育局内职员及一部分学者合组。东京教育专家组织有日本职业指导研究会。各职业介绍所均与当地中小学切实联络，研究指导方法。

中国的职业指导施行最早的机关，可说是清华学校。该校在民国五年便举行职业演讲，使毕业生留学的时候选科有所参考。民国十二年该校组织职业与统计委员会，讨论结果，决设一职业指导部。该部成立四年余，先后由作者及朱君毅先生主持。

中华职业教育社于民国八年开始注意职业指导，一方面在《教育与职业》月刊中发行职业指导专号，一方面筹设职业指导部，该部于九年开办。民国十一年该社特设职业指导股，以研究所得，编辑职业指导专书，并组织职业指导委员会，延致专家十余人共同研究，十三年发起一星期职业指导运动，在上海、南京、济南、武昌等地举行。十六年该社成立上海职业指导所，又联合上海各团体举行上海市职业指导运动，参加的学校有二十余处，听讲的有二千多人。该社又与南京青年会合设南京职业指导所。广州青年会也于二十年开办了广州职业指导所。该社出版关于职业指导的专书先后有（1）《职业实验谈》，（2）《职业智能测验法》，（3）《职业指导》，（4）《职业分类表》，（5）《青年与职业》，（6）《世界十大成功人传》，（7）《择业自审表》，（8）《职业陶冶》，（9）《职业指导实验》计两辑，（10）《服务箴言》，（11）《职业概况》，（12）《各业概况》，（13）《上海市职业指导运动汇刊》，（14）《职业指导实施概览》，（15）《职业指导讲演录》等。其中大部分委托商务印行，称职业教育丛刊。择业自审表系单张的，各地及各学校办职业指导的可购多份，以备受指导人填写，此表由该社直接印行。上海职业指导所自成立后，又出有升学就业指导丛书多种，如《升学就业指导》、《怎样得业》、《升学指南》等，均由该所及生活书店发行。

职业指导是什么？上海职业指导所刘湛恩、潘文安两先生讲得好："须知职业指导，是一种长时期继续不断的进行程序。他是实施于职业未选以前，继续进行于职业已决而还在预备的时代，又继续进行于已得职业以后。所以他的任务，包含很多：（一）研究职业，（二）选择职业，（三）准备职业，（四）加入职业，（五）改进职业，（六）改选职业。"

"（一）怎样去研究职业？——上面已经说过，要本着科学方法，用了分析功夫，不厌不倦地把一业一业的内容性质，尽力地寻根究底，求一个正确的彻底的观察，而后加以充分的修养。"

"（二）怎样去选择职业？——从前选择职业，太随便了，不是本着习惯，便是动于虚荣心利禄心，所以每多不适宜，而贻后悔的。希望青年选择职业，第一要根据个人才力性情，第二要观察将来的趋势，第三要调查社会的状况。"

"（三）怎样准备职业？——根据个性、环境和将来的趋势，用脚踏实地的功夫，充分去研究修养。学识不求高深，但求切实应用。技能不求繁多，但求精熟适宜。如果青年还要升学，也不必限于高级的学校，还要明白'升学非贵就业非贱'的一句话。"

"（四）怎样去加入职业？——青年既准备加入哪种职业，必先立定主意，最要注意四点。（一）不存奢望（先以维持最低生活为度），（二）不计地位，（三）不怕劳苦，（四）不图眼前。还要明白一句话：'现在的实业界领袖，多是十年二十年前的小学生，小伙友。'凡是肯小就的，将来一定可以做大人物的。现在不肯做卑琐事情的，恐怕将来连小事情也没有做。"

"（五）怎样去改进职业？——这先要有调查和统计的手续，知道病根所在，经长时期之考察，极深切之探讨，有计划，有办法，才可改进原有的职业。这非恃平时修养和补习不可。"

"（六）怎样改选职业？——我们因为择业不慎，本人所就的职业，既经觉得和个性不宜，要想改业，已是很不经济。倘使改业时候，再不审慎，真是一误再误，要受很大的损失。所以改业是出于万不得已，先要研究原因，郑重考虑，才可决定改业与否，但在没有更改以前，千万不可轻易离去原职。"

以上的话是从受指导人一方面着想。至于施指导的应注意些什么，作者曾经拟过下面一个纲要。

甲、职业未定以前的指导

子、被指导人以前的环境研究，例如：

一、家庭状况、所交伴侣等，以觇他的社交上环境。

二、家庭经济、兄弟姊妹人数等，以觇他能在学的久暂。

三、他以前所学的教育、所爱的功课，他在学的成绩等，以觇他的学识才力。

四、他的体力、他家中各人的身体状况，及曾否有疾病、家庭的卫生等，以观他的身体状况。

五、用心理测验及他种方法，定他的智力及心理状况。

丑、被指导人的性向研究，例如：

一、他在学时，学识体力的进步，对于功课何科最有兴趣及其原因，再把这进步的情形同从前的成绩比较。

二、他家庭经济及社交有何进步，他的伴侣和从前的是否不同，课外做些什么事等。

三、他家庭对于在学久暂及选择职业的意见。

四、他对于各种职业的兴趣，可以用下列各法去试：（1）讲解各职业的内容及将来的希望；（2）参观各职业机关；（3）用图表及影片去说明职业的分类及每业内升迁的路；（4）学职业陶冶的功课；（5）普通功课里有关于职业的资料随时讲演；

（6）叫他和职业专家谈话，或请职业专家来讲演。

乙、职业既定后的指导

子、职业预备，例如：

一、用已知的职业心理测验方法去测验他对于所定的职业是否相宜。再把在该职业内，成功的人格性研究，及比较与被指导人的是否有同处。

二、调查该职业的优点与弱点，如职业卫生、工资多少、所需体力学力、将来希望及出路等。

三、工律的限制和与工党的关系。

四、职业确定后入业的方法。

五、关于该职业的训练，学校内或该职业机关能否给予所需的训练。如不能，此项训练，何处可求。

丑、入业与入业后情形，例如：

一、介绍相当的位置，及觇他的进步。

二、除作业外，他社交和经济状况如何？升迁的社会如何。

三、他还需职业的教育否？如需，何处可求。

四、他还需普通教育否？如需，有补习学校可入否？妨碍作业否。

五、如所入职业仍不合他的性格，或将来没有机会升迁，或工资不敷用，应设法指导他，增进现有职业或入学业。

以上各项决非一个机关所能办到的，必定要有关系的各机关大家互助。

民国十七年国民政府大学院曾召集全国第一次教育会议，当时议决"设立职业指导所及厉行《职业指导案》"，曾通过办法三条。

一、各级学校之修业期最后一学年间，应有职业指导及升学指导。

二、全国各大学及中学应设职业指导部。

三、由大学院拟定进行程序，会同有关系各部，通令各省设立职业指导所。

可惜这个议案始终没有执行。现在提倡职业教育的声浪又一天一天的高起来。欲求职业教育的实施得其效用，职业指导实不可少。我们相信这三条办法，迟早必须办到。

为实施第一、二条起见，各级学校最好均能设一职业指导部或职业指导委员会，由校长、教务主任、训育主任及各级指导员组织之。如经费充裕，能设专部聘对于职员指导比较有研究的人主持更好，但至少须有一事务员任统计调查专责。职业指导部或委员会必须聘请校外各界领袖人士及毕业同学中较有资望的充顾问，则在联络上收效易而大。

职业指导部或委员会平时应留意的：一方面为职业调查，尤其是本校毕业生出校后服务情形优点或缺点所在，及本地有新事业发生否，是否需要本校所训练的人才；一方面为在校学生才智学力兴趣调查，此非各级主任或指导员留意不可，测验及填表等方法，当然亦应充分利用。

对于将毕业的学生，或在末一学期中平均分配，或集中一周举行：（一）指导演讲，请职业专家或高级学校校长到校演讲各业内容及所需人才，或各校内容及入学程度与考试标准。（二）家长谈话会，征求家长对于子弟升学或就业意见。（三）参观著名高级学校及各业机关，使实地明了一切情形。同时收集各业概况及各校最近章程以供最高级学生研究。对于拟入之某校或某业准备上有不足时，应设法为之补习。

职业性质的教育机关，最好除学生修毕学业外，须学生服务至少一年有成绩时，始发毕业证书。各职业界对于初服务的人员亦应视服务成绩的优劣，在最初三五年中发给服务成绩证书。我们希望这种办法能逐渐通行，这样，服务人员升迁时或改业时得有所凭证，而职业学校对于学生训练也有所根据。

不过职业指导事业决非限于学校，必须整个社会有一个组织，因为有许多中途离校年长失学的民众，需要这种指导或者更切于在校学生。本来教育与生活是不能分离的，学校教育只能包括人生教育的一部分，而职业指导实为社会教育最好的一个方法。许多年长失学的民众未必没有杰出人才。就是具有普通才智的人加以相当指导对于社会未始不可有相当的贡献。连下愚的人们，若有适合的工作，也可有具体的生产，若都不给以指导，杰出人才不与以尽量发展，诚为民族的损失，即中才上愚有智有力，不充分利用，也是极不经济的事体。何况余才余力不善用之，便为非作恶。世界上的大盗奸雄，很多是有了才智而没有得到适当的指导所生出来的。这样看来，社会职业指导事业的责任是何等的重大。

因此我们以为各地均应设立职业指导所。这个指导所最好由教育当局慈善机关与职业界共同组织。至于发动机关在政府没有规定办法以前，教育团体或民众教育馆都可任之。关于筹办职业指导所的程序，上海职业指导所曾拟了两个草案，兹录其一。

一、由各地热心职业指导者集合同志，发起职业指导运动大会，宣传职业指导之原理，及实施方法，以引起社会之注意。

二、集合热心赞助之各教育实业机关人员，开会时讨论筹备指导所之方法。

三、草拟指导所组织法及简章。

四、组织指导所筹备委员会，聘请专家主持之。

五、推举专家，拟定指导所工作计划书及其他实施之步骤。

六、筹划固定及临时经费（对于宣传及研究两项应特别注意）。

七、联络当地各界，求其协助。

八、开指导所成立大会，报告本所组织之旨趣，筹备经过之情形，及将来之工作。

九、设法使指导所在教育行政系统上占一永久独立机关地位。

十、刊发指导所之成立经过情形报告书，及工作计划书，以求社会之赞助。

关于职业指导所的内部组织，上海职业指导所拟订的有如下表，其他各地设立时，自应斟酌情形，厘定组织。

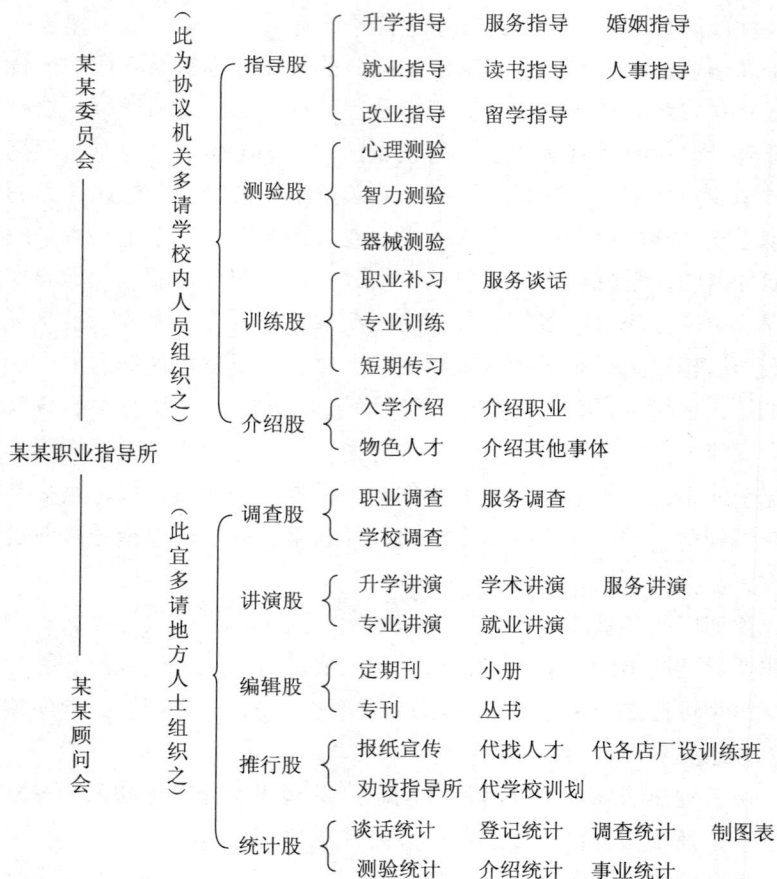

某某委员会（此为协议机关多请学校内人员组织之）

股	项目		
指导股	升学指导	服务指导	婚姻指导
	就业指导	读书指导	人事指导
	改业指导	留学指导	
测验股	心理测验		
	智力测验		
	器械测验		
训练股	职业补习	服务谈话	
	专业训练		
	短期传习		
介绍股	入学介绍	介绍职业	
	物色人才	介绍其他事体	

某某职业指导所

某某顾问会（此宜多请地方人士组织之）

股	项目			
调查股	职业调查	服务调查		
	学校调查			
讲演股	升学讲演	学术讲演	服务讲演	
	专业讲演	就业讲演		
编辑股	定期刊	小册		
	专刊	丛书		
推行股	报纸宣传	代找人才	代各店厂设训练班	
	劝设指导所	代学校训练		
统计股	谈话统计	登记统计	调查统计	制图表
	测验统计	介绍统计	事业统计	

参考用书

1. Vocational Guidance and Junior Placement, U. S. Department of Labor.

2. Brower, The Vocational Guidance Movement, Mac.

3. Ryan, Vocational Guidance and the Public Schools, Bureau of Education, Washington, D. C.

4. Fontégne, L' Orientation Professionnlle et la Détermination des Aptitudes, Delachaux and Niestle' S. A.

5. Report of the Board of Education, 1923 – 24, 1926 – 27.

6. 《教育杂志》20 卷 3 号

7. 《教育与职业》（15，24，29，68，79，111，112，126，128，133 – 135）

8. 《德国职业指导实施法》　顾树森编　中华

9. 《民众职业指导》　江问渔讲　江苏省立教育学院

10. 《青年职业指导》　王文培译　中华

11. 中华职业教育社编辑的各种职业指导书（见文中）

第九章　结　论

我们在前面第一、二、三、四章中已把英、法、德、美、俄、日、中七国职业教育发展的经过，提要叙述，又在第五、六、七、八章中把中国农、工、商、家事女子职业教育的现况与今后应走的途径及职业指导的理论与实施一一讨论过了，还剩下几个关于职业教育的问题，每个的事实与讨论不能多到自成一章的，且先一一加以评衡。

剩下来的职业教育问题，就其重要的而言有两个：一个是职业教育的行政系统，一个是职业师资的训练方法。

我们看各国职业教育的行政系统，几乎没有两国相同的。英国的职业教育机关，一部分属于教育部，大部分属于农、工、商、海、陆、空军等部；法国在教育部里特设一次长专管职业教育；德俄美是联邦国，联邦政府里连教育部都没有，但是德有联邦职业局，俄有最高经济会议，美有中央职业教育司，都是控制全国职业教育机关的总所，可见职业教育行政是很复杂而必须适应地方情形去办的。中国职业教育行政尚不统一，所以铁道部有交通大学，养成高级工程与管理人才，交通部有电信专科学校、商船学校，财政部有税务专门学校，中央党部有中央政治学校，养成公务人员等。在这种现况之下职业教育行政可以统一吗？恐怕未必，至少也不容易。各自为政罢？又恐怕各不相谋，有的大家要办，有的大家不办。而且缺乏整个的计划，效率一定很低。

照理想的办法，中国若要真正建设，最好全国设一最高机关像俄国的最高经济会议一样，控制一切建设计划。本来中央设了一个经济委员会，大约是有这个意思，只可惜地位未确定，事也做不出，还号召不起来，而且以中国幅员之大，地方情形之复杂，一切集中也有弊害。为治标起见，最好由各关系部会合组一委员会，专事职业教育的设计，就各该部会已定或计划中的事业来定哪些职业教育机关应先办，应叫谁办，应在哪里办，应如何办。当然，这个委员会除了各部会及各专业的代表以外，还须聘请专家协助。不过代表一定要是各该部会的高级长官及各业中的领袖人物，而且开会时不得再派代表，因为这个委员会是决定国家百年大计的，万不可敷衍了事；至于专家被请到会时除了川资外还须送相当的报酬。这样事前不得不准备，事中不得不用心，事后不得不负责，否则会而不议，议而不决，决而不行，何必多此一举！这个组织不但中央要有，各省市也要有，而其要积极的联络。每个委员会应有常务委员及聘请资望学识较高的人做干事，去推动决议的设计。这样，中国的职业教育的举办，或许较为切实。

关于职业师资的训练问题，潘仰尧先生最近在《教育研究》第四十四期（二十二年五月号）发表了一篇长文。可供大家的参考。

我们知道职业师资训练的方式可分三种。

第一种，招收又无职业经验又无师资训练的学生，予以双层的训练，即一方面授以职业中必需的专门智识及技能，一方面授以教学的原理及方法。

第二种，招收已有师范训练的学生，养成其职业中必需的专门知识及技能。

第三种，招收已富有职业经验的学生，予以师范的训练。

我们可以说，这三种职业师资训练的方式各有利弊。假设要在比较短的时期内，用少量的经费，养成双层资格俱备的职业学校教师，我们以为第三种方式为最适宜。

不过第三种方式的职业师资训练的先决条件是要有职业平等的观念，而且入学资格必须以职业知识及技能的高下而不以文字教育程度的多少为断。许多富有职业经验的人对于文字未必擅长，若斤斤于文字教育程度，也许办不成功。对于这种文字较差而经验富有的师范生，训练时似以示范法为最易收效。

职业师资因为要具双层资格，所以比之普通师资更不易得，因此训练也更难。但这个根本问题，如不解决，一切职业教育机关都不能办得切实。作者希望提倡职业教育的大人先生们不要忘了这个根本问题，把办普通师范的精神与经费拿出来加一倍的去办职业师范，把职业师范的教师待遇提高，这样才可以有好的人才去全力做这件事。大家要记得真正能做职业师范的教师的，必定是该行中优等技师，他们不一定要做教师，靠本事吃饭的所得也许会数倍于薪俸所入！不然，我们也不必请他教了。

此外还有些关于职业教育的问题，恕不一一枚举了。本来许多问题必待专家长期的研究才可以解决。上面各章及本章所讨论的不过作者个人未成熟的意见，至多只可供以后研究的一个轮廓。大约所提的问题也够讨论的了，多说又有何益？

现在要提到推行职业教育与指导的几个先决条件。第一个先决条件是破除情面。

人生在世何得不讲情。情面本是第二天性，要破除真不容易。但是我们的中华同胞未免太讲情面了，因此外人笑我们没有法律。拿中国新近修订的法典来查看，虽不比有名的法治国的那样好（?），然而条文也很像样，只可惜条文订得越像样，越成为纸上文章，而且有些精通法律的司法官却是最会犯法的，都是些作法而不自毙之商鞅。于是讲情面讲到连国都快讲亡了。情面讲到如此而要提倡职业教育，生产教育，真是南辕北辙。情面要完全破除，恐怕连最有效力的法治国也未必办得到，但是不要拿这个话来自己遮羞，至少我们这样讲情面差不多弄到不知人间有羞耻事。一个人做了机关的长官或公司的经理，不管阿猫阿狗，只要是亲戚同乡都分得一杯羹。甚而至于挂空名拿干薪，再甚而至于共同作弊，只管自己的荷包肥而不管公共事业之衰败与倒闭，结果是同归于尽！闲话讲得太多了，不过这是中国建设的大对头，也是职业教育的大对头，想来大家一致承认的。

第二个先决条件是勿过于迷信考试。

因为要破除情面于是不得不提倡考试。考试本来古今中外都有，当然有他的好处，但是古人曾经说过"尽信书则不如无书"，书尚可无，何况考试？尽信考试的一日所长是很危险的，况且考试的弊端防不胜防，借考试之名而实行情面的，竟把考试当一层保障。提倡考试岂是破除情面的治本办法？至于因考试而多费的时间、经费与精神，有时也未免不值。即使考试真可断定应试人的优劣，我们是希望应考人的进步不依考试期而终了的，何况考试题目无论怎样出得好出得多，不能尽其所长的。老实说，实行考试即是不信任已办的教育机关，假如教育机关办得一样好程度一样齐，又何必多此一举？至于职业教育机关，尤其是应重技能而不重知识更不重文字，考试不论笔试与口试，又如何能尽其所长？所以我们以为过于迷信考试是有碍于职业教育（或生产教育）的发展的。

第三个先决条件是扶助旧职业创造新职业。

俗语说得好，一个和尚担水吃，两个和尚抬水吃，三个和尚没水吃。现在中国的情形是水一天一天的减少，而和尚一天一天的加多，早已超过三个和尚没水吃的程度，焉得而不穷？焉得而不乱？提倡阶级斗争的人们真是不通，中国民众有加入阶级斗争的机会与能力，帝国主义也不敢来侵略了。中山先生说过，中国只有大贫小贫之分，固然小贫之中也有几个暴富的，不过这个暴富惟其是暴富还没有形成一个阶级，至多是一个阀而已。明白事理的人们，真要想提倡职业教育、生产教育，先要扶助旧职业使他不再崩溃，若再能创造新职业那更好了。有饭大家吃的态度是不对的，等饭送到口，固可耻，何况饭还未烧甚而至于米还未买，大家都等别人烧饭而去实行"大家吃"，但不去烧饭不去找饭，结果是"没饭大家饿"！

最可痛心的是现在的大人先生们，一方面提倡职业教育、生产教育，一方面却努力的摧残已有的职业，已有的生产事业。以中国最多数的职业——农业而论，"据英人詹美逊、摩斯，及德人范格尔诸氏之研究，由康熙五十二年（1713）至光绪二十九年（1903），前后190年间，漕粮税率之增加，竟达210%；附加税税率亦增加至128%。即在民国亦增加不少，计由民国元年（1912）至民十七（1928），前后17年间，田赋正税约增加39.3%"，而附税比正税多至数倍。以江、浙、山东三省而论，附税的名称有省附税、县附税、省教育附税、县教育附税、省路附税、县路附税、军事特捐、警备捐、清乡捐、河工附捐、河工特捐、赈济特捐、地方公款、农民银行基金、征收费等。"据范格尔之计算，民十四（1925）山东各地之田赋，平均每亩征收七钱一分四厘三毫，合银洋1.07元；范氏因此遂为中国农民所纳之赋税，较1866年普鲁士农民所纳者15倍。……据言广西农民在民十五年所纳之田赋，占耕种费30%~40%；而直隶南部各县农民在民十六所纳之田赋，竟有每亩多至26元者，其负担之重，可想见矣。……不特田赋税额甚重，且有预先征收者，……"山东德州在民十六已征至民十九者，广东嘉应在民十四征至民十七，福建兴化在民十五征至民二十二，四川梓桐则在民十五已征至民四十六！（《中国教育与生产问题》，《教育研究》第三十八、三十九期合刊）

农村经济专家董时进先生于民二十一年夏曾回四川垫江，他说："本乡的田地，据说是康熙时丈量的，以水田五十方丈收谷一石论。……随后规定，每谷一石改纳粮银一两。到光绪二十年左右，每两银实纳银约五六两，后来因川汉铁路募股，加派五六两，至今未取消，现时每两粮实纳正税十七元半加上附税，每两约五十元（附税在邻县有更多的）。正税每年缴纳次数不定，近几年每年约四五回，现刻已缴至民国四十年。按本地谷价，歉收时每石可达十元以上，丰收时每石只值三四元，今年丰收，顷闻只值三元半。百石谷可值三百五十元，若上五次正粮，即须纳八千余元，加上附税百二十元，逾总值三分之一，其他特别捐不计。（例如本年即有所谓救国捐者，全县须出七万余元。）……（在绥定地方，闻每两粮正附税约四十元，外派军费约二百元，他种杂款三四十元，合计约三百元。许多地主，弃田逃走。）……

烟款全县每年约出十余万至二十余万。这是专指种烟者出款，运销税不在内（本县人口约七万余户）。但是人民实际所出，总要加倍，所加的即是中间经手的人，例如保甲、役吏等，中饱了。……

　　和烟款一类的，还有一种瘾民捐，每月抽三千余元。这项捐顾名思义，当然是吸大烟的人才出，然而实际上是大家公摊，吸烟与否，毫无分别……

　　正是我在乡下的时候，听说本县又奉到命令，要筹军费三十万，半年以内缴呈。……

　　官厅除征种烟税及吸烟税而外，运销税尤重。例如涪州鄨都产上等烟，在本年七八月在本地每担值四百余元，过万县上税即须四百余元，到宜昌上税六百九十元，至汉口上税一百四十元。……"（《独立评论》第二十八号）

　　又有一位吉云先生在陕西亲见"烟款"的派法。他说："哀求尽管哀求，不缴款总是不行的！一方无力缴，一方想法逼他缴，'逼款'这个名词，就因而产生！"

　　"逼款"用什么法子呢？第一步派许多公差到欠款的人家，把他可以变卖的东西，自耕牛到碗筷，一概拿走！第二步把他捉将官里来，先打五百"画扳"，限三天缴款！过三天后没有，加上五百打一千，又限两天，限满没有，再打一千，加上一副镣，改限一天，如此演进下去！……

　　他们这样"逼款"，经不起毒刑的人，卖房子卖妻女赎命的不少，……某建设局长告我，在那一县，为"逼款"投井、上吊同直接死于杖下的，他所知道有三十多人，他不知道的，比此数当然还多……

　　岐山、扶风、武功……一带的高地，有许多送给人家，都没有人敢领。因为平常一亩地的粮税、杂捐，每年已在两年以上；再加上"烟亩捐"，则每亩五元十元二十元不等。在普通情形之下，农人的田，是养命之源，在今日的关中，有田反是送命的祸根……

　　"逼款"逼不出的县份，也有不少的县长同民众，把地方困苦情形禀陈上峰，请与免征减收的。每次得到批示总是"该县所陈全系实情，但官兵不可以一日无食，所请免征减收一节，着无庸议"一类的话来了，就是说老百姓饿死、逼死不算什么，官兵没有饭吃可是不得了。（《独立评论》第二十九号）

　　再看工业，"我们试检查新税则，除规定……等十一种货只得免纳税外，其余各种国产品出口的，不但没有免税，没有减税，反而增加税额不少。……土货出口，本有出洋与否之别，不出洋者，乃由此口转往彼口，仅通过于国内。新税则颁行后，对于转口货仍须按照旧税则征收。关税中之类似厘金者既多裁去，转口税独蒙保留。"而且一物经过地方越多，税也越多，"譬如景德镇的瓷器是很著名的，往昔销路也不差，但是近年来因为税捐增加，成本加重，销路便一落千丈了！一货出省，在本镇有出山税，古县渡、鄱阳则有查验或补抽税，湖口则有出口正税。运输川湘鄂者则有武穴、汉口、新河、鹦鹉洲、观音洲补抽税。前清定例，大率以百分抽十。光绪癸卯，改章统税，以百分抽十四。民国以后，继续增加：民三增加一五；民五又增加五五；民十三九泉汽车路捐又增加一五。较之逊清，统计增加二十二成五。……科税既重，结果怎样呢？始则销额退化，继则停业倒闭！……据江西陶务局去年（民十八）调查景德镇瓷器出产总值，只有 5606151 元，实在要减少三四百万元……"最近（二十二年六月）香港《超然报》载，广东前几年制树胶的小厂有数十间，但因捐税过重，一双胶底鞋在广州成本不到一元，但运到韶关卖两元只能赚一角多，税既重，货价不能不贵，因此销路停滞，现在树胶厂已纷纷倒闭了！又据香港《超然报》（二十二年五月十一、十二）载，全国首富的潮梅，苛捐杂税有二三百种，一物数捐的举不胜举。若说非摧残，谁得而信之？

何况再加帝国主义的侵略，除了束手待毙，没饭大家饿以外，还有什么方法？

其实中国这个大饭碗，原来饭就不多。中国地虽大而物质不博！据地质学专家翁文灏先生的报告，三种最重要的矿之中，铁矿则"全国铁矿砂总储量是九亿七千万吨，其中辽宁一省却占了七亿四千万吨。除了辽宁，在关内的只有二亿三千万吨。即使辽宁在内，然美国每年要开采一万万吨的比例，也九年便可开完"。关于煤，则"照中国地质调查所的估计，中国全国（当然连东三省在内）煤矿储量共有二十余万兆吨……如此中国的煤要算富的了。不过开采的却是极少，……但煤的分布又是各处很不平均的，……最富的始终要推山西，储量占全国百分之五十，……只是……被太行山隔在内地，一时运不出来。……解决这个问题，不是一省的事，乃是全国的事。"

"讲到石油，地下富源的估计更加困难了。照美国地质所的推算，现在剩下来的富源最大是南美洲各国的总额，共有一千三百六十兆吨。波斯及美索不达米亚次之，共有八百余兆吨。又次为墨西哥及南洋群岛，皆在五百兆吨上下。再次为中国、日本及欧洲各国（除俄国外），约各二百兆吨弱。"（《独立评论》第十七号）

照此看来，中国大饭碗的饭，也就有限，何况大部分还没有烧熟，大家不但不省吃俭用，还要彼争我夺，如何得了！有人说，中国的国富本只有六十万万元，历年因入超的结果已流出二十万万，还有些爱国者把金钱存在外国银行里的（开在外国的与中国的）与买外国股票的又有二十万万，余下的只有二十万万了，大约不到五十年，就要干了。这个话虽未必靠得住，然而照上面所说的这样摧残职业，自相争夺下去，要想用"生产教育"来补救，未免滑天下之大稽，荒天下之大唐了！

　　争权夺利的人们，大家猛醒罢！连这一点物不博的地，还有许多人虎视眈眈在想呢。自从外蒙东四省相继"独立"以后，国土已少了三分之一了，而且这些失去的是比较物博的。这个大饭碗又小了许多，空了许多，离没饭大家饿的时期不远了！

　　话说长了，但是要办职业教育而不把这些大前提解决，那真是缘木而求鱼。

　　本来职业教育是工业革命后的产物，我们已在开宗明义一章内讲明，中国工业未经革命，大多数人从事的农业，还墨守数千年来的陈法。而且以前中国的水利是很讲究的，赋税还不重，所以大多数人还能仅仅维持生活，也毋须正式的职业教育。百余年来水利不修，渠塞堤溃，水旱灾迭起，再加重捐厚税，不但正式的职业教育更谈不到，连最低限度的生活也不能维持，还说什么？

　　我们如何能使这黑暗的长夜快到尽头，一线的曙光从速开展，那要看我们对于社会改造与教育改造的努力程度而定！

附录一

关于职业教育的名词及定义

见《教育与职业》第 23 期　庄泽宣

一、普通定义

教育从目的上分析起来，可以分为四类。

（一）体育，目的在发达身体。

（二）社会教育，目的在教授人与社会的关系，如公民学、社会学等科的目的就是社化。

（三）文艺教育，目的在陶冶性感、高尚思想等，如音乐、美术、文学、语言，下而至于各种基本功课，都包括在内。

（四）职业教育，职业教育的目的，是在养成能从事有益职业的人，"职业"两个字的范围很广，凡是做医生、律师、工程师、农夫、园丁、家妇、佣役、水手等，都包括在内。

社会教育同文艺教育，有时合称为普通教育。

普通教育的目的是在发达普通技能及知识，职业教育的目的，是在发达关于职业上的专门技能及知识，例如写、读是普通技能，不是某种职业的专门技能。

职业教育同实用艺术教育也有分别：

凡是手工、农业、家事等科，教的时候，目的并不在养成职业专家，不过要学的人知道一点各种技能的内容，或是目的在普通教育，或是因为他种目的，都归在实用艺术教育范围以内。实用艺术教育是普通教育，不是职业教育。

二、职业教育的分类

职业教育可以分为六大类：（一）高等职业，（二）农业，（三）商业，（四）工业，（五）家事，（六）水上职业。

（一）凡是医学、法律、神学、军事学、教育等都在第一类范围以内。此外关于以下各类职业领袖人才的养成，也算高等职业教育。

（二）职业的农业教育，目的在养成农业上某项专门人才、如园艺家、养蜂的、养禽的，等等。如果目的单在教人一种农业上普通知识，或是在农业指导与陶冶的教育，应叫做艺术的农业教育。

（三）职业的商业教育，目的是在养成商业上某项专门人才，如银行家、审查员、簿记员、开店员、电话交换手，等等。如果目的单在教人一种商业上普通知识，或是在商业指导与陶冶的教育，应叫做艺术的商业教育。

（四）职业的工业教育，目的是在养成工业上某项专门人才，如木匠、漆匠、泥匠、做磁器的、打铁的、做钟表的、照相的，等等。如果目的单在教人一种工业上普通知识，或是在工业指导与陶冶的教育应叫做艺术的工业教育。

（五）职业的家事教育，目的是在养成关于家事的专门人才，如厨役、洗衣的、保姆、管家的，等等。如果目的单在教人一种家事上普通知识，或在家事指导与陶冶的教育，应叫做艺术的家事教育。（参见拙著《美国家事教育》，见本年各期《妇女杂志》）

三、职业教育的内容

关于职业教育的功课，就性质讲起来，大概可分为三种：（一）关于该职业的技能的，（二）关于该职业的学理的，（三）间接关于该职业的功课。例如学教育的，一定要学（1）教授方法，并且要实习教授，（2）他将来要教的功课的内容，（3）教育史、学校卫生等；学工艺的，一定要学（1）本行的技能，（2）关于本行的算学、图画等，（3）工艺史，本行发达的情形，工艺上的卫生等。

（一）关于职业上技能的功课，要能直接于该项职业有实用，所以学的时候一定要在厂店里实习。这种实习如果有补于社会生产的，应叫做生产的实习，无补于社会生产的，应叫做不生产的实习。例如学教育的在附属学校里教书，学生确是得益的，这是生产的实习。学木工的做了木器，不过当做陈列品，或不陈列，就毁去了，这是不生产的实习。

（二）关于职业的学理功课，要能直接在实习时应用。例如学医的应学生物学，学工的应业工学算学，学裁缝的应学衣服图案等。

（三）间接关于职业功课，也应与该职业有关系，例如学医的应学医药发达史、医学大家列传等。

四、职业教育的方法

职业教育的方法很多，现在拣要紧的说。

（一）计行。计行是一种应用职业理论于实习的最良方法。一个完全的计行应有下列各步：甲、工作时各方面的情形的设想；乙、应用职业上各种技能及学理去解决他的设想；丙、设想后关于做工的预备；丁、关于工作的用料、价值等的计算；戊、工作；己、工作后的报告；庚、有时须将工作品生产。

例如一个学农业的种田，预先想为何分配种物的种类、种法、田的肥料、实种、培养、收熟、报告，以至于卖去所种的物等。

按计行这个名词是从 Project 译出来的，是现在教育上最良的方法。从教育原理上讲起来，人生在世，一举一动，无处无时，不用这个方法，例如我要留学美国，就想着有几条路：或考清华，或考省费，或自费等，考清华应如何预备，考取后应学何种学科等。从小事说，我要去买点心吃，先想哪家店好，要多少钱，从哪里去等。所以在学校里教学生，也要使学生自动应用方法去学，例如学地理，不要教他怎样叫山，中国分几省，要他自动找一桩实在的事情去当作一个人生问题来解决，例如从上海到汉口怎样走法，他自然要晓得扬子江经过各省，交通的方法，等等。应用这个方法包括设计同实行，所以译作计行。对不对，还要请教育家指教，并且深望国内教育家对于这个方法研究提倡。

（二）短期学习。短期学习，也是职业教育上一个最良的方法。职业上的训练，贵精不贵多，贵专不贵博。例为种果的，只须几个礼拜就可以学会。不过这种短期学习，须先有根底的才有效。

按南京高等师范的暑期棉业讲习会，想是这种性质。

（三）职业教育试施时，有一桩最要紧的事情，就是学理与实习的功课联络的方法。凡是学理的功课，教的时候，一定不可忘了它的应用。所以同是图案，教学工的同教学家事的一定不同。

五、职业学校的种类

职业学校可以分为日校、夜校同补习学校三种。

（一）凡是学生日间上课，并且他的心力全用在学习职业的学校，应叫做职业日校。但技能功课可在学校里附设的厂店里实习，或在学校外厂店里实习。如在学校外厂店里实习，或由学校里与厂店商定实习，或由厂店派习。

例如学医的可在学校里附设的医院里实习，或在其他医院实习，但由学校商定先习何项，后习何项；或在其他医院做助手。

以上三法，第二法最好，因如在厂店实习，真是实地练习，但实习不依一定的次序，难得益，依了一定的次序，理论的功课也可有条不紊，与技能功课相联络。

（二）凡是在厂店做工的人，在工作以外的时间去学习职业的学校，叫职业夜校。这种学校再可分两种，一种是增加他已有的职业技能及学识，一种是另教新职业。

例如养鸡的可以进夜校学点科学的养鸡方法，或是学种花。

（三）凡是在厂店工作的人在工作以内的时间，去学习职业的学校，叫职业补习学校。这种职业学校也可分为两种，一种是增加他已有的职业技能及学识，一种是另教职业。

（四）此外还有工读制，例为一星期读书，一星期工作，或是春夏种田，冬天读书。

六、职业教育的行政

职业教育可同他种教育，合隶一个行政部，也可独隶一个行政部。

按美国的中央职业教育司，不隶于中央教育局。

凡是一个学校单教一种或多种职业的，应叫某某职业学校。

凡是一个职业学校，里面教几种职业，每种设一科，应称某科。几科相关的可合设一部。例为家具科，翻砂模型同房屋木匠科，可合称木工部。

凡职业学校聘请职业界中人来做顾问的，应称职业顾问。

七、职业预备教育同职业指导

凡是一种教育，能使受的人发现他的本能兴趣，使他知道自己近于何种职业的，应叫做职业预备教育。

职业指导是用种种方法去指导青年未定职业的时间选择职业，或已有职业的人选择新职业。

如果所指导的是入学及其预备方法，应称教育指导。

附录二

职业教育机关设施标准

中华职业教育社草拟

（一）凡合于职业教育性质之机关（参看《职业教育机关之种类》），得适用本标准。

（二）职业教育机关之设科，宜按照社会状况就大概言，城市以工商为宜，乡村以农工为宜。

（三）职业教育机关或专收男生，或专收女生，或兼收男女生，视地方情形定之。但男女子不同之职业，其设科必各审所宜。

（四）职业教育机关欲决定设科，首宜从事调查，其方法宜从地方调查，如现有之职业，孰为发达，孰应改良；及未来之职业，孰为需要；或为便利计，先就学校调查，如学生父兄之职业，孰为多数，毕业生所就之职业，孰为多数。

（五）职业教育机关调查研究之结果，于农、工、商……各科中，决定何科，尤当于一科之中，决定专设何种。（如设农科，应视土性所宜，决定何种作物。如设工科，应视地方状况，决定其为机器工，或手工。而于机器或手工中，更视地方所产何种原料，需要何种出品，而决定何种工艺。如设商科，应视地方情形，而定普通商业或特称商业。）宜简单，宜切要俟其收效，逐渐推广。

（六）职业教育机关斟酌设科时，须审查该项职业，是否堪供是等学生将来之生活。又须审查学校财力，是否能为该科相当之设备。

附录三

职业训育标准

中华职业教育社草拟

（甲）各科公共的

　　（一）须启发健全之人生观

　　（二）须令了解职业之真意义在服务社会

　　（三）须养成劳动的习惯

　　（四）须养成互助合作的精神

　　（五）须养成理性的服从之美德

　　（六）须养成适于所于入之社会的正当习惯而授以稳健改进之精神

　　（七）须养成其适于是种职业之健康的体格并预防其因职业而发生之病害

　　（八）须养成其对于是种职业之乐趣

　　（九）须养成其经济观念及储蓄习惯

（乙）农科除公共的外

　　（一）须保持乡村俭朴的风习

　　（二）须充分养成其天然的美感

（丙）工科除公共的外

　　（一）须养成其精密的思想与正确的动作

　　（二）须充分养成美术的意味

　　（三）须启发其创作的精神与能力

（丁）商科除公共的外

　　（一）须养成其敏捷和决断的能力

　　（二）须充分发挥信实的美德

　　（三）须养成其注意社会状况之习惯

（戊）家事科除公共的外

　　（一）须启发其审美的观念

　　（二）须养成其卫生的习惯

　　（三）须发挥其社会化的精神

附录四

筹设国立专科学校计划（民国十七年?）

教育部高等教育司（未公布）

　　大学重学理，专校重应用，此种观念，近来虽已打破，而东西各国仍多专校并大学并列。吾国高等教育向分大学与专门两种，民国十二年全国公私立专门以上学校共125，除大学为35外，专门学凡90，迨十四年专门学校减为85（以上据中华教育改造社历年统计），十五年减为62（据前北京教育部《全国专门以上学校一览》），现则合新设国立专科学校计之仅为50；而限期结束之公私立法医两种专门学校约有20。盖自民国十三年以后，专门学校多改为大学，渐有偏废之趋势矣。向来专门学校之流弊，亦有可得而言者：清季预备立宪，各省纷纷设立法政学校。民国初年，此风未衰，于是所谓专门学校以属于法政者，为最多且滥，专凭讲义，不备国书，甚或学生平日不上课，届期可以毕业，农工商医等专门学校，虽属彼善于此，而课程空泛，不重实习，其弊亦甚。医专年限短促，尤属非宜。教育部鉴于法与医之关系社会生存、民族生命至巨，特于十七年七月明令公私立两种专门学校，只准办至现有学生毕业为止。自十八年度起，即不得再招新生，其余各省立公立及已立案之私立农、工、商、水产、图书馆各专门学校则令依照《专科学校组织法及规程》，变更名称组织。同时并咨请各省市政府就近考察情形，有无增设专科之必要，如有必要，究以何者为最急。除吉林、黑龙江、新疆三省咨复无增设之必要，及山东、河北、福建三省已饬教育厅核议，倘未明白见复外，已经咨复者计有18处，应设专科学校有35种之多，其中如森林、农艺、制草、水产、土木工程、机械工程、统计、造纸、矿冶、畜牧、蚕桑、造船各专学校，各省市尤认为有早及设立之必要，（注一）而各机关法团之请求设立专校者亦实繁有徒焉。

　　高等教育在欧美虽多属诸大学，而技术人才又多借专科学校以养成之，各国各制不同，有形似专科而实大学者。如美国柯罗内托矿冶学校，以养成完全工程师自豪，年限四年，得授予学位，实为大学性质，与吾国现制大学独立学院相等。至于满其斯特之纺织学校，入学资格与大学同，修业年限较短，实与现制专科学校相等。在法、瑞、德、意尤多有名之专科学校，修业年限为三年，功课极认真，学生毕业后，国家社会全数任用。往往专科学校毕业生，较大学毕业生更受社会之欢迎。至于英国高等教育几为各有名大学所包办。而各大学包含十余以上之学校，或学院，散处各地。学位文凭两者并给，大学修业年限，大概三年，专修科有一年二年之别。因之专科学校与大学之界限不易分。独立之专科学校，较占少数。

吾国幅员广大，工业急宜发展，然每创办一较大工厂必赖外国工程师之筹划及专门家之管理，出资既巨，所用机器每以所聘工程师之国籍为转移，美国人则主用美制，英国人则主用英制……不论是项机器是否为最新发明，徒以所隶国籍为取舍标准。吾国此时急需者为可做工头、技师、工程师之各种人才，职业学校养成工头，大学养成工程师，专科学校则养成技师，实介乎工头与工程师之间。初由专科学校毕业之学生，应使从工头做起。渐升技师以至工程师。国家必先有此一般健全之技术专家为中坚，乃能设实业革命。

或谓大学得设专修科，其入学资格，修业年限，均与专科学校同，似无重设专科学校之必要。不知专科学校只限于应用科学及艺术，不似大学专修科之可涉及社会科学，大学所在之地如尚无专修学校，自可酌设与专科学校相类之专修科，其未有大学地方及有大学而无某科某系者，即应就地方之需要，筹设某种之专修学校。况专修学校种类颇多，范围甚小，因地制宜，需款有限，将来所造人才，正合训政以后物质建设之用，除各省市应自筹经费开办省立市立专科学校外，爰拟定筹设国立专科学校计划如下。

第一，国立森林专科学校 总理眷怀民生曾将建造中国北部及中部森林一事，列为实业计划要目，近年水旱频仍，民食不足，造林所以防灾，亦所以增进粮食产量，故国立森林专科学校之设立，实为当务之意。惟国立专校，注重培养造林专门人才，分配各地。是项学校设立之地点，宜求适中，庐山居中国中部，交通便利，牯岭又为中外人士游憩之所，于此处造成模范林，既壮观瞻，亦便实习。安东、青岛亦为适当地点，将来应由辽宁省另设省立森林专科学校，青岛特别市另设市立森林专科学校。

第二，国立纺织专修学校 就丝业论，中国产丝年约三百万担，江、浙两省几居大半，以大较言之，江南所产之丝，其十分之九，织成绸缎，供国人之用，十分之一为吾国出口货第一大宗。每年出口在十万担左右（约价七千万余万两），由上海输出者占五分之三。又就棉业论，长江下流为吾国产棉最盛之区。南通、常熟、太仓、嘉定、上海均极有名，品质最佳，适于纺纱。而郑州亦为棉市中心，民国十一年，全国纱厂73家，上海最多，占28家，工人达30万。惜欧战后，丝纱两业均日见衰败，不能与外人工厂相抗衡。推其失败原因，专家太少，实其一端。兹为利用教育以图挽回利权起见，拟于无锡或郑州，设一国立纺织专科学校，特别注重人造丝之研究，既为学生实习利便计，且以供该地方之需要也。（以上训政时期第一年完成）

第三，国立造纸专科学校　总理实业计划中之第五计划，其第五步，即为印刷工业内言："现今中国报纸所用纸张，皆自外国输入。纸为传达文化之重要工具，中国所有纸原料不少。如西北天然森林，扬子江附近芦苇，皆可为最近之纸料。"湖北谌家矶旧有造纸厂，国立造纸专科学校即设于此地。

第四，国立矿冶专科学校　矿冶为基本工业，亦即物质文明与经济进步之最大主因。我国矿业西北最饶，云南尤为铜铁银锡等矿丰富之区，应即于昆明设一国立矿冶专科学校。（以上训政时期第二年完成）

第五，国立造船专科学校　总理实业计划中之第三计划其第五步，即为创设造船厂，内言："中国有价廉劳工与材料，固当比外国为吾人所建所费较廉，且除航海队以外，吾人尚须建设大队内河浅水船又渔船，以船载此等小船远涉重洋，实际不易，故外国船厂不能为吾造此等船只，则中国于此际必须自备船厂，可供学子之实习，故拟于该处设立国立造船专科学校。"

第六，国立飞机制造专科学校　法将福煦之言曰："他日世界大战必决于空中。"总理亦有航空救国之诏示。则航空事业关系于国防，其重要可想。其在交通方面，飞机有火车轮船之效用；而其速率则较火车轮船超过十倍，灵通消息，经济时间，均属重要。吾国航空事业，现始萌芽。逐渐推广，飞机之需要必多。故拟于浦口设一飞机制造专科学校，并附设汽车制造科。（以上训政时期第三年完成）

第七，国立垦殖专科学校　殖民蒙古、新疆为总理第一计划之第三步，内言："假能以科学上方法行吾人之殖民政策，则其收效将无伦比。"西北边地荒昧，亟待开发，应先就地设立高中程度之垦殖学校，以为殖民倡导。至国立垦殖专科学校，则以设在迪化为最适宜。

第八，国立畜牧专科学校　蒙古所产牛羊骆马等家畜，种类既优，数量亦巨。查内蒙古、热察、绥三省，产驼绒484500觔，羊毛26角1000觔，牛皮27020张，马皮10910张，羊皮72800张；此外尚产山羊绒六七万觔，抓毛十余万觔，凡此皆毛织制革之原料。而绥远正有开办毛革工厂之计划，但欲发展毛革事业，须根本之改良，倘能利用牧场予以科学上之指导，则吾国畜牧事业，不难与美洲并驾齐驱。故拟于绥远设一国立畜牧专科学校，并设毛织班、制革班。（以上训政时期第四年完成）

第九，国立水产专科学校　吾国水产除产虾、蟹、江瑶柱、蛏干、鱼翅、海参、淡菜、蜥皮、鲍鱼及各种鱼龟外，并产珠贝玳瑁等珠品。惜取捕未得法，遂令沿海渔业为日人所操纵。吾国渔民以缺乏知识，故浸至束手待毙。总理实业计划，凡中国海岸起于高丽界之安东，止于近越南界之钦州，须设渔业港三十有一。平均每海岸线百英里而得一港。中国之渔业计划于是始完成。欲

振兴水产教育造就渔业人才，徒恃固有之水产职业学校，似尚不足。应于青岛设一国立水产专科学校。（训政时期第五年完成）

第十，国立工业专科学校　物质建设，端赖机械，非设一完全工业专科学校，不克自造机械。瑞士幅员狭小，人口不过数百万，尚有著名世界完全工业专科学校，设于楚至息内，分建筑土木工程、机械、电气、化学、药学、森林、农业、农村工程、数理、师范、自然科学、军事学十二科。另有普通选修科。甲项为文学历史哲学经济学；乙项为数学自然科学，工程学及军政学各科，并分设德法文班或意大利文班。吾国应于重庆设一与此相似之完全工业专科学校，特学科不必如是之广泛复杂耳。（训政时期第六年完成）

六年筹设国立专科学校预算表①

时　期	学　校	地　址	预算		总　计
			开办费	经常费	
第一年	森林专科学校	庐山	170000 元	100000 元	570000 元
	纺织专科学校	无锡或郑州	200000 元	100000 元	
第二年	继续第一年事业			200000 元	850000 元
	造纸专科学校	谌家矶	200000 元	100000 元	
	矿冶专科学校	昆明	250000 元	130000 元	
第三年	继续第二年事业			430000 元	1310000 元
	造船专科学校	上海	260000 元	160000 元	
	飞机制造专科学校	浦口	200000 元	160000 元	
第四年	继续第一二三年事业			750000 元	1230000 元
	垦殖专科学校	迪化	140000 元	80000 元	
	畜牧专科学校	绥远	160000 元	100000 元	
第五年	继续第一二三四年事业			930000 元	1160000 元
	水产专科学校	青岛	140000 元	90000 元	
第六年	继续第一二三四五年事业			1020000 元	1500000 元
	工业专科学校	重庆	300000 元	180000 元	
第七年以后				1200000 元	1200000 元

---

① 表中个别数据疑有误，但原著如此，服从原著。——编校者注。

各省市专科学校需要统计表

	需要之专科学校	需要地方	需要地总数
一	森林专科学校	湖北、广东、察哈尔、绥远、江西、热河	6
二	土木工程专科学校	湖北、汉口、南京、江西、贵州、四川	6
三	农艺专科学校	湖北、广东、察哈尔、江西、湖南、绥远	6
四	水产专科学校	浙江、广东、江苏、青岛	4
五	制革专科学校	河南、汉口、北平、察哈尔	4
六	机械工程专科学校	河南、汉口、贵州、江西	4
七	统计专科学校	湖北、河南、南京、湖南	4
八	造纸专科学校	河南、汉口、江西	3
九	纺织专科学校	汉口、北平、江西	3
十	矿冶专科学校	湖北、江西、热河	3
十一	畜牧专科学校	察哈尔、绥远、热河	3
十二	农业专科学校	江苏、贵州、安徽	3
十三	蚕桑专科学校	浙江、江苏、广东	3
十四	造船专科学校	广东、汉口	2
十五	水利工程专科学校	湖北、北平	2
十六	市政专科学校	南京、四川	2
十七	会计专科学校	南京、湖南	2
十八	染色专科学校	汉口、北平	2
十九	工业专科学校	安徽、上海	2
二十	毛织专科学校	察哈尔	1
二十一	化学专科学校	河南、江西	2
二十二	兽医专科学校	察哈尔	1
二十三	垦殖专科学校	北平	1

时代教育丛书

职业教育

江恒源[①]　沈光烈　编著

正中书局印行

---

① 江恒源（1886—1961），字问渔，号蕴愚，连云港人。光绪二十七年（1901 年）中秀才。1915 年于北京大学毕业。历任江苏第二厅视学、省立第八师范校长、江苏省教育厅厅长、上海中华职业教育社办事处主任等职。积极创办了中华职业学校、女子职业学校和职业补习学校、职业指导所等职业教育机构，并创办《职业与教育》期刊，开创了我国职业教育的先河。1949 年 9 月，江恒源应邀赴京参加中国人民政治协商会议。新中国成立后，先后担任全国政协委员、政务院文教委员会委员、上海市人民委员会委员、上海比诺中学校长、中华职业学校校长等职。编著有《伦理学概论》、《中国先哲人性论》、《职业指导》等。

目　次

一、职业教育概说

(1) 职业教育的意义

职业教育在全部教育中仅居一部分，也可以说是最重要的一部分。因为它确实是关系整个国家、整个民族的生存要素。就个人而言，是训练必要的知识技能与服务道德品性，造就有利于社会的生产一分子；就社会而言，对于旧的一切生产、运输、消费方法谋改进，对于新的一切新的生产、运输、消费方法谋创造，使社会一切事业，逐渐发展，成为富有生活力的新机构。当然有了健全的国民，有了生产的社会，才谈得到国家建设、民族复兴。

教育不过是解决国家、社会、个人种种问题方法的一种，除此以外，尚有其他方法，如政治、法律、经济等都是。所以我们对于教育的效用，不必存过分的奢望，但也必须认定，教育对于整个人生，确实有莫大影响，有它的功效，有它的力量，值得我们努力。职业教育是教育中的一种，着重于职业有关的训练，使人在职业上发展个性、服务社会，对于国家的健全有所贡献，尤其在今日中国的情况之下，更显示出它的重要地位和特殊的意义。

本来教育没有职业与非职业之分，就广义言之，一切教育皆含有职业的意味。因为职业活动，为完成人生全部活动必要条件之一，普通教育也应该包括职业的活动。所谓普通教育、职业教育，不过是指各种教育的立场而言，并非划分职业教育与普通教育不相关联。综合言之，各种教育的目的，都在培植个人活动能力，追随各种人生活动。分析言之，普通教育为职业教育之基础，职业教育为普通教育的效用。

追溯职业教育的起源与演进，应有如下的叙述。

草昧时代，人人"自耕而食""自织而衣"，是一种经济自给时代。这时候无所谓分工，无所谓职业，小孩子从小在无意识中观察成人的行为，模仿成人的动作，到了相当时候，自己的力量和技能达到成熟，可以自理，便去过那勤劳的成人生活。这时候无所谓教育，无所谓训练，职业技能的传递完全靠模仿而来，可称之为无系统的模仿制度，这是第一个阶段。

迨后社会组织渐形复杂，社会事业亦日见发达，于是做工的专做工，做农的专耕种，捉鱼的专打鱼，造工具的专造工具，以其所有，易其所无，这是一种较为经济、效力较大的方法。一个人不必件件皆能，博而不精，可以专做一门职业，积蓄了长久的经验，技术纯熟，收效较宏，于是才有职业的分别。小孩子预备做成人，决定学习哪一种职业，就去找关于这种职业经验宏富、本领高大的人做老师，请他指导，耐心学习，以期成功，这是徒弟制度产生的起始，也可以说是职业教育的始祖，此为第二个阶段。

徒弟制度因为组织不完密，没有系统，不论在时间上、效力上都很浪费，同时职业内容逐渐充实，科学知识亦逐渐增进，使各职业不但包括些普通的技能，而更须一一建立在科学基础上面，学职业的人，先要具备普通科学基础，然后再学本业的应用科学和专门技能。于是徒弟制度不能适合社会需要，正式的职业学校，就应运而生，这是第三个阶段。

从上面演进的三个阶段看来，我们可以认识职业教育的着重所在，职业知识技能的传递，应该是"做"与"学"并重，而"原理"与"实习"也该同时并行。

因为职业教育多着重于生产劳动，所以一般人往往误认为功利化而不明其真正价值，甚至诋之为嗷饭教育者。实则职业教育，绝对非个人功利主义之教育，更非蔑视文化之教育，它自有它的真正意义，兹可以各家学说证之。

孟禄（Monroe）博士说："一切教育皆可谓之职业教育。盖其目的皆在于准备使人能于人生各种事业上，得有格外有效、格外满意之作为。……"

杜威（Dewey）博士说："所谓职业者无他，凡人生一定方向之活动，继续不断的工作而能致其效益于社会者即为职业。而职业教育就是准备从事于这种工作的教育。……"

希尔（Hill）氏说："职业教育，自狭义言，乃专事训练具有社会价值的种种职业。然此外尚需养成自求知识的能力、强固的意志、优美的感情，进而协助社会，使成为健全的优良分子，盖一方进行职业训练，同时并须顾到受教育者，乃为国家之一公民。"

中华职业教育社于民国六年创社之初，对于职业下定义说："一方为己谋生，一方为群服务。"又于职业教育下定义说："用教育方法，使人人依其个性，获得生活的供给和乐趣，同时尽其对群之义务。"

由此可知，职业教育的价值，决不仅为狭义的功利主义与生产主义，即自由教育、文化教育、人格教育，乃至公民教育，亦都包含于其中。孙中山先生曾说过："我是为民生主义而革命的，如果革命忘了民生，就不需要了。"又说："民生是人民的生活、社会的生存、国家的生计、群众的生命。"更说："民生是社会进化的中心。"从这许多话里，可以看出一切的政治、教育，除了以民生为本位，就失去了革命的意义。职业教育就是照中山先生所说的"人尽其才，地尽其力，物尽其用，货畅其流"的意思。努力训练一般儿童、青年、成人，使人人依其个性，准备一技之长，从事于人民生活、社会生存、国家生计、群众生命的生产事业，他自有他整个的远大目标，无论如何绝不趋于狭隘的途径。

（2）职业教育的目的

教育不过为解决国家、社会、个人种种问题中之一种方法，前已提及。但是国家、社会、个人的许多问题，是因时而异，因地而别，所以教育也有时间性与空间性的。在现今的世界，尤其在中国这样情况之下，提倡职业教育，实为急要之图。在欧美各国，往昔也无所谓职业教育，只知道注重文艺教育、贵族教育，而蔑视工艺。正如我国习俗重士而轻农工商一样。到了中古时代，始有学徒制，习一技之长以谋生计，但并无职业陶冶意义，而为当时一般上等人所认为不屑为者。直至19世纪以后，工商业勃兴，工厂制盛行，原有工艺增多无数倍，浩繁复杂，决非简单模仿所能奏功，乃始有所谓职业教育。所以职业教育实际讲起来，可说是20世纪工业发展后的新产物。

现今职业教育，所以需要很急切，经济状况的变迁，是第一原因。现在全借蒸汽与电力之作用，世界人类生产能力倏增，制造既迅速无伦，商业亦接踵勃兴，经济状况既大异于前，社会自大受影响，于是教育与职业上的新需求，乃益形迫切。教育观念的改变，是第二原因。往者教育，重在文艺，为闲暇阶级而设，一般人对于工作的人生观，至为狭隘，认为人生只要达到求富的欲望，就算满足。现在观念改变过来了，觉得社会的基础不在少数特殊阶级的书本教育，而当顾及多数的国民，不但教育的权利应普及于人人，且须所授的教育，要适用于各阶级之个人，于是职业教育的需要，益显其重要。普通教育的不尽适用，是第三原因。近来一般人常说，普遍教育愈发达，社会失业者愈众，毕业于学校，即失业于社会。虽然并不是完全如此，但是毕业于小学、不能升中学，毕业于中学、不能升大学的人是很多很多，大半无工可做，无业可就，这是一个如何严重的问题！在这样的情形下，职业教育当然值得提倡了。

知道职业教育需要的原因，也可以明白职业教育目的的所在。中华职业教育社对于职业教育目的曾依照各方面分析研究的结果确定以下三点：（1）为个人谋生的准备；（2）为个人服务社会的准备；（3）为社会和国家增进生产能力的准备。

（3）职业教育的范围

设施职业教育的范围，平常是高级小学起至中等教育阶级止。其程度约可分为三个阶段：（1）相当于高级小学程度者；（2）相当于初级中学程度者；（3）相当于高级中学程度者。

但就广义言之，中等教育以上之专科学校，亦未尝不可列入职业教育范围。国联考察团的报告书中就有这样一段意见："就原则上言之，职业学校应分为三级。第一级在小学毕业后开始（小学校本身即可与四围一般的活动接触，并可将儿童引入职业上最初门径，尤其以在农事方面为然），第一级职业学校，或系真正之职业学校，或系艺徒半工半读学校。与此等第一级有关系之儿童，为数最多，故各地应普遍设立。学生离开此种学校后，应继续受训练至18岁为止，以获得普通教育为主旨。第二级学校或为六年训练，而授以三年中等预备课程；或系在习毕三年中等教育或三年第一级职业训练后，加以三年之训练。第三级学校，或高等专门学校，系与大学同其等级，且可并入大学之内，此系六年中等学校或第二级职业学校以后之训练，在原则上，应以四年为期。"（《中国教育之改进》145页）

以上是就纵的一方面说的。再试就职业教育横的一方面，分类一下，约有六种：（1）农业教育，（2）工业教育，（3）商业教育，（4）家事教育，（5）公职教育（如文书员、事务员等公共机关人员），（6）专业教育（如律师、医师、教师、新闻家及其他职业，需要高等训练者）。

至于它的施教方式，可分为下列四项。

（一）正式职业教育——正式的职业学校教育。此类教育，约分三项：（1）专设的职业学校，如农业、工业、商业等初高级职业学校，皆属之。（2）设有农工商科之高级中学及设有职业科之初级中学校。（3）设有职业专修科之大学，或专科学校。

（二）职业补习教育——可分为三项：（1）关于农业、工业、商业及其他职业知能补习的日班、晨班、夜班、星期班等，皆属之。（2）关于农业、工业、商业及其他职业知能的短期训练班、传习所等，皆属之。（3）带有慈善性质或感化性质各机关所附设短期或不定期之职业传习班。

（三）特别的职业教育——如军队附设的职业教育，训练军官、兵士，授以屯垦、运输等知能。又残废军人的职业教育亦属之。

（四）职业指导——职业指导系根据科学指导青年，谋习业、择业、就业各种问题的解决，其辅助职业教育的进行，力量极大，故亦可目之为广义的职业教育。

二、中国职业教育的发展概况

（1）前清

清季职业教育机关最初成立于同治六年。是年六月，福州船政局设英文法文学堂，继又设绘事院、驾驶学堂、管轮学堂、艺圃，是为职业学校之嚆矢。光绪五年，天津立电报学堂。八年，上海立电报学堂。十九年十月，湖广总督张之洞奏设自强学堂于武昌，分设四斋，方言、算学、格致而外，更设商务斋，但不久停办。同时北洋武备学堂附设铁路班。二十二年，江南陆军学堂附设铁路专门班，江西蔡金台等设蚕桑学堂于高安县。二十三年，时当甲午战败，乙未谈和以后，各省纷纷倡新政，谈新学，鼎鼎有名的湖南时务学堂即于是秋成立。杭州蚕学馆亦于是时创设。二十四年戊戌变政时期，清廷依康有为之请，论各省府州县设立农务学堂。此农务学堂，各省尚未遵旨创办，而清廷政变已作。当时认实业为立国根本，颇以缺乏此种人才为虑。二十五年，乃谕令出洋学生分入各国农工商等学堂，遂有《出洋学生肄习农工商矿实学章程》的颁布。二十八年十一月，山西农林学堂首先成立。此时各种学堂的产生，大都顺应国防与交通上之新需要而设立，与现实职业教育意义略有不同。二十九年十一月，张百熙等覆奏《重订学堂章程》中有实业学堂分高等实业学堂、中等实业学堂、初等实业学堂三等，其种类有实业教员讲习所、农业学堂、工业学堂、商业学堂、商船学堂，等等。其奏折中有"国民生计莫要于农工商实业，兴办实业学堂，有百益而无一弊，最宜注重"云云。三十年，上海史家修创设私立女子蚕桑学堂。三十一年十月，清廷设立学部。三十二年五月，学部通令各省举办实业学堂。三十四年，学部以闽督之奏请，通行各省，限两年之内，每府设中等实业学堂一所，每州县设初等实业学堂一所，每所收学生百名。宣统元年，学部行各省提学司，整顿各种实业学堂。三年六月，学部召集中央教育会于北京，学部交议《女子职业学堂办法案》，未及列议，不知何故，忽然撤回。所以终清朝一朝，法令上未见"职业学堂"字样。但是实业学堂数目，逐年增加，由 137 而至 254，实业学校学生，也逐年增多，由 8693

至16649，不能算没有进步。虽然在一般教育的百分比上看来非常之少，仅占1%左右，学校总数不足300，学生总数不足20000，但总还是良好的现象。

（2）民国十六年前

民国十六年，北伐成功，中华民国的一个更生时期，一切设施都有崭新的改革，教育也是一样。在十六年前的职业教育是怎样状况，我们得加以一个简述。自民国二年八月，公布《实业学校令》，分实业学校为甲乙两种，其种类为农业学校、工业学校、商业学校、商船学校、实业补习学校。其第三条第四项，规定女子职业学校得就地方情形与其性质所宜，参照各项实业学校规程办理，"职业学校"一名词之见于法规自此始。但职业学校与实业学校的意义，有所不同：实业教育是为少数力能升学的子弟，已经受过普通教育的，再予以实业上的知识技能。因之它的设施范围狭，它的种类少，它的程度高，而所造就的人才，是以养成实业界中坚人物为主旨，研究的学科也多属专门学理方面。职业教育是专对多数不能升学的生徒，予以职业上的知能，其目标在使各人得到一艺之长，能就相当职业维持生活。所以它的设施范围广、种类多、程度浅，学科的注重点也多偏重于艺术和实习方面。正式讲起来，实业教育并不是纯粹的职业教育，不过在职业教育进化史上的一个阶段而已。到了民国四年以后，全国教育会联合会每年十月举行一次，关于实业教育、职业教育、农村教育的决议甚多。例如民国四年，在天津有《实业教育进行计划案》；民国五年，在北京有《各特区域应速设实业学校案》；民国六年，在杭州有《职业教育进行计划案》；自民七至十三数年之间，在上海、太原、广州、济南、云南、开封等处，都有议案讨论、研究推行。

民国六年五月，南北教育家发起创设中华职业教育社于上海，同年十月，教育部召集全国实业学校校长会议，自后职业教育逐渐走上轨道，关于目的、定义、范围、设施标准等，都有了具体的规定。十年八月，全国职业学校联合会成立于上海。是年四月，据职教社调查上年度全国职业学校得842所，是为新学制未颁行前之职业教育实况。民国十一年十一月，教育部颁布《学校系统改革案》，职业教育始取得学制上确定之位置，兹列图说明如下。

職業教育在新學制上的位置圖
依據十一年十一月一日《學校系統改革案》

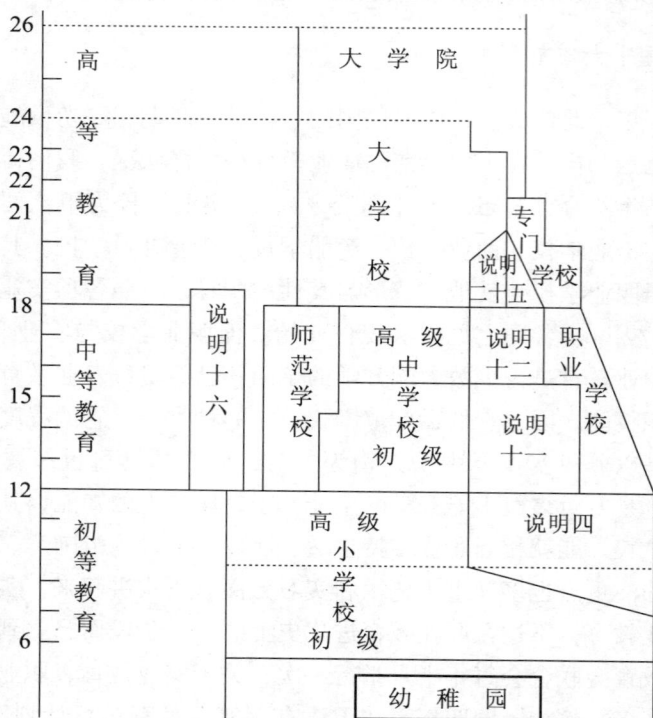

说明四　小学课程得在较高年级，斟酌地方情形，增置职业准备的教育。

说明十一　初级中学施行普通教育，但得看地方需要，兼设各种职业科。

说明十二　高级中学分农工商家事等科，但得酌量地方情形，单设一科或兼设几科。

（附注）依旧制设立的甲种实业学校改为职业学校或高级中学农工商等科。

说明十五　职业学校的期限和程度得酌量各地方实际需要情形定之。

（附注）依旧制设立的乙种实业学校酌改为职业学校，收受高级小学毕业生，也得收受相当年龄修了初级小学学生。

说明十六　为推广职业教育，得在相当学校酌设职业教员养成科。

说明二十五　大学和专门学校得附设专修科，年限不定。凡志愿修习某种职业而有相当程度的进这专修科。

民国十三年九月，《职业科课程标准草案》脱稿（由中华职业教育社推定，朱经农等分任起草，函征各专家意见，至此斟酌修正定稿）。十四年八月，中华教育改进社开年会于太原，黄任之氏创议划区试办乡村职业教育，为山西当局接受，与赵叔愚、冯锐等调查晋南北农村，旋受时局影响中止，散归南北，觅地试办，是为农村改进事业的起始。十五年五月，职教社发表全国职业教育机关凡 1581 所，这是民国十六年前职业教育的实况。

（3）最近八九年间

过去的职业教育虽逐步渐展，但活动的中心总在社会，政府除公布《学校系统改革案》采及职业教育以外殊无实际上的设施，即文告上的督促也不多见。最近八九年来，因为农村经济破产，凡百事业消沉，而引起失业问题和经济问题之严重，使社会感觉到生产之重要，不得不趋向于职业教育，同时因有政治力量的推动，所以格外的发达了。

民国二十年四月，教育部通令各省市限制设立普通中学，增设职业学校，在普通中学添设职业科，县立初中应附设或改设乡村师范及职业科。同年六月，国民政府曾根据国民会议第二次会议，公布《教育实施趋向办法》。其第二第三第四第五各条，都明白规定，无论什么教育要注重生活之技能、生产之能力，末了说："以后须尽量增设职业学校及各种职业补习学校。"同年十一月，国民党第四次全国代表大会修正通过《中华民国教育宗旨》，其最重要的就是说："普通教育须根据总理遗教陶融儿童及青年，以'忠孝、仁爱、信义、和平'之国民道德，并养成国民之生活技能，增进国民生产能力为主要目的。"二十一年十二月，三中全会通过程天放氏所提《研究教育目标与改革教育制度案》，关于职业教育方面，异常注重，计生产者六条，师资者亦六条，均极切实。二十二年三月，教育部规定《职业学校规程》共十三章九十六条，《职业补习学校规程》二十三条，又颁布《各省市县教育行政机关及中小学校施行升学及职业指导办法大纲》、《各省市推行职业教育程序》、《各省市职业学校职业学科师资登记检定及训练办法大纲》、《职业学校各科教育科目及时数概要》。此外又特设一职业教育设计委员会，专司计划推广职业教育；特设专科，专司职业教育行政事项。一方面又委托中华职业教育社暨著名之大学、中学、职业学校起草《职业学校各科课程纲要及设备标准》，并规定各省市职业教育经费应占教育经费总额 35%。在中央方面，对于职业教育之计划与提倡可谓无微不至，因之近年来的职业教育特别的兴盛，且比较的能为合理的发展。

国联教育考察团东来，对于中国教育之改进，亦多指示今后应着重于职业教育方面，其报告书中有"……职业科之学生与普通科之学生相较，为数太少。…… 据吾人之意，应取三种步骤：第一，除非教育部得有证明，知在某特别地方，确实需要一普通科高级中学，此后不得再设仅有普通科之高级中学。第二，所有足以发展中等教育之人力与财力，应集中于增设注意实际课程之中学。第三，教育部应限令一切高级中学于一定期间内，证明其对于举办职业课程已有完善之设备，否则撤销其立案"（《中国教育之改进》115 至 116页）。又"……教育上各方面应与人生实际、职业的情形、手艺与实地学习之训练更相接近"（同书 135 页）。由此可见中国设施职业教育之重要、前途之进展，急待吾人继续之努力。兹附教育部统计民元以来至二十一年度全国中等职业学校数、学生数、经费数之比较，列表如下。

	学校数	学生数	经费数
元年度	79	14469	1024903 元
二年度	82	10256	1065856 元
三年度	82	9600	1177936 元
四年度	96	20551	1190326 元
五年度	84	10524	1296901 元
十一年度	164	10360	2790005 元
十四年度	154	18011	1760493 元
十七年度	149	16641	2217480 元
十八年度	219	26659	4131919 元
十九年度	271（85）	34852（4795）	4961996 元
二十年度	266（87）	36108（4285）	5182191 元
二十一年度	262（108）	32462（5118）	5571216 元 （826905 元）

（说明）括弧内数字系中学与师范学校附设职业科之数目，十九、二十两年度以校数计算，二十一年度以科数计算，惟民国三年度缺绥远一省，五年度缺黔贵川三省。

三、欧美日本职业教育的近况

（1）德国

在德国初等教育完了时期，即强迫职业教育开始之日。《联邦宪法》第一百一十五条规定：18 岁以下之幼年必须入学。继续学校（Fortbildungs-schule）其目的已由小学教育之继续，而易以职业性质之教育。至德文 Berufschule，完全是职业学校，以法律规定入学之时期。虽全国种种设施，尚乏关于规定强迫入学之共同法律，但在各地可能范围内，总必实行强迫补习教育。年来政府与社会对此问题非常注意，认此为稳固经济、进步文化之最大原则，城市、乡村均努力推行。

全时间职业教育（Full-time vocational education）亦即设施之特殊学校。修学期自一年至五六学期不等，预备一种固定职业。分低级与高级两种，前者为培养各业之实际人才，后者为已服务职业界或艺徒时期完毕者作高深之训练，视其入学之程度定之，进低级者须小学毕业，高级者须中学六年修完。

学校采用选科制，入学是随意性质。预备少数优秀者之高深训练，目的在养成经济界重要人才，而尤注意到行政及管理职务。虽亦有升入大学者，且彼此常互相联络，但究非设立学校之本旨，而视为大学之预备学校。其课程完全独立，非其他学校所具有，且其性质特别，如高等纺织及工艺学校，其程度常有超过大学者。

商业职业学校（Commercial vocational schools）是对于青年妇女之希望从事于商界者，予以其本商业知识，以作充当艺徒之预备，且能适应特殊职业环境，而得更深切之了解。教学目的，彼此不同，有注重普通商业知识者；有培养某种商业人员者，如贩卖员是；有养成特殊人才而获得证书者。学校种类视目的而别，通常约可分为纯粹实用学校、发给证书之学校和其他种类不同之学校三大类。

工艺学校（Arts and crafts school）为训练应用技术人才之所，并不设正式科系，凡夜科、季节科、星期科等等，无不具备，为一般工匠等而设，以应社会之要求。学生亦最为复杂，不仅为欲习医艺之幼年，纷纷来校，即修完艺徒时期而为求得高深技能来校者亦甚多，惟肄业年限，各人长短不等，要皆一面上学，一面谋生，以维持学业。

工人教育最重要之教育中心为劳工学院（Akademieder-Arbeit），其目的在预备工作技能，发展个人能力，及增进国人对于其他团体及社会之责任观念。故凡实业、法律、国家与社会等，均应明了；劳工法律，尤为重要。其宗旨不仅在养成一种科学的及理论的明了者，且须解决一切习惯上不合理的问题。其与大学地位，不相统属，全为成年工人而设，故所有课程、方法及年限，均以工人的需要为前提。

职业师资限制綦严，任用条件亦苛，既重专门学术，又需实际技能。先予以试教三年，俟其确有成绩时，始得聘为终身教职。同时对于特殊之人才，仍有变通之规定，以求经济上之机会均等。职业指导办理亦著成绩，纯以科学方法，诊察各个青年之特能、心理及职业测验，为其唯一利器，在职业心理测验界，实有不少的贡献。

(2) 美国

美国的职业教育，借政治力量推进，故发展较速。农业教育分两大部分：一为遵照《莫利尔案》各州所设立之农业专门学校，一为遵照《职业案》所设立专门以下之各种农校。《职业案》对于农业教育之定义，其主要目的在预备实际雇用人才，程度在专门以下，为已经服务农业或预备服务、年在 14 岁以上之幼年而设。学校种类，约可分为全日学校、日间单科学校、夜学校、部分时间学校四类，其中以全日学校为最盛，学生半日上课，半日实习，暑假期内则全日均在农场工作。夜学校通常均为已服务于农界之成人而更希望求得新知者而设，主要点在谋实际问题的指导与解答。日间单科学校与部分时间学校，均为不能全时间出席者而设，组织尚未健全，并不十分发达。

商业教育为高级中学最后二年之功课，含有专业性质。设科种类计分三种：一为普通商业及会计，二为录事训练，三为零售事业。补习学校，为年在 14 至 16 岁而已服务商界之男女青年补习商业知能而设，俾能改善其现有之职业。故教授之程度与种类，视其原有之职业情形而定。此外亦有种种课外活动，如高中商科常组织商业俱乐部、幼年商会、幼年贸易局、学校银行、校际商业比赛等，以辅佐学科之不足。初级中学之商业教育，为适应下列两种学生而设，一为初中毕业后不预备升学者，二为继续入高中者，前者为求获得谋生之基本技能，后者为升入高中之预备。

家事教育亦颇感需要，受此种教育之女子，约可分五类：一为妇女之服务自己家庭或充当佣妇者，二为妇女之雇用于工商界者，三为各种家庭服务人员，四为在学女生，五为离校之女子而未得正当职业者。亦有全日学校、部分时间班、夜学校等分类，授以家事上之种种知识与训练。一般妇女对于贤母良妻之责任，虽视为非目前急务，但她们亦希望先在家事与职业界服务若干年，同时为家庭的一分子。故多数采用家庭计划（Home-project）可以联络学校与家庭，因此她们对于家事教育非常重视。

职工教育，以普通补习学校为最多，尤以协作式职业教育（Cooperative Vocational School）为最有效。前者为14岁以上之离校学生而从事工作者而设，每周上课4小时，继续二年，一方面联络实地作业与学校课业，一方面改进社会之生活。后者为准备已服务之青年求得新知识而设，一部分时间在学校，一部分时间服务，学校功课目的在改进已有之职业，故名之曰协作式职业教育。教学情形与职业界完全相符，计划课程都归顾问委员会主持，由职工、雇主、商店、工厂等代表组织之。

职业指导自小学以至大学全部教育系统，几无不有是项工作，尤其注重在中学。凡办理稍有成绩之学校，类皆实施职业指导、知能测验、教育测验、家庭调查、体格检查、个别谈话、家长集会以及职业演讲、参观公司工厂等，均为通常方式。全国职业指导协会研究指导之心理测验的价值，探讨现在通行之方法，分析业务，寻求发现能力之方法等，工作成绩，尤多表现。

（3）俄国

苏俄教育制度，就其与职业教育发生关系者而讲，可分为三段，即劳动学校、职业学校，及高等专门及大学。劳动学校是属于第一阶段，职业学校是属于第二或中等教育阶段，高等专门及大学是属于第三阶段，兹分别叙述如下。

（一）劳动学校（Labour Schools）

苏俄初等教育亦称为社会教育，是在劳动学校内施行的，一切儿童都要经过这个阶段。其在学年龄，自8岁以至15岁（有时亦有至17岁者）中分二段，一自8岁至12岁，一自12岁至15岁或17岁。所谓劳动者，含有生产意义，不过一切教学，是注重儿童自动化、具体化、环境化、生活化，根据实际生活经验，离开书本字面，由他们生活历程中间，获得一切应用的知能，追求生活中必需的常识和能力，而其教育的中心在养成劳动习惯。

就一般劳动学校教材而论，一年级儿童注重他们的周围生活，二年级扩充到城市生活，三年级扩充到郡县生活，四年级省生活，五年级苏俄生活，六年级世界生活。其范围的大小，随儿童年龄的长进而转移。一切教材着重于生活的训练和生产的创造，儿童必定要在里面学习生活，且必由生活而学习。

（二）职业学校（Professional Schools）

职业学校是苏俄教育系统的第二阶段，专收十五六岁毕业于劳动学校的儿童，选定自己想做的各种职业，而去研究和操作。这种学校大别之可分为三类：（一）农民学校，设在农业中心或乡村，注重各种地方主要的农业和乡村职业。（二）城市学校，设在工业中心，研究与工商业运输有关系的各项职业。（三）工场学校，与生产的企业相联络，训练各该企业的人才。

职业学校的修业年限，依各种职业性质规定之。往往修完学校的功课后还须到实际职业机关去见习一二年才算训练完了。农业学校的学生，且有每年八个月在学校、三个月在农场的限制。商业学校，是与商业团体或机关有联络，教育经费往往一部分由教育行政机关供给，一部分由当地贸易局支给，校内常设有规模较大的工商业博物馆，以供参考和研究。

（三）高等专门与大学（Higher Technical Schools and Universities）

高等专门学校，包括劳动大学，是苏俄教育系统的第三段。目的在养成各种事业的技术和管理人才。苏俄专门教育中劳动大学所占的地位十分重要，专门学校约分医、工、农、教育、经济和社会学及音乐美术六类。他们校舍设备，虽都简陋，但实验室、图书馆却多完备，这是值得我们注意的。大多数学校里面，已不再用讲义，一切教学，大半是利用实验室各种方法，也有应用指导教学制的。

学生在未进学校以前，须曾经有一年以上之生产事业机关之经验，并已在学校休假期间必定要腾出两个月的时间去实习他所选习的职业工作。学校毕业后，还要做一二年的实际工作，以增加他们的实际经验，和证实他们在学校里面所学的东西。到了实习完毕时，若证明他们技术真正充足，即可派往各机关服务，领得技师或其他的证明书。

苏俄高等专门学校，为与职业机关沟通起见，往往派学生到他们那里去见习，利用他们一切设备，实施学校的教学，比之欧美各国学校自己设备（实际上总是设备不完全）好得多。而且职业机关的设备，新式而切实用，最满足学生的欲望。至于大学与专门学校，实没有显著的区别，不过稍偏于研究和发明而已。

（4）日本

日本中等教育与初等教育两阶段，均有实业学校、职业学校之设置，甲种实业及甲种职业属于中等，乙种实业及乙种职业属于初等，前者等于中学，后者等于高小。

实业学校以授予任事职业者必要的知识技能为目的，兼重德性涵养。其种类可分为工业、农业、商业、商船及水产五种。入学资格如系寻常小学毕业，则修业二年至五年，如系高小毕业，则修业二年至三年，二者均可延长一年。其五年及三年毕业者，为甲种程度，而寻常小学毕业修学二年或三年者，则为乙种程度。至于女子实业学校课程，则多以商业及家政为主。甲乙两种实业以上，尚有高等实业，则属于专门性质矣。

实业学校与职业学校稍有不同，实业学校修业年限比职业学校为长，入学资格亦较固定，上课时间较多。实业学校学生预备深造升入专门实业学校，而职业学校学生，只得升入高等科及专科。两者较之，目的不同，一在教育系统上占有适当的地位，一由徒弟制演进而来之一种徒弟学校而已。但是近年来实业与职业两种学校，已渐接近，均设公民课，注重公民训练，并减少授课时间，增加实习工作，足为注重实际技能表演之明证。

农业学校注重于丹麦式之国民高等学校，与一般之农业补习教育。前者之目的，专以养成青年男女为高等农民，发达农民文化，努力建设新农村并以造成殖边人才。盖日本农业发展已无余地，现在所需要者，不在国内普通之指导人才，而需要开辟新殖民地之高等农夫与建设新村之人才也。

工业学校最近之趋势，着重五点：（一）设备力求完备。（二）特别注重实习。（三）教学用书多根据实际需要自己编辑。（四）除授予实用技能外，兼注重品性之修养与体格之锻炼。（五）程度逐渐提高。

商业学校对于考察中国及研究商品，异常注重。当每届毕业时，必须有特殊目标之外国考察一次，其目的为东三省。出发前之考察准备十分周全，考察中之解释指导，教员亦异常热心，继以周详而有条理的报告，近且将视察范围，扩充到东三省以外矣。至商品研究，则多数注意中国市场之营业状况，往往年龄未满二十之学生，能作八九万字之长篇报告，令人惊欢不已。

女子职业教育最近之趋势，约有下列四点：（一）国内正需要中等以下女子职业教育的推行。 （二）女子职业教育，技艺与品行体育同时并重。（三）施教育时，时时顾到社会生活之实况。（四）家事缝纫等，认定是女子的必不可少的知能。

此外如职业补习教育，亦非常重视，发展颇速；职业指导，推行更不遗余力，文部省（按：即与我国之教育部相当）明白规定，凡高等小学，一律实施职业指导，寻常小学第五年，亦应有职业指导之设施。大正十年七月，开始实行发布职业之约法，通行全国，联络统一，调剂人才，不取报偿为原则，中央、地方、市町村均有职业介绍委员会之组织负责办理。

四、职业学校教育

(1) 农事教育

我国农事教育虽然办了几十年，但是直到现在，尚无成绩可言。推其原因，大概不外乎外内两种。所谓外因，即制度以外的社会环境，如土匪、兵灾、赋税等；所谓内因，就全国来讲，是没有整个的计划，就各地来讲，是制度不良。中国自创办新学校以来，即完全抄袭外国，不问本国需要，一切职业学校办法是如此，农事教育也不能例外，这是不能振作的大原因。

中国的农业学校向分三级，即农业专门、甲种农业、乙种农业。现在农专虽有升大学的，甲乙种的名义也取消，但依程度而言，仍有三级之分：高级的收中学毕业生，中级的收高小毕业生，低级的收初小毕业生。

农业教育的范围极广，大体说起来，可分为农人教育、农业教育、农学教育三部分。农人教育是谋农业的维持，农业教育是谋农业的发展，农学教育是谋农业的改进。前二种是关于农事教育的实施成分居多，后一种是关于农事教育的研究成分居多，三者是相因而非各别，实在有相互联络的必要。

就理论方面讲，能三者平均发展共同注重是最好，但就目前中国实际的情形看来，不能不权衡轻重，略分先后。农学教育固然不能偏废，而农业教育、农人教育，尤感重要，可为一切农事教育的中心。现在就这三点，分开来讨论一下。

（一）农学教育。农学教育可说是农事教育的最高部门，偏重于研究学理，它的目标一面在灌输外国的农业知识、农业技术、农业工具、农业材料，使其适合于本地情形；一面在改良本地的农业知识、农业技术、农业工具、农业材料，使其适合于科学原理。中国为五千年古农国，论理已有悠久的农业历史、精细的农业技术，也应该有高深的农业学理，也应该在农业学理方面出类拔萃。不过事实上并不这样，其原因有三：第一，中国的生物科学基础太差，农业科学也没有法子发展。第二，中国农业研究的人才太少，根基太浅，对于实际而浅近的问题，尚且左支右绌，没有绝对的把握，何况高深的学理！第三，中国农业研究的经费太少，设备太差，就是有了相当的人才，也难为无米之炊。因此不能建立较好的基础。

中国农业研究的成绩，虽然不见得十分高明，而农业研究的机关却也不少。单就试验场一项而论，国立的、省立的、县立的、学校附设的、私人创办的，至少有好几百个。不过他们没有一个一贯的系统、整个的计划，各人出各人的主意，各人做各人的工作，尤其是范围太小、距离太远的试验场，工作非常幼稚，成绩非常恶劣，哪里配叫做试验场。经费的短少、设备的缺乏、人才的低劣，尤其是大多数试验场的通病。所以中国的农业试验场，名义上虽然很多，实际上却是很少。试验场尚且如此，其他的农业研究团体、研究机关，更可以想见了。那几个寥若晨星的学会、学报、研究所、考察团，尤其人财两乏，无法进行。

然而研究的工作，在今日一切科学化的时代中，毕竟很重要，不能忽视。在学校方面应负起这责任的，当然是最高的农学教育机关、农学院和农学专科学校了。据一般专家的意见，以为这种研究工作，非有专门的人才及完善的设备不可。在中国今日经济状况下，决不能多设，最好就全国农业情形分设几个大学，每区设立一所。农科大学应和农事试验场积极联络，共同规定工作计划，分期分途去做，完全以研究为中心，专取中国境内几个较大的关于农的问题来设法研究。在研究工作未有相当结果以前，学校方面对于行政推广指导方面之人才，亦应注意造就，以应当前需要，如农村生活的改进、合作事业的推进、乡民自卫的技术等。不过这种研究工作比较高深，不是短期间所可奏效，也不是多方面可以乱撞的。决定研究对象以后，如本国没有相当人才，亦可聘用客卿，不过必须调查十分清楚，确能帮助研究指示进行，否则宁可暂时停止。

（二）农业教育。农业教育的目的，在造就经营农业和推广农业的实施人才。与农学教育的目标稍有不同。农学教育类似发明制造机关，农业教育就好似发行贩卖机关，前者重在研究，后者重在实干，二者相辅而行，互相衔接，始可各显其效能。

农业学校的地点应审慎选择，一须有开拓地位，使学生有实习机会，以引起兴趣；二须在农村中心，使学生常与农民接近，以同化其生活。前者为造就经营人才所必需，后者为造就推广人才所必需，能双方同时顾到更好。又因各地需要与环境不同，农业学校的性质，或者注重园艺，或者注重畜牧，或者注重森林的类别，所以在创设以前应考察当地情形，然后选择决定。

农业是一种生产事业，对于土地、劳力、资本三种生产要素，都应相当顾到。设立农校，首先应有广大可耕的地积，作为实地研究场所，使学生养成实际经验的耕种技术；其次建筑物与农具，可说是农校的固定资本，一以促进学生明了整个农业的经营方法，一以便利学生指导农民利用新式器械，以增进效能。至于劳力，一切农田劳工，都可使学生担任，无另行雇用的必要。至多雇用二三劳农，做劳动的领导者。

农业学校组织应稍与普通学校不同，以少带学校色彩着重农场工作为标准。校长等于场长，负企业经营的责任；教员等于技术员，负改进指导的责任；学生为劳动者，负耕作管理的责任。这样才觉得健全而有意义。

农业学校以造就农业实施人才为目的，程度大都属于中等教育阶段。这种人才的训练，应先认定一主要目的作为根据。如注重实施经营者当以农业经济为中心，注重农事指导者当以农业推广为中心。此外可斟酌社会需要，设短期的讲习会、讲习科等，以适应社会的需要。并应于课程方面，注意到知识技能的传授和劳动经验的实习，二者并重，才能完成农业教育的使命。

农业学校应时常与农学教育机关的农学院或农专科联络，受其指示，取其新法，以施之于实际并传之于农民。

（三）农人教育。农人教育就是对于农村人民所施的教育，对于农业主体的改进尤为重要条件，而一切文化、经济组织等，亦得各方注意；扩大范围来说，也就是农村改进的事业了。

农人教育设施的对象，主要者为青年、成人（妇女包括在内）、农童。青年和成人是推动农村社会的中坚人物，农童是中国将来的农村组织的柱石，必须加以相当教育，农事才有进展可言，农村才有进步的希望。

这种农人教育的办理，从人才、设备、经济上着想，以附设小学与农业学校为宜；从进行、发展、效率上着想，以独立组织为宜（即设立改进机关）。惟在一般农村经济破产的情势下，应以附设为适宜，因为附设在学校里面，学校方面也加重一层责任，即可正式的担任一切推广事业。比较起来，农业学校推行较便，小学以设备简陋，较为困难，但是现在办理此项事业，为普遍计，为节省经费计，依赖乡村小学，利便之处实在很多，千万不可忽视。

农村的青年教育，较成人及农童教育，尤为重要。青年富朝气，有向上心，具吸收性，肯努力进取，只要好好指导，容易收效。我国农业从前因农民失教，致成衰落现象，现在决不能再积习相沿，必须将这开来继往的青年，抓住不放，予以适当教育。如组织青年服务团，开办农事讲习会，试验新种子，利用新农具，一切予以指导教学，为改进农事教育的先锋队，各处试办，已有成效，正可再加研究，以期改良推进。

农村的成人教育，普遍对象就是一般成年农人，他们是农村职业团体中的重要分子，往往牢守着传统经验，过惯了简陋生活。实施农村成人教育办法，唯有多和他们接近，研究他们的心理和环境，同时应有下列的注意：教育的时间比较短，但须继续不断；就他们工作时间实地指导，能有实利可见，适合经济生活能力。至于具体的办法，如常识讲谈会、田间学校、农闲传习、试验演讲、表证农田、组织合作社等都是。

实施农村妇女教育，在今日情势之下，不妨另立一个部门，并且认定此种教育也极关重要。她们除料理家务外，大都与男子同样的下田工作，对于农村家庭职业的推广、农家家庭生活的改良，以及农业常识的灌输等，均应顾及。如注意工艺传习、家事讲谈、农事演讲，使其生计宽裕，生活向上，乐业而发生兴趣。

农童教育也就是小学教育。这一种小学教育训练，固然要遵照法令规定办理，但在乡村方面，为适应环境、发展农业、改良农事计，应多多注重农业陶冶。甚至要极端农业化，才能有实际的效益。

关于农村改进事业设施的人才，一方面固需要乡村师范生，同时一方面也需要农业学校毕业生，所以农人教育与农业教育，关系实异常重要。兹附徐公桥农村改进区之实例如下。

昆山县徐公桥乡村改进会概况

一、沿革

本会于民国十五年十月成立，迄今已七年。初由中华职业教育社联合中华平民教育促进会、东南大学教育科、农科，组织联合农村生活董事会，就徐公桥保卫团设事务所试验改进计划。至十六年春停办。十七年四月乃由中华职业教育社独力肩承，继续进行。十八年自建会所五楹，为总办事处。二十年又划全区为七小区，每区设分会以收平均发展之效。二十三年六月底，试验期满，由地方人士接办。

二、组织

徐公桥乡村改进会会员大会

委员会

总办事处

分会 ———— 顾问委员会

分会会员大会　公安巡守所　农民教育馆　乡公所　中心小学校　农业推广区

干事会　保安股　卫生股　合作指导　推广股　农艺股　总务股　建设股　经济股　政治股　社教股　教导股　总务股　肥料研究股　副业指导股　品种介绍股

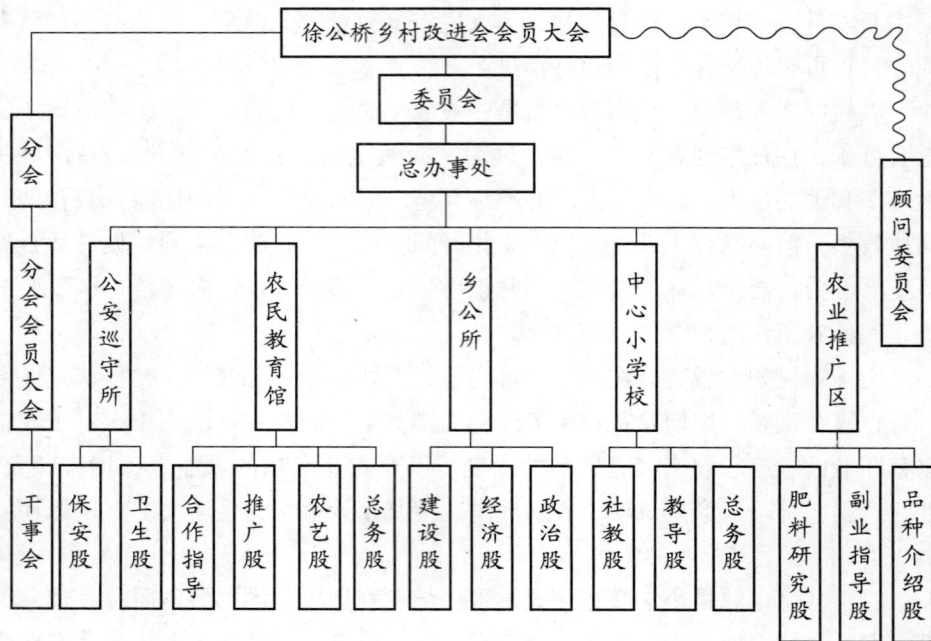

附注：〰〰 指导线　　———— 系统线

三、区域

在民国十九年、二十年经两度之扩充，实测全区面积共31方里；二十一年又加入蒋巷等村全区面积扩展至40方里（除去住宅、园林、河池、填墓等，耕种田亩计17200余亩）；近一年中，渐将事业扩展至第三区全区。

四、户口

据保甲编制户口调查，全区共837户，4101人（男2022人，女2079人；壮丁713人，学龄儿童833人）

五、经费

自创办至二十三年六月，其经费由中华职业教育社支拨，二十一年度前，年支2400元，二十二年度起，则减为年支1500元。二十三年度起，其经费完全由地方自给（由昆山县政府常年拨发1500元）。

六、事业

公民活动　有调解委员会、节俭会、青年服务团、壮丁队、建设委员会、小青年团、报时钟、公渡、济贫等。

　　学术活动　有民众演讲厅、民众阅书室、报时事报告、民众问字处、书契代写处、民众强迫识字、小学校等。

　　合作活动　有信用合作社、小本贷款处、贫民贷本处、农业仓库、农艺合作、养鱼合作、养鸡合作、特约农田等。

　　康乐活动　有公共体育场、公共花园、民众茶园、民众休闲室、同乐会、简易药库等。

(2) 工业教育

　　我国工业教育的历史甚短，社会上对于工业素不重视。直至清咸同之交，西洋机械才引人注意，然而一般士大夫还以为我们所研究的是形而上之学，他们所研究的是行而下之术而已。数十年来工业的进步甚少，到现在外货充斥市面，国货逐渐衰落，工业的不发达实为主因。

　　世界各强国，如德、法、英、美、日本诸国，都注意工业的进展，努力想法使它振兴。现在人们要知道一国的强弱，往往拿它全国所用的马力来判断。我们全中国的马力，还不能及英美工业发达的一个城市。近年以来，全国知识阶级均感觉民生的重要、工业的急需改进，对于工业教育，已一致的热心提倡了，这当然是一种很好的现象。

　　"工业"两字的意义，实在非常繁多，很难把它一一述出，它的普通意义，包括任何一类之人类工作。在工业教育上所用的"工业"两字，其意义是指生产性质的机械工与手工而言。大凡从事工业的人，不外四种：（一）工人，（二）工厂管理员，（三）技师，（四）工程学者。所以设施工业教育机关的目的，也可以照此分为四种：（1）职业学校工科（或称工业学校），养成工人或管理员（程度较高者为初级技师）。（2）初中职业科，养成助理员或管理员。（3）高中工业科，养成管理员或初级技师。（4）大学专门学校工科，养成技师和工程学者。

　　此外小学的职业准备科，如系简单的工艺，亦可以养成工人为目的。至于工业教育的普通目的，实包括两种：（一）谋手与脑的联络发达，以促人类的进化。（二）谋工业效能的增加，以促社会进步。因此又有五种工作的标准：（一）正确，（二）优美，（三）敏捷，（四）创造，（五）坚固。现在把普通工业设计图写于下面，以供设施工业教育的研究。

工业设计图

原料

1 产量之多少　2 品质之精粗　3 价格之贵贱　4 运输之便否

调查

优美耐久　物　适用便宜

1 销售机关　2 质之贵贱与收账法　3 运输方法　4 税率　5 销售时期　推广　训练　1 技能之优良　2 人数多少　3 工价贵贱

销路　　　　人工

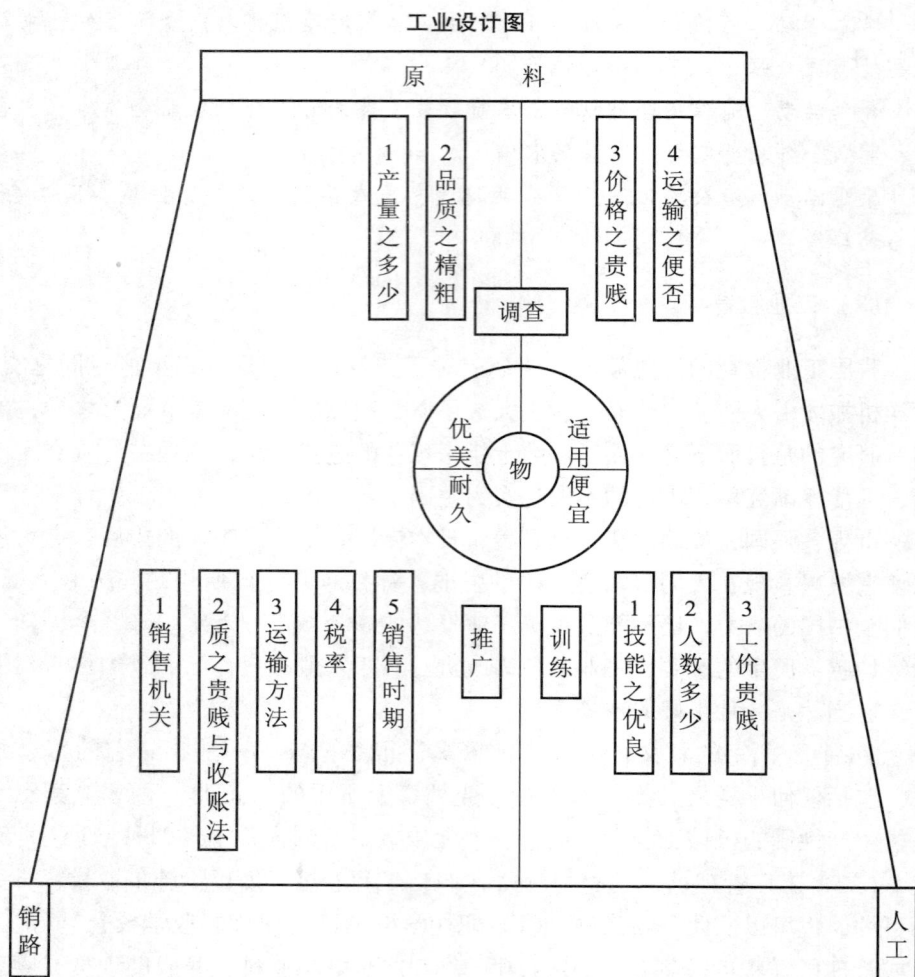

就事实方面讲，工业性质的教育机关，应该多偏于初级的程度。招收学生的时候，也应该以工人子弟为原则。设置的学校，大概有下列五种：（1）特设之工徒学校。（2）设有工科之职业学校。（3）初级中学工科。（4）高级中学工科。（5）大学专门学校工科。

入学的程度也勿取严格的限制，但于体格、性质、兴趣方面是否适宜于工业之锻炼与教育，应有精密的考察。今后工业学校应注意的约有数事：（1）实习钟点应占学业全时间之半数以上，不可偏在理论；（2）制作的物品须有生产价值和教育意味；（3）材料方面当力求节省，广为利用；（4）工场设备应力求完善；（5）教师应以有工业技能者为原则；（6）使学生与工业界常接触，并随时参观各种工场；（7）农工有密切的关系，有联络注意的必要。

兹更述办理职业学校的一般原则，也可以供设施工业教育的参考。

（一）职业学校的设置以地方需要及利用其环境与生产为原则。

（二）职业学校之教育方针以实地工作为主，上班授课为辅，俾学生毕业后能在工厂内担任技术工作，或有自组一种小工业之能力。

（三）职业学校内之教职员学生须一律短装，躬自操作，免除一切文人旧习。

（四）校内工场设备追求适用。

（五）学校出品，以能推销市场、减轻消耗为主。

总而言之，办理工业学校最应注意"因地制宜"。在工业已经发达的地方，应该尽量扩充机械工业。至于手工业，利用丰富的天产和过剩的人工，不要多大的资本，可使一般平民得到生计上的帮助，又可以积极推广。所以初级职业学校，最好先从办理手工业入手。如果要用生产的所得，偿教育的所费，在初办的时候，恐难办到。因为试验时期消耗太大的缘故。但仍宜力谋撙节消费，增加教育生产。对于青年，务宜养成其自谋生活的能力。

关于工业学校的课程也很繁杂，因为"工业"二字的含义甚广，其科目也分门别类的甚多。上自建筑机械，下至泥水木工，旁及电气水道，凡衣食住行四者所需，都与工业教育有密切关系。普通重要的分类，有机械科、电气科、市政工程科、土木工程科、土木科、藤竹工科、染织科、应用化学科、印刷科等，每科更可分析为若干种。编制课程的标准，必须有一定目标，才可定课程的深浅；要有弹性组织，多伸缩余地。注意经济效能，着重实习工作，才能养成工学兼长的人才。

工业学校的目的，不仅在培养知识，尤重在生活技能。所以对于实习工作，更应注意。而同时困难也很多，例如工场管理的困难、学校设备的不能完备、出品的推销滞碍等。工场为活动的工作场所，应注意经济与系统，务使条理清楚、纲举目张，才能有进展。设备不全，当然为经济关系，能设法购置，自然最好，否则可联络当地固有工厂，商洽为学生实习之地，才不致因噎废食。出品能沟通商家，设备原料由他们供给，出品由他们承销，学校仅任教育管理之责，这样最属妥善；否则联合各机关合设出品推销所，共谋推销，亦较有效。

（3）商务教育

商务教育也就是商业教育，不曰商业而曰商务，范围似乎比较广一些，它唯一的目的，是在造就商业上的应用人才。要造就商业上的应用人才，便靠商业教育设施的适当。现在社会上需要商业教育的人，可以分做五种：（1）年在 14 岁到 16 岁志愿做商业的学生。（2）年在 16 岁到 18 岁将入商界的学生。（3）年在 18 岁以上要求高深商业学识的学生。（4）年在 18 岁以下要补修学科的商业学徒。（5）年在 18 岁以上要补充商业知能的店员。

需要商业教育的人，既有上述五种，那么设施商业教育的机关，也应该依据以上的需要，分做下列五种：（1）初级商业学校（和高级小学或初级中学程度相当）。（2）高中商科或高级商业学校（和高级中学程度相当）。（3）大学商科或商业专门学校。（4）商业日夜学校。（5）商业补习学校。

上列五种商业学校，一二两种是专为一般希望受商业训练的学生设立的，教学的时候，应该注意所授的课程，能否适应学生的年龄能力，如司账会计等职，不是十三四岁的儿童能胜任的，就不应该对十三四的儿童教授。所以支配各级的功课，应该照学生的年龄能力为标准。这样做来，就是学生半途辍学，也可以凭他平日学得的知能，去找相当的职业，不致发生失业的恐慌了。第三种学校在造就商业方面的专门人才和领袖人才，所以教学的时候，应当注意于组织管理方面，而不可偏在技能方面了。第四、第五两种是商业补习学校（依理应让下章再讲，但为叙述便利计，亦不能不一言）。此等教育是为有志商业但不能受完全商业教育而要求补充商业知能的人而设，教育方法一方面须注意于商业上的技能，增益他的商业训练，一方面须注意于普通教育，增进他的基本知识。要设立一二门专科，给学者一种狭义技能。对于商业学生，能够设法使他受完全的商业教育，当然最好。否则也应当采取学年制分年教授主科几种，使修了这几科的人的学力，和寻常毕业于商业学校的相等，这种制度在商业补习教育方面，很为适用。

古语说"学以致用"，商业教育简直是以学为用，这里所谓"用"，是指为社会所用，它的对象应以整个的商业社会做中心，注意到"实务"二字。同时发挥爱国信念，因国家民族的生存，谋国家社会经济的自立。这种广义远大的目标，不能不先行建树。至于训练的要则，当以"做"为重心，所谓"做"，亦包含两层意义：一是熟练的技能，一是合式的品性，二者相辅而行，不能缺一，后者尤为重要。具体来说，技能方面包含簿记、打字、珠算、小楷四项，品性方面含有礼貌、谨慎、敏捷、俭朴、互助、精密六点，能做到这几样，才能适应于现代的商业社会。

其次对于时代知识的灌输，当前环境的紧急需要，亦应顾到。非常时期的教育，应酌量变通，譬如受文书训练的，可增加军队应用的文书及消息的传递、宣传的方法，等等。研究商业的，可以增加研究军需的购置、保管、分发等问题为资料。在训练时分别有所着重，俾得助益。

商科学程普通分为三大类：第一类是基本学科，如国文、英文、理科、史地、数学、公民等是。第二类是知识学科，如商业概论、商品学、商业经营、国际贸易、信用合作、交通运输等都是。第三类是技能学科，如簿记、珠算、打字、应用文、小楷、验币术等都是。这三种学科的分量支配，亦不相同。大体说来，初级的基本学科应占十分之六，知识学科应占十分之二，技能学科应占十分之二，其目的在打好基础。中级的基本学科，应占十分之五，知识学科应占十分之三，技能学科应占十分之二，其目的在充实学力。高级的基本学科应占十分之四，知识学科应占十分之三，技能学科应占十分之三，其目的在完成训练而注意于应用。当然这是一个假定，实际上还须视学生程度、学校环境等而定。不过基本学科，千万不能轻视，如因时间少的话，也得设法锻炼教材、经济教法，以期增进教学的效能。

商校对于选择教材，应先明了各种商业情形，如商业簿记格式、各种币制兑换率、关税和转运手续等，须与当地商场中现实习用的吻合，勿拘泥课本。

商校的设科，应先定目的，预备造就何种人才，将来供何种机关使用，然后再决定设哪种学科，选哪种教材。同时实施教育的时候，随时和商业家接洽，并明白他所注重的要项及种种的组织，以谋适合应用。训练也不可以太褊狭，免得学生出路狭窄、难得发展。

商校的职业指导也是非常重要。对于愿进商科的学生，应审察其性质能力，分析其优点，然后指导他，使他选择适当的科目，努力练习。譬如速记一门，须头脑灵敏、记忆力强健、拼法娴熟、有相当的国文英文程度和普通知识的人，才得选习。否则徒然耗费时间和脑力，结果还是无成。

商科的实习极为重要，应刻刻留心，时时指导，实习的方法很多，举其大概如下。

一、参观　参观前要把参观目的认定，提出注意点和疑问，以便请教。参观时应仔细观察，随手收集材料，参观后更应把所得材料，整理清楚，作成报告，以备参考。

二、调查　调查工作比参观更难。如何调查，要指示方法；调查什么，要规定事项；如何入手，要预备参考材料；如何整理，更要熟知统计方法。此外如交际问话等，也得有相当研究，才能顺利进行。

三、见习　先期与职业社会联络，依时派学生往各商店见习，把注意事项，择要提示，规定办法，严密考核成绩，作指导的依据。

四、假设实习 提出问题，逐一做去，成立一所假设商店，做假设买卖，举凡成立经过、布置、账据、手续等，全同真的商店一样，由教师组织实习指导委员会，定实习单元和步骤，以凭考核。

五、自设商店 由学校与学生共出资本，组织一所合作商店，凡创办手续、进货、记账等，均由学生主持，学校派定负责专员，切实指导。

六、商业合作 先期联络商店，商定名额，派往实习，朝往暮归。实习事项，以能周遍全部为上，否则就做局部练习。最好无论新式的、旧式的、规模大的和范围小的，都能面面顾到。

七、各科实习 各科教学遇到可以实习事项，决不要放过机会。具体说来，如写发票、做广告、做标本、做模型、做统计、做账簿、计算损失，等等都是。

八、商品实习 先期向各商店各工厂征集各种商品，分类陈列。先使学生认识，次使学生研究，提出重要问题，更着重在制造、推销等的改进。国产与洋货，可分别陈列，多多比较，使能熟辨，认明无误。

商科学生的品性训练极为重要，应该注意的事项很多，择其要者而言，如教师的以身作则，感化最大；多请名人演讲，指示修养方法；举行个别谈话，解决疑难问题；利用课余到社会去调查民生状况，使体验明了实际生活。其次如公民课的充实，以实习作中心；教材的选择，以启发青年思想为准则。务使学生有健全的品性、良好的习惯，明了互助生存之道，及服务最低限度的修养，更要有浓厚的民族的情绪。

关于毕业生指导的方面，约可分就业指导与服务指导两大项：就业指导，依其个性能力，审其专长与缺点，指示其最适当之职业。同时指导得业的途径，如应试前的预备、就业前的准备，等等。一方面和职业界应有相当联络，尽力介绍位置，务使人尽其才，学得其用。服务指导，学校当局应派专员多多访问，征求雇主对于毕业生的意见，考询毕业生对于服务的感想，加以恳切指导。这种指导员，应选学识经验二者具备，兼有交际才能的人担任。

（4） 家政教育

"家政"两字，也可称之为家事。狭义地说起来，家事是一种以家庭作中心的事务，无论它是一夫一妻合作的家庭，或是父母子女群居的家庭，因为要谋自身或儿童和社会国家的利益所发生的事务，叫做家事。广义地说起来，凡类似家庭的组织，但没有家庭的关系，因为要谋多数人的利益才发生的事务，亦可称作家事。所以凡是家庭的主妇，或负一部分治家责任的人，或将要负治家的责任，和担任处理家政同样职务的人，都可以称之为管家的人。从家事的基本方面讲来，本为男女所应同受的，因为家事本应由男女共同负责处理啊。不过向来社会习俗是"男主乎外，女主乎内"，因此家事便成了女子的专业，而家事教育的施行，也是对女子而言了。

要知家事教育的重要，应先明了家庭对于社会国家民族有什么关系。择其要者言之，约有四点：（1）家为一般人人生目的之总归宿处，除了特殊的个人以外，人生都是先有安定和乐的家庭，做一个生活基础而后才肯努力做种种社会事业，虽在欧美，也是这样。颓废流浪者多无家室，也有因无家而转至颓废流浪者，民族复兴有待于人民具正常的人生观，所以须要有快乐满意的家庭。（2）家为国富的储藏所，在私产制度的社会，资财之储藏多在家，劳力由人，而人出于家，所谓"民足"的意思即在此。（3）家为民族性的陶铸所，日本的人民重服从，欧美的人民尚自由，都是从小家庭里养成，凡是办教育的人，谁都会感到家庭的势力的伟大。（4）家为种族民族绵延的机关，为人种选择改良的处所，婚姻的选择配合，没有不求优良的，这点与民族的本质，尤多深切的关系。综上所述，已可知家庭的重要。而况中国的社会组织向以家庭为基本，虽不免有弊害的地方，但正应将家庭的功用，发挥光大起来，使一方面能维持社会的安定，一方面能应付现代的需要。同时中国公共事业不发达，教育机关也不能充实足用，儿童的养育等，处处不能脱离家庭的照顾，在当前环境中，家事教育，当然更感需要了（就是将来社会演进，有废止家庭之一日，但在由未废止度到废止之过程中，亦应用教育方法切实谋现在家庭之改良，而后才可安稳演进上去）。

杜威夫人说："家事是一种业务，也是一种社会事业，因为主妇对于家庭，负维持促进智育、德育和社交地位的责任，好像和主持社会事务的人一样。"美国哈肥氏（Harvey）有言："妇女的责任在使家庭有益于社会。然则吾人应研究者，为妇女应知何事，应习何术，始可胜其责任，于是不得不专设学校，以为研究之所。"由此更可证明，家事教育不仅在个人与家庭方面关系重大，而在社会国家方面关系更重大了。

家事是否成一种职业？这个问题，曾经过很多专家的讨论，多数专家以为家事不但是一种职业，而且是一种很重要的职业。因职业并不限于直接生产的，农、工固是职业，商也是职业，做律师、教员也是职业，何以家庭的主妇任务不是职业呢？况且主妇对于家事处理得当，不独男子在外可以无忧无虑，可以增加他的生产力，即子女保育得人，身心发育两健，也足以增加成年后的生产力。由此可知家事是一种很重要的职业，可无疑义。

家事教育的范围如何，大概地讲，至少应包含下列各项。

（一）食　选择、购买、烹调、整理、盆碗洗涤等。

（二）衣　选择、购买、裁缝、洗涤、改造、修补、保管等。

（三）住　布置、清洁、选择及购买家具与用器，修理，灯火照料等。

（四）保育　对于儿童的保养和教育。

（五）会计　支配、预算、簿记、储蓄等。

（六）看护　对于疾病的预防、简单治疗，病人看护等。

（七）社交　朋友往来、馈送、访问等。

（八）园艺　庭园布置、花木培植等。

家事教育的范围既广，而小学校与小学以上的中学专门等学校，因程度的不同，实施的目的也因之而异。大概小学的家事教育，重材料而不重技能，科目不妨多，而不必求其精。中学及专门学校的家事教育，须有职业性质，练习须多，以求其精。同时须授以其他种种科学，吾人的生活，除了职业以外，尚须有娱乐，家事教育也应顾到这一点。除授以各种理论技能外，更须研究家庭伦理、理想的家庭等，要使物质精神两方面，皆造其极。家事教育，虽有职业性质，然如研究家庭的历史、家庭与社会之关系、社会进化之原理、家庭之艺术与经济等，亦含有文化与科学的性质在里边，也应该注意到的。

其实小学谈不到家事，可是家事教育的陶冶，也不可缺，在美国的幼稚园中，有种种关于家事方面的玩具，以引起儿童的注意和兴趣，就是这个意思。到了小学的高级部，儿童年龄较为长大，体力智力也比较充实些，就可以酌量情形，设置家事科了。在我国家事教育的类别，约有三种：（一）职业学校家事科，或特设家事学校，或专门教授关于家事的一部分知能。（二）高中分设家事科和属于高等教育性质的家事专修科。（三）普通学校设家事科。

我国素来对于家事教育，不甚注意，大都在家庭内由母亲传之儿女，学的时候没有一定方法，循着惯例做去罢了。现在学校内的家事教育也很幼稚，其列入学校课程中的，如小学、初中、师范之女生劳作，每周有二三小时的课程，大学则偶尔有之，殊少规定必修，教会学校反比较的注意此事。至以家事为特设科系者，寥若晨星。燕京大学之家政系，河北女子师范学院之家政专修科，华南女子文理学院之家政系，大夏大学之家事必修科目，以及少数中等学校之家政班级，一切设施，尚在萌芽之中。家事教育所以不发达的原因，重要者约有三端：（一）是一般人对家事教育的观念错误，以为是一种卑陋工作，不屑去从事；（二）是家政教育的师资缺乏，与教材的不适合应用，无从表现成绩，也无发展机会；（三）是教育行政当局及教育界对于家事教育缺乏积极的提倡，于是很少人去注意它了。

今后的家事教育应如何推进，当然和别种教育一样，也须各方面有相当注意，才可收得显著的效果。兹根据上述不能发展的三点原因，拟订推进的主要步骤，约如下列。

首先，应多宣传提倡。教育界的人应将家事教育的意义及其重要，多加宣传，使一般不明白家事教育价值的，或有错误观念的，可得正当的了解。对于青年女子，更应特别注意，使她们认清家事教育在人生中的地位，对于这种教育发生领受的兴趣。假若能造成一种风气，以为家事教育是极关重要、迫不及待的事，实施起来，就比较容易得多。

其次，对于师资训练与教材改革，应十分注意。我国目前家事教育的师资缺乏，无可讳言，推进家事教育，必先培养师资。各大学有教育学系的，都应设家事教育科，训练中等家事教员；师范学校，应添设家事科，训练小学家事师资。此外为应付目前需要，可由教育行政机关或教育团体，举办短期训练班，供给中小学家事师资。至于我国已有的家事教材，大都是抄袭外国，不切实用，应由各大学或其他学术机关，将本国材料加以研究试验，审定标准，然后施行者方有所采用、有所根据，这样方可实际的推行。

再次，教育行政机关应将家事教育列为中小学女生必修科目，并规定最低限度的时间、教材及设备等事，这样学校课程中有了正式的地位，推行起来，自然比较便利得多了。

家事教育也要注重实做，以方法而论，与其举行若干次的演讲或比赛，不如做实际的表证与指导；以内容而论，与其空洞的高谈食衣住等等之研究，不如在饮食、教育、看护等方面，求常识的普遍。兹将家事教育的具体方针，条述如后。

（1）增进家庭和乐——其内容如（a）孝敬父母，和睦邻里。（b）兄弟、姊妹、姑嫂、妯娌相互亲爱。（c）了解夫妻结合的基础，在乎志同道合。（d）知道如何永久保持夫妻间的爱情。（e）爱护子女，无所差别，等等。

（2）注重儿童保育——其内容如（a）有儿童卫生之知识。（b）有儿童疾病护理的技能。（c）有教育儿童之学识。（d）有教育儿童之方法，等等。

（3）充实家庭经济——其内容如（a）能编造家庭预算，并能量入为出。（b）能有储蓄之习惯。（c）能勤恳俭约。（d）能选择正当职业。（e）能利用休闲时间，从事简单的副业。（f）能有修理家庭中简单用具的技能，等等。

（4）促进家庭卫生——其内容如（a）有整洁之习惯，能每日作简易之健身运动。（b）注意食衣住的卫生。（c）了解各种疾病之浅显病理。（d）知道普通疾病的预防及普通急救的方法，等等。

（5）改良家庭交际——其内容如（a）蠲除虚浮的应酬。（b）注意联络戚族朋友间的情感。（c）知道节省无谓的礼物。（d）应有互助的情谊，等等。

（6）破除家庭迷信——其内容如（a）能了解水旱疾病与鬼神无关。（b）能改良家庭的祭礼。（c）能节省靡费，作他种有益的事业。（d）求神问卜一切误人的事情，均能破除，等等。

（7）恢复家庭固有道德——其内容如（a）父慈、子孝、兄友、弟恭。（b）亲亲而仁民，仁民而爱物。（c）长幼有序，朋友有信。（d）言忠信，行笃敬，等等。

（8）消除家庭恶习——其内容如（a）力戒随地吐痰、随地便溺的习惯。（b）宜养成遵守时间的习惯。（c）能了解缠足、洞耳、束胸于生理上的影响，并能实行革除。（d）革除重男轻女的习惯。（e）能解除一切不良嗜好，作有益娱乐，等等。

（9）提倡家庭艺术——其内容如（a）有设计布置家庭的能力。（b）有布置家庭园林的技能。（c）有讲述故事的情趣。（d）有欣赏音乐图画的能力，等等。

（10）改良婚丧制度——其内容如（a）婚事须得当事人的同意。（b）知早婚的弊害。（c）能打破一切虚荣的观念。（d）能实行俭约合理的婚丧仪式。（e）废除堪舆家择地营葬的迷信，等等。

江苏省立扬州中学于民国二十三年九月间，附设女子生活学校一所，目的在造成身心双健、具有强固民族观念、活泼纯良的女性，充实其实用知识、独立谋生技能、艰苦耐劳精神，外可服务社会、内可维持家庭的健全国民，办理甚善，兹述其概况如次。

课程除普通中学所必有者外，还有珠算、簿记、看护、缝纫、洗染、烹饪、园艺等，以实习居多，指导员和学生都在一起，每个人都要伸出自己的手，从做上教，从做上学，会的教人，不会的跟人学。做一件事，对事说是做，对人说是教，对自己说是学。每个人都可以做先生，又可以做学生。凡是校内生活上食衣住的制备、整理、清洁等，和学校一切事物，都由学生分工处理。所以行政方面，除主办人员及指导员外，没有什么会计、庶务、书记等职，连校役也不用。

在住宿上用家庭的组织，全体40人分成三个家庭，每家有寝室四间，膳堂一间，客堂一间。整洁布置，及一切生活问题，就由这家庭里的学生，自行料理。一日三餐是另外分组轮值，自己购置材料，自己去烹调。

关于学生的体格锻炼和身心娱乐，更有适当的配置。每日还要写楷书，记日记。为了训练保育的技能，会向育婴堂领几个婴儿做实习。

初到校时的学生，对于操作都有些害羞心理，但经过短期的训练，竟把她们的观念完全打破，去了以前畏缩不前的心理，而争先恐后地去做了。并且对于园艺上的担水、施肥、荷锄耘草，亦不以为苦；畜养饲喂，洗桶倒水，亦不以为污；纺织缝纫，手足并用，并不以为忙。勤劳吃苦，融融自乐。检查她们的身体，比较在普通学校的女生，有显著的进步云。

(5) 职业课程

课程是什么？凡是学生所从事的活动，所发生的行为，用以达到某种教育目标的，皆谓之课程。课程的意义，实包括学生的全部活动、全部生活，并不仅指课堂里面的活动而言。所以不论室内作业、室外活动，教师均负积极指导的责任。学校里的教学和训导，本不应该分立，教学上的事情，有赖于训育的帮助，训育上的效用，亦须教学来启示，息息相关，绝对不能划开，以致教自教、训自训而各不为谋。在普通学校应如此，在职业学校，更应该并合为一。职业教育的第一责任，固在教人习职业以谋生；其第二责任，还须能服务社会，注意做人的道理。二者的关系，如鸟之翼、车之轮，不可或缺。

"职业课程"这一个名词，并不十分妥当，因为讲起全部的教育课程，都应该职业化与经济化，不必特立一个名称。职业与文化，也是相互为用，职业因文化而有价值，文化因职业而得增进。所以职业课程的内容，除了传授职业知能以外，至少对于公民的训练、体格的锻炼、休闲的教育等，都该负相当的责任，应以此为原则的规定。

工学并重为一切职业课程的标准，由工而学，即工即学，学不离工，工进学进，工好学好，都以做学教合一为方针。

从前职业学校的课程设施，往往受普通学校课程支配的影响，能够使普通学科与职业学科各占半数，其时间支配合理的已属很少，至于要求把职业知能做中心，而以普通学科做附属者，更无从说起。推究其因，一方面因囿于升学观念，不能不求其适合，一方面为主持者能力所限制，未能为正当的改革，此则不能不引为憾惜。

职业学校课程，大别之为三部分：一、基本学科，即普通学科及有关系学科，包含公民、人文及工具等科目，其分量虽可视职业的性质而异，如商科及文书等职业，往往注重文字及常识的充足，自非稍稍加多分量不可。其他一般职业，可以百分之十五至二十为标准。二、职业学科，此则以职业理论、方法等知识为主体，是职业教育的中心，时间的多寡，与职业性质有关，如家事、商业运输、汇兑等比较的多，理发、汽车驾驶、缝纫、刺绣等则比较的少，可以百分之二十至三十为范围。三、职业实习，这是培植生产技能的唯一方法，过去徒弟制度的优点在于此，即现在新式工厂训练学徒之重心亦在于此，除了少数特殊职业以明了其知识方法为达到目的者外，都须有充分的实习工作，应以占百分之五十至六十五为原则。

中华职业教育社有规定职业学校学科分配的标准，兹录如下。

"查职业学校课程的普遍原则，固在本业知能之养成，然其他与职业相关的知能以及人生陶冶问题，决不宜因职业学校而废置，故职业学校之教学科目，应有下列三种分配。

（一）职业学科　所以培养各该职业之知能，如农、工、商、家事等的专科。

（二）职业基本学科　所以培养各该职业知能之基本，如农科之须习生物及化学，工科之须习数学及物理，商业之须习算术，家事之须习理科等是，而国文、算学则为共同基本之必需之学科。

（三）非职业学科　此为人生不可少之修习，与职业有间接相关之影响者，各级各科性质情形各有不同，设置此种科目，当然不能一致，惟至少应有下列之三科：（1）关于公民者；（2）关于体育者；（3）关于音乐等艺术者。

其教学总时间至少应占全时间百分之二十，兹分别说明如下。

公民科之常识及陶冶为无论何人所不可缺，而人生观之正确与否，尤于服务职业有极大关系，此前一科之所以必须列入也。

吾人终日服务，而少人生多方兴趣，则其生活枯燥，甚或习为不正当之娱乐，而身体精神且因以大损；故于职业教育时期，不能不有相当之准备。若一方使其身体受充分之锻炼，一方使其精神受充分之涵养，庶将来出就职业，有健康之身体以勤于服务，有高尚之娱乐以慰其心神，教育之结果，差为圆满。此后二科之所以必须列入也。至其时间，鉴于职业学校各级各科之种种不同，仅规定三科总时间之至少限度，各校尽可斟酌情形，就三科分别支配，或于限度以外，量为增加。"

近来也有人主张，就纯粹的职业环境中去训练职业人才，譬如银行的自办行员训练班，纺纱厂的自办妇女纺织传习所，印刷所的自办初级工人预备班等，要使一切设施，均合乎教育与职业两方面的条件，当然是最好的方式。办职业学校于生产的机关，比较办生产机关于学校环境，要来得好一些，虽然知识与经验各有其便利的地方，可是最后的实用，毕竟前者有胜于后者，惜乎此种机会不多罢了。

在中国现今经济破产的情形下，职业课程的方针，应以适当技能为主体，专门知识次之，普通知识又次之，而发挥民族精神与爱国观念，尤当尽量采取的一点。其次职业学科中对于职业经济或成本会计的研究，亦应注重。此种学科在德国称为事务学，美国则名之曰职业的商业须知。因为知与能固属重要，而经营估计，如何能使事业发展，尤为学习职业的人不能忽视的。

职业课程的编造应根据科学的职业分析，兹先介绍各家的主张如下。

海来伯（Herap）的主张以为有七个步骤：（1）调查员观察工作的过程，以知其大概。（2）依其发现的先后，列举某项工作所包含的步骤。（3）访问工人、工头、经理等，依照访问的结果，订正第二步所得之工作步骤顺序等。（4）有时调查员亲身尝试某种工作，以发现是项工作所有的职务。（5）列举是项工作所必需之知识、事实。（6）列举与是项工作有关系而并非必需之知识与事实。（7）根据分析结果编订教材。

加得斯（Charters）的主张，有下列五个步骤：（1）进行困难分析，或职务分析。譬如调查员访问商店售货员在职务上所遇见的困难，或者以客观的地位观察售货员服务的情形，以发现商店售货员所履行的职务。（2）根据所发现的困难，提出问题。譬如一位售货员报告他对于性急的雇主常常发生应付上的困难。根据这个困难，我们可以提出下列问题："如何应付性急的雇主?"（3）访问经验充足成绩优良的售货员，以寻求解决困难之方法。（4）将访问结果编成报告。（5）根据上列各步骤所得之结果编订教材。

克得生（Kitson）的主张，也有五个步骤：（1）列举关于某种工作之普通事实——如学习时期、健康上之危险、进业的条件等。（2）列举并说明某种工作所包含的职务——例行的及例外的。（3）规定某种工作所必需的知识。（4）规定与某种工作有关的或补充的知识。（5）说明在某种工作中升进的机会。

以上三氏的研究，都可供编造课程时的参考。工作分析的方法，约可分五种。

（1）自省法　对于自己有经验的工作加以反省，作分析的依据。譬如小学教员要分析小学教员的职务，可回省自己在小学教员职务上所履行的各种工作；排字员要分析排字的工作，可回省在排字时所经过的各种步骤等。惟须注意工作要确有经验，并不自欺。

（2）访问法　访问从事某种工作的人员，征询某种工作所包括的职务或步骤。作困难分析时，可征询在履行职务时所遇见的特殊困难，不过访问的人数要多一些，以资比较，而求正确。

（3）自身尝试法　自身加入工作，俾得亲历工作的环境、工作的过程。这种方法虽然也有它特殊的利益，但所需时间甚多，用于简单的工作较好。

（4）问卷法　问卷法最为简易，但须注意两点：一、问卷中所征询的问题应偏重于事实，不要问意见。二、被询问的人必须有回答问卷中所列各问题的能力，而且愿意回答。

（5）观察法　以客观的态度，观察在职人员的工作，作翔实的记载，这是科学中最基本的方法。

现在再将职业课程的研究途径，简述其纲要，以为本章之结束。

（1）调查全国职业学校已有之课程，加以观察。

（2）就政府已拟定之课程标准，加以研究。

（3）就一校用上述（2）（3）（4）三种方法编制，加以试验。

（4）多参考外国的出版书籍，以作借镜。

（5）须将课程范围特别扩大，以利进行。

（6）须将普通学校进而为职业化，以求效能。

五、职业补习教育

（1）职业补习教育的重要性

职业补习教育在全部职业教育区域中，渐渐感觉到它的地位重要，或者竟可以说和正式职业学校教育，已成"分庭抗礼"的现象，这是目前社会环境和需要逼迫而然的。中国社会组织本不健全，惟其不健全，所以格外需要职业补习教育来补助，使不健全的毛病逐渐减轻，慢慢儿走上完善的路上去，兹一述其重要性如下。

假定儿童教育已普及，那么儿童受过国民教育之后，年龄还小，当然不能在社会上谋生自立，如送到农工商场去当学徒，自然需要得着各种职业上的新知识新技能，那就非职业补习教育不为功。有了职业补习教育，便可专来为一班受过小学教育预备入职业界，或已入职业界的青年，供给他们适宜的训练。就个人方面说，可以增进职业知能、文化学识，谋经济生活的自立；就社会说，可以改良旧职业，创造新职业，为整个民族国家的经济谋发展，其关系至为重大。这是从受过国民教育的青年身上看出职业补习教育的重要。

就一般青年成人的文盲来说，现在中国的文盲到处皆是，推广识字教育，固是当务之急，如能以识字教育与职业补习教育混合一起来办，其效果尤著。在文字中加入职业材料，在职业上教其认识文字，不仅在识字，而且能做工，不但能够做国民，而且能够同时做生产者，如此则教育意义更觉远大。这是从未受过国民教育的青年成人身上看出职业补习教育的重要。

现在中国到处闹穷，父兄对子弟教育费用之负担，极感困难，随时有嗟怨之声，而且学成出校，有无职业可就，还是问题。有了职业补习教育，便可补救不少，不必定须升学，尽可送入职业界，可以白天做事，早晨或晚上入学，所得成绩，或反较升学来的切实，而父兄亦可减少负担。这是从父兄供给子弟学费情形上看出职业补习教育的重要。

就青年自身来说，一般青年往往因经济困难，不能升学，只好入职业界服务。眼看同班的同学，在学时成绩虽不如我，而因父兄有钱，可以享受升学的幸福，不免有愤懑之气，抑郁于怀，如有职业补习教育，便可有相当解决。有初中毕业程度的人，入高中相当的补习学校，有高中毕业程度的人，入专科相当的补习学校，尽可年限长一些，循序渐进，皆可以修完他所要修的学业。个人升学目的既达，职业知能也因之增进，而职业地位，也可逐渐提高，愤懑不平之气，自然消灭。这是从不能升学的青年心理上看出职业补习教育的重要。

就一般学生来说，毕业以后，未必有事可做，在此毕业即失业之社会中，出路真正万分困难。毕业升学，又有什么一定可贵？自不如先谋职业，再求补习，较为合宜。吾人应努力将一般社会观念转移过来，对于有了职业再入补习学校的青年，表示万分敬意与可贵。这是从毕业学生出路上看出职业补习教育的重要。

就国家教育政策来说，办理教育不外希望一般国民能帮助改良社会，以及改良社会产业。正式职业学校教育，其目标如此，可是数量有限，要是求普及社会，大显效能，那么唯有推广职业补习教育，使整个职业界的青年和成人，人人皆得着适当的训练，使他们增加生产知能。这是从国家教育政策上看出职业补习教育的重要。

就教育效用上说，固应认定职业补习教育是十分重要，就是就改进全国产业、增加全国富力来说，也不能不特别谋职业补习教育之推广。试想一国有若干万青年和成人，白天在农场工场商场做工，帮助国家社会生产，早上晚上去学习职业知能，使他生产工作效率格外进步、格外提高，这一种效用多么大？若是仅有高级技术人才，驱使没有受过相当训练的中级低级职工，其效力可能与此相提并论？这是从增加生产效能上看出职业补习教育的重要。

就职业教育自身来说，职业教育原是以正式农工商职业学校为正宗，可是现在范围扩大了，除了正式职业学校以外，还有职业补习学校、职业指导，全部职业教育之构成，应以此三者为要素，竟如鼎的三足，缺一不可。在正式职业学校，要有正式设备、正式学生，不要说今日的中国职业学校不能普设，就是在欧美也何尝能普设？唯有借职业补习学校来补救效力之不足。这是从职业自身效能上看出的职业补习教育的重要。

总之无论从哪方面看来，职业补习教育都应该大大的提倡、鼓吹和推广，此则可以断言。

（2）各国职业补习教育的现况

各国对于职业补习教育，因社会经济及政治状况之继续不断的前进而渐趋复杂，都认为今后的重大问题。盖义务教育完了，而因经济或财力之限制不能升学，非向职业界谋生不可。同时又感到职业技术知能之缺乏，事实上不能适应生产环境，不得不另辟教育途径，以培养其所需之知能。即已入职业界之青年，亦因科学机械之进步，原有能力殊感不足，必须补习准备，以保障其现有之地位，因之职业补习教育，更感重要。兹将德、英、法、美、日各国职业补习教育概况，简述如下。

德国办理补习教育之时期最早，在18世纪至19世纪初叶，已有日曜日工艺学校之办理，先以宗教为主科，后逐渐演进而着重于职业训练，一变而为实业补习学校。19世纪中叶以后，改称职业补习学校，内容较前充实，办法亦渐完密，其目的为职业训练与公民训练两项。1873年，公布工业法律，凡业主需使18岁之徒弟入学，否则受20马克之罚金，或予以三日之拘留。1900年公布之法律，定为一种义务，业主应使工徒于工作时间内入学。1911年公布之《职业补习教育法》，规定14岁至18岁之青年均须入学，分上中下三级，修业期限为两年至四年，每年至少上课240小时，以40周计，每周6小时，愈多愈善。学科为德语、公民、算术（普通）及商业学、信礼、速记、簿记、经济地理（商业）或职业须知、图画、专门学科、技术科学（工业）等，其中最重生物学及事务学二科。

英国于1918年通过《费舍强迫补习教育案》，凡14岁至18岁之青年，于上午8时至下午7时之间入学，每年320小时，其目的为双重的，即小学教育之继续与职业性质之陶冶。惟以种种事实的困难，尤其是1921年实业衰落的原因，各地多未能实行，比较的能彻底实行之城市仅鲁格里（Rugly）。

法国于1917年公布教育法令《Projel de loi》，其目的为培养良好工人、良好国民及良好军人，实施强迫补习教育，分工艺、普及、体育三种。同时又分低级与高级，前者为13岁至17岁之青年而设，其科目分法文、历史、地理。乡村学生兼授农业，城市学生注重工商，航海学生注重航海术，女生则授以家事缝纫。后者为17岁至20岁之青年而设，以公民、普通法律或家政为必修科。男生注重竞技、步行、射击及军训，女生注重家事、卫生及看护。对于工艺科目，无必修之规定。惟其强迫程度，因种种关系，尚未能一致做到。

美国之职业补习教育法令，以1917年《史密斯职业教育案》为圭臬，凡14岁至58岁（各州不一律）之青年，须入补习学校，每年上课144小时，每周4小时，修业期限二年，其条件较德国为宽。至实行之程度，各州极不一致，而真能强迫者亦甚有限，半因经济情况之不景气，半因教育内容之未完善，就其办理的性质而分，约有六类，即普通补习、职业训练、家事、职业推广、职业预备和商业补习是。如就其重要目标而言，我们根据24城市的报告，得如下的结果：养成较好公民者，有 7 城市；培养优良职业技能者，有 4 城市；训练较好普通教育者，有 4 城市；以上三者兼备者，有 4 城市；无一定目标者，有 5 城市。借此可知该项教育设施之一斑。

日本职业补习教育，以农业为最发达。据每年统计，毕业于寻常小学者约百二十万人，其中从事职业不再升学者约 38 万人，毕业高小者约 47 万人，其中置身于社会谋生者竟占 42 万人，更合其他退学者约 95 万人须受补习教育，其问题之严重可想而知。职业补习学校分前后两期，前期科目为修身、国语（日语）、数学、理科及职业科，后期为修身、国语、数学及职业科，女子则以家事、缝纫代替其他学科。前期修业期限为二年，后期二年或三年以至四年，教授时数自 280 至 420 小时，对于农业补习学校，得特别延长之。以言强迫，尚未普及，其困难即在经费偏枯、教员缺乏，教育实施，尚难彻底。

就以上德、英、法、美、日各国之现状而言，可知职业补习教育的方针、年限、教育时数及科目，颇不一致。不过提高程度，增加年限，注重人格、体格及职业三者之训练，目标则各国似乎没有多大的出入。

(3) 我国补习教育的演进

我国职业补习教育，向称实业补习教育，光绪二十九年所颁《实业补习普通学堂章程》，颇为周密妥善，不过实施不力，结果有清一代，设立实业补习学堂者，为数甚少。

此项章程中规定设学校的要旨如下："设实业补习普通学堂，令已经从事各种实业及欲从事各种职业之儿童入焉。以简易教法授实业所必须之知识技能，并补习小学普通教育为宗旨。"此种学堂"可附设于小学堂或中学堂及各种实业学堂并兼用其教员及学舍、物品、器具"。

对于学费主张免收，此项章程中有下列的规定："实业补习普通学堂应令贴补学费，听各地方合计本地筹款情形，随时酌定。如能免其出费，俾贫家易于就学，尤善。"

设置的学科，分普通科目与实业科目两大类。实业科目又分农、工、商、水产四科，各科又分类。关于教授，此项章程中也有下列的规定："凡实业补习普通学堂之学生，多有已在外操作实业者。学堂教授科目，务注意切合其素所操作之事物，使能实地应用，日有进步。"

关于教师的选择，主张以"有小学堂教员之学问者，或其于普通教育实以授足而又有实业上之知识及经验者充之"。

到了民国二年，有《实业学校规程》的公布，其中实业补习学校的一切，与清代所规定者大致相同。

民国六年为中华职业教育社诞生之年，是年十月，全国教育会联合会在浙江开会，议决《职业教育进行计划案》，呈教育部。翌年由教育部训令各省教育厅酌量办理。其中有关于实施职业补习教育办法二种，兹摘录其大意如下："职业补习教育实施简单，推行较易。各小学校得附设职业补习科，各地方宜酌设职业补习学校，使小学校毕业生得入此科，专修关于职业上之知识技能一二年，毕业后即可得相当之职业。使毕业于小学校或并未受小学教育而已有职业者，亦得利用余暇，入此补习。"同时定职业补习科办法十条，职业补习学校办法八条，均甚切要。

十七年大学院召集之全国教育会议，中有许多关于补习教育的提案。郑洪年所提的实施成人教育案中，述及成人教育亟须提倡之理由有四：（一）根据教育平等原则实施成人教育；（二）养成健全之公民；（三）提高生产能力；（四）提高国际地位。

十八年教育部教育方案委员会修正通过的《成年初步补习教育计划》，规定成年补习教育分国民识字训练及职业训练两种。国民识字训练，应于二年内使之普及，二年以后应注重职业训练。

二十年国民会议通过之《确定教育设施之趋向案》中，也有"尽量增设职业学校及各种职业补习学校"的规定。

二十一年教育实业两部会令公布《劳工教育实施办法大纲》24条，其对象为一般已有职业之劳工，其训练分识字、公民及职业三种，前二者为一年，后者则视实际情形定之，每周8小时。

二十二年教育部《职业补习学校规程》正式公布，其设施对象为20足岁以上曾受相当识字教育之青年，其要点如下：（1）各级学校得普遍设立。（2）学科分职业与普通两种，前者占70%，后者占30%。（3）修业年限视学科性质定之，分学期制与学科制。（4）指定每日或每周之若干时间，或寒暑假期或其他时间上课，以部分时间训练为原则。（5）不给毕业证书。（6）奖励公私团体设立。

以现状而论，职业补习教育，各地切实施行者，尚属寥寥。择其较有成绩者言之，则以上海之职业补习学校、青岛之劳工教育，办理较为完善，尚有待于努力推行。现在短期义务教育已经开始，凡受过是种基本教育者，若不继以职业补习教育，则无论公民和职业知能，均感异常缺乏，二者关联甚密切，实有相辅接替的趋势，也就是短期义教完成之日，即为补习教育开始的时期，需要迫切，急待提倡与推广。

（4）职业补习教育的范围与目的

补习教育的范围如何？普通的定义如下："凡对于就业青年或成人，利用其工作余暇，予以知识、技能、品性、体格各方面之相当训练者，谓之补习教育。"依其目的而论，又可分为普通补习教育及职业补习教育两类。前者为对于未毕业义务教育而从事职业的儿童，令其分执业时间的一部分，补足其应受的义务教育；后者为对于已毕业义务教育而入职业界之青年，于执业之余暇，或分执业时间之一部分，授以职业上之专门知识和技能。不过作者所述的，是职业补习教育一类，属于后者。

起始所谓补习教育，大部分是以青年为对象，当时因青年受环境的压迫，弃学就业，对于基本知识技能尚未有获得者，故设机关以补授他们未及在学校时代获得的知识技能，所以一切教材、方法、训育等，与所谓"全日学校"、"正式学校"者，无大差异。近年来成人教育的运动逐渐扩大，乃有所谓成人补习教育、成人教育等名词发现，它的效用也日益显著。其实所谓成人补习教育，也还是包含在补习教育之内，其中专属于职业训练的，当然要纳入职业补习教育范围之中。就横的一方面看，补习教育是要使就业青年、中年、成年，人人皆有继续受较高深教育的机会；就纵的一方面看，更要把程度提高，绝不是仅仅补授些未及在正式学校时代学习的基本知识技能，就算尽其职能。所以就课程而论，应分若干阶段，深浅俱备，以便就业青年成人的继续深造。就教材、方法、训育而论，应以就学者的需要为准绳，不必呆板规定。至于近来各方面应事业发展需要技术管理人员，特设短期训练班、传习班，又为传习一种新技能新方法，设立讲习会，与夫带有慈善性感化性各机关所施的职业训练，亦可列入职业补习范围。

职业补习教育的目的，当然注重在职业训练，但基本的知识，亦时时顾及。又虽以职业训练为唯一任务，而对于道德修养、公民训练、体格锻炼，更须特别注意。兹引各家的意见如次。

可莱（Robert L. Cooley）以为学习教育的目的有四：（1）养成健康的身体；（2）养成良好的品格；（3）增加生产的能力；（4）养成向上的意志。

普鲁逊（Prosser）及爱伦（Allen）的意见，以为补习教育应有下列十种职能：（1）供给就业青年以应用基本工具——读、写、算——的能力；（2）帮助他们矫正身体上的缺憾；（3）帮助他们保持身体的健康；（4）帮助他们获得及保持一种职业，及计划在职业中的进展；（5）帮助他们计划休闲时的活动；（6）帮助他们阅读的兴趣；（7）帮助他们获得健全的兴趣、欣赏等；（8）帮助他们获得及实行良好的社会习惯、经济习惯；（9）帮助他们获得对于社会事件的兴趣；（10）帮助他们获得良好的社会态度及健全的职业观念。

顾树森氏对于补习学校的目的，认为有四种：（1）为普通教育之补习；（2）为职业教育之补习；（3）为身体健康之保护与锻炼；（4）为公民道德之养成。

孟宪氏在讨论中国成年补习教育问题中，以为中国成年补习教育，应以增进生计为补习教育主要目的，而以识字及公民训练为次要，曾提出三项依据。

（1）依据民生需要　在此人民生计穷蹙、物力凋残之时，一般失学的成人正是就死不瞻、求生不得，就是有业者谁又不是终岁勤劳，才免饥寒，他们生活上所感觉到的需要，是谋生而不是求学。如果人人对于食衣住行四大需要有相当满足，生计问题有相当解决，自然会有较高的求知欲和较健全的公民活动。

（2）依据教学原则　施教要有效力，必须要受教育者充分感觉到学习的需要，而发生求知的动机。民众感觉到的是生计困难，所以设施教育，应以增进生计为中心。

（3）依据已定方针　我国教育宗旨、教育方针，都以发展国民生计、改善人民生活为中心，补习教育也应该如此办理。

作者对于成人补习教育亦有一些意见，以为此项教育的目的不外次列四种，应如何根据需要以施教育用以达其目的，不能不加以讨论。试申论之如次。

（1）成年补习教育，在使受补习教育的成人，能识字读书，进而能作文、写信，凡吸收知识经验的工具，格外完全。这须要文字教育来完成它的使命。

（2）成年补习教育，在使受补习教育的成人，能明了三民主义，连用四权，爱国家，重法律，急公义，略识中外大势、宇宙自然现象、社会进化情形、近代文化要素。具有判别是非的理智，补助公益的热情。这须要公民教育及科学教育来完成它的使命。

（3）成年补习教育，要使受补习教育的成人，能感到一己所执之业，有弥补缺憾的必要、改良固有的需求，因此得着较高深职业知识的补充、较优良职业技能的练习，可以增加工作收益，解决生计困难。这须要生计教育来完成它的使命。

（4）成年补习教育，要使受补习教育的成人，因种种指导、暗示、提倡，能感觉到已往健康方法的不讲求、娱乐方法的太卑陋，由此注意到身体锻炼、疾病预防、食衣住的清洁、迷信的祛除、公共游息娱乐方法的改良，与场所的设备，使得身体健康、精神活泼，个人工作效能日益增加，群众互爱互助精神日益显著。这须要康乐教育来完成它的使命。

无论文字教育、公民教育、科学教育、生计教育、康乐教育，对于成年补习教育都有其整个性，应互相联络应用，以达完成上述四项目的。

观以上各家说法，则知补习教育，从广义说，自应如此主张，方为合理；但就狭义的职业补习教育而言，仍以职业训练为主体。至于在国难严重之今日，特别注意民族主义的教育，亦为办补习教育者所不可不知者也。

（5）职业补习教育的实施

职业补习学校的种类，约可分次列四种。

（一）工业补习学校，其中又可分为数类

（1）工业补习学校　有了一种工业，即可设立一种学校。

（2）工业徒弟补习学校　此专为14岁左右的各工业徒弟而设，除重技术外，并应兼重国语、常识及公民道德的教训。

（3）工厂职工补习学校　此专为某一个工厂或性质相同之某数个工厂内一般职工而设，教育目的为专科工业技能与公民道德并重。

（4）工厂徒弟补习学校　此专为某一个工厂或性质相同之某数个工厂内14岁左右的徒弟而设，教法与第二项同。

（二）商业补习学校，其中也可分为数类

（1）商业补习学校　有某一种商业，即可设立一种学校。

（2）商业技术补习学校　如簿记、打字、验币术等，皆可各别设立短期学校以传习之。

（3）商店职工补习学校　此专为某一个商店或性质相同的某数个商店内一般职工而设，教育目的为专科商业知能与公民道德并重。

（4）商业徒弟补习学校　此专为某种商店内14岁左右一般徒弟而设，其教育目的除注重某种专门商业知能外，国语、常识、公民道德，皆须并重。

（三）普通农业补习学校　这是专用来教育一班农民，补授以最适用的农事知识和技能。其中因各种农业知识技能的性质不同，仍可随时设立若干短时的传习所及技能科或某某班，例如养鸡班、养蜂班、养鱼班、除螟讲习班、农具讲习所等。

（四）妇女补习学校，其中又可分两类

（1）普通家事班。

（2）技艺班，以农言则有园艺、养鸡、养蚕、养蜂等，以工言则有各种手工艺等。

此外如大学附设的推广部、专科夜大学等，亦可列入职业教育补习范围以内。

职业补习学校的设科，有两条轨道可以遵循，一是根据欧美职业补习教育学者所提示的学理，一是根据中国现在的实际状况。两者比较起来，以后者较为切近事理，易于着手，因各学者所提示的学理，大半以他们的环境做出发点，用之中国未必适合无间，然以之为参考活用，亦甚有益。

现在一般职业补习教育专家，对于设科问题，有学年制、学科制两种主张，各有其理由。主张学年制的以为：

（1）职业界所需要的知能是多方面的，当然职业补习教育也该多方面的，要做到多方面的职业补习教育，惟有采用学年制。

（2）职业补习学校的学生，虽多数已有职业，但是职业是否稳定，职业是否合性，还是绝大问题，因此职业补习教育，要多留活动余地，而采用学年制，实能解决此问题。

（3）职业界的青年不是职业界生产的工具，而是组织社会国家的分子，所以职业补习教育不该专求某种职业知能的训练，而学年制的长处，就有训练组织社会国家的健全分子，可以求多方面的发展。

主张学科制的以为：

（1）物之不齐，物之情也，也不能比而同之，划归一律。

（2）学生大部分切于求现在急需的知能，不愿同时学习各项学科。

（3）学生急于求现在最感需要的知能，希能在短时期完成，不愿同时学习各项学科，分散精神。

（4）学生白天服务时间很长，再没有充分的时间来学习各项学科。

（5）学生业余精力已极有限，再不能同时接受各项学科。

（6）学年制年期较长，学生因服务上各方面的变动太多，往往不能完成学科的进程，半途而废。

总之学年制与学科制，各有其所长，应视环境情形，相机处置。学科之不宜繁富，应力求简要，则是共同所应注意之点，兹述设科的一般原则如下。

（一）要适应环境上一般需要　工厂区域要办工业补习教育，同一工业区域，有的需要甲学科，有的需要乙学科，有的需要丙学科，以彼易此，都无是处。其他商业区域之应办商业补习教育，农业区域之应办农业补习教育，都是一样。同一学科，同一办法，同一教师，在甲地行之而有成，在乙地行之而失败，其原因盖在乎此。具体说来，大致如下：（1）手工业区办手工业补习科；（2）电气工业区办电气补习科；（3）机械工业区办机械补习科；（4）园艺区办园艺补习科；（5）棉业区办棉业补习科；（6）稻作物区办稻作物补习科；（7）畜牧区办畜牧补习科；（8）蚕桑区办蚕桑补习科；（9）茶叶区办茶叶补习科；（10）银行区办银行补习科；（11）进出口商区办国际贸易补习科；（12）公司区办会计补习科或商业广告补习科；（13）普通商业区办商业补习科；（14）一区域内有几种职业，事实上需要时，可以办几科。

（二）要适应环境上一般程度　职业补习教育学校从程度上说来，可分为初级、中级、高级三种，究竟办哪一级补习学校合宜，要看环境上一般程度如何。一般程度属于初级，那只好办初级补习科；一般程度初级虽多，中级不少，那可以兼办中级补习科；一般程度初级中级虽多，高级的也不在少数，那可以兼办初级中级高级三种。就中国现状论，初级的需要甚于中级，中级的需要甚于高级，办职业补习教育者，应致力于下层工作。同时要把职业界程度提高。然后再把学校的程度也提高，职业青年升格是因，学校升格是果，倒因为果，倒果为因，都不能达到成功的途径。

（三）要供求相应　甲学科已有人办，而办的成绩还美满，办的容量已合职业界的需求，那就不必再办是项学科，致成叠状架屋，劳而无益。职业补习教育，原是社会事业，不必存"成功必自我"的观念，而做供过于求的事情。

（四）要兼办短期科　职业补习学校的学生流动性极大，分析其原因，一因工作改变，二因住所变动，三因兴趣降低，四因待遇减少，五因服务地点无定，六因雇主反对，能够继续一年以上的，为数极少。所以每科修业时期，以短为宜。同时最好兼办短期科，择生活上切要事项，利用适当时期随时举办，多则二三月，少则二三星期，告一段落。尽可于将来需要时，再做进一步的修习。

至于职业补习学校的方式，以授课时间而言，可有下列各种。

（一）日校　在日间抽出一二小时为授课时间。

（二）晨校　在早晨上工以前授课，以不妨碍工作时间为原则。

（三）夜校　在下午下工以后的晚间授课。

（四）星期学校　在星期日授课。

（五）农隙学校　利用农暇时间授课。

（六）介乎函授与面授之学校　无规定授课时间，由学校指定功课，学生随时交阅成绩，如笔记、作文等，请学校批阅。遇有疑难时，学生可随时到校询问，请求讲授。另有演讲会、个人谈话等。

职业补习学校的教材，应该根据于职业的分析，譬如设立文书科的，应该对于文书的职务，做一番详细分析的工夫，文书的职能如何，需要什么技能，有哪些重要条件，都应精密研究，根据分析结果，再编订相当教材，使合于实用。同时因受补习教育者的需要、程度、背景，各不相同，对于教法，应注意个别性。在入学前、求学时、毕业后，都应举行个别指导，做一番诊断的工夫，使对于学生个人能有深切的了解，知道他以往的经验、背景，现在的程度、需要，将来的志愿和计划，做恳切详尽的指示，以收其效能。

综上所述，职业补习教育的设施，应注意到三条重要的原则。

（一）一切设施应富有弹性，切忌有一律的规定。如程度、年限、设科、授课时间，均应根据地方情形、学员需要酌定之。

（二）对于文字教育、公民训练、品格陶冶等固不能忽略，而尤当以生计教育为重心。消极方面，使所施教育对于学生本来从事的职务，不发生阻碍；积极方面，对于学生的生计问题，多少能发生些影响，获得效益。

（三）因时间上的限制，所以教材务必审慎选择，要注意采取精华，注重实际。

（6）职业补习学校的实例

中华职业教育社在上海市办理职业补习学校三所，兹将第一中华职业补习学校概况介绍如下，作为实例。

一、设校宗旨　以实施职业补习教育，教授实用科目，并训练公民道德，俾易于就业，或改进其业务为宗旨。

二、设立科目　暂设下列各科，并依社会需要，随时增减。

（甲）技能系　华文打字科、英文打字科、文书统计科、华文速记科、商业补习科、会计科、簿记科、算学科。

（乙）指导系　工商管理科、人事指导科、就业指导科、升学指导科。

（丙）语文系　国文科、国语科、英语科、日语科。

三、课程纲要　各科课程纲要如下表。

科　别	课　程
华文打字科	检字表法　打字手法　复打字法　打字实习　七打法　字机装拆与修理　公文程式大要　中文小楷
英文打字科	指法　拼字　行数疏密　速度练习　标题及边缘　函牍格式　复写　标格　字机保护　字机修理

续表

科　别	课　程
文书统计科	公文程式　各种文牍　商业文件　应用国文　文书处理法 档案制度　应用统计学　统计图表绘制法　书法及复写法
华文速记科	速记公式　基本符号　特别符号　速记法　术语用法　速记读物 练习翻译
商业补习科	簿记会计　商业常识　国文　英语　商算　中外商业地理
会计科	高等会计　商业算学　商业学
簿记科	商业簿记　合伙会计　公司会计
算学科	算术　代数　几何　三角　高等代数　解析几何　微分　积分
工商管理科	工商组织　科学管理法　簿记会计　广告学　推销术　劳工问题 工厂安全
人事指导科	职工选择　职工训练　成绩考查　奖金制度　工资制度　职工安全
就业指导科	商业簿记　职业英语　职业应用文　就业指导　服务道德
升学指导科	升学指导　国文　英语　数学　史地
国语科	国语发音　注音符号　国语会话
国文科	古今文选　国学概论　文学史　文字学　文法要略　应用文　作文 日记　读书录
英语科	时事英文　翻译　会话　文法　读本　阅读　作文　读音　造句 书法　文学修辞　职业英语
日语科	读音　文法　会话　翻译　阅读

四、修业期限　各科修业期限如下。

（甲）技能系各科　分三个月、一学期、一学年、二学年四类。

（乙）指导系各科　分三个月、一学期两类。

（丙）语文系各科　分一学期、一学年、二学年、三学年四类。

五、入学资格　不分性别、年龄，凡具高小以上程度，有志专习者，均可报名入学。

六、入学手续　先期到校填写报名单，并缴注册费两元（入学时抵作学费），凭注册收据缴清学费，再凭学费收据，领上课证。

七、学费数目　各科每学期学费如下。

（甲）技能系各科　最低8元，最高30元。

（乙）指导系各科　最低4元，最高40元。

（丙）语文系各科　最低3元，最高18元。

八、课业时间　各班课业时间如下。

晨班　上午7时至8时

日班　上午8时至下午4时

夜班　下午6时至10时

星期班　上午8时至11时

九、考试　分临时考试、学月考试、学期考试、毕业考试四种，以60分为及格。

十、毕业　学生修业期满，考查成绩及格，初级发给修业证书；高级发给毕业证书。

附　　　　　　　　　　组织系统表

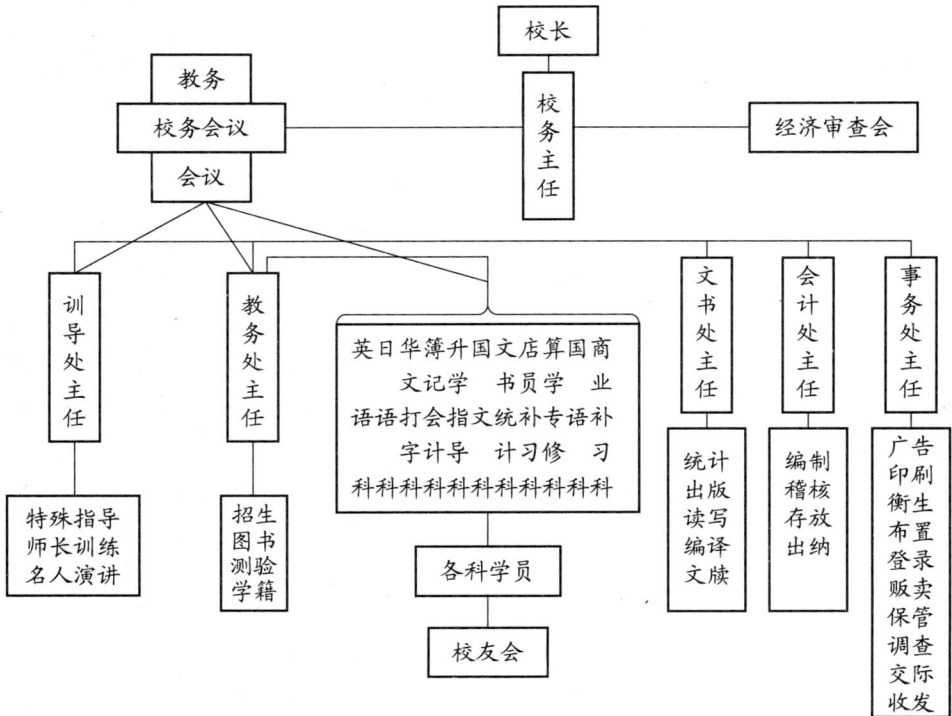

校长

校务主任

教务　校务会议　会议

经济审查会

训导处主任

教务处主任

英文语字科　日记语打字科　华薄记会计科　升学指导科　国文统计科　文员补习科　店业专修科　算学语补习科　国业补习科

文书处主任　统计出版读写编译文牍

会计处主任　编制稽核存放出纳

事务处主任　广告印刷衡生布置登录贩卖保管调查交际收发

特殊指导　师长训练　名人演讲

招生图书测验学籍

各科学员

校友会

六、特殊职业教育

（1）特殊职业教育的意义

特殊职业教育，简单地说，就是军队的职业教育。因为普通职业教育的范围，大概以农、工、商、家事为分类，而军队本来不是职业，在外国为一种公民义务，在我国为临时雇役，没有一种终身的职业意义在里头，不过其性质与上述各类职业有所不同，所以称之为"特殊职业教育"。这种特殊职业教育非常重要，因为在军队里边，一旦退伍或被裁之时，必须另觅生活之路，倘能在平时施以相当的职业教育，就可弥补失业的缺憾，同时可以使退伍的军队，变为生产的集团。所以各国对于此项教育也都非常留意，而在养兵最多之我国，更含有重大的意义和迫切的需要，应该加以深切研究和努力提倡。

中华职业教育社以前曾有一电致南京编遣会议，其中关于军队职业教育，有几点意思贡献，比较很透彻。大意是说，裁兵作用非仅节省国家财力，并为增进社会生产，用意至善，不过必须注意被裁之兵，如何可以获得个人生计，使能自食其力，不贻害于社会，则于将裁未裁之际，应深谋远虑，实施职业教育，才能解救此困难。同时提出两点主要办法：甲、对于急待遣裁之兵，主张习艺；乙、对于暂时可以缓裁之兵，主张屯垦。此外对于因战争而残废之伤兵，主张亦应妥为设法，加以怜悯，施以训练，务使其能做工得食而后已。由此看来，所谓特殊职业教育的主要意义，是要使军队农工化与生产化，消除向来消费的积弊，跑上积极的谋生技能路上去，为个人谋生活，为社会增生产。

（2）特殊职业教育的现况

特殊职业教育创设的历史并不很久，大概在欧战以后才发达的。各国因遣散过剩军队，乃分别的予以教练，使成生产分子，于是对于这个教育问题非常注意。兹述英、美、德三国的军队职业教育概况以及我国的情形如下。

英国的军队职业教育，规定施行下列四种教练。

（一）工业教练　由工部训练处办理。

（二）修养教练 由抚恤部办理（专为受伤待医之军人而设）。

（三）高等教练 由介绍处办理（为从事专门职业或经理职务之准备）。

（四）农业教练 又分两部分：（1）在英格兰与威尔士方面，由农部、郡农业执行委员会办理。（2）在苏格兰与爱尔兰方面，由工部与有关系各农业处所会商办理。

以上各项教练，规划均极周详，关于施教之场所、教授之程序、年期之长短以及补助费之多少等，都是有逐项详细的规定。在授教期内，除发给家族抚养金外，如疾病医药费、旅行川资、工作时受伤抚恤金等，均由公家支给。学成而就业，并给予必须之工具与相当之参考书。此外"非伤兵"所受训练，大致亦如此，惟范围较广，种类较多。

美国参与欧战之兵士，多数为寻常的公民，此种公民，在未参与战役以前，都有职业，所以退伍以后，大多数均恢复其固有之职业，无领受军队之职业教育之必要。不过有少数退伍兵士，因下列两种原因，而使之受职业教育。一是因战事而受伤过甚，以致残废，不宜于原有职业的；一是因在未参与战争前，职业训练本来不甚充足，借此机会领受军队的职业教育，使他可以得到较好的职业。

美国实施军队职业教育的机关，大都利用原有的大学、专门学校、实业学校以及初级之工业学校等，依程度而插入相当学校，如无相当学校可入，乃实行所谓"介绍职业训练"（Placement training）。此法和学徒制相似，将兵士介入寻常之实业机关，受相当之训练，即以此为将来服务之所。无论入校或入实业机关，在训练时期内，每人都可以得政府的津贴，如有家属须受津贴者，则以人数为标准，大概每家每月以一百五十金圆为限，军官士兵，同样可得享受。

德国兵士平时除规定勤务外，当局者利用其空闲时间，分别施以职业训练。在未分组前，先将全部士兵，用种种测验方法，严格分别，决定其适宜职业，然后施以相当职业训练，使他们退伍后有就业的准备。在陆军部各军队中所设之军队职业学校，计有三种。

（一）工业职业学校 实施与工业有密切关系之军队，如工兵营、电信团、铁团道、炮兵团及已略受过技术训练之兵士，使学习专门技术、制图方法、成本计算、商务尺牍等重要知识。毕业考试及格，即可得正式职工证书。

（二）公职职业学校 欧战以前，德国政府已颁布章程，凡服军役 12 年以上者，由国家给以"平民安插证"，凭此证书可向国家机关或市政机关，要求相当位置。此制今仍保留，不过在军役期内，须加倍的充实准备职业训练，凡关于一切公职方面的知能，均加以严格的训练，以便应用。

（三）农事职业学校　因大多数兵士来自乡村，对于农事上已有相当经验，再加以指导新农具的利用、化学方法的采取，以及一切农产品的改良等，丰富其知识，使增加生产，俟军役期满，仍令其回乡从事农业。

我国的军队职业教育，在民国十年至十五年间，各省统兵长官之稍具新头脑者，都很注意设施此种教育。如江苏之第二师师长朱熙、山西督军阎锡山、云南督军唐继尧、浙江第二师第六团之伍崇仁、驻北京之冯玉祥诸氏，均治军有方，有声国内，而办理之军队职业教育，亦都有相当成效。十五六年以后，此项教育尚少设施，据闻已有军事教育机关注意及此，并着手筹办了。

（3）特殊职业教育的实施

中华职业教育社在民国十八年国民革命军荡平燕蓟、统一关外、全国军事宣告结束、发生编遣问题时，曾集合专家，精密讨论，议定《裁兵过程中职业训练计划大纲》一份，颇为扼要，足供实施者之参考，兹摘要介绍如下。

该项计划分三项讨论：（一）对于待裁之兵，（二）对于留伍之兵，（三）对于伤兵。在罗列具体办法以前，揭出八条原则。

（1）对于前述三项军人职业训练其目的有二：一使公家增进生产，二使个人获得生计。

（2）实施军人职业训练时，须用费少、容人多、收效宏。

（3）军人职业训练，除国家兴办特别大工程外，应以适于个人独立自营生活为准。

（4）军人职业训练，除特别大工程得先察本地需要，就近举办外，其他皆宜利用本地固有材料与销路。

（5）军人职业训练注意于其种类，尤应注意于其分量，毋使供过于求。

（6）军人职业训练应注意改良旧职业，提倡新职业。

（7）施行军人职业训练时，及军人已受训练，获得职业，而尚未脱离团体生活时，应注意施以适合于三民主义的公民教育。

（8）施行军人职业训练，除对于兵士外，更应特别注意于军官职业训练。

至于具体办法，分三项申述，其职业训练计划如下。

（一）对于待裁之兵，分兵士及军官两方面。兵士方面，除编入浚河、筑路外，施行训练时，须依据五种情形，拟订进行标准：（1）兵士人数，（2）退伍时期，（3）本地可用的原料，（4）本地最需要的职业，（5）兵士中习过职业的人数。以上五项，逐一调查决定后，方开始实行。进行时期，于公民教育并须十分注重。军官方面，除原随兵士习艺或被招入军校外，则训练以下列两种职业：1. 各级学校军事训练教官，2. 城市乡村自卫团教练员。

（二）对于留伍之兵，则仅施以屯垦教育。这是化兵为农的最好办法，虽说是留伍，却与另编成国防劲旅不同。其办法有三步：第一步，派农业专家，分赴东西北三方面去考察，东以辽、吉、黑为一区，西以甘、新、青、藏为一区，北以热、察、绥、蒙为一区，考察之后，拟订进行计划。第二步，就三区适宜地点，分设三个大规模的农事试验场，专用以学习农事及学习村治等办法。第三步，分出工兵，从事筑路，将来道路所通之地，即为军队屯垦所至之区。

（三）对于伤兵，主张先从调查入手，其次疗治，再次加以训练。

七、职业教育师资

（1）职业教育师资的需要

职业教育师资的优良与否，关系职业教育的前途很大。倘没有适当人才，其结果往往失却职业教育的真意，造成非驴非马的现象，谓之普通教育，则学生不能升学，谓之职业教育，则学生不能谋生，使青年有进退维谷之苦。

二十四年教育部根据各省市推行职教计划的估计，公布今后五年内各省市各科职业师资的需要数量，共计 3629① 人。如果按科目来统计，可得如下表。

农科	普通农业	799	
	蚕桑丝	70	
	畜牧	70	
	园艺	68	
	森林	50	
	农产制造	41	
工科	普通工科（未分某种工科者）		586
	应用化学（制革、制皂、酿造等在内）		126
	染织（棉织、毛织、丝织等在内）		119
	土木及相关科目（绘图、测量等在内）		117
	机械		58
	电机		27
商科	普通商科	113	
家事科	普通家事	63	

由上表的数字看来，职业教育师资，以农工为最重要。现今职业学校的师资，大概可分为三类：（一）职业学校行政人员及重要职员，（二）非职业科

---

① 数据与下文有出入，疑有误，但原著如此，服从原著。——编校者注。

教师，（三）职业科教师。前两种人员，比较还容易求得，第三种教师最感缺乏，也最难造就。

（2）职业教育师资的标准

以往职业教育师资的来源，可以说有三条门径，其演进状况如下。

最初办理职业教育者，往往求教师于普通教育之门，令学生购买几册课本，逐句予以讲解。其优者辅以图解或实验，已属尽其能事，次焉者照文解释，但求学生能明了其中的大意，完全授以书本知识，不切实际生活。

其后觉得欲训练职业人才，非请曾受专门教育者担任不可。于是农校请农专毕业生，工校请工专毕业生，商校请商专毕业生，这是最普通的现象。殊不知过去所谓专门学校，虽其目的在培养专门人才，而实际上不过予学生以许多原理、方法、公式而已，此种理论材料不能见诸实效，因之不能表现职业教育之真精神与成绩。

最近十余年来，变换方向，而大都趋重于实际技能，师资之聘任多求之于职业界实际人员，如工头、技师或其他工匠。实际上虽然较空谈理论、眼高手低者为优，但是教师不能将科学原理做根基，教学既无方法，学习未能彻底，所有技能也难有发展进步的机会。

第一种人才当然归淘汰，第二种人才又不切实际，第三种人才也有缺憾，所以职业教育的师资问题仍不能得到完美的解决，所以必须另觅途径，使有学识者辅以经验，有技能者佐以知识，同时以师范训练完成之，令成一个知道何以教、教什么、如何教及愿意教的人才，才可以言职业教育的进步。具体地说，一个职业学校的教师，至少要有两层资格：（一）对于他所担任的专门学科，须有职业的经验、实际的技能与专门的学识；（二）对于教育的原理及方法，须有明确的了解及实施的技能。

健全的职业教师，必以经验、学术、教法三者皆具为标准。如三者不可得兼，则宁舍教法、学术而取经验，盖无学术、教法而有经验，则教师尚不失为生利之人才。纵无进取良法，然学生自能仪型教师所为，以生产事物。既能生产事物，即不失职业教育之本旨。所以经验、学术、教法三者，皆为职业教师所必具之要事，然三者之中，尤以经验为根本。

职业教育既以造就生利人才为其主要之目的，则其直接教授职业之师资，自必以能生利之人为限。盖己立而后立人，己达而后达人，天下未有无生利经验之人而能教人生利者。昔樊迟请学稼，子曰，吾不如老农，请学为圃，曰，吾不如老圃。孔子岂故为拒绝哉，亦以业有专精，事有专习，孔子之不知农圃，亦犹老农之不知六艺耳。由是以推，无治病之经验者，不可以教医；无贸易之经验者，不可以教商；凡百职业，莫不皆然。然职业教师之第一要事，即在生利之经验。无生利之经验，则以书生教书生，虽冒职业教师之名，而早已失却职业教师之资格了。

由此可知职业教育师资，对于生利经验实在是万分重要。中华职业教育社编印之《职业教育设施标准》中，亦有下列的规定，足供参考。

"凡职业学校专门教师，如不易聘得师范训练与职业经验兼备者，可聘富有职业经验者，而以受过师范训练者辅之。如二者不可得兼，毋宁专聘富有职业经验者，较之专聘仅受师范训练者必差胜。"

（3） 职业教育师资的养成

教育部《职业教育设施原则》中，关于职业教育师资者有三条。（一）职业学校教师对于专门技术须有极丰富之经验，而学理次之。如无相当之教师，则以富有经验之技术员与普通教师联合教授。（二）职业学校教师须先以工作示范，并与学生共同工作，然后加以切实之指导。（三）职业学校教师之教学方法，须有具体方案，以定预期目的。

国联教育考察团对于职业师资训练，也有下列的意见"凡技术专门教员，应时与从事该项职业之人相接触，或有一部分时间，躬自实习该项职业。技术专门教员，亦应受过师资之训练，授以教育学上之知识。"（《中国教育之改进》146 页）

由此看来，职业学校师资的养成，应该以学识、经验、教法三者并重为标准，而尤其对于经验一项，须特别重视，在前面已有相当的讨论。一个职业学校师资的养成，其基本条件，约有几点：（1）要有健康的体魄，（2）要有专门的技术，（3）要有职业的兴趣，（4）要富于责任心，（5）要有敦厚的品格，（6）要有敏活的头脑，（7）要有劳动的身手，（8）要无不良的嗜好，（9）要有合作的精神。关于个人方面的训练，应该注意学识的灌输、技艺的精炼、道德的涵养。关于社会方面的训练，应该注意养成团体生活的习惯和同情互助的精神。

职业师资训练的方式，约有三种。（一）招收无职业、无师范训练的学生，予以双层的训练：一方面授以职业中必需的专门知识及技能；一方面授以教学的原理及方法。（二）招收已有师范训练的学生，养成其职业中必需的专门知识及技能。（三）招收已富有职业经验、学识的学生，予以师范训练；或就成绩优良的职工，养成职业教师或取才于职业学校毕业生。三种方式各有其利弊和困难，如以训练时期短、用费少而论，则第三种较适宜。

八、附入其他教育方面的职业教育

（1） 小学及师范

小学校的职业教育，可称之为"职业陶冶"。职业陶冶的主要意思，并非要直接授儿童以专门的技术，强使儿童成为徒弟职工，乃在避去从前一切空虚的教育和仅属书籍文字知识的教育，利用各种作业，对于全部儿童，施以各种业务上的普遍陶冶，事事与实际生活相合，与社会生活接触，使儿童依次实行作业，潜移默化，得受种种训练，使养成勤劳精神与实行能力。举例来说，如设学校园使之爱玩天然，而习为种种，初不知其为农，而农在其中。又如教之手工，使依样制作，初未尝有意为工，而工实在其中了。

小学校的职业陶冶，不但是职业教育的初基，也是普通教育的基础。因为"教育即生活"已为一般人所公认，如何去完成生活基础的使命，惟有用职业陶冶，使适应于社会的实际生活，而有解决社会实际问题的知能，慢慢引渡到生活路上去，而可以补救记忆符号、堆积知识、不切实用的弊端。

小学教育的目的，虽在培养国民基础知能，然而要以不离开固有生活为前提。根据此项原则，所以除了普通学科以外，农村区的小学，应以农艺为中心；工商区域的小学，应注重工商环境；森林渔业等区域亦然。兹分申别述于下。

乡村小学每日应有相当时间的农场实地作业及观察，课以农艺改进常识，引起其对于农事的认识与兴趣，并当予以充分的学习机会，实施劳作教育。

市镇小学亦应仿照乡村小学办理，尽量实施园艺及畜牧教育，以培养市镇学生对于农艺之知能。

繁盛都市小学应实施初步的工商教育，调查学校周围主要实业场所，加以参观和小规模的在学校内外设置仿办，予以实际的工商知能。

小学的自然、算术、图画、工作等科，应注意应用知能。其他学科分别性质酌予减少，其授课时间，以实地作业代之。

小学校实施农艺或职业教育，乡村城市，均有以三四五六年为标准。三四年级，以园地为主；五六年级，以农场为主。对于年龄较幼稚的学生，可以实地观察与直观教学代之。

儿童劳作的生产品，应视其资本性质，以其余利之一部分，拨给儿童以资奖励。

以上都偏重于生产方面的说法，因为生产是实业教育的重要部分，应特别注意它的设施。小学校的基本实业教育，它的目标，具体地说，一是要使教育生活化，这里面可以分析为六点：（1）养成儿童适于服务的正当习惯，（2）授以生活技能的概念，（3）指导择业就业的途径，及毕业后服务的准备，（4）从事于劳苦的锻炼，以造成健康的体格，（5）使了解人类实际生活，（6）认定正确的人生观。二是要使学校社会化，这里面可以分析为五点：（1）使儿童认识社会的职业，（2）使了解社会的一般现状，（3）使明了社会进化的历程，（4）培养服务社会的兴趣，（5）养成互助合作的精神。

根据了上述的两大目标，作一切设施的准绳，大概地说，教学方面多采用富有职业劳动的材料，低级部着重启发，中级部着重研究，高级部着重实习。训育方面，养成儿童良好习惯与吃苦耐劳之精神，注意课外作业之指导，如公民训练、团体活动、服务实习、休闲娱乐、社会调查等，多多举行。

师范学校的职业训练，根据于小学的需要而来。师范生将来的职业，便是小学教师，小学教师对于小学校的一切职业教育设施，自该有精邃的研究和纯熟的技能。如乡村师范学校，对于农艺更应当特别努力，一方面为施教准备，一方面即为健全的生产分子。至于着重劳动实习，则可谓一致的目标，毋庸赘述。

教育部对于职业科师资训练办法，关于师范学校或高中师范科，可以招收职业学校或高中农工商科毕业生之有相当经验者，予以一年的师范训练，使充小学程度的职业补习学校补习班教员。此项规定，可以参照办理。

（2）中学

中学附设的职业教育，可分两方面论，一是初中，一是高中。初中教育的主要目的，为升入高中的预备，同时发展个性与能力，以为将来择业之依据，大部分学科仍是普通性质。惟查初中学生往往困于经济，或限于程度，不能升学，而国文、英语、算学程度，又多在水平线上，毕业后不肯向原有生活中去觅途径，往往以充当小学教师或书记雇员等职务为唯一出路。或则毕业于学校，即失业于社会，缺乏应用知能，自难适应实际生活，所以有实施职业训练以资补助之必要。高级中学分师范、农林、理工、商业、水产、普通等科，各有其特殊目的。应增加作业时间，加紧实际工作，练习生产技能，增进应用知识，以求与现在社会、将来生活，做切实之适合与准备。如农林须以试验场为教育中心，水产须以渔场及食物制造为教授目标，理工应重制作及化验，商业应重银行商店之练习与各国在华之商场情形，普通科应以理化等为其研究目标，同时应顾副业之教育，以救济不升学之学生。

具体办法，约可以下列为标准，实际施行时，须视环境情形，参酌应用。

甲　关于初中方面者

（1）初中从第一学年起，最好能添设师范及职业选修学科，以为解决实际生活的准备。

（2）着重实地作业，如养蜂、养鸡、园艺等，最好能利用原有农田或渔场，做实施的场所。此就校址在农业或渔业区域而言。

（3）注重工商的实际教育，如商业之英文簿记、商业常识、商业尺牍等，工业之数学、机械画及工业常识等学科，培植其直接生产技能与实地作业训练。此就校址在工商业区域而言。

（4）女生应注意家政、蚕桑等科，以谋家庭教育及蚕桑实业之改进。

乙　关于高中方面者

（1）高中各科应增加实际工作时间，由20%至30%。

（2）改良设备，充实内容。

（3）技师指导员与教员应联络，共同研究实习作物或商业改进。

（4）师范科应尽量添设农艺学科，并注意工商业常识，以应小学需要。

（5）普通科应利用环境，授以副业教育，以救济不能升学学生为从事职业之准备。

（3）大学专科

大学和专科都是研究高深学问和造就专门人才的地方，在学制上占着最高的地位，是为比较优秀的分子而设立的。一个领袖的养成，一方面要有专门的知识和技能，一方面也要有丰富的普通知识才行。

大学教育的目的，也不外要引导大学生达到圆满生活的过程。所谓圆满生活的过程，从个人方面讲，是要受教育的人，天赋的才能充分发达，养成能够自立的人；从社会方面讲，是要养成适应社会需要，并且能够辅助社会进化的健全分子。职业教育既在一方使得人人得到生活的供给和兴趣，一方尽他对群的义务，这和达到圆满生活过程的意思，完全相合，所以更应注重。再从造就职业师资一方面看，对于大学和专科学生，更觉得关系迫切而重要了。

就现在中国情形而论，有商科、工科、农科、法科等单独设立的学院和兼办数科的大学，这些都是研究高深学术的所在，但就实际讲起来，完善者固有之，而不完善者亦不少。不是课程不完备，就是设备太简陋；不是专重理论，便是忽略实习。同时大都仿照外国学制，未必尽能适应中国社会的需要，所以往往学生毕业后仍不免有失业的现象。在国联教育考察团亦有下列意见："任何教育制度，未有不根据生活之环境而能生存者，中国大学教学之计划，若不参照中国之实际生活，反参照外国大学教学之情况，则民族文化，必致堕落……学生所研究之材料，与其个人切身之经验还相隔绝，于不识不知之间，养成不幸之习惯，只知记忆书本，不知用批评精神观察事实，或应用书本以为解释之工具。"（《中国教育之改进》183 页）

以前全国教育会议议决，"凡大学学生非有十学分之关于农工专门课程，及二十学分之实习，学校不得准其毕业"，也无非注重实际需要的意思。同时又有议决，"全国大学应设立职业指导部"，其目的亦在顾及学生的才具志趣，使他合于自己的个性能力，发挥其特长为社会需用。

关于家事科的设立，全国各大学中注意到的，寥寥无几，今后对此，似亦应有努力提倡注意训练的必要。

（4） 社会教育

职业教育与社会教育有密切之关系，占着极重要的地位。虽然社会教育包含着公民、学术、健康、休闲等种种活动，然而职业生计，实为一切教育之根本。作者以前曾发表过《富教合一主义》的一篇论文（《教育与职业》一〇八期）中有一段话，兹引录如下："不错，读书、吸收知识、做公民，是人类生活不可少的要件，那么穿衣、吃饭，是不是人类生活的要件呢？不具公民的程度和资格，诚然不可以做人，但是他没有衣穿，没有饭吃，先不能保持他的生存，虽想做人，试问又从何处做起呢？平心而论，我们对于不识字，不明理的饱食暖衣的一类人，劝导他去读书，勉励他去做好公民，这是千应该万应该无丝毫疑惑的事；若是对于饮食不饱、衣袴不完的人，不管他生活怎样，一味督责他去读书，去做公民，纵然他勉强答应你，能有效么？"

确然的，要求社会教育有效力，非从改良人们生计方面入手不可。实施职业教育的纲要，一在调查一般民众的生活职业状况，二在指导民众增加生产的方法，三在指导民众组织合作社，如信用合作社、消费合作社、生产合作社等，对于民众经济方面有所裨益和帮助，则一切进行，自可格外顺利了。

九、职业指导

（1）职业指导的意义

职业指导工作所包含的领域，可以说有四种：（一）选择职业，（二）预备职业，（三）获得职业，（四）改进职业。前两项是在未得业前所应采的手续，因为个人天性与职业的关系，至为密切，如果不相适合，便有失败的危险。所以一方面要注意个性的诊断，一方面更须指示职业上普通知识的授予，庶于择业的时候，可以有所依据，不致茫无头绪。后二者是在指示获得职业的途径，与夫改进职业的方法。一方面须学校与社会各职业机关多方联络，期收声息相通措置灵便之效，一方面对于得业者一切问题之解决，与夫知识之增进，仍负辅导的任务。所以职业指导，并非就是职业介绍一端，实含有多方面的意义。

构成职业指导的因素，可以说有三个重要方面：一是学校，一是职业界，一是青年。学校是造就人才的地方，要他能适合社会需要；职业界是使用人才的场合，要他能改进职业，谋职业的发展；青年是被用的人才，要他能适合个性、技能，得以发展所长。三者有连环性质，密切关系，职业指导是要使三者调洽，发挥其功能，俾得人尽其才，才尽其用，供与求都能相称，机构如下图。

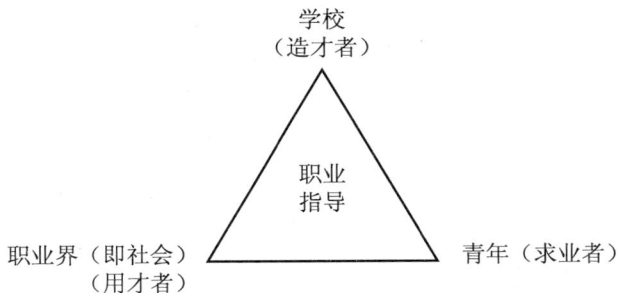

学校
（造才者）

职业
指导

职业界（即社会）　　　　　　青年（求业者）
（用才者）

因此，职业指导我们可以说，是在供给事实、经验及意见，去帮助个人选择职业、预备职业、获得职业及改进职业，其目的在使无业者有业，有业者乐业，使人人能得到与其能力、兴趣、个性相称的职业。

（2） 职业指导的效用

职业指导效用，也可分青年、学校、职业界三方面来申述，兹将其重要意义，阐明如下。

甲　关于青年方面

青年做事全赖其自动的努力，才能有优良的成绩。职业指导，可常为之提醒警觉，指示其努力的前途与处世的方针，则其心目中有了目标，可以心志专一，学求实际，一有服务机会，必能勇于从事，克尽厥职。其次人各有其所长，亦各有其所短，倘能利用其所长，补救其所短，使从事于最愿意最相宜之职业，则可事半功倍，而将来之成功，亦可操左券；如果反其道而行之，往往徒劳无功，必遭失败。职业指导关于个性之审察、志趣之考查，非常注意，对此问题可以帮助有相当之解决。同时青年处世未深，见解幼稚，对于职业界之内容，茫无所知，即知自察其个性所近，亦无可资参考之材料，职业指导可供给以实际调查之报告，借此可以外察大势，内省能力，胸有成竹，不致盲从。另一方面，我们也常感觉得青年求学求职，往往因境遇之不同而须改其途径以进，如不量经济能力而预为通盘筹算，则所用求进之方法非宜，届时进则未能，退又无用，进退维谷，困难实甚；有了职业指导，则可预计何时必须辍学就职，当预为之谋，课业偏重于实用，不致临渴而掘井。总之，青年为社会所用之人才，要适合其个性、能力、环境需要，在在有赖于职业指导的帮助和进行，于上述诸点的关系看来，已很明显了。

乙　关于学校方面

学校的责任，不但在授予知能，并须注意所授的知能，是否能使学生措诸实用而确能借此自效以贡献于社会。普通学校的习惯，以为唯一的天职是在教学，学校毕业出校以后，可以不闻不问，这是绝大的错误。学校是为社会造就人才的机关，一切知能，应适合社会需要，所以应与社会有极密切的联络沟通。具体地说，学校之所教，即社会之所需，即由学校中教授之。学校的课程能合于此程度，然后乃能为社会造就有用之人才。职业指导，一方面帮助学校注意社会职业状况与需要，一方面可以改进课程使适应此需要，学校社会，彼此沟通，可免青年无就业之苦，社会有才难之叹了。

丙　关于职业界（即社会）方面

职业指导使青年选择预备适宜之职业，则学成服务社会，社会必得适宜之人才，这是彰明较著，不须申述的。普通学校与社会无媒介以居间联络，社会所需之人才，其实际之知能品性，每非学校中人所深悉。今有职业指导通其声气，社会必待相当之人才，以供给其特殊需要。凡百事业，其成功最大要素，是在适宜的人才，苟能使用得当，则种种事业，皆能因此增其效率，日益精进。职业指导，既以引导青年各竭其所长，使尽量贡献于世为职志，则社会之蒙其利益可知。

(3) 职业指导的原则

关于实施职业指导，有下列各原则。

（一）职业指导应以教育为基本，对于各职业，要一律平等，不能预存高下贵贱的观念。——职业指导，苟非从教育方面入手指导，如旧时父兄令子弟入商店为学徒，仅具职业指导之心，而无职业指导之法，结果为学徒者对自身职业，没有了解观念，自不能认其真意。同时凡属正当职业，都可服务社会，发展才能，价值是同等的，无所谓贵贱，只需问是否和个性相宜，志趣相同，决不能存高下的观念，走入歧途。

（二）职业指导的需要是普遍的，职业既是人人所应有，所以职业指导也是人人所需要。——一个人有了职业，才能发展自己的人格和服务社会的精神。在过去专制的阶级制度社会里，士之子恒为士，农之子恒为农，工之子恒为工，商之子恒为商，职业差不多因袭而固定的，职业指导，当然并不感如何急切需要。现在的社会已和以前不同，职业界的情形，也日趋复杂，新职业的产生和旧职业的分化，层出不穷，分析愈精细，择业愈困难，职业的范围扩大了许多，要择一个适当的职业，自不能不有赖于职业指导了。

（三）职业指导是社会国家的事业，不是学校或其他任何团体独有的事业。——职业指导的目的，在使无业者有业，有业者乐业，现在社会纷扰的主因，大都为失业与不安于业所造成，因此要解决这个问题，国家社会自应把职业指导的事业担任起来。同时在政治不清明、匪乱不靖、实业不发达的情形下，办理职业指导者，常有"无业可指，无职可导"之感。所以政局的安宁与社会事业的发展，实为职业指导的先决问题。从施行的结果效率看来，此项工作，应是社会国家的事业，不是社会中任何团体独有的事业。

（四）职业指导是合作的事业，不是任何团体可能单独办理的。——担任职业指导者，一方面须了解被指导者的个性，一方面又须熟悉职业界的情形，所以职业指导有效的施行，必须由人才的来路与人才的去路两方面切实合作，协力进行。例如学校中担任职业指导者，又须与学生个人、学生家长有长时间的接触、深切的谅解，与校内教职员合作，与校外职业界联络，始能得到相当的效果。

（五）职业指导是一种继续的长时期的工作，不是一时的或短时期的。——职业指导的范围，包括职业的选择、预备、获得、改进四项，这种工作，当然不是一时的。先在帮助青年选择相当的职业，次在指示其如何预备训练，再次要负介绍职业的责任，最后尚须考查其获业的状况，解决其困难，辅导其成功，务使其达到圆满的适应，造成其永久的职业基础。要达到这样的目的，自须有继续的长时期的努力。

（六）职业指导的施行，应以事实为根据，不是武断的、盲目的。——职业指导，乃是应用科学方法，根据可靠事实，帮助个人在职业上达到一个圆满的适应。施行职业指导的根据有两方面：第一，职业界的情形，每种职业的内容、容量、需要何种资格、报酬、擢升机会，等等；第二，被指导者的能力、兴趣、品格、志愿、家庭状况、经济状况，等等。办理职业指导者对于双方（职业界及个人）必须有详细的调查、深切的了解，然后施行指导才有根据。

（七）职业指导是处于辅导地位，非处于代决地位。——职业的决定，应由各人自行负责，指导不过帮助各人在职业上谋一个圆满的适应，并非替代各人解决职业问题。因为职业在人生中非常重要，这样重大的责任，唯有自己去决定，不是别人所可担负的。同时职业的适应，至为繁复，虽可用科学方法来解决，但总不能完全脱离人们的意见，所以职业的取决，应出于各人的意志，不应由他人代庖。

（八）职业指导，应顾到一种重要事实，就是人是有可塑性的，他的能力在相当限度以内是可以增加的，他的品格、兴趣、志愿是可以变更的。——职业的能力，不是天赋与生俱来而不能变易的，是可因环境训练而转移造就的。品格、兴趣、志愿等受环境的影响尤大。所以担任职业指导者，不应根据一人在某一时期所表现的能力品格、所表示的兴趣志愿而亟然下一个最后的决定，他应该晓得能力、品格、兴趣、志愿都可以用教育力量增减转移的。

（九）担任职业指导者，须对于职业指导有专门的研究、有深切的兴趣。——职业指导，现在已渐渐成为一种事业，担任指导之责者，必须有充实的学识、专门的研究，才能胜任。因为职业指导的内容与方法，所包原理至广，如教育哲学、儿童心理学、教学法、训练法、管理法、课程编制法、心理测验、职业知能测验、社会学、统计学等，无不与职业指导有密切的关系，所以欲收职业指导良好的效果，非有专门研究、深切兴趣不可。

（4）欧美日本职业指导概况

※英国

英国正式有职业指导与系统，始于 1909—1910 年，自今计之，不过二十余年。考英国对于职业指导之实施，本有两种法律规定：其一为 1909 年颁布之《职业介绍律》，其二为 1910 年颁布之《职业选择律》。自此二律颁布后，全国职业界，无不奉为圭臬，守若科律。至于实施机关之设立，则遍见于各城市。兹以伦敦一市代表，以概其余。

在伦敦，17 岁青年之欲求职业者，每年计有七八万人之谱，此辈青年之程度，大抵相当于一般初级中学，多以家境寒酸、不克上进而中辍。因有此数万人之求业问题，悬而未决，社会上时呈不安之态，于是有职业介绍出，以谋适应之方。职业介绍之任务凡三。

（1）调查青年实况　调查未就职业青年之能力、个性及家庭环境等，与已就职青年之服务效率。

（2）介绍职业　调查即竣，则进而为无业者介绍相当之职业。

（3）对于已就业青年设法辅导　详细调查就业后之情形，或设补习学校，或作服务访问，以辅导之。

英国为酷爱自由的国家，社会上任何事业，一方面固有政府主持者，一方面亦尽量与私人以发展之机会。职业指导也是这样，其性质至为复杂，有由政府主办者，有由地方人士设立者，有由政府与人民共同合作者，因时因地，各有不同也。

※德国

德国的科学研究，至为精深，可说是全世界的领袖。欧战以前，补习教育非常发达，战后仍保以往之荣誉。但舍此以外，则另有与补习教育相关联之职业指导出。先是 1919 年，德政府工商、教育、内务、农务四部会衔训令全国："凡一地人口在一万以上者，须设立职业指导所，办理职业指导事务。其人口不足一万者，则相互联合组织之。"在职业指导所内，其事务有下列四种。

（1）家长商榷　青年之家长，对于青年之个性、习惯及能力等最为明了。关于职业指导训练，家长亦应负重大的责任，故实施职业指导，必先与家长商榷。

（2）通告各学校　由职业指导所将研究所得之方法，通告各校，遵照办理。吾人知德国之民族性，素重系统，阶级判然，故各学校之职业指导，必受政府之管辖。

（3）与劳动局联合　社会之需要，劳动局知之最审，故办理职业指导者，必与劳动局联合，始能收实效。

（4）实际辅导　因实际需要而训练人才，以供给于社会，庶几人才与物力两得其所。

※美国

美国为近代民主国家的先导，各种事业，大都由社会及国家联合办理。在职业指导史上，距今十余年前，有帕森斯（Parsons）首先提倡职业指导于美国，其主张如下。

（1）召集各校教师设立职业指导师范科　氏以为此乃入手之方法，盖职业指导之事务，非人人得而胜任愉快者，故必先培养专门之人才。

（2）大学校设立职业指导科　大学校设立职业指导科的目的，亦在培养专门人才，一方研究职业指导之学理，一方考察职业指导之方法。据此可知美国职业指导之发展，乃先自培养人才研究学术着手，事业之实践，则在其后。

（3）出版书籍　刊行关于职业指导之书籍，流布社会，使人知此种事业之重要及其性质。

（4）设立图书馆　搜集关于职业指导之图书，陈列图书馆内，供给研究者之参考及实施者之取法，并陶冶青年对于职业之认识与兴味。

（5）联合会议　联合政府、学校、慈善机关、宗教团体等，而为大规模之计划与推行。

※日本

日本的职业指导，虽仅有职业介绍之名，然其事业范围之广大，与职业指导实无二致。其组织系统有下列三种。

（一）研究机关　文部省内设中央职业指导协会，系官僚与学者共同组织之团体，在东京则另有学者组织之大日本职业指导研究会，皆以研究职业指导之学理，为其主要之事务。

（二）咨议机关　内务省设有中央职业指导委员会（与社会局协进），由内务大臣或内务省任命之人员组织之。再下又有市町村职业指导委员会，由村长及学校教员议员等组织之。

（三）实施机关　在中央，有中央职业介绍事务局，在地方，有地方职业介绍事务局，在市町村，有市町村职业事务介绍局，合力进行。

职业指导施行方法，可以东京府府立职业介绍事务所为例，内容如下。

（1）职业指导　与本府各小学联合进行。

（2）职业介绍　专为 15 岁以下之儿童介绍职业。

（3）保护监督　与本府各小学联合进行。

（4）性能检查　延请医生，检查儿童身心有无缺陷。

（5）各种相谈　即互相谈话之意。

（6）研究调查。

（7）编行书籍。

职业指导之步骤，约如下列：

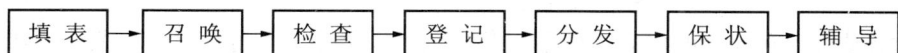

填表 → 召唤 → 检查 → 登记 → 分发 → 保状 → 辅导

（5）我国职业指导事业的演进

我国职业指导，以发展的程度论，尚在萌芽时期，从开始到现在的历史，还不过二十年左右，较之欧西，相差甚远。此中较有一述价值者，有北平清华学校与上海中华职业教育社二处。清华学校为中国正式实施职业指导之始祖，中华职业教育社则为中国努力推行职业指导之团体，兹分别简述如下。

清华学校　清华学校在民国五年时，该校校长周诒春先生极热心于职业指导之提倡与实施。先于该校作下列二种工作：（a）举行职业演讲，使学生有反省之机会，知个性之所近，各择适宜之学科。（b）制就表格，令学生填写，然后由学校统计知某也适宜于某科，某也切近于某学。但此皆偏重于学校教育方面，也可说它是教育指导。教育指导的意义，就是用教育方法来指导学生，使增加教育效能，故实是职业指导的初步。此后又定职业指导为必修科，作学理上的研究，同时对事业推广，亦颇注意。

中华职业教育社　中华职业教育社，成立于民国六年，从事于职业指导，则自民国八年始。初由翻译书籍入手，冀介绍职业指导学术于国中，兼做宣传的工夫。同时社内即设职业指导部，办理下列各事：（a）调查上海重要职业状况，（b）调查各学校将毕业学生之年龄、体力、学业、品性、志愿等，（c）征集各实业家对于毕业生之态度，（d）介绍毕业生入职业界。此后又派教员赴欧考察，以资借鉴。又在上海、济南、南京三处，作大规模之运动，结果甚好。民国十六年九月，成立上海职业指导所，办理下列各项事业：（a）职业谈话，（b）职业询问，（c）职业调查，（d）职业演讲，（e）择业指导，（f）升学指导，（g）职业介绍，（h）改业指导，（i）人生指导，（j）协助职业指导，（k）编辑刊物。年来事业益广，进展极速。

此外，各地青年会，每年有夏令会的举行，会中对于职业指导问题，颇多注意。全国青年协会，并有职业指导研究部的设立。而各学校如沪江大学、光华大学、大夏大学、上海中学、中华职业学校、澄衷中学、南京中学等，都有职业指导的设施了。

十七年五月，全国教育会议，通过《设立职业指导所及厉行职业指导案》，并规定三条办法：（1）各级学校之修业期最后一学年间，应有职业指导及升学指导；（2）全国各大学及中学应设职业指导部；（3）由大学院拟订进行程序，会同有关系各部通令各省设立职业指导部。十九年九月，又有全国职业指导机关联合会的成立，以研究各机关共同之职业指导问题为宗旨，由此职业指导事业，也逐渐扩展了。

（6）职业指导实施

指导纲要　实施职业指导的人，对于受指导者应注意些什么，大概说起来，可分职业未定以前的指导和职业既定后的指导两方面。这种事业，不是单独所能办到，必须要有关系的各机关大家互助才行。兹录庄泽宣先生所拟的纲要如下。

甲　职业未定以前的指导

子　被指导人以前的环境研究，例如：

（一）家庭状况、所交伴侣等，以觇他的社交上环境。

（二）家庭经济、兄弟姊妹人数等，以觇他能在学的久暂。

（三）他以前所学的教育、所爱的功课，他在学的成绩等，以觇他的学识才力。

（四）他的体力、他家中各人的身体状况，及曾否有疾病、家庭卫生等，以觇他的身体状况。

（五）用心理测验及他种方法，定他的智力及心理状况。

丑　被指导人的性向研究，例如：

（一）他在学时，学识体力的进步，对于功课何科最有兴趣及其原因，再把这进步的情形同从前的成绩比较。

（二）他家庭经济及社交有何进步，他的伴侣和从前的是否不同，课外做些什么事等。

（三）他家庭对于在学久暂及选择职业的意见。

（四）他对于各种职业的兴趣，可用下列各法去试：（1）讲解各职业的内容及将来的希望。（2）参观各职业机关。（3）用图表及影片去说明职业的分类及每业内升迁的路。（4）学职业陶冶的功课。（5）普通功课里有关于职业的资料随时讲演。（6）叫他和职业专家谈话，或请职业专家来讲演。

乙　职业既定后的指导

  子　职业预备，例如：

   （一）用已知的职业心理测验方法去测验他对于所定的职业是否相宜，再把在该职业内，成功的人格性研究，及比较与被指导人的是否有同处。

   （二）调查该职业的优点与弱点，如职业卫生、工资多少、所需体力学力、将来希望及出路等。

   （三）工律的限制，和与工党的关系。

   （四）职业确定后入业的方法。

   （五）关于该职业的训练，学校内或该职业机关能否给予所需的训练。如不能，此项训练何处可求。

  丑　入业与入业后情形，例如：

   （一）介绍相当的位置，及觇他的进步。

   （二）除作业外，他社交和经济状况如何，升迁的社会如何。

   （三）他还需职业的教育否，如需，何处可求。

   （四）他还需普通教育否，如需，有补习学校可入否，妨碍作业否。

   （五）如所入职业仍不合他的性格，或将来没有机会升迁，或工资不敷用，应设法指导他，增进现有职业或学业。

  筹办程序　设立职业指导所，最好由教育当局、慈善机关及职业界共同组织。至于筹办程序，上海职业指导所曾拟有草案，足供参考，介绍如下。

  （一）由各地热心职业指导者集合同志，发起职业指导运动大会，宣传职业指导之原理及实施方法，以引起社会之注意。

  （二）集合热心赞助之各教育、实业及慈善机关人员，开会讨论筹备指导所之方法。

  （三）草拟指导所组织法及简章。

  （四）组织指导所筹备委员会，聘请专家主持之。

  （五）推举专家，拟订指导所工作计划书及其实施之步骤。

  （六）筹划固定及临时的经费（对于宣传及研究两项应特别注意）。

  （七）联络当地各界，求其协助。

  （八）开指导所成立大会，报告本所组织之旨趣、筹备经过情形，及将来之工作。

（九）设法使指导所在教育行政系统上占一永久独立机关之地位。

（十）刊发指导所之成立经过情形报告书及工作计划书，以求社会赞助。

组织机关　职业指导所的组织，在现今地方教育经费非常困难的情形下，当然不能十分完备，然为谋得相当效能起见，各项职员又不能尽付缺如。兹拟最低限度的组织如下。

（一）为专责任求实是起见，每一指导所，至少设主任一人，干事一二人，为有给职。

（二）为集思广益联合各方起见，应请本地教育、实业、行政界之热心领袖，组织顾问会议，以便随时咨询。

（三）为求指导切实起见，除主任及干事常川驻所外，应请各项专家及各界富有经验之士为指导员，为名誉职，遇有专门问题，如法律、健康等，可请其指导。

根据以上三点，地方职业指导所组织，其系统可列如下：

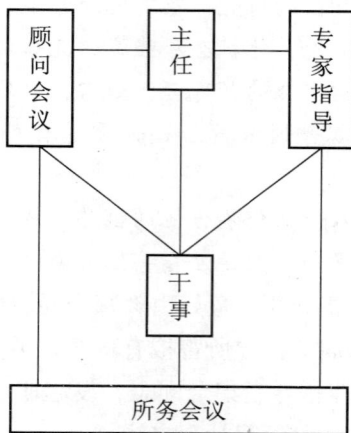

学校设施　职业指导，除了社会设立职业指导所外，学校的设施也是非常重要。兹分小学、中学、大学三方面来叙述。

甲　小学中的职业指导

（一）小学职业指导应与升学指导合同实施，其最要目的系决定普通中学、职业学校，或辍学、就业二条途径。

（二）指导职务应由各级任教员分任，最好由学校组织职业指导委员会（或教育指导委员会），以校长、教务主任、训育主任及各级任教员为委员。

（三）学校课程应酌量职业化，以增加学生对于职业的知识及兴趣，引起他们对于职业问题的注意，养成他们对于职业的正当观念。各学科如算术、国语、手工、图画等之教材，应切近于各项职业，使无形中发生联络，以收职业陶冶之功。

（四）学校应为每个学生备一考查表，详载各生每学期成绩、品格等。其他如家庭状况、课外作业、测验结果及凡能帮助我们了解个人的资料，都应一一随时填入表内，以备指导时之参考。此项考查表，应该有累积性的。

（五）学校应与家长联络，随时举行谈话，俾详悉各生家庭情形、经济状况，以及各家长的心理。

（六）教员及各指导员应利用各种机会多与学生谈话，借以观察其品性、志愿、兴趣、嗜好。谈话结果，亦可载入各生考查表内，以备参考。

（七）小学生应就适当机会参观本地或附近各职业机关，于高年级生，尤应特别注意，借以引起对于职业之兴趣，略知其内容，以为将来择业之准备。

（八）对于小学最高年级学生应举行有关升学及职业的演讲与参观。

（九）学校图书馆，应搜集各项中等学校章程一览，以及有关于职业陶冶之书籍，以供学生之参考。

（十）学生之升学者，应将其学业、体格、品性、志趣考查表誊送一份与所入学校备查。

（十一）毕业生之就业者应调查其服务成绩，继续指导。

乙　中学中的职业指导

（一）中学职业指导应与升学指导合同实施，以指导学生俾决定志愿为原则。

（二）学校应设指导委员会负责设计施行，教务、训育、课外作业，各方面皆应有代表，最好聘请教育心理专家为顾问。

（三）在初中最后一年，可在课程中加职业或职业指导一门，其内容应包括职业内容、择业方法及应注意事项。

（四）中学课程应酌量职业化，以引起学生对于职业之兴趣。

（五）课程以外，应请专家举行演讲，并实地参观重要职业机关，以及提倡各种课外作业，俾发展学生之知能。

（六）学校应为每个学生备一考查表，详载各学生每学期成绩、体格、品性、家庭状况、职业志愿等，以备指导时之参考。此项表格，应有继续性。

（七）学校应联络职业界各种机关，调查本地及附近之职业机会及需要。

（八）学校应多与学生家长通信或谈话，讨论学生择业问题。

（九）指导员应与学生个别谈话，助其自审。

（十）指导员参考六、七、八、九四条所得结果，指导学生决定升学或就业，予以相当之介绍。

（十一）学生之升学者，学校应将其考查表誊送一份与所入学校备考。

（十二）学校应调查升学者学业成绩及就业者服务成绩，继续指导，并以资改进指导方法之参考。

丙　大学中的职业指导

（一）大学职业指导，以分析学生性能，供给种种有关系材料，俾学生对于职业问题有最适当之解决为目的。

（二）大学应设职业指导部或职业指导委员会，实施指导职务。学校人数多者，部务宜聘人专任；人数少者，可由教员或他部职员兼任。

（三）大学应于课程外举行演讲、参观，提倡各种课外作业及鼓励阅读关于职业内容、修养书籍等。

（四）大学应试行导师制，将毕业年级学生分配于各教员，俾得切实指导的利益。

（五）学校应联络各机关调查本地及外埠各种职业之机会及需要，随时宣布。

（六）学校对于学生学业成绩、课外作业成绩、体格测验成绩、品性、志愿、兴趣、嗜好、家庭状况、父兄职业等，应详细调查汇登备考。

（七）学生应填写择业自审表，由指导员约期谈话。凡对于择业问题未有适当之解决者，应参考五、六两条助其考虑；其已有决定者，亦应继续共同研究，俾所择确为最适当之职业。

（八）指导部对于毕业学生，应于可能范围内，介绍相当职业，登记时可征收邮电费用若干。

（九）指导部应调查就事毕业生之服务成绩，以为改进指导方法之参考。

此外实业机关中亦应设施职业指导，以求人事相称、业务发展。如雇工时举行谈话、测验、体格检查等，雇用后加以不断的训练，同时调查其工作成绩、服务精神，予以调剂。而人事研究，更属重要，盖为雇工、训练、调剂之根据，不能不特别注意。

十、今后中国的职业教育

中国改办新教育以来，已近四十年，职业教育的提倡实施，至少也有三十年。近来最高教育行政当局，对于职业教育的规划、倡导、督促，总算不遗余力；同时各省市职业学校的设立，亦复数量激增，不能不说是一种极好的现象。可是从实际方面观察，未能尽如吾人理想之处尤多。此种职业教育，究于国家富力、社会生产裨补多少，尚是疑问；而职业学校学生毕业后出路问题的严重，已呈现于目前，这是不可讳饰的事实。

就大体言，社会事业不发达，需要新式职工不多，则职业学校毕业生的出路，自然要感到狭隘。同时一般社会重文轻实的心理，未能完全转移，对于职业教育的影响，当然也很大。从这方面来推论，固非办职业教育者之过，而社会应负其责。不过，职业教育自身的不健全，亦足以减轻社会的信任，就目前而言，确有下列诸弊。

纯以办普通中学的方法办职业学校，不顾教学设备，不顾社会需要，不顾学生出路，此其一。办理职业教育，只知注重职业学校，而不知职业学校教育外，还有补习教育与职业指导；因为偏而不全，遂致路狭而效寡、力薄而势孤，此其二。办理职业教育，除学校教育外，不知注重社会教育，因此农的一方，受其影响，特别重大，此其三。误认职业教育目的专为谋生，而于公民道德的训练、民族精神的启发，不甚注意，此其四。女子家事教育，以近来风气所趋，几至无人敢加提倡；若从实际观察，吾民族因此吃亏甚大，此其五。

上述五端，为其莹莹大者，已可见其病态之一般。凡百事业，固不能专赖一方努力，必须联合有关系各方面，同时动作，合作进行，始能有成功之希望。关于职业教育设施，此层尤为重要，似不能不特别注意。今后教育行政机关、学校教育机关、职业指导机关、社会教育机关、工商团体等，应切实联络，分负责任，认定重心所在，共谋职业教育之多元发展，始克见效。其次应由最高教育行政机关、地方教育行政机关，酌查中国目前情形，立定施政标准，负责培养职教师资，限止职教滥设，推广社会性职业补习教育及职业指导所，并注重青年训练。而办理职教同人，应移注目光于社会，注意到职教效能。于正式职校，则坚定"充实内容适应社会需要"之主张，以期毕业生皆有出路。至如补习职教、农业教育，尤应力谋推广，并为有秩序的进行。尤其于青年训练，应特别注意，职业知能与公民道德，须同时并重，养成社会优秀中坚分子，以为复兴民族之基础。

综上所论，今后中国职业教育，所应注重之点，亦大略可知。兹再具体地提出六项加以说明，以待海内贤达之指正。

（一）职业知能练习须与公民训练并重且求其互相联络　职业教育，主要目的，固在教授生产知能，但同时对于公民训练及其他必要的文化教育，亦万不能漠视。尤其在此国难严重、民族衰落时期，对于一般青年，倘无一种精神教育的训练，以扩大其民族意识，培养其民族情感，则个人纵能自立，仍于国家民族之生存无补。印度、朝鲜亦曾有职业教育矣，吾国宁能步其后尘乎？是以今后中国实施职业教育，应认定以"训练职业知能，厉行民族教育"为两大主干。譬诸人身，前者是营养体质，后者是陶冶精神，两者相依，正如车之两轮、鸟之两翼，两者无论如何，不能偏废。

（二）初级职校宜减少学校形式而纯以实际工作为务　入学目的，唯一读书，学校程度，判定在年限，此为一般人之见解。实则职业教育重要目的，在教育者手脑并用，绝非仅重书本知识。在高级职校，为养成初级技师及中级职员，自不妨稍稍兼重学理。若初级一阶段，尽可完全注重劳动，应有十分之六七时间，从事实际工作。而年限长短，则可视工作性质及学习能力，分别决定之。学校形式与观念，有时亦能误人，最好初级职校，关于学校形式方面，容易引起青年不良观念者竭力避免之。

（三）职业教育宜与社会教育联络进行　职业教育实施方式，不仅在学校一方，即社会教育所关，亦极重要。都市方面，施行职业指导，固然纯粹属于社会教育的范围，而乡村除农业学校外，关于农事各项指导，试问何项能离乎社会教育？倘使实施职教者，只知有学校，不知有社会，壁垒森严，不肯离门一步，此等关门式的职业教育，可以断言其效力至微。是以在今日之中国，凡主持职业学校同人，均应具有兼任社会教育之信念，方能使民众获得新教育的利益，促进旧职业的改良。此层在乡村关系尤重，应特别注意。

（四）职业教育不应以职业学校为中心，须兼重补习教育及职业指导　职业教育范围，实含有职业学校教育、职业补习教育、职业指导三方面。职业学校在全部职业教育中当然居重要地位。然若无职业补习教育以辅佐之，则职教推行之途径必狭；无职业指导以连贯之，则职教影响之效能难著。必须教育行政者与社会两方，咸彻底明了以上三方面之性质与功用，决定同时并重，并使之互相联络，方能获得圆满结果。尤希望办理职业教育同人，应一致先行确定此种信念，推行庶能顺利。

（五）集中行政权能，谋职业学校的健全，注意毕业生的出路 职业教育目的，在养成多数具有新职业知能之人员，以供社会各方之用，借谋职业之改良、新职业之勃兴。倘人员养成而无处消纳，则职业教育将完全失其效用了。是以在学校开办之初，即当详审职业界的需要，计议到毕业生出路问题；既设校施教以后，必时时虑到学生所学，是否与社会相吻合；将毕业时，更当切实筹划，并实施介绍职业办法，此实为一定不可移易之理。正式职业学校，设立太多，设备不完，教法不善，毕业生不能有出路，当然无足怪。即办理较优之校，而平昔对于学生出路，不加注意，结果亦复不能圆满。照目前中国情势以观，应并力提倡推行实业补习教育及职业指导，以应社会之需要，而于正式职业学校之设立，则不妨取有限度的、有计划的办法，由教育行政机关负其全责，统筹全局，施行统制，期于推行职教之中，仍寓有解决学生出路问题之意，实甚重要。

（六）提倡女子家事教育以应社会实际需要 女子家事教育，为职业教育范围中的一类，年来提倡职业教育者虽有人，而竭力提倡女子家事者则比较少数。究其原因，一则女子家事教育不易办，师资难得，同时设备标准，新旧两方，难称适合。二则近十年来，教育平等、男女平等两说，讲得太呆板、太极端，以为女子教育，只有超良妻贤母主义，决不容良妻贤母主义之存在。大势所趋，竟莫敢与之抗，而所谓女子家事教育，又在与良妻贤母主义为缘。因此遂无人敢明白主张。实际平心而论，真理决不如此。就能力言，男女诚然无殊，凡男子能为之事，女子亦能为之。而就生理言，男女究属有别，男子应为之事，亦必强女子为之，是否经济，仍是疑问。我们当然承认超良妻贤母主义，因为不如此，则一部分曾受高等教育而具特殊才能之女子，无以显其效用；但我们同时也应该承认良妻贤母主义，因为不如此，则对于一大部分为妻为母之女子，无从定教育的标准。天下断无使一切男子女子皆受高等教育之理，世界无论何国家、何民族，亦断无使女子悉受高等教育，而所职皆超过妻与母之理。女子既不能人人皆放弃妻与母的任务，却又无教以如何为母如何为妻之准备，试问如何是好？须知为妻为母之教育，质言之，就是女子家事教育，在今日之中国，实可说是需要迫切，急应提倡，不容再缓了。

至于在现今非常时期内，应如何调试职业教育，以应付需要，则可分治标、治本两方面来讨论。对于紧急的需要，即战事中各种工作的训练，职业教育应选取最切实的材料、最有效力的方法，在最短期内，训练急需的人才。但除对于临时的战事需要加以课程上的调试外，对于使国家脱去非常时期的基本需要，亦应兼顾。因为战事未必一定发生，即发生，亦有终止的时候，并且致国家于强健，亦非专靠战争的胜利，所以常态时期的训练，亦不能忽略。

为应付非常时期中紧急的需要（即战事的需要），各种职业教育，应依其性质，就其范围，选出与战事最有关系的工作加以训练，求其能迅速的收到实用的效果。其余关于次要的事项，均可减低分量或暂时搁置。决定于选择这时期的职业教育的教材，必须根据对于战事的需要与各种职业教育所包含的工作，作详细的分析。兹就职业教育普通的分类，将农、工、商、家事四科对于紧急需要应有的调适，简略举例如下。

（一）农科　专门科目将教材集中于军用品的生产、购买、分配、运输以及军用牲畜的养育、训练等问题。如能对于各种农产品的成分及数量加以研究，以求发现新食品或代用品，更为可贵。这样，所训练的人才及所采取的教材，可以直接的应用在军事上，帮助胜利。

（二）工科　工科中最主要的为土木、机械、电机三科。这些科目的教材，亦应集中于军事有关系的事项上。例如土木科可教授战壕、桥梁、营幕等的建筑；机械科注重枪炮及其他军械的应用及修理；电机科可用无线电及其他军事上必需的电汽工作，为主要教材。至于其他工科，亦可依同样原则变更。如应用化学，可学习烟幕弹及防毒面具的制造，染织科可以军装为实验品。工科对于战事的应用，可说比别科重大。

（三）商科　商科之中，本亦包含多种训练，按其性质，对于紧急的需要，亦应有不同的变通。受文书训练的，自然可以应用于军队中的文书上，尤应注意文件、消息的传递以及宣传的方法。研究商业的，应以军需的购置、保管、分发等问题为资料。至于工商管理，可注重管理工役等事。所以训练时分别着重，对于军事训练亦有所贡献。

（四）家事　纯粹的家事学科，固然很难适应军事上的需要，但当战争期中，家事的管理，往往比平时困难，如食品的缺乏、购买的不便，以及各种便利器械或服务的减少。这些问题都应事先研究应付的方法，所以家事科在非常时期并不减重要。除纯粹家事科外，还有别的家事科，是对于军事有直接助益的。如看护科可用于军队救护工作上，是一种极需要的训练；缝纫科可以制作军装为实习工作。这都是很明显的例。这些科目，经过调试后，对于紧急的需要，都有相当贡献。

以上专就对于非常时期所紧急需要的职业教育在课程上应有的变通而论。但这种变通只能应付一时的需要，解决目前的问题，若求国家脱出非常时期，或不再入非常时期，必先研究所以进入非常时期的基本原因，然后筹划彻底的对策，这种对策的内容，也就是治本的方针。大要说起来有三点，就是坚强民族的意识、增进工作的效能和培养救国的性格。兹分述如下。

（一）坚强民族的意识　职业教育在坚强民族的意识上，与他种教育没有多大区别，应当共负责任。在普通科目，如公民、历史、地理等，应多注重政治、外交的事实，使学生明了国家的地位，发生爱国的热忱，并认清一切教育的目标，应集中于救亡图存上。握住了中心目标，然后一切的努力有归宿，民族的意识方有表现。除课程内如是发扬外，课外对于时事的演讲、讨论、阅读等，都是可以利用的方法。

（二）增进工作的效能　对于增进人生工作的效能，职业教育可有特殊的贡献，因为人生中各种工作的效能，即是由职业训练得来。能在职业上成功，即是对于国家有相当的帮助，所以为应付非常时期的需要，职业教育应特别注意工作效率及其增进方法，使受过训练的，都能各就所从事的职业，发生最大的效果。各种事业都以最高效率去发展，国家的局势自然转变。这种过程，虽然迟缓，但有定而不移的影响。

（三）培养救国的性格　培养救国的性格，职业教育亦可有特殊的贡献。救国的性格很多，并且可说没有善良性格不可以强健国家的。但在非常时期中，最需要的不外耐劳、勇敢、合作、纪律等。职业教育中的实习工作，都有培养锻炼这些性格很多的机会。例如机械制造必须耐劳，化学试验必须冒险，这都可证明实作对性格的关系。由实际工作训练这些美德，比空用言论有效的多。所以职业教育应尽量利用实作养成急需的性格。

以上所论虽专就狭义的职业学校教育而言，但他种形式的职业教育，如职业补习教育、社会或民众的职业训练工作，以及职业指导等，那些工作，亦未尝不可对于非常时期有可适应而贡献的地方。例如补习教育及各种职业训练，可各依其性质，注重与紧急需要有关的训练。同时在课内课外，亦应注意民族的意识、工作的效能及救国的性格。至于职业指导在紧急的时候，可利用登记、审查、指导、安插种种方法，谋求人才的经济；在缓和的时候，对于人生的效能，可有特别的指导。

职业教育学

何清儒[1]　编著

———————

[1]　何清儒（1901—1985），天津人，早年毕业于清华学校，后赴美留学。于安提亚大学获学士学位，于哥伦比亚大学获硕士、博士学位。历任安提亚大学心理学助教，纽约美西公司人事研究主任，齐鲁大学教授，清华大学秘书长，民国教育部职业教育设计委员会委员，以及中华职业教育社研究部主任等职。是我国民国时期职业教育、职业指导、人事管理、职业心理学领域杰出的学者。

序

　　教育包括职业的目的，乃是古今教育家一致公认的。古代的家庭中，传授生活的技术，现代的实业中，教授工作的方法，并且二者都容纳在一般教育之中，很可以代表这种原则的承认。但已往职业教育不过是附属品，没有成为独立的学术。自从实业发达，职业种类加多，职业需要提高，没有相当的教育，差不多不能开始职业生活。职业生活既为人生主要的部分，所以职业教育的需要亦一天大似一天。

　　职业教育在现今时代，不是可以像古代教育没有组织、没有形式的时候，那样简单易行。现今职业的种类及内容都极复杂，而关于人的生理心理知识，亦极繁多，所以施行职业教育必须根据这两方面的研究分析，方可有成。但这样实行，是需要原则与方法，不是完全凭揣想意见的，因此，职业教育成为专门的学术，需要特别的研究。

　　职业教育在我国有长远的历史。古代非正式的不论，自采取新教育制度以来，对于职业教育即有注意，到现今提倡已有数十年的工夫。但职业教育的成绩，不论是由何方面去看，都是很难令人满意。设备、课程、教学的不完备，学生出路的困难，以及校数人数的不发达，都是令人不满意的征象。这种不发达的原因固然很多，如政治、社会、经济等，但实施的人对于职业教育学术缺少研究，亦是一种主要的原因。没有专门的人才，自然没有良好的成绩。

　　近来政府对于职业教育人才的培养，已知注意。有些教育学院，已奉通令设立职业教育系，即不是正式在学校中研究教育的，对于职业教育，亦发生兴趣。训练职业教育人才，自然需要关于职业教育的专著，作为教本或参考。我国关于这类的出版物，种类极少，而真有研究价值的，更不多见，所以急需尽量的补充。作者根据这种观察，从事本书的撰述。

　　本书包括职业教育一切的原则与方法，都是职业教育行政人员及教师所必知的。全书共分三编：第一编是讨论一般职业教育通用的原则及方法。第二编专论职业补习教育，因为职业补习教育的地位重要，所以特别提出。至于其他各种职业教育，都列入第三编。这样编辑，希望能将本学科重要的部分都包括在内，各占相当的地位。

作者虽然根据多年的研究与经验草拟本书，但一人的学验究属有限，并且这学术又不是简单的知识，所以遗漏错误，仍是不免。希望读者加以指正，以便修订。在现今国难期间，这类的专书还能出版，这是不能不感激出版家的，所以亦在此附设致谢忱。

何清儒

二十九年九月六日上海

目　录

第一编　一般职业教育

第一章　职业教育概论

教育与人生

教育的定义教育家各有不同。或说"教育即是人生"，或说"教育是生活的准备"，或以为人受教育为生活的圆满。各种定义虽然字句不同，但都以人生为对象。换句话说，教育是要对人生发生关系的。教育的总目的，是使生活更加充实。反过来说，人生对于教育是认作一种工具，使这种工具发生优良的效果。没有这种工具，生活即失掉了许多意义及效能。所以教育与人生的关系是双方面的：教育以人生为对象，人生以教育为工具。

人生的意义

人生究竟是什么？人活着究竟为什么？这是哲学中的问题，并且是很难回答的。宗教家以为人生是实现神的意旨，与未来的境界有关。科学家以为人生与物质的生存相同，完全受天然定律的支配，本身没有意义。除此以外，或许还有别种说法。无论人生哲学如何，人生的活动，都是在相同范围之内：一是谋求个人的福利，一是增加社会的发展。衣、食、住、行等举动，都是对个人福利所发生的。职业生活、社会工作、政治组织等，都是为谋求社会发展的。一个人的生活，大概都出不了这两个大范围以外。所以人生的总目的，可说是为个人福利及社会发展。

人生的分部

人生是一个单元，包括多种活动。这些活动彼此都有联系，并且种类极为复杂。但若概括的来说，人生可分为几大部分。

甲、体育生活　凡衣、食、住以及运动、卫生等活动，都包括在这类生活之中。这部生活有基本的重要，因为如果没有这部生活，人即不能存在。

乙、智育生活　人自降生即有求知的行为。以后在学校的修学、课外的阅读、业余的研究以及学术的探讨，都是智育的活动。这种活动一生继续不断，成为重要的部分。

丙、精神生活　除了保持身体的生存与健康，满足求知的欲望以外，还有些活动是为求精神的愉快的。宗教的信仰、音乐的品评、美术的鉴赏、文学的会通、以及服务的参加等，都是发展精神的活动。

丁、社交生活　人不只有在个人范围内的活动，社会有许多活动是与别人发生关系的。人在社会中生存，脱不了人与人的关系。亲友的往来、团体的组织、集团的娱乐，这类的活动都可称为社交生活。

戊、职业生活　在人生之中，除了上面各种生活以外，还有一种主要的，即是职业生活。职业生活在整个人生中占一重大的部分，不但期间又长又多，并且对于其他各种生活有基本的关系，因为职业生活不圆满，往往影响别种生活。所以职业生活在各种生活中，占极重要的地位。以上的分类，不过为讨论的清楚与便利，并不可认为固定不移。

教育的分类

教育是一种工作或事业，亦本是单纯性质的，但是因为受教育的人与目的不完全相同，所以又可分为许多种类。现今教育的种类极为繁多，但分类的根据不外二种。

甲、阶段的分类　按个人发展的程序，教育可分为婴儿教育、幼稚教育、初等教育、中等教育、高等教育等。每一种教育代表一个阶段，前后是相连接的。

乙、性质的分类　教育的总目的固然相同，但着重点有时不同。例如社会教育是专重民众的发展，家事教育专训练治家的能力，体育教育专求体育的进步，工程教育专注工程的训练，还有许多别的名目，都不过是特别着重一方的训练，为求达到一种特殊的目的。

职业教育的意义

职业教育是教育的一种，亦是按性质分类的一个名词。概括的目的当然与一般教育相同，即是求生活的圆满。但职业教育专以职业生活为对象，目的是供给职业的知识技能，并培养职业的精神、道德，以充实职业的效能，满足职业的需要，使人有从事对个人及社会有益的工作。职业教育是整个教育的一部分，与别种性质的教育有平等地位的。职业教育与别种教育不同的地方，不过是在着重点上。所以职业教育并不是完全独立，与别种教育毫无关系的。

职业教育的需要

为什么要有职业教育？职业教育有什么存在的理由？这些问题得到回答，方能明了职业教育的价值。职业教育所以产生，有几种原因，重要的如下。

甲、增加国家生产　无论开发何种资源，或经营何种生产事业，都有三种要素不可缺少：一、资本，包括工具、机器、工厂、货栈、存货等；二、天产资源，如土地的原料、水、气候等；三、劳工，不论是脑力的或体力的。这三种要素之中，以劳工为最重要。劳工没有知识，没有教育，虽有资本、天产，亦不能发展生产。所以人的因素，必用教育的方法训练发展，方能得到效力。为开发资源，增加生产，职业教育不可缺少。

乙、提高个人效能　如果个人都不受职业训练，多数人都挤聚在非技巧无效能的劳动阶级中，所收的报酬亦是极为低微，因而全国的总收入，亦是低落。职业训练可以增加个人的效能，使他从拥挤的低级工作，提升到高级优酬的位置。因为个人效能的提高，使个人所从事的职业亦多得到结果，经营能发达，资产能增加，天产亦得到充分的利用。至于个人因效能提高所得的物质及精神的福利，更是极为明显。

丙、充实教育意义　教育的价值或功用，即在能对人生发生影响。教育若不能有实用的效果，即失去一部分意义。普通教育自然对人生各部分都有相当的影响，如体育、智育、精神等的发展，但对于人生重要部分的职业生活，贡献不能充足。有了职业教育，对于这部特殊需要可以应付，不但可以使人生需要更得满足的应付，并且对于整个教育的意义充实不少。

职业教育的目的

职业教育所以产生的原因，有上举几种主要的。职业教育的目的，即在应付这几种需要。但如何能得到这目的，必须将这总的需要，再分析成为训练的目标。无论应付上节中所举何种需要，都必须对个人施行三方面的训练。这三方面的训练，即可认为职业教育的特殊目的。

甲、职业的知能　职业教育主要的使命，即在供给与职业有关的知识技能，使个人有从事职业的能力。人人能在工作上发生效力，然后方能应付上面的任何需要。

乙、体格的锻炼　体育好像是不在职业教育范围之内，但在职业上发生效力，健强的身体亦是主要条件之一。所以若求职业生活圆满，必须将身体的锻炼，包括在职业教育之中。

丙、性格的培养　在职业上发生效率，不只需要重组的知识技能或健全的身体，优良的性格亦是必需条件之一。对人的态度，对事的心理，都是于性情品格的事。这些性格的发展，亦是应作为职业教育的一部分。

职业教育的分类

职业教育已经是教育中的一种，而职业教育还可分为许多种类，因为职业的种类很多，每一种职业可以有一种职业教育。如果按职业种类来分，职业教育的种类不下千数百种（见中华职业教育社编《中华民国职业分类表》）。在教育的研究上，普通将职业教育分为下列数大类。

甲、农业教育　包括普通农业、园艺、畜牧、森林等。

乙、工业教育　如电机、机械、土木、应用化学、漂染、纺织等，都列入这类。

丙、商业教育　除销售外，银行、簿记、会计、保险、运输以及文书，都在这类范围之内。

丁、家事教育　这类之中包括家事看护、佣工、美容、理发、缝纫、刺绣，等等。

戊、专业教育　高级专门的职业，如医药、会计、法律、工程、宗教、教育等，所需要的训练，亦是职业教育的一类。

己、公职教育　为行政机关人员所施行的训练，如县政人员养成所，合作人员的训练等，都可称为公职教育。

以上的分类不过是现行在教育中通用的分类，并不能认为是最完密的，因为有些种职业训练很难列入这些之中。例如戏剧的训练、飞行的训练、侍应的训练等，即不易分类。但以上的分类可以包括大多数，并且在讨论上，有相当的便利。

职业教育的方式

职业教育不但种类不同，并且在施行上所采取的方式亦不同。每种职业教育都可有多种不同的方式。下列的几种，可算是最普通的。

甲、正式职业教育　正式职业教育，即是在有组织的学校中所施行的职业教育。按阶段又可分为：

（一）中等职业教育，即与中学同等的职业学校。照现行学制说，分初级、高级，并有规定的年限。

（二）高等职业教育。大学中的各科教育或专科学校的教育，都是职业教育，因为都是为各种职业做准备的。大学及专科的职业教育，亦是组织严密，期限固定，极端正式的。这两种方式都称为正式职业教育。

乙、活动职业教育　与正式职业教育相对的，即是形式比较活动的职业教育。在这类之中，可举两项重要的例。

（一）职业补习教育。这种是不限地点、不限期间，按实际需要所施行于已就业或未就业的各种职业训练（详见第三编）。

（二）职业训练为工商或其他机关所组织的训练，专为养成某种职务能力的，可称为职业训练。这种的形式与职业补习教育相似，但目的比较特殊，因为是为应付特殊需要而组织的。

丙、特殊职业教育　为特殊集团所施行的职业教育可称为特殊职业教育。例如在军队中为兵士施行职业训练，以备退伍后可以加入各种职业；又如为难民组织职业训练，以增加生产的能力，使解散时能维持自立；又如为残废的人设施职业训练，利用他们存在的能力，提高生存的能力。这些种训练虽然在原则上、性质上、目的上，与他种职业教育没有大的差别，但因为受训练的人品质不同，所以在组织上、方法上、设备上都有区别，所以另列为一种方式。

职业教育的原则

职业教育在种类上、方式上虽有许多差别，但在实施上，有些原则是共同应用的。实施职业教育当然不能死板，要按照需要、环境、受教人的性质，以及人力、财力，能调适、应付，但有些原则是不可违反的，因为如果不遵守这些原则，实施的效率即减低，或反发生不良的效果。兹将重要的原则举列如下。

甲、注意个人差别　在普通教育中第一应该承认的即是人与人各个不同。智力高下不同，体格强弱不同，性情优劣不同，教育的设施应按照个人的差别，加以适应。在职业教育中，这种承认更是重要，因为一个人应该受何种职业训练，如何受某种职业训练，都按照个人的情形，有不同的解决方法。施行职业教育，在教材上、教法上，都应按照个人差别，加以适应，方能收最大的效果，满足职业中的需要。

乙、应付地方需要　职业教育的主要价值，在能应付实际需要。农业教育是为应付农业的需要，工业教育是为应付工业的需要，商业教育是为应付商业的需要。但在一个地方，需要有特殊的，不完全与别的地方相同。例如上海对于工商业教育的需要，比对农业教育的需要大。设施职业教育，必先研究本地方的需要，然后根据需要去实行。若是不顾需要去设施，结果不是枉费，即是不适合，教育的效率必致减低。

丙、切合职业内容　职业教育不但在种类上要应付地方的需要，并且在内容上要切合实际职业的内容。例如在商业发达的地方，固应设施商业教育。但商业教育的内容，不论是销售，或银行、簿记等，都应与该地那业中实际的情形相符合。换句话说，职业教育的教材，必须能在实际职业中有实用的价值。欲达到这种目的，必先将已经存在的职业，加以分析，明了所包括的工作需要等，然后方可编制教材，切合实用。

丁、符合实际方法　不但在内容上职业教育应根据实际的职业，并且在方法上亦应与实际的工作符合。例如电器的装修，在教育机关中所教授的方法，必须与这行业中所通用的方法符合，然后受过训练之后，方可实际应用。不然所训练的无用，并且还要重新学习实际的方法，成为双重的消耗。所以设施职业教育所采取的教法，必须符合实际的工作。

戊、设备切近需要　无论何种职业，都有从事的工具。木工的斧锯，缝纫的尺剪，机械的钳扭，甚至文书的笔墨，都是工具。无论何种职业教育，为养成职业技能，都需要相当的设备。这些设备，有时当然不能与实际需要完全相同，因为地方及范围不同，但以愈切近需要为愈妙。因为设备若与实际情形相去甚远，训练出来的技能，还是不能完全应用。如果职业教育能设施在实际工作的场所，利用原有的设备，这项原则即更容易实行。

己、理论实习并重　职业教育与普通教育最大的区别，即在实用的性质。职业教育不但要供给知识，并且要培养技能。所以职业教育的教材，不能限于理论。除理论以外，还要加上实习。无论何种职业教育，都可有实习的设施。关于这点的一个可辩论的问题，即是理论与实习孰轻孰重。有人主张重理论，因为理论熟悉即可变通应用。有人主张重实习，因为由实作亦可了解会通理论原则来。这个问题在各种职业教育上，或有不同的答案，但概括而论，二者应当并重，因为彼此参照，方能增加了解与实作的能力。

庚、专门与基本兼顾　在职业训练中，无论是理论或是实习，都可分为专门的与基本的。专门的是专为应付某一种职业中需要的，基本的是对于这一类中多数职业可共同应用的。例如电机科对于发电机的原理及管理，可说是基本的训练。而对于某一种电器的装修原则及技术，可说是专门的。没有基本的训练，没有了解学习专门的基础。没有专门的训练，不能实际从事一种工作，有充足的效率。这两方面亦是很难断定轻重，但就一般情形而论，应该兼顾，方可造就有用的人才，应付实际的需要。

辛、切实联络社会　教育以人生为对象，本不能与实际生活脱离关系。职业教育为应付职业需要，更不能单独存在。与职业教育最有关系的，即是各种职业团体，因为许多教材、方法以及应用，都要靠赖职业界的合作。其他教育机关、社会组织，与职业教育亦都有关系，实施职业教育，必须与各方面取得联络，因为职业教育不能单独存在。闭门造车，绝不是职业教育所应取的方针。

职业教育的根据

实施职业教育，除了应遵守上面几项重要原则以外，并应采取两种主要的根据。没有这两种根据，合理的、科学的职业教育即成为不可能。这两种根据有如航海的指南针，没有即失掉了方向。这两种根据是：（甲）对人研究。对受教的个人研究他的智力、体质、性格、兴趣等方面，并以教育适应个别的需要。（乙）对事分析。将职业的内容加以分析，明了它的工作、需要、环境、报酬等，以确定教育的教材、教法，而适合实际的情形。这两种根据，是职业教育理论中最重要的部分，我们在下列二章中将再分别讨论。

参考书

1. Hill，D. S.：Introduction to Vocational Education
2. Snedden，D：Vocational Education
3. Snedden，Week，Cubberley：Vocational Education
4. Prosser & Allen：Vocational Education in a Democracy
5. 邹恩润：《职业教育研究》
6. 中华职业教育社：《职业教育之理论与实际》

第二章　个人的研究

个人研究的重要

为什么在职业教育中必须对个人加以研究？总括来说，是因为要使教育对个人多发生效力。教育是为受教育的人所施行的，若不明了受教人的情况，如何能使教育发生最大的效力？分别来说，有三种主要的功用。

甲、决定选择　职业教育种类不同，不是各个人都能受同样的职业教育。实施一种职业教育，对于受教的人，应当加以选择。适合这种教育的可以收取，不适合的可以拒绝，以免枉费时力，贻害个人。如欲对受教的人加以选择，必须明了受教人个别的情形，对于他个人的差别，必加以研究。具体的来说，在职业学校招收学生的时候，必对学生个别的情形详加审查，以便决定是否适于所设的科目课程。在这进口的时候，若不审慎，收入许多不适合的材料，所设施教育，无论如何完备，亦不能收十分的效果。

乙、指导修学　学生进入学校以后，不是走完全平坦的路途，没有问题发生。或是修学方法不当，或是兴趣转变方向，或是心理发生问题，都影响学业成绩。如果欲求顺序的进展，必须有随时的指导，对于修学方法、兴趣研究、心理问题，都应有精细成熟的辅助。实行指导，必先对于个人的情况认识清楚。解决一个人的问题，不是可以凭空臆想，必须根据实际的情形。个人研究，即是对人的明了。有了这种根据，方能对学生在校修学的问题，加以指导，以增加教育的效率。

丙、辅助出路　实施职业教育的，对于施教的结果，必须得到实用，方算尽了职责。职业学校的学生，如果在修毕学业之后，都没有用其所学的机会，职业教育的效率，即等于零。所以施行教育的，对于学生的出路问题，必设法辅助，谋求解决。但学生出路问题，不是可以通盘解决的，必须按照个人情形，分别设法。个人的能力、兴趣、准备等，都不同，不能同走一条路途。所以必须明了个人的情形，然后对于出路问题，方可加以辅助。

个人的差别

人与人各不相同，没有两个人完全相同的。不同的地方有许多方面，亦可以说没有一方面人与人相同的。个人差别的方面极多，不能尽行举列。兹将重要的提出如下。

甲、生理的差别　个人的体重、身高，各有不同。各种重量、高度，代表各种发育及健康的情形。心脏、肺部的强弱，亦各有不同，与个人的体质有关。耳的听觉，目的视力，亦有等级的不同，亦是健康的表现。这些不同的地方，都是属于生理的差别。对于人的职业生活，都有发生关系的时候。施行职业教育，必对于有关的个人生理差别加以考虑，方能发生最大的效率。

乙、智力的差别　智力是人的学习能力，或是应付环境解决问题的能力。用通俗的话说，即是天生的聪明。这种能力，个人高下不同，并且与职业的成功，很有关系。智力高优的，不宜担任粗简的工作。智力低弱的不能胜任繁重的事务。就心理学的研究说，人的智力可分五级：最低的白痴（Idiot），有普通儿童 2 岁至 3 岁的智力。稍高的亚痴（Imbecile），有 3 岁至 8 岁的智力。再高的是朦胧（Moron），有 9 岁至 12 岁的智力。再高的是中常（Normal），有 12 岁以上的智力。最高的是高才（Genius），出乎中常以上。欲求职业教育发生最大的效力，对于基本的智力不能不加认识。

丙、机械能力的差别　除普通智力以外，还有多种别的能力。重要的一种，即是机械的能力。机械能力即使对于机械各部构造的关系能了解，并能将一种机械的分散部分，集合成为整个的机械。由日常生活中，可以看出各人的机械能力不同。有人善于修理各种机械物品，有人避免一切机械的装修。有人对于机械的图表能清楚了解，有人见了机械说明，即感觉迷惑。这种能力虽不是对任何职业都有关系，但对于有关的职业，是极应考虑的因素，为施行教育不可不注意的。

丁、社交能力的差别　还有一种特别的能力，即是与人交往或与人发生关系的能力。有的人喜欢与人往来，对人能发生圆满的关系。有人避免与人交接，不能与人和善的相处。这种与人接触的能力，个人不同，有高低的差别。这种能力亦是按照职业的性质有相当的关系。善于应付人的不宜担任单独沉静工作，不善于交接的不适于与人接触的事务。在于职业有关系的时候，施行职业教育的，即不能不加考虑。

戊、性格的差别　除了特别能力以外，还有个人的性情、品格，亦是各个不同的。人的性情很难分类。就心理学已有的研究说，人可分为内向的

（Introvert）与外向的（Extrovert）。内向的人以个人为中心，向内发展，喜欢孤独沉静的性格，好思想、好研究，不喜交接、不喜活动。外向的由个人的向外发展，好在团体中生活，好活动，好交往。还有一种分类，即是倔强的与屈服的。倔强的好统制人，喜领导、喜前进。屈服的愿受人指导，喜随众、喜服从。这两种分类的人，都适合于不同的职业。至于品格更有许多种类，如诚实、合作、负责等，各人高下不同，对于职业需要，亦有不同的关系。欲求职业教育发生效率，对于这些个人差别，必须加以研究。

己、兴趣的差别　个人的兴趣，固然不是固定的，但在一个期间，个人的兴趣种类及量度不同。兴趣的种类很多，很难区分，一种比较简单的分类，即是将兴趣分为理论、经济、政治、艺术、社会、宗教六种。每人每种高下不同。这些兴趣的不同，对于职业的选择、准备、谋求等，都有关系。欲求解决这些问题，必以兴趣为一种主要根据。实施职业教育，既以满足职业需要为目的，所以对于兴趣亦应加以考虑。

庚、教育的差别　一个人的教育，在量度与种类上，与另一个的教育，在一个时期，是不完全相同的。有的受过初等教育，有的受过中等教育，有的受过高等教育。即同是受初等教育的，所入的学校不同，教师不同。同是受中等教育的，所修的学科不同，课程不同。同是受高等教育的，所选的学系不同，学程不同。教育的程度、性质，与职业的成功极有关系，对于接受职业教育的能力亦有影响。不明了个人教育的背景，不能使所施行的职业教育，发生最大的效力。

辛、环境的差别　个人所处的环境各不相同。环境包括许多事项，但最重要的即家庭的状况。亲属的存亡，教育程度，职业种类以及与个人的关系，家庭的经济状况，及日常生活，其他如朋友的往来，团体的参加，对于个人的发展，都有影响。环境的差别亦常为职业成败的重要因素。在受教育的时候，这项因素亦常使教育的效率因之增减。所以施行职业教育对于环境的差别，亦应注意。

以上所举各种差别，在开头已经说过，不能代表所有的个人差别。其他如容貌的差别没有列入，即是证明。但这些都是与职业生活最有关系，并且就现今科学进步的程度说，都已有可以辨别计量的方法。如果设施职业教育能根据这些方面对人的研究，虽不能算理想的完全，但教育的效率必能提到最高量度。

研究个人的方法

上面所举的各项差别，究竟是用什么方法来审查？没有方法研究的个人差别，虽然存在，亦难作为实施教育的根据。下面所举的各种方法，有的是只能应用在一种差别上，但有几种是可用在多种差别的。我们按照方法的种类举列出来。

甲、考试　关于知识或教育的差别，可以用文字问题检查的，都可利用学校中考试的方法来辨别。考试的方法无需乎说明，但应用的时候，问题必须能代表所要检查的内容。这种方法固然不是完全可靠，因为在评定高下的时候，免不了主观的判断。但对于知识的占查，可算最直接最便利的方法。

乙、测验　测验与考试有相仿的地方，但不是相同的名词。这里所说的测验，是指心理学中所研究的标准测验而言。测验与考试的不同，即在经过多数的试验，制定可靠的标准，并且不限于文字的形式，图形与动作，亦包括在内。测验有许多种类，可适用于多种差别。智力测验可以批判智力的高下，机械能力测验可以检查机械的能力，社交测验可以诊断社交的能力，性格测验可以分辨个人的性格，兴趣测验可以计量个人的兴趣，还有多种性向测验，可以发现各种蕴藏的能力。测验的方法可算是最科学化、最可靠的。

丙、检查　对于身体或生理的差别，可用医学中检查体格的方法。高度用尺度，重量用秤称，心肺用听诊器，目用视力表，耳用听力器。其他如握力、手力等，亦都可用相当的器械。这种检查不适用于别种差别，但对于生理的差别，是极可靠的研究方法。实施职业教育的可以采用。

丁、调查　调查是指直接探询的方法而言。对于个人所受的教育量度多少、性质若何、成绩优劣，以及对于个人所处的环境、家庭状况、团体生活、经济程度，都可采取直接探询的方法。这类调查必须拟定问题，向熟悉情形的人征求答案。或是以前所在的学校，或是有关的家属，或是团体的负责人，必须得到这些人的合作，调查的结果，方比较可靠。调查的方法，只适用于教育或环境的差别，而不适各种能力的差别。

戊、评量　评量是第三者征求关于对各种能力评判的方法。由征求的人举列评量的项目，分别等级，由评量的人指定对方所占的等级。这种评量又名分级评量法，是心理学中所研究出来的。这方法共有数种，如人与人评量法、分级评量法、图形评量法等（详见拙著《职业指导学》第六章分等评量）。评量的方法，可使用于各种的能力，但最适用于不能应用测验的差别上，如性格方面，因为关于性情品格，现今最实用的计量方法，即是第三者的评判。实施职业教育在解决个人问题时亦可利用。

己、面洽　面洽即是审查的人与被审查的人当面接洽。用会谈及观察的方法，明了对方的情形。关于兴趣、教育、环境等，均可借着问答，得到补充或较详的材料。但对于各种能力，决不能采用直接征询的方法。至于性格方面，由面洽时的观察，亦可得到补充的材料，不是测验或评量所可表示的。面洽的方法，虽不能算是极科学化的，但在研究个人的方法中，算是不可少的，因为无论有多少种别种方法，若缺少直接的接触，总是不能完全，并且有隔膜的地方。所以实施职业教育的，对于受教的学生，在研究他们个人情形时，必须采用这种方法。

个人研究的进行

在职业教育机关研究个人的工作，是不可少的。但若求发生效果，必须进行得当，因为这种工作不是可以草三了四、敷衍应付，必须确实的进行，方能奏效。欲求进行确实，必注意下列几项事。

甲、专人负责　职业学校对学生个人的研究，不是可以作为附带的工作，由教员顺便兼顾，乃是应用专人负责，这并不是说所有的研究的工作，都由一人实际执行，乃是由一人负责管理的意思。这专门的负责人，可以计划、分配、收集各种研究的材料，以避免重复、遗漏、仓促的地方。无论在任何种职业学校中，都应指定一人，用全部或局部的时间，负责这种工作。

乙、记录集中　由对个人的研究，产生不少的记录。考试的试卷及成绩、测验的分数、检查的报告、调查的结果、评量的等级、面洽的记录，这些种材料，都应集中的，以个人为单位，保存起来，以备参考。如果记录不集中，分散在各部，免不了零落遗失的情形，并且在应用的时候，极不方便，因为研究的目的，是要明了学生个人的状况，以为施教的根据，必须将一个人的各方面研究结果集合在一处，方能得到完整的印象。记录若不集中保存，这目的即难达到。

丙、继续不断　个人研究或调查，不是一劳永逸、举行一次即可永久应用的，例如在学生入学的时候，将智力、体格等施行测验、检查。这些结果，经过相当期间，将发生改变，必须再行测验、检查，方能确准。并且研究一个人既有许多方面，不是同时都能举行，必须分别时间去办理。因为这种种情形，所以研究个人的工作，是长期继续不断的，绝不是有节季性，或是临时性质的。

这三个进行上的要点，彼此都有连贯。有专人负责方能继续不断的研究。有专人负责记录方容易集中保管。有集中的记录，继续的研究方有意义，方有价值。总起来说，职业教育机关若认为个人研究有重要，必须以这部工作，为一正式部分，决不可认为可有可无，敷衍了事。

研究个人的原则

研究个人的工作既是这样重要，实施的时候，除进行上应注意的事以外，在原则上还有应遵守的。兹举其重要的如下。

甲、多方面的考察　研究一个人，决不可只注意某一方面，因为人是多方面的，各方面彼此都有关系。若只偏重一方面，必不能得到这人的真相。所以在研究个人情况的时候必须将可能的方面，都加考察。方面愈多，愈周密，所得的结果愈能成为解决问题的根据。

乙、注重特别情形　在研究个人的时候，虽然是应该多方面入手，得到整个的观念，但对于个人殊别的情形，应格外注意。例如一个人各方面都正常，而智力特别低弱，或身体有什么缺残，或教育有什么特性，或家庭有什么特殊情形。这些出乎正常的地方应特别注意。对于问题的解决，或成为重要的关键。

丙、联系问题症结　每个学生受个人研究，都有一个研究的目的。或是解决入学的问题，或是修学问题，或是出路问题等。每种问题与某种个人情形有比较密切的关系。例如入学问题，除各方面都应考察外，对于智力或教育程度，恐应特别注意。其他别的问题，亦都有特别联系的情形。在研究个人的时候，应将研究的结果，与问题的症结发生特别联系。换句话说，即对某种问题的人，特别注重某方面的研究。

结论

在现今教育制度之下，采取团体教授的方法，自然不能单独教授，完全注意到个性的发展。但对于个人的差别及个性的发展，不能不承认其重要。并且在可能范围内，应竭力注重。研究个人的工作，即是挽救教育大批制造及机械化种种弊端的基本工作。有了对人的研究，然后方可将同样的教育，加以调适，应付需要不同的个人。在实行研究个人的工作以前，自然对于现今教育的弱点，及个别发展的重要，先要有清楚的觉悟及认识。

参考书

1. Gates，A. I.：Psychology for the Students of Education
2. Thorndike，E. L.：Educational Psychology
3. Crane，G. W.：Psychology Applied
4. 何清儒：《职业指导学》

第三章　职业的分析

职业分析的重要

职业教育不只应以个人的情形为根据，并且还要以职业的实况为根据。这两种根据的意义，我们在第一章末尾已经讨论过。职业分析的意思，即是将一种职业分为若干部分，明了实际的内容、需要等，以为施行职业教育调适改进的参考。这部工作在职业教育中，有几点特别的重要。

甲、设施根据　职业教育功在实用。欲求实用，必须在教材上、教法上，切合实际的情形。这种原则我们在前面已有讨论。实施职业教育的，如何能明了实际的情形，即在利用职业的分析。明了职业中的需要、工作、设备、方法等，然后方可编制教材，购置设备，拟订教法。所施行的职业教育，方切实可靠，发生效力，不是空洞理想、不能应付需要的。

乙、个别适应　一个人欲加入某一种职业，必先明了感兴趣职业的内容，然后方可选定准备。在受某种职业教育之先，必须明了这种职业的需要，然后参照个人情形，决定进行准备的方针。在受教育的时候，固然按照个人的情形、教材、教法，应有调适的地方，但个人的情形，是受职业的状况所控制。若是职业的内容不清楚，亦不知道个人在受训练上，究竟应该如何调适。所以为求职业教育对个人发生效力，亦必须对职业加以分析。

丙、方法改进　职业教育的设施，不是永久不变的，因为职业状况是随时变迁的。职业教育为求切合实际应随时改进，在内容上、在方法上、在设备上，都应随时调适以应付需要。这种种的改进，必有切实的根据，方能发生效力。最好的根据，即是职业的分析。这里要附带声明的，即是职业分析亦不是一次完了的，必须每隔相当的期间，举行一次。由职业分析中可以看出教育设施的缺弱及不适合处，然后即可根据比较，加以改进。

职业的内容

一种职业里面所包括的事项很多，分析起来，极为复杂。为职业教育作根据，究竟什么事项关系最为重要，很是可研究的问题。下面所提出的几项，虽不能代表所有的职业内容，但在设施职业教育上是关系最大的。

甲、类别　在起始分析一种职业的时候，必先将这职业的名称、种类分辨清楚。一种职业往往有数种名称。何种能代表，何种不能代表，要有确定。一种职业属于何种门类，亦应明了，然后可以看清这种职业的地位。一种职业分若干较小的种类，亦要分辨，然后方不致有混乱的情形。分析职业的工作，有了这一部，方能进行其余各部。

乙、职责　明了名称及类别以后，即要了解所包含的职责。工程师的职责是建造，医师的职责是治疗，木工的职责是制造木器，电器装修的职责是装修电灯或其他电器，这些简单的例子，可以解释职责的意义。每一种职业都有一种或多种职责。不了解职责，如何能使教育应付实际的需要？换句话说，若不知一种职业所负的责任是什么，如何能对这职业作准备？

丙、工作　一种职业所负的责任，不过是总括的说明。究竟所做的工作是什么，还需进一步的分析。解释工作是最清楚的办法，即是以动作来表示，因为实际的动作，即是工作的单元。这种办法自然对于机械性或用体力的职务，比对于文字性用脑力的职务更为适用。动作的研究，可由两方面入手。

（一）动作的性质　如何动作，即是动作的性质。分析职业必须将一切动作加以叙述，使没有看见实际工作的，亦能想象活动的情形。有了这种写真，然后施行职业教育的设备、教法等，可以设法符合。

（二）动作的次序　欲明了工作不但要明了动作的性质，并且要将动作的先后次序分辨清楚，因为动作次序影响教学的设备与方法，并且在学习的程序上，亦发生不同的变化。所以分析职业的时候，必须注意这一步。

丁、需要　在明了职业的责任及工作以后，再进一步即是要明了实行这些责任及工作所需要的条件。换句话说，即是什么样的人能担负这种职业。职业所需要的条件，当然按职业的性质不同，但总括的来说，可分下列数项。

（一）智力　职业所需要的智力，按职业的性质，高下不同。但每一种职业都有需要的高低限度。同样智力的人，虽可担任不同的工作，但一种职业只适用一等智力的人。

（二）教育　个人所受教育的程度及性质，各职业所需要的亦不同。高级专业至少需要高等教育程度，劳动工作或许初级教育都不必需。

（三）体格　各种职业自然都需要健康的体格，但有的职业需要特殊的体力，或某部的特别健康与发展。分析职业必须认清这种需要，方能设法应付。

（四）性格　有些性格是各种职业共同必需的，如忍耐性、持久性、诚实、负责、合作等。但有些职业是需要特殊性格的，如推销员必有活动交往的性情，会计员必有诚实准确的品格。这些特殊的需要，都应研究清楚。

（五）特别能力　除以上各种条件外，职业往往还有别种的需要，如某种工作需要对不良光线空气的抵抗力，某种工作需要审美艺术的辨别力，某种工作需要管理应付的交际力等，这类的特别能力，亦应在分析的时候发现出来。

戊、环境　这里所谓环境，系指工作的环境而言。工作的地点在什么区域？是户内，还是户外？空气的流通，温度的调节，湿度的高下，光线的强弱，以及工作的设置，如机械的安排、工具的存放、座位的布置等，都是环境中所包含的事项。这些事项对于个人的职业选择、准备，都有影响。施行职业教育的，必须研究清楚，以便做相当的调适。

己、报酬　每一种职业有一种职业的报酬。报酬高低不同，种类亦不同，因为报酬不限于一种，除薪资以外，食、宿、交通的供给，奖金、津贴、储蓄、保险、分红办法，都应列入报酬之例。个人对职业的适应，报酬是极可考虑的一方面。个人的希望，家庭的状况，准备的费用，都是与报酬有关的。实施职业教育的将这方面分析清楚，然后方能指导学生，应付需要。

庚、利益　无论何种职业都有利益的地方。或是报酬优厚，能有物质的享受；或是服务社会，能得精神的安慰；或是位置稳定，没有飘荡的危险；或是兴趣相投，不碍个性的发展。按职业的性质，利益各有不同。但没有一种职业，没有利益的地方。分析职业，必须认清利益，然后可以作个人的调适。在选择准备的时候，这是不能不考虑的。

辛、弊害　凡事有利即有弊，职业亦是这样。无论何种职业，都有令人不满意的地方。或是报酬微薄，或是环境不良，或是工作时间过长，或是位置不持久，或是有违反理想道德的地方。一种职业既是不能完全没有不满意的地方，考虑的时候，即应将弊害与利益比较，求其利多害少。若是分析不清，个人所作的调适，即不能可靠，结果必不圆满。

职业分析的方法

分析职业不是很容易的事，由职业内容的复杂，可以看出，必须采取适当的方法，方能实行。分析职业的方法，不止一种，繁简亦有不同。兹将重要的举列如下。

甲、工作分析（Job Analysis）　工作分析是实业心理学中的一个专名词，意思是将一种工作分为细微的部分，记述各部的情形。在实业界中，可作制定工作标准、选人标准、训练标准，以及奖励惩罚的根据。在职业教育中，采用这方法主要的目的，即在明了工作的内容，作为实施的根据。这种方法需要预先拟定分析表，然后用直接的观察、间接的探询，以及客观的计量，将各部需要的材料，搜集成为具体的报告。兹将工作分析项目举列如下。

工作分析

一、工作本身

　　甲、工作性质概述

　　乙、机器

　　丙、工具及设备

　　丁、原料

　　　　（一）来源　　（二）情状　　（三）时间　　（四）数量　　（五）移动

　　戊、动作

　　　　（一）性质　　（二）次序

　　己、时间

　　　　（一）长短　　（二）分配

　　庚、记录

　　辛、待遇

　　　　（一）工资　　（二）食宿　　（三）其他

二、工作者必需资格

　　甲、普通

　　乙、特殊

三、工作标准

四、工作对工作者影响

五、工作对整个机关或事业的关系

乙、职业调查　职业调查的方法，实际上与工作分析很相仿，亦是预先拟定调查表，举列职业中各项内容，征集材料，然后编成文字的报告。但主要的不同，是职业调查的范围较广，因为一种职业往往包括许多种工作。职业调查是对整个职业作总括的调查，工作分析专限于分部的工作。还有工作分析大部依靠直接的观察，而职业调查大部材料由间接的征询而来。职业调查的报告常是用文字叙述的体裁，而工作分析永是保持纲要的形式。职业调查严格讲来，没有工作分析科学化，但在职业教育上，恐比工作分析为大，因为职业教育多是以各种整个职业为对象，很少专应付某一种工作需要的。

由上面的讨论可见，无论是工作分析，或是职业调查，主要的实作方法，不外三项：（一）直接观察。有些事项如动作、设备等，非直接观察不能清楚。（二）间接探询。关于抽象的，如时间的长短、报酬的多寡、职业的利害等，非向有关的人探询不可。（三）客观的计量。有的事项是可以用器械计量的，如动作的速度、生产的标准、温度的高低、位置的距离等，都可用标准器械计量，无需观察或探询。这三种方法，可算分析职业主要的方法，对于职业教育，都有贡献的地方。至于专为编制职业教材应用的分析或调查，我们在第二编职业补习教育的讨论中，有更详的举例，可以参阅。

职业分析的原则

分析职业不是简单的事，由上面的讨论可以看出。在实行的时候，要极端的审慎，务求准备可靠，因为如果没有准确性，即失掉成为根据的价值。有几项原则是实行的时候应该遵守的，兹举列如下。

甲、注重事实　在举行分析或调查的时候，所要搜集的材料，是事实不是意见。凡是实际的情形，都应采取。凡是个人的意见，不论是负责分析或调查的，还是答复征询的，都应完全屏除，或是严格审查。在征集材料的时候，应该特别审慎，因为供给材料的人，往往将自己的意见，用作事实的代替。根据经验的意见，固然可取，但完全主观的意见，即不可靠。所以在分析调查的时候，要加以分辨，并且尽量的征集事实。

乙、利用数量　有许多关于职业的事项，是可以计量的。如工作中动作的速度，每分钟或每小时多少次，工作的标准，每小时或每日生产若干产品；工作需要的人，如何高度，如何重量，座位的设置尺寸距离如何，都是可以用数字代表的。凡是有数量的事项，即应利用数字表示。概括的名词，如"极快""很多"等，不能真正代表真实的量度，应竭力避免。凡是有数字可以代表的，应尽量采取数字。

丙、项目精细　分析或调查所举列的项目，必须精细，因为若是概括笼统，往往不能将真正特殊的地方，发现出来，例如火车司机及木工，均需要体力。但一个用普通的臂力，一个用手力的技巧。若不分辨清楚，即失去准确性。又如用手向机器中填蓄材料的动作，从表面上看，或没有大的区别，但细细研究，有用左手的，有用右手的，有用双手的，非详细研究，不能看出。所以在分析调查的时候，不怕琐碎，所预备的问题项目愈精细愈妙。

丁、审慎来源　在搜集材料的时候，除去直接观察供给材料的来源或是工作的人，或是主管的人，或是其他有关的人，这种来源未必都完全可靠。何种可靠，何种不可靠，亦没有固定。搜集材料的，对于来源要加审查，分辨可靠的高下。即对于同一来源，亦应对所得材料，分别审查，以定去取。在来源上加以审慎，可以减少很多的不准确，使所得的材料，更能发生效力。

戊、记录周密　实行分析或调查的时候，具体的报告必在最后，在初步的时候，必须将各方面所得的材料，先行记录。直接的观察，不能都保存在心中，征询的答案亦不能都留在脑里，客观的数量更不能都凭空记忆，所以必须利用记录的方法以免遗忘。记录愈周密，材料愈充足，然后所得的结果，方愈为可靠。

己、随时修正　职业分析或调查，无论如何审慎，亦不能完全没有错误的地方，并且因为职业的变化性，所得的结果随时有失效的可能。所以在举行一次分析或调查之后，不要以为是固定不移，永远适用，必须随时补充修改，以求达到最高准确的限度。我们在讨论个人研究时曾提出随时修正的必要，分析职业需要随时修正，是有同一理由的。

参考书

1. 何清儒：《职业指导学》
2. Gowin，E. B.，Wheatly，W. A. &Brewer，J. M.：Occupation
3. Proctor，W. M.：Vocations
4. Kiston，H. D.：The Psychology of Vocational Adjustments（第23页）
5. Occupations，The Vocational Guidance Magazine

第四章 职业教育的实况

非正式的职业教育

广义地来说，职业教育与人类文化同时开始，因为人类有文化一日，即有占生活主要部分的维护生存发展社会（即人群）的活动，所以可称为职业。有这类的职业，幼年的人即需受职业的训练。在这情形下的职业训练几乎全部是父兄家族的传授，并且没有特别的训练场所，所以这种职业教育是不具体的，没组织的，非正式的，与现今所谓职业教育，迥乎不同。

正式的职业教育

正式的职业教育，是由正式的普通教育产生的。普通教育本来包括职业的目的，因为在最初的时候，教育即是对日常生活中各种活动的训练。不过后来普通教育趋向文字理论方面，与实际生活愈去愈远。为矫正这种趋向，或为补充这种缺点，所以产生了职业教育，专着重职业的需要，成为另一种的教育，与普通教育有同样的组织、方式等。这即是正式的职业教育。各国职业教育的缘起，情形大致相同。

上古时代的职业教育

我国上古的职业教育，是有实无名，因为实际上有对于职业的训练，而没有职业教育的名称。据可考的记载："后稷教民稼穑，树艺五谷，五谷熟而民人育。"这种教导即是对于当时所有职业的训练。当时的职业教育不限于农业，对于士的教育、工的教育、商的教育，都有相当的开始，但都没有正式的名称与组织，全是就原业中实施训练。负责训练的，即是实际从事各种职业的人。

中古时代的职业教育

中古时代可以分为两个时期：在先秦的时候是注重职业教育的时期。教育以职业教育为基本，所谓教育的，即是日常生活必需的知能。职业教育占其他教育之先，亦即成为一般的教育。但是职业教育的名称还没有产生，组织仍是非正式的。及至秦汉以后，演变成为忽视职业教育的时期。治生、治学成为二件事，注重文字的学问，忽略实际的生活。及至隋代以后，科举盛行，专注重文字的发展，更谈不到职业教育。

近代的职业教育

在清代的时候，采用新教育制度，设立学校。在设立新式学校的时候，即注意到职业教育。与普通学校同时设立有几处职业性质的学校，如福州的船政学堂、天津的北洋铁路学堂、武昌商业的自强学堂、江西高安的农桑学堂、浙江的蚕学馆、山西的农林学堂，这都是设立最早的职业学校。在清代的时候，职业学校称为实业学堂，分初等、中等、高等，并分农、工、商三科。这是在光绪三十二年（1905）通令设立的。

民国时代的职业教育

在民国元年学制变更的时候，职业教育仍认为重要，在系统上占一正式的部分。职业学校仍称为实业学校，分甲、乙二种：甲种等于高等学校，乙种等于中等学校，初等的实业学校取消了。至于分科，除农、工、商外，又加添商船一科。除了正式的实业学校以外，又加添了实业补习学校，专招收已就职业或未就职业的，作短期的职业训练。现今的职业教育与民国元年的制度相去不远。职业学校分初级、高级。初级等于初中，高级等于高中。中等以上的职业教育，另由专科学校或大学负责。所分科目，除农、工、商外，又加添家事，商船早已取消。正式职业学校以外，设立职业补习学校，以为补充的设施。

中华职业教育社

以上的叙述，是专就学制的变迁而言。我国职业教育的发展，除政府的提倡设施以外，有一贡献最大的学术团体，对于提倡、推进、研究、试验，都有相当成绩的，即是中华职业教育社。这团体是在民国六年由实业界、教育界领袖，发起组织，专以发展职业教育为宗旨。20余年来所做的工作，种类很多，如创设职业学校、职业补习学校、职业指导所，研究职教问题，编辑丛书月刊，等等。总起来说，可分研究与试验，一方面研究职业教育的理论与学术，一方面试验职业教育的方法及技术。至于组织，最高的机关，掌管经济及行政方针的，是董事部。董事部以外，有评议部，专负对于专门问题建议的责任。在董事部、评议部之下，设办事部。办事部按照工作的性质，再分部分，如研究、编辑、总务、会计、职业补习教育、职业指导等。自成立到现在，按事实的需要，经过多次变更，不过原则是相同的。

现今的职业学校

讲到现今职业学校的状况，我们没有最近的材料。战事所发生的影响很大，有许多方面起了变化，可惜没有调查统计，能表示最近的情形。在这种情况之下，我们只能将战前的情形，作一概括的叙述。

甲、分类　从理论上讲，职业学校的种类，可与职业的种类相同，但实际上，有的不便设立，有的可以合并，有的不需要设立，所以职业学校的种类有限。在教育部所颁布的规程中，已经设立及可以设立的科目，分初级到高级，举列如下。

（一）初级

农业：普通农作（稻棉麦作）、蚕桑、森林、畜牧、养殖、园艺、其他。

工业：藤竹工、木工、钣金工、电镀、简易机械工、电机、电汽装置及修理、汽车驾驶及修理、摄影、印刷、制图、染织、丝织、棉织、毛织、陶瓷、简易化学、其他。

商业：普通商业、簿记、会计、速记、打字、广告、其他。

家事：烹饪、洗濯、造花、缝纫、刺绣、理发、育婴、佣工、其他。

（二）高级

农业：农业、森林、蚕桑、畜牧、水产、园艺、其他。

工业：机械、电机、应用化学、染织、丝织、棉织、毛织、土木、建筑、测量、其他。

商业：银行、簿记、会计、文书、速记、保险、汇兑、运输、其他。

家事：缝纫、刺绣、护士、助产、其他。

乙、校数　在战事以前职业学校的数目，按教育部统计列表如下。

科　别	校　数	百分比
农业	88	27
工业	113	34
商业	67	21
家事	34	10
其他	28	8
共计	330	100

丙、科目　由上面的表，可以看清各科学校的数目。但在各科学校中，以设立何种科目为最多？据所得的统计，农业学校中以设普通农科及蚕桑科的为最多，占全体72%。工业学校设土木及染织的为最多，占52%。商业学校多不再分科，即以普通商科为类别，占87%。家事学校中缝纫、刺绣、护士、助产为最主要的科目。前二种约占50%，后二项约占50%。

丁、学生　据民国二十四年度教育部统计，全国职业学校共有38355人。若将各科按人数比较起来，每科平均得下列人数。

农业	78.5	蚕桑	71.5	土木	79.5
机械	29.5	染织	91.0	商业	145.0
缝纫	110.0	刺绣	62.6	各科总平均	89.6

戊、出路　职业学校毕业生的出路，代表职业学校的成绩。我国职业学校毕业生的出路，由著者曾作一调查。重要的结果摘录于下（详见《教育与职业》第166、第167两期）。

（一）就业比例

职业学校的学生，在毕业以后，有多少就业的？据我们的调查，按科目的性质，结果不同，结果如下。

科　别	最低至最高百分比	平均百分比
初农	21~93	72
初工	11~100	70
初商	20~100	57
高农	30~92	77
高工	25~100	80
高商	70~88	78
各科	11~100	74

据上列的结果说，初级以农科就业的为最多，高级以工科为最多。若就全体而论，就业的占毕业生74%。

（二）学与用关系

上面的数字，只表示就业的数量。但所就职业与所修学科有无关系，乃是另一问题。据我们的调查，各科学生在有关机关服务，或能用其所学的，比例如下。

农：除蚕桑科学生多数在蚕桑试验或训练机关服务外，其他在农业机关服务的，只占50%。

初工：在工业机关服务或能用其所学的，占40%。

高工：在土木工程、公路、铁路上服务者很多，总计占80%。

商：服务商业机关或能应用商业知识的，占70%。

总起来说，职业学校毕业生每百人中有74人得到就业的机会。这七十几人中，只约有50人（70%）能在与学科有关的机关中服务，或能在别种机关利用所学。所以若就学生的出路说，职业学校的效率只约有50%（70%的70%）。

职业补习教育

职业补习教育本是职业教育的一种，在原则与方法上有分别讨论的必要。但职业补习学校的实况，因为所占地位较小，可以附带列入本章内。职业补习学校，在国内的历史极短，没有很多材料，可简略叙述如下。

甲、分科　按教育部所颁布的规程，职业补习学校已有的及可设立的，可分下列数种。

农业：改良种子、病虫害、制种、养蜂、养鸡、畜牧、园艺、普通农作。

工业：电镀、汽车驾驶及修理、印刷、制图、摄影、印花、染织、制革。

商业：打字、速记、簿记、汇兑、保险、广告画。

家事：烹饪、造花、刺绣、缝纫、看护、保姆、理发、佣工。

乙、概况　前面已经说过，职业补习学校虽然自民国成立，即有法令的公布，但实际设立的极少。在战事以前，全国职业补习学校不过20处，而约半数在上海。这些学校所授的课程，还未必都是严格职业性质的。及战事以后，内地所新设的职业补习学校如桂林、昆明、重庆等有许多处，但无正式统计可以报告。上海因失学失业的青年极多，补习教育发生了畸形的发展。到现今据非正式的统计，不下一百二三十处，其中自然有许多不配职业补习学校的名称。

丙、中华职业教育社的职业补习学校　中华职业教育社是提倡职业补习学校最早的机关，所附设的职业补习学校亦最多。虽然内容因为人力、财力，有许多地方不完全合乎理想，需要改进，但在一般职业补习学校中，还居重要的地位。兹将最近校数科别及学生人数，列表如下，可以表示概况。

科别	校别／人数	一	二	四	五	六	七	共　计
语文科	国文	281	32	384	161	229	42	1129
	英文	874	333	1690	343	703	217	4160
	日文	161		166	27	57	41	452
	俄文			26				26
	德文	71		73				144
	法文	19		94		16		129
	国语会话	27		28				55
	英语正音会话			45				45
	英文文法							
	造句研究			65				65
数理科	数学	381	54	803	187	257	79	1761
	物理	45		64				109
	化学	40		74				114
职业科其他	簿记	102		119	31	39	18	309
	会计			28				28
	珠算			22		29		51
	无线电			4				4
	收音机装修			30				30
	店员			247				247
	华文打字	22			3		12	37
	英文打字	82		112	21	71	46	332
	中文速记	10						10
	升学准备	95					34	129
	义务班	127	134				86	347
总　数		2337	553	4074	773	1401	575	9713

丁、百业教育　在民国二十五年的时候，江西提倡，性质与职业补习教育

相同，名为"百业教育"，目的是训练各种行业的职工，增进工作效能，以改进各种职业。实施的办法，是由省当局组织百业教育委员会，负计划、实施、监督的责任，然后由干事部就教育机关或工商机关中，设立补习班，施行各种训练。所授的科目，有制革、绘瓷、编藤、裁缝、佣工、理发、木工、人力车夫、店员数种。课程的内容，公民的训练占 1/3，职业训练占2/3。这种教育实行了一年有余，颇有成效。战事发生以后，推行困难。现今虽已停顿，但因为在中国是一种创举并且是极有意义的，所以有叙述的价值。

参考书

1. 中华职业教育社：《职业教育之理论与实际》
2. 中华职业教育社：《教育与职业》
3. 教育部：《职业教育法令汇编》

第五章　职业教育的设科

设科问题的重要

职业教育既是有许多种类，分许多科目，在一个地方实施职业教育，既不能同时设立，所以必须加以选择，决定适当的科目，这可算实施职业教育最初步的问题，亦是最重要的问题，因为与许多方面极有关系。

甲、学生出路　最有关系的一方面，即是学生本身。实施一种职业教育，目的是训练一种人才，使他们有实用的机会。但在一个地方、一个时候，不是样样都能使学生有好的出路。如果实施一种教育，学生出路不佳，或没有出路，这种教育即没有意义。所以在实施的时候，先要考虑这种科目，是否能对于学生出路有帮助，所设立的科目不适当，即足以妨碍学生的出路。

乙、教育效能　实施一种教育，是希望这种教育能发生最大的效能。欲求发生效能，当然有许多条件。但主要的因素，即科目的性质。人力、财力、地点、设备等，都因着科目而发生不同的效果。在决定设科的时候，必先考虑何种科目在已有条件之下，最能发生效果。效果最大的，方有设立的价值。前面所提的出路问题，亦是与效能有关。出路不佳，代表效能较弱。所以这两方面有连带关系。

丙、社会进展　在一个地方实施一种职业教育，对于这地方上的进展，很有关系，因为所造就的人才，能使生活上某种事业发达。一种科目造就一种人才，所以欲求发展社会的某方面，即应造就某方面的人才。在设立科目的时候，必先考察社会的状况、地方的情形，使所设的科目，对于社会的进展，有相当的利益。

丁、国家需要　职业教育的设施，不只关系一个地方的进展，对于整个国家的进步，亦有关系，因为所造就的人才，不限于一个地方应用。并且一个地方的进展，影响各地方发达。职业教育的设科，不但要注意地方上的状况，并且要对于国家的需要，加以考虑。一种科目是否能应付国家一种需要。假若一种科目对国家有益，虽然对所在的社会中关系较小，如果别种条件许可，亦未尝不可设立。

设科问题的根据

设科问题对于学生出路、教育效能、社会进展、国家需要，都有关系，所以是一个重要的问题，在决定的时候，不可不审慎考虑。但决定科目究竟根据什么？换句话说，设科的条件都是什么？很值得研究。兹将重要的根据提出如下。

甲、物质环境　在决定设立一种科目以前，对于当地的地理、天产及其他物质的环境，先要考察。地势、山岭、河流、气候、天产，如农产、矿产、水产等，这种种情形决定科目的可能性及成功性。在内地没有河、海的地方，设立水产科，根本不能成立。在滨河的平原地方，要设立矿科，亦是不可能。物质环境，有如制造上的原料，是一个极先决的条件。没有物质的供给，有时训练的工作，即不能成立。

乙、人才供给　工业制造虽有原料，假若没有人力，还是不能成功。实施职业教育，亦是这样。只有物质的供给，若没有人才的经营，亦是不能实施。在筹划设科的时候，虽不能将所有应用人员尽行聘定，但要有相当的预算，担任教授这科目的，是否有充足的人才。没有专门研究印刷的，自然不能设立印刷科目。没有熟悉汽车机械的，绝对不能设立汽车机械科。决不能先贸然设立科目，然后物色人才。必须先有人才的准备，然后决定科目的设立。

丙、经济能力　正与实业成功的三要素相同，除天产、人力外，乃是资金。职业教育的第三种条件，亦是经济。假若物质的环境，及人才的供给，都许可，但没有经济的能力，还是不能设立。经济能力的来源，有多种，如政府的、团体的、私人的。无论何种，必先确定，然后方能进行。经济的能力固然是关系整个职业教育，不限于某一科，但因为科目性质而经济能力不同的，亦是有时发生的情形，所以在决定设科的时候，这亦是一种根据。

丁、人口性质　除去与实业成功相同的三要素以外，职业教育设科问题，还有别种解决的根据。人口的性质，即是其一。所谓人口的性质，不专指人口的数量，虽然数量亦是有关的因素。比较重要的，是人口的教育程度、职业种类、经济等级等。这些情形影响学生的状态，因为一种人口中的青年，与另一种人口中的青年不同，并且人口的性质，亦影响社会的组织需要等。职业教育的设科，一方面要适应学生的种类，一方面要应付社会的需要，所以不能不以人口的性质为一种根据。

戊、社会需要　职业教育是要应付社会需要的，我们已屡次说过。例如在无线电不普通的社会中，自然无需训练无线电的人才。社会上需要某种人才，设科训练某种人才，方有出路，这种训练方可成功。但社会的需要如何可以观察判断？我们可以由两方面入手。

（一）新兴事业及可能事业　社会上已经存在的事业，恐都已经有了相当的人才，没有多少用人的机会，除非是新创兴而正在发展的事业，或有创兴及发展可能的事业。这类事业，必能容纳多数的人才，这即可谓社会的需要。从职业教育方面说，即是设科的一种根据。

（二）已有人才及受训人才　明了社会的需要，不但要从事的方面观察，并且要从人的方面计算。事业虽或新兴，或与发展可能，但人才方面如已有充足的供给，还是没有训练的需要。还有正在受训练而未完成的人，亦应认为对于需要的应付。所以在决定设科的时候，应对于已经存在的，及正在训练的人才种类及数量，加以调查估计，方有确实的根据。关于人才供求的研究，我们在下节再较详的讨论。

人才供求的研究

人才供求的研究，是职业教育中一种方法，可以作职业教育设科根据的。这种研究的主要目的，即在明了一个地方何种职业最缺少人才，缺少若干。有了这两个问题的答案，然后再决定设立的科目，及训练的范围，出路问题必能减少，实施效率必能加大。人才供求的研究分两方面如下。

甲、求的研究　第一方面即要明了有需要的是何种职业，需要的量度如何。回答这种问题，必须有下列的材料。

（一）各业就业人数　一个社会中各种行业有多少就业的人，这些数目代表各业的轻重、范围，亦可指明需用的可能量度。

（二）各业历年就业人数　实际的人数，只能表示现况现今就业人数。但现今多的未必将来还多，现今人数较少的，亦许将来可以增长。欲检查这种升降的去向，必将历年的人数调查清楚。

（三）各业每年更调人数　各种职业的稳定性不一致。有的每年更换许多人，有的没有什么调动。更调多的当然容纳新人才的机会多。除去由历年数目推测增减趋势外，并应将更调的数量加上比较，更为准确。

乙、供的研究　所谓供的，即使前面所谓已存在的人才，及受训的人才，对于这些人才，亦要加以计量，然后可以与需要比较。欲明了人才供给的情形，必先调查下列的事实。

（一）失业者种类及人数　失业的人，都可谓余剩的人才。如果有机会，当然先利用这些人才。失业的人，都属于什么种类？每种多少？这些问题有了答案，对于人才供给可得一具体的观念。

（二）在校学生科目及人数　除了社会上已经存在的人才，还有正在训练中的人才，亦应加在人才的总额上。在学校中的学生，都是选习什么科目？每科有若干人？这都是与需要种类及量度，可以对照的。

（三）各科每年毕业人数　将在校的学生都混在一起计算，还不能十分准确，因为年级程度不同，不是一个时候都能应用。每年有多少可以成为真实的供给？可由历年的毕业生数目加以推测或平均计算。有了这部计算，人才供给的量度可更为准确。

以上所举的，自然是方法的纲要。实际应用的时候，当然不是这样简单。有些细微的问题，还需另外解决。我们在这里提出这方法，不过说明这工具的用途，以备遇到需要这方法的问题时候，知道如何进行。

设科的进行步骤

解决设科问题不是简易的事，因为与各方面关系密切，并且应当考虑的事亦很多。进行解决这问题，要采取适当的步骤，兹将几种主要步骤列下。

甲、研究根据　第一步是研究设科的根据，认清何种科目可以设立，何种不可以设立。设立某科有没有充足理由。前面所举的几种根据，应当详细审查，是否可以成立。有了切实根据，科目种类也可以决定，但整个设科问题，还没有完全解决。

乙、调查实况　在决定科目以后，即应对于该科内容加以筹划。训练的教材，实习的设备，教授的方法等，都应事先准备。这些准备，都需根据职业的实际状况。明了实际状况，可以采用分析职业的方法。如求简便，可利用观察的方法。

丙、宣传提倡　在一个地方上设科训练，如果根据切实，自然没有可犹疑的地方。但求一种科目发生效力，不是单靠施教人的。受教人必情愿参加，社会方面必热心赞助，方能成功。但受教的人及社会的人，不能都了解科目的价值，所以相当的宣传提倡，是必需的。宣传的目的，不外使一般人明了某一科目在社会中的地位。

丁、保障出路　要最后证明设科的适当，必要看学生受训练后的出路。无论根据如何切实，教材教法等如何实际，宣传提倡如何充足，如果出路没有，这科目仍然是没有价值。所以要解决这部设科问题，必须及早对于出路设法保障。预先对于就业的机会，要有相当的准备。

设科的戒律

设科问题如果依照上面的根据去决定，按照上面的步骤去进行，自然可以达到相当的可靠性。但还有几种容易犯的毛病，应在解决的时候，特别防范。这几项消极的原则，可称为戒律。

甲、不任凭理想　设科的问题，是一种事实的问题。有物质的环境、人才的供给、经济的能力等根据，即可设立，否则不能存在。这完全应有事实决定，不是凭理想判断。理想或许合乎逻辑，或许触动情感，或许近乎事实，或许违反情理，无论如何，不能认为可靠的根据。假若所发现的实施与理想相合，那是更好。不然亦应牺牲理想，尊重事实。

乙、不迎合风气　社会上对于人才的需要，往往发生各种的风气。一个人在某业成功，多数人都认为这业有希望。有一种新事业创兴，人人都要投身这种事业。这类的风气，往往是没有充足的根据，不过是出乎草率的观察，浅薄的意见。从事教育的应抱冷静的态度，科学的眼光，不顺从习俗，迎合心理，必须依照合理可靠的根据，解决问题。

丙、不贪图利益　教育的事业，本不是营利的。但有的人借着办理教育为名，而收获私人的利益。这种人既然失掉了教育的真义，自然对于设科问题，更不求合理的解决。何种科目用费节省，何种科目能多引学生，何种科目能号召宣传，这都是他们心目中所怀念的。这种心理，绝不是正当教育家所可采取的。

丁、不迁就便利　有的人不重理想，而过重实际。对于设科不是根据切实合理的条件，而是迁就事实的便利。例如地方狭小，经费不足，不能有机械的设置，不问需要如何，即设立商科。或是因为有几位失业的某科教员，不顾环境、效能、经济等条件，即设立这科的训练。这固然是根据事实，但不是合理的根据。这样设立的科目，决不能发生效力。

设科问题与人才统制

我们虽然在上面提出许多根据、步骤、原则等，但设科问题仍有时不能圆满解决，因为有些因素不是局部的控制所能成功的。例如一个地方的需要，是与全国的整个计划有关。又如一个地方的人才，不限于一个地方应用，必流散到各地方。假若只一个地方根据供求的研究来计划，别的地方情形，亦能影响，使它不准确。还有研究与统计的工作，工程浩大，不是一人一校，甚至一地，所能担负的。这种种情形，都表示全国人才统制对职业教育的关系。假若国家实施人才统制，对于供求有研究，对于训练有计划，对于设科问题有几种便利。

甲、避免偏倚　由一个地方计划，对一个地方，在一个时间，或能切实，但因为职业的需要与人才的供给，都是各地方有连贯关系，并且时常发生变化的，所以总免不了偏倚的地方。若是全国通盘筹划，各地方同时支配，自然更较适当。

乙、有统制力　设科的根据，如果由地方，由个人，研究调查，结果未必见诸实行。有采用的，亦必有不采用的。如果不是一致的采用合理根据，结果必致混乱，不合理的结果还能消灭合理的结果。最后必致都放弃根据，杂乱从事。假若国家实行人才统制，有政治的力量做后盾，所得的结果，必容易见诸实行。

丙、研究周密　关于各种研究统计，有些不是只限于地方性的，必须有全国的材料，方能得到意义。并且统计研究由地方或个人负责，力量单薄，不能十分充实。假若有人才统制的办法，一切统计研究，都可通盘的筹划、进行，有许多便利的地方，并增加这种工作的价值不少。

丁、产生动力　实施职业教育要注重设科问题，主要的目的，是要增加教育的效力。对于设科问题认真解决，要完全靠赖对于教育的兴趣，别种的原动力极为缺乏。如果实行人才统制，对全国人才供求有计划，设科的问题更有意义，对于解决设科问题的举动，更加上一种动力。

参考书

1. Clark. H. F.: Economic Theory and Correct Occupational Distribution
2. Educational Policies Commission: Education and Economic Well-Being in American Democracy
3. 中华职业教育社:《职业教育之理论与实际》

第六章　职业教育的课程

课程的意义

职业教育中的课程与普通教育的不同。就理论说，普通教育以发展整个人生为目的，采用的教材比较广泛。职业教育以应付职业需要为目标，所用的教材比较特殊。职业教育的课程有几点特性，兹举列如下。

甲、包括活动经验　课程的名词常使人联想到书本的教材，因为普通教育，在实际上，多是注重知识的灌注，而忽略实际的生活。职业教育不是这样。职业教育的课程，不限于书本的知识。职业中的活动经验，亦是教材的一部分。例如木工科的课程，不只限于木工的知识，如算学、木料学等，必须将实际木工的动作，或是假设的实习，或是实地的练习，亦包括在内，方能养成木工的技术，课程的功用，方能完全。各种科目的活动经验，性质不同，形式不同，但不论在什么科中，都应成为课程的一部分。

乙、到达预定目标　职业教育的课程，是要能达到预定目标的。无论何种科目都有确定的需要。根据职业分析，这种需要要看得非常清楚。职业课程的目的，即是要应付这种需要。所以教材的内容，都以这目标为归宿。凡是能供给知识技能，以达到这目标的，无论形式如何，性质如何，都应采做教材。这种清楚的目标，是普通教育所缺乏的，因为普通教育的目标，是概括广泛的。

丙、量度可有伸缩　职业教育的课程，按科目性质，可有不同的量度，不必固定，不必一致，因为各种职业的需要不同，教材的性质及形式不同，所以变化非常之多，伸缩非常之大。有的期限可以延长，有的可以缩短，不像普通教育有固定的量度及期限，不易伸缩。现今实施职业教育的，仿效普通教育，不保持伸缩性，当然是违反原则，并非合理。所以那种实际情形，并不能为反对原则的理由。

总起来说，职业课程除文字知识外，应包括一切能应付职业需要的活动经验，目的是要养成工作技能，达到预定的目标，量度及期限的大小、长短，均可按科目性质，加以伸缩。这样可算职业课程的特点。至于文字的利用，单位之分定，时间的支配等，与普通课程没有什么区别。

职业课程的特殊性

职业课程不限于一种，按职业的种类，有多种不同的。每种课程有它的特殊性，原因不外二种：一是因为职业的需要各有不同，有的需要机械能力，有的需要手工的技巧。需要不同，自然教材应加以适应，以达训练的目的。还有一原因，即职业的内容不同。如商业职务与家事职务不同，所包括的工作不同。一种内容需要一种教材。因为这两种原因，每种职业课程都各有特殊性。

职业课程的分配

上面的讨论还是偏于理论。具体地说，职业课程的内容包括什么？就现行的教育状况说，职业课程包括三项内容：（甲）职业学科，即是与职业有关的专门特殊的知识，如木工科的力学、材料、测量等。（乙）基本学科，即不是专门职业的学科，而与职业有间接关系的，如土木科的物理、数学等。（丙）实习即实际的练习，不论是在假设的环境，还是在真实的场所，凡用实作培养工作技能的，都在这部之内。这三部课程究竟如何分配，很是可研究的问题，各教育专家主张不同。若求确实可靠的原则，非经过许多仔细的研究不可。就现今通行的原则，这三部的分配有如下表。

课　程	初级（百分比）	高级（百分比）	补习教育（百分比）
职业学科	20	30～35	20
基本学科	20	15～20	25
实习	60	50	55

这种分配自然不是固定不能改变的，不过概括地说，学科与实习应同等的重要。这项原则，我们在第一章已经提出，这里的分配百分比，虽数目小有出入，但大致与前项原则相同。至于学科之中，职业与基本可平均分配，这亦是与以前所提出的原则相符合的。

基本学科的重要

在职业课程中，职业学科占极重要的地位，无需什么解释，因为那是实现主要目的的材料。但在职业课程中，包括基本学科，似尚有说明的必要，因为有人以为训练职业，只需要专门的学识，无需普通的知识。基本学科在职业课程中有重要，因为下列的原因。

甲、充足的根基　无论学习何种职业，专门特殊的知识极为重要，但若没有充足的基本知识，专门知识亦无从了解。有了充足的普通知识作基础，然后方能发展特殊的知识。一个人不明了物理的原则、数学的理论，如何能学习建筑、土木等专门学理？所以基本学科不充足，职业学科亦必受妨碍。

乙、均衡发展　一个人要有均衡的发展，不能专偏重某一方面。职业学科只能供给专门的知识，对于一种职业有应用的价值，但对于个人整个的发展，并未顾到。假若一个人只明了机械的原理，而对于文字的应用，史地的常识，都不了解，试问如何能成为完全发展的人？教育的总目的，并不是造就机械动物，乃是培养人才。所以虽然在事业训练中，亦应注重基本训练。

丙、服务效能　一个人在专业上成功，专门的知能固属重要，但有许多时候，不能专靠专门知能，因为从事职业不是单独的事工，必须与人接触合作，发生关系，方能进行。与人接触合作，发生关系，需要许多普通的常识及性格的培养。常识愈充足，性格愈完整，愈能圆满。基本的学科对于这两方面有很大的关系。换句话说，基本学科间接影响职业的成功，成为职业学科的补充。

职业学科的内容

职业学科的内容可分为二部。

甲、技能的教材　技能的教材，简单地说，即是实作的说明，目的不是在输入知识，而在培养技能。技能的材料可分为数部如下。

（一）目的　解释一种职业的工作或技能，必先说明这工作的目的，即所要完成的是什么。例如电气装修的教材，必先说明所要装修的是什么器具，所要完成的工作是什么，然后方能讲到如何工作。

（二）工具　一种工作或技能，需要一种应用的工具。在解释如何工作以前，还要先说明工具的种类及用法。"工欲善其事，必先利其器"，即是这个意思。要养成相当的技能，必明了工具的使用法。至于使用的技术，自然要靠实际的练习。

（三）动作　认清了目的，明了了工具，然后可以解释动作的本身。如何动作及动作的顺序，都是这部主要的材料。例如理发的技术，应说明剪发的方法，如何持剪刀，如何握发梳，如何剪，如何修，等等。动作说明愈详细，收效愈加大。

（四）道德　这里所谓道德，不是平常抽象的道德观念，乃是指服务或工作道德而言。因为与工作连接密切，所以在这里举出。理发的不能剪动过速，使头发揪痛，洗头时不应敷衍了事，不十分清洁。这类的道德与普通道德不同，必须与技能的训练同时培养，方可收效。

（五）问题　在技能的教材中，应提出问题，以增加研究的兴趣，及解释的清楚。在关于目的、工具、动作、道德的说明中，总免不了遗漏不清的地方，提出问题，可作为补充，亦可作为复习。这种问题与别种教材中的习题，或讨论题，有相同的价值。

（六）设计　最后，在技能教材中，应将实作的练习，组织计划，成为适当的段落或单位，以便实际采用。技能教材本身是文字的，但对于技能养成的方法，除用文字说明外，并将实作的部分加以设计，同科学中试验练习的设计相同。

乙、知识的教材　知识的材料，即是从事一种工作必具的知识。例如商店售货员必须对于所售货品有充足的知识，明了来源、制造、用途、价格等，以便回答顾客的询问。这部知识的教材，亦可再分为数部。

（一）目的　在知识教材部分，亦应先说明知识的目的，得了这部知识，能供给什么需要。店员的知识是售卖的时候应用的材料。说明目的，然后方产生意义，学习的效果，方可增加。

（二）知识　第二部分即是知识的本身。这部分当然按照科目的性质不同。店员的是货品知识，木工的是木料或木器的知识，看护是生理卫生的知识。各种知识性质不同，组织亦不同，但这部是知识教材的主体。

（三）学习方法　吸收知识不是专靠文字阅读。口头的说明，图形的表示，器械的试验，实地的观察，都可分别应用。在知识的教材中，应将学习的方法，加以说明，使学习的人，容易进行。这虽然不是主体，但是必需的部分。

（四）问题　知识的教材比技能的教材，更方便提出问题。所提的问题，或是复习性质，或是讨论性质，都能增加对于材料的清楚。

（五）参考　关于知识的教材，有些是搜集引证来的，有些是不能完全编入教材的。遇有这类情形，即应举列参考的材料，以供研究的便利。

职业教材的编制

上面所举的内容，已经可以供给一个关于教材编制的概念。但实际的教材，不能采取上面的组织，必须另行编制，方能适用。关于编制职业教材的方法，我们在职业补习教育编中，有比较详细的讨论，在这里我们只就原则上作简单的讨论。

甲、根据分析 职业教材的编制，总起来说，可以根据职业分析的项目。每一种教材，应以一种工作为单位，因一种职业中，常包括多种工作。例如商科一是概括的名词。分析起来，有销售、广告、会计等，每一种应有一种教材。这种材料的项目，大致与分析中的项目相同，按照分析的次序分别叙述。最初的部分是总括的材料，如职业的沿革、目的、环境、需要、报酬等。第二部分是各部分的工作。例如理发业的教材，初部是理发的发展、理发的价值、理发业的训练、理发业的报酬等。第二部再将理发所包括的部分，如剪发、洗头、剃须等，一一作清楚的说明。

乙、细分节目 每部工作可作为一段落，但这种段落仍应分为节目，因为一段之中，还包括许多事项，并且若以这种段落为教授单位，仍嫌稍大。每段之中，可以分别说明的，即是我们在课程内容中所讨论的几项。

（一）动作 每段的工作如何动作？再就理发的例来说，剪发的部分，如何持剪刀剪割，如何握发梳支撑，这些动作的描述，即可占一部分。

（二）工具 关于工具应用方法，我们已经讨论过。这里不过是说明这部分的材料，可另作一节目，列在工作一个段落之中。

（三）知识 每一段落工作中所必需的知识，可另作一节目，或数节目，分别解释，按量度多寡而定。

（四）技能 实作的方法即是这里所代表的意思。这节目自然与前几项不同，应分别编别。这部的目的，只在说明而不能真正养成技能。技能的养成，还要靠实作。

（五）道德 每部工作有每部的道德，前面已经讨论过。在教材的编制中，即应按照工作将这项列入，作为一个节目。

总之，教材的编制，即是利用教材的内容，重新分别项目，编为有组织、有段落的文字。以上的讨论，好似重复，不过实际上不同，因为以前关于内容的讨论，是说明包括什么事项，这里所说的是如何分别段落节目。例如知识一项，前面是说明意义，指这整个的职业知识而言，后面所提的知识，乃是属于某段工作的一部分，所以事实上不同。

活动的教材

我们在本章开始的时候，曾提出职业教育的课程，不限于书本的知识，实际的经验，亦包括在内。活动的课程可分为三种。

甲、参观 在各种职业实际工作的地方，作直接的观察，对于这业的知识及技能方面，都可得到相当的了解。例如学习售卖的学生，到商店中参观，可以得到许多商店及货品的知识，售卖的手续及方法等。这种方法不能十分切实，但若利用的得法，很有价值。

乙、试习　试习的意思，是在实际工作上作试验性质的练习，并非只限于观察，乃是正式的参加。由实作可以得到经验。这种经验增加知识及技能不少。不过这种机会不易多得，能得到的时候，是一种很可利用的。

丙、实习　实习这名词在这里只用于假设环境中的练习。学校中的实习，即是这一种。从实施教育的立场说，这种实习比较容易供给，因为无需依靠别方面的合作，及机会的谋求发现。有相当的经济能力，即可有相当的设备。并且因为在现今通行的设施中，都包括实习作为课程的一部分，所以有重要的地位。我们在下章内特别讨论。

参考书

教育部：《职业学校课程标准及教材大纲》

第七章　职业教育的实习

实习的重要

在上章内我们提出实习，认为是课程的一部分，不过性质与讲授不同。在职业教育中，实习是不可少的。无论实施何种职业教育，都必须有实习的设备。实习的重要本来是很明显，我们再从理论上提出重要的几点。

甲、技能的训练　职业成功与三种重要的因素，我们已经提过，即是知识、技能与道德。技能是实际工作的能力，它的重要是不言而喻。技能的训练有一小部分或许靠赖口头的讲授，或文字的说明，但真正的养成，还需靠赖实地的练习，因为技能都是手部的运用及技巧，没有器械及工具的设备，是无从训练。

乙、职业的精神　实习不只直接训练职业的技能，并且在无形中，培养许多职业的精神。例如机械的实习，练习准确的习惯。农场的实习，培养刻苦的能力。簿记的实习，训练忍耐的精神。还有各职业中特殊的性质，亦非由实习不能得到。这类的职业精神，对于职业的成功，亦是极有关系。

丙、知识的参证　实习虽不是灌输知识的方法，但亦对于知识有极大的补助。有许多讲授及说明所不能传达清楚的，如物体的形状、大小、颜色等，可借着实习表现清楚。还有由讲授及说明所得的知识，在实习中亦可得到证明，增加原来的了解。所以实习的方法对于知识的增加，亦有间接的补充。

合理的实习

实习能否达到应达的目的，完全在乎实施的得当与否。总括地说，什么样的实习算是适当合理？我们可简单地提出几点来，回答这问题。

甲、应有教育意义　这一点似乎不必提出，因为实习是教育的一部分，自然应有教育的意义。但实际上，有些实施职业教育的，所设备的实习，或是过于简陋，不能供给若何训练，或是目的不正，利用实习为生财之道。这类的情形都是失掉了教育的意义。正当的实习是专以增加学生技能训练为目的。

乙、应与所学有关　这一项亦似乎无需提出，因为实习的目的，即是供给训练中的需要，自然应与所学有关。但有时因为设备及分配的关系，实习的工作与学科的性质关系极少。例如学习土木建筑的学生，而给他们许多木工的实习，或是学纺织的，而忽略设计打样的实习，这都是未能与所学发生密切的关系。这样，虽有实习，亦不能发生最大的效力。

丙、应有适当分量　实习的性质虽然适当，假若分量不合适，亦是要减低效力。过犹不及。太轻不能供给训练，太重则枉费时力。求一适中的分量，是不容易的事。关于分配的方法，我们在下节研究，这里只提到分量的重要，并且分量的多寡，按职业的性质，亦有不同的分配。

丁、应付考核结果　无论何种实习，不可取放任主义，以为可以任其自然。在实施的时候，要有计划、有管理、有指导，并且最重要的是在实施之后，对于结果要加以考核。实习的训练与讲授的训练，结果虽不相同，但都是可以设法考核的。有了考核，不但对于个人的进步可以清楚，对于实习的设施，亦可看出强弱的地方。

实习的分量

上面已经提到实习应有适当的分量。分量的支配，是一件很不容易的事。因为职业的性质不同，实习的内容不同，不是可以一概而论的。我们先就普通的支配方法略加讨论，然后再进一步研究比较科学化的方法。

甲、普通的支配　在讨论课程的时候，我们已经举出课程的分配，其中实习约占全部课程二分之一（见第六章），这是根据理论与实习并重的普通原则所拟的。这种支配，在多数职业科目中，并且在实用上，或没有多大问题，但若从科学的眼光来看，还不很精细，因为实习的分量，应按职业科目的性质加以变通。

乙、科学的支配　严格地讲来，我们欲用实习训练某种职业技能，先要确定这种职业中实际的工作标准，即从事这种工作应达到什么标准。有了标准，然后方可规定训练的目的。例如打字的标准是每分钟 50 字。有了这标准，即可训练学生达到这目的。有了标准然后再调查用多少训练可以达到这目的。例如训练每分钟 50 字的打字标准，要用多少时间，每日几次，方能达到这目的。有了这调查，即可规定以后的训练，应有多少的分量。这几个步骤，是科学的支配实习分量必须经过的。

实习的环境

在学校中设施实习，本是不能完全脱离假设的性质，因为有许多地方很难十分真实。但在相当范围之内，如果设法补充，亦可得到与实地练习相近的结果。欲求使实习达到最高效力，有几项应该注意的，以造成适当的环境。

甲、设备充实　我们以前已经提过，实习的设备应该与实际的情形相符合。在实习的环境中，设备一项最为重要。所谓符合实际情形，即实习所应用的器械及工具，要同实际工作中所用的种类相同。假若不能完全相同，或量度大小不同，至少实习的设备，亦应能培养实际设备所能产生的技能。有的学校，实习的设备是模型式、标本式的，与实用的不但不同种类，并且所能训练的能力亦不同。这样，自然不能希望实习有什么切实的效果。

乙、侧重生产　职业教育中的实习，不能完全认为生产事业，使实习的学生，负工徒或工人的责任，以营利为目的。这项原则我们在前面已经提过。但是实习的工作亦不应完全是消耗性质，或是练习性质的。例如木工专消耗木料作各种的练习，而不做成各种的器具，是极不经济的。必须做成桌椅等物，使它有相当的用途。这样，一方面可以减少消耗，一方面可以增加真实的精神。这个原则虽不能完全实行，但应尽量的侧重。这样的办法，亦是使实习切近实际的一个步骤。

丙、模仿生活　实习时候的生活，不应仍与学生生活相同。学生生活的程序及内容，与实际工作中的生活都不相同。实习的时候，应按照各职业的性质，模仿职业生活。例如作息的时间、工作的服装，甚至饮食的供给，凡能与实际生活相同的，应尽力设法相同。这样，可以增进职业的精神，对于将来进入职业以后的适应，比较容易，工作效能因之可以增加。

丁、变通组织　实习的组织，自然与授课的组织不能完全相同。因为讲授的时候，不过需要分级编制，没有多少个别训练及管理的问题。在实习的时候，训练的方法及管理的手续，应与实际职业中的相同。有的必须个别训练，有的可以分组进行，有的可以单独管理，有的必须阶级组织。所以学生在实习场所的组织，应与在授课时候的组织不同。至于如何变通，当然要看各职业的实际情形如何。

实习的原则

关于实习的讨论，上面已经不少，并且都可作为设施的原则。但还有些应当在设施实习的时候，普通注意的，我们可以补充提出如下。

甲、积极的

（一）训练基本能力　实习的环境，虽应竭力与实际情形相同，但实习的训练目的，与实习的工作目的，不完全相同。实习工作的目的，是在养成这种工作中特殊需要的技能，专为一种工作作准备。但在学校中训练学生，不能专为某一种特殊工作作准备，必须培养一种职业中相似相关工作的基本能力，使学生出校以后，方能按照所遇到的机会，适应特殊的需要。

（二）训练工具应用　在职业训练中，工具的应用是一极重要的部分，因为无论何种职业或工作，如果能应用工具，即可能得到相当的效率。上面既已提到实习不应训练某一种工作特别需要的技能，而应注重基本共同的能力，工具应用的训练，即是属于这种的。如果必需的工具都能应用，基本的能力即可养成，对于普通共同的需要，即能应付。

（三）训练职业精神　在讨论实习的重要的时候，我们已经提出实习的对于职业精神的训练，有很大的关系。在设施实习的时候，应该对于这点特别注重。因为既不能对于某一种工作的特殊需要，加以应付，即应尽力供给一种职业中通用的需要。职业的精神，即是这种需要的一种。并且这种训练用实习的方法施行，最有效力。

（四）训练研究态度　学生由实习之中，应该发现许多问题。有些是可以即刻解决的，有的是要常悬在脑中的。常有问题发生，方能引起研究改进的精神。实习既不能应付所有各种工作特殊的需要，自然在开始实际工作的时候，不能有充足应付的能力。如果有研究的态度，随时可以运用基本训练，解决特殊问题。这种研究的态度，比积累许多不能活动运用的细微技能，价值还大。

乙、消极的

（一）不渔利学生　我们在前面已经提出，在实习中应侧重生产，使实习不致成为完全消耗的。但有实施职业教育的，利用实习的名义，使学生从事实际生产的工作。既不付工资，又没有多少教育的价值，专在谋求利益，作为营业。这种情形虽不能说完全对学生无益，然而违反道德的原则，使学生成为被利用的工具。所以从教育的立场说，设施实习最低限度，亦要避免这种缺点，不渔利学生，达自利目的。

（二）不偏重细微　有设施实习的忽略基本的训练，而偏重于细微特殊的训练。对于一物的制造、一法的学习，特别注重，而不顾整个的计划，及各方的关系。受过训练的学生，只有极狭隘的微细技能，而对于原理的会通，方法的变化，都没有相当的能力。这种训练或有微微的经济价值，但对于教育的意义，没有多少贡献。

（三）不专作试验　实习的场所与试验室不同。试验室的目的，不过在证明学理，不顾原料的消耗，不作重复的练习。实习的场所，目的是用最经济的材料，作反复的练习，养成各种技能，虽然同时亦证明原理的真确，但不是到证明原理为止，因为证明了原理，未必即能得了技能。所以实习有试验的作用，但不能专以试验为目的。

（四）不因陋就简　实习的设备，自然是需要经济的。办理教育的，往往因为经济的限制，不能充分的设备。还有以实习设备为点缀品，简陋达到极点。这样的设备，不如没有设备，因为既不能培养职业的技能，又不能训练职业的精神。设施职业教育最应避免这种缺点。

实地试习

以上的讨论都是以学校中的实习为范围。除去假设的实习以外，还有几种办法，亦可列入实习之内。其中的一种，即是实地试习。这种实习自然有些地方不能完全由实施者主动，并且有些原则已经不成问题，因为已经合乎实际。但是对于训练基本能力一类的原则，就不能完全顾到。这种实习机会不易得，特别是在我国国情之下。但因为价值的重要，很有提倡的必要，能行的时候，应当尽量实行。如果有这种机会，实习即成为极便利的事，无需许多的计划设施，并且亦是极经济的办法。利用原有的设备，无需另行开销。所以实地试习，比学校实习，有许多利益。

实业界设校

为求实习的便利，还有一种施教的方法，即是就实际工作的地方，设施职业教育。在实业界中设立职业学校，不但实习的问题可以就地解决，因为实业界中的工作设备，即可作为实习之用，无需另外设备，并且还有别的利益。最重要的，即是能应付实际需要，所训练的人，都是有出路可能的。至于训练的教材、教法、教师，都可从实际工作中采用，实在极为便利，极有效力。不过实行这种方法，非常困难。第一要先有实业界的热心合作，不然即不能成功。实业界为应付本身人才的需要，应注意到这种方法。用这种方法为人才需要的供给，实在是最经济最有效的。

工读制

还有一种类似实习的方法，即是半工半读的制度。这种制度有几种变形，或是上午下午的更替或是每周或数周的调换。有的工作即在校内，有的工作是在社会中各实业界内。无论时间长短，或工作在校内校外，都是修学与工作各占一半，互相更换。

这种制度的原意，并非专在实习。有的目的在经济的补助。学生一半工作，可以稍得工资，补充费用。有的是为使学生得些实际经验，不一定直接与学科有关。无论目的如何，这种办法包括实习的成分在内，供给讲授所不能供给的训练。由实际工作可以得到基本的训练、精神的培养、技能的练习、知识的增进，甚至于工具的应用方法，亦有时可以得到。并且这种方法是极为经济，学校不需出什么经费，学生尚可得到工资的补助。

不过这种制度困难极多。假若工作设在校内，工作的种类必定有限，工作的资金，常不能充足。既不能供给多种的训练，又不能在经济上稳定。如果是校外工作，必须靠赖社会的合作。种类不能限定，机会不能自主。实作的工作所能供给的训练，未能一致，与学科所发生的关系，成为不能控制的。若是在事业不发达的社会中，机会缺乏，这种制度更难实行。

参考书

教育部：《职业学校课程标准及教材大纲》

第八章　职业教育的师资

职业师资的重要

实施教育没有教师，在有组织的教育中当然是不可能。实施职业教育没有教师，更是不可能的事，因为职业训练不是完全靠文字或自修的方法所能成功的。职业教育的教师，有几种重要的功用。

甲、灌输知识　知识自然大部是从书本中得来，没有教师亦可获得相当的知识。但职业训练中的知识，有些不是书本所能供给的。职业的内容，职业的参考，职业的经验，未必都已经编辑成为文字。职业教育的教师，应该对这些未成具体教材的知识负供给的责任。关于这类知识灌输的责任，是职业教师一种重要的功用。

乙、传授技能　职业训练之中，技能占重要部分，前面已经有过讨论。技能的训练非靠教师的传授。无论是土木工作、纺织工作、农业工作，或是家事工作，所需要的技能，都必须有教师亲自传授，方能学成。由书本中的说明学习技能，终是不彻底、不准确、不精细。没有个别的指导，不能达到目的。所以教师对于传授技能有极大的功用。

丙、指导研究　教师的功用，不专在灌输知识，传授技能，使学生居于被动接收的地位。一种重要的功用，即在鼓励学生研究的精神。或是引动讨论，或是解答问题，或是指导方法，使学生有深造进取的精神。这种精神若没有教师的激励，是不能养成。没有教师的辅助，亦不能得到具体的结果。

丁、培养精神　职业的精神本是抽象的，不是文字可以传达，物体可以表现的。要培养这种精神，非有人格的熏陶，不能成功。职业教师必须由经验中养成从事本职必需的道德精神，在他的工作上，表现出来。学生借着知识技能的灌输及传授，在无形中，接受模仿，渐渐成为习惯。这种精神的培养，非有教师不可。并且因为这些道德精神不是普通性质，不是一般人所能传递，必须受职业教师的陶化。

职业师资的种类

所有在职业学校担任教授的，都统称为职业教师。但在职业教师之中，可按课程的性质分为两大类。

甲、基本科目教师　我们在讨论课程的时候，曾提出基本科目与职业科目的分别。基本科目的教师，自然是担任与职业有关的科目，或普通科目，没有专门性质的。这些科目大部都是属于知识的，以文字为传递的媒介，最多或有相当的试验，但绝没有附带的实习对于职业中的特殊需要，更没有供给的责任。

乙、职业科目教师　职业科目的教师，是担任与职业有直接关系科目的。他的责任不专在灌输关于职业的知识，对于技能的训练、精神的培养，都负责任。总括地说，他的责任是供给学生职业中的基本要素。他不只要担任讲授，并且要指导实习。职业能力的养成，大部是这种教师的任务。

基本教师的资格

我们在这里讨论教师的资格，并不是研究法令或规程，将资格的各项细目，都指定出来。我们所要提出的，不过是几项重要的原则。

甲、教育程度　在中华职业学校充任基本教师，至少应有大学毕业的程度。如果是在大学或专科学校，自然应有大学以上的资格。程度的限定，好像死板，但程度所代表的实质，往往有很大的区别。未受大学教授的，或许有等于大学程度的知识，但大学毕业代表不同的训练、眼光及态度，这些都能影响教学的效率。所以职业学校的教师，应有大学的程度。

乙、本科学识　基本教师第二种重要条件，即是对于本学科的学识深切的研究。无论教授何种基本学科，或是语言文字，或是数理科学，都应熟悉本科的内容及教学的方法。基本科目教师的主要责任既是灌输学科的知识，即应在知识方面，有充足的准备。

丙、职业概况　基本科目教师虽没有对于职业特殊需要供给的责任，但对于职业的大概情况，应当明了，以便将所授学科与职业内容连贯起来。例如商科的国文或算学教员，亦应明了商业的内容，然后可将所授的国文或算学，加以调适，使之与商业发生关系。既可增加学生修习的兴趣，又可补充出校实用的效能。基本科目教师不必希望有特别职业知识或技能，但对于职业的内容、工作、需要等，应有相当的明了。

职业教师的资格

职业科目教师的责任，比基本科目教师重大得多，所以对于他们的要求，亦格外的多。我们的讨论，亦不是包括所有的条件，只是举列数项重要的。

甲、教育程度　职业科目教师虽然以大学或专科程度的为可取，但学籍并非像基本科目教师那样重要，因为职业训练注重职业知识的灌输、技能的传授、精神的培养，完全由学校出身而没有实际经验的人，不能完全担任。往往有这种能力充足而没有相当教育程度的，亦未尝不可选用。所以教育程度不能认为固定的标准。

乙、知识技能　职业科目教师最具体的贡献，即在知识的灌输及技能的传授。担任教师的人必须有充足的知识、纯熟的技能，不但能应付最低限度的需要，并且能应付学生一切的疑问与研究。并且对于知识传达及技能训练的方法，亦应有了解。这部分资格可算是最重要的。

丙、职业经验　职业科目教师不只应具有知识及技能，并且这些知识技能，应大部是从经验得来的，因为由经验所得的，方是切合实用的。如果有职业经验，对于职业中的情况及精神，都能得到。学生与这种教师接触，亦可更认识职业的性质，并能沾染应有的精神。有经验的教师亦更容易指导学生的研究。

职业教师的选择

任用职业教师自然应根据教师的资格，如上面所讨论的几项。凡具有相当资格的，方有被选取的可能。至于任用标准的细目，自然应另行规定，并且按科目性质、地方情形等，有不同的地方。但关于选择的步骤，还有些可讨论的地方。

甲、登记　一个地方或全国的职业教师，应该都在集中的机关登记，以便分配或选用。凡是没有职务的教师，在教育行政机关登记，然后主持教育行政的，或学校当局，方可以征选。由教师的登记，行政的人可以明了各种教师的供给，何种充足，何种缺乏，因而可以决定训练教师的方针。这虽然好似副作用，但对于整个的教师分配很有关系。有了登记，对于实际选用上亦有许多便利，因为登记的记录，即可一部分代表教师的资格才力等，考虑更有根据。

乙、来源　职业教师的来源，大部自然是专科或大学校。由学校毕业的学生，在没有出路以前，可以向教育行政机关登记，以备选用。但除学校外，还有实际的机关，亦可相当的供给教师，因为职业科目的教师，注重职业经验，未有教育资格的，亦有经验充足的。不过这类的教师自动登记的，恐怕很少，因为他们不常以教师的职务为一种出路。所以负责行政的人，在需用这种人才的时候，还需设法征求引用。

丙、选用　有了教师的供给，遇到需要的时候，自然可以方便的选用。但在选用的时候，必须经过一番审查的工夫。预先登记过的，自然有记录可以考察、研究。不过在记录以外，还需对于候选的人，有直接的认识。没有登记过的，如由各处征求引用的，更需详细调查个人的状况，与需用教师的职务，互相比较，以决定是否适合。在选用的时候，必须承认的一个原则，即是人与事的适合，是个别的问题。一个一个人的考虑，按照个人情形，方可决定去取。

职业教师的训练

职业教师的资格，前面已经提出。欲求达到这种种资格，必须有相当的训练。没有相当的训练，决不能成为适当的教师。所受的训练不是专指学校中的课程而言，乃是包括一切必具的能力。在训练教师的时候，应该着重什么教材，即是下面要讨论的。

甲、职业教育的意义　在职业教师的训练中，第一部主要的教材，即是职业教育的意义。做职业教师的，必先明了职业教育是什么，有什么价值，有什么重要，对个人、社会、国家的关系是什么。有了这种了解，方能看清本身的地位，对于本职方发生兴趣，发生努力。在学校中受训练的，自然容易得到这部的教材，即未经学校或未修教育学程的候选教师，亦应加以这部训练的补充。至于这部教材的繁简，可按照情形酌定。

乙、职业教育的原则与方法　负责职业教育的教师，除去明了职业教育的意义与重要外，对于实施的原则理论及方法技术，应有相当的研究。各教师所教授的科目虽都各有专门性，但教授的原则及方法，都是相同。因为职业教育与普通教育不同，所以有特别研究的需要。在学校中受训练的，自然可以很方便的研究。对于有职业经验而没有教育学识的，这部的训练更是重要。

丙、教材编制的方法　职业学校的教材，有些可以采用已有的教本。但若求切合实用，常有时需要自行编辑。严格讲来，一个地方一种职业的教材，应根据这地方这职业的实际状况编辑起来。这种编辑的责任，由教师担任最为适当，因为材料不但是他们应有的知识，并且是他们应用的教材。他们认识材料的来源，他们明了教学的需要。所以每个做职业教师的，对于编制职业教材的方法，应有相当研究及练习。

丁、本业知识　以上几项都可算是关于教育学术的。职业教师除去对于教育的学术，要有相当的研究以外，对于所担任科目的职业知识，要有充足的准备。教授土木的必须有土木的知识，教授园艺的必须明了园艺的原理，教授销售的必须了解推销的学识。这部材料是职业教师训练教材主体的一部。没有这种知识，即不能成为职业教师。所以预备充任职业教师的，不能专研究教育的原则与方法，并且对于所教授的科目本身，要有特别的研究。用特例来说，出售物品的人，不能只明了推销的方法，而没有货品出售。

戊、本业技能　技能同知识有同样的重要，都是训练教师教材的主体。无论教授何种职业科目，都少不了技能的传授。例如商科的打字技能，电机的装修技能，农作的种植技能，这种种技能，做教师的必须能亲自表演实作，方能传授学生。在学校中受训练的教师，对于这方面往往缺乏，不如由实际经验而有教师资格的。所以在受训练的时候，应本身先养成本业的技能，然后方配充任教师。计划师资训练的，对于技能的训练，亦应同知识并重。

己、精神态度　职业教师除灌输知识、传授技能外，还应对于学生的精神态度，有感化的能力。这种能力决不是由书本可以得来，必须参加过实际工作，方能发生。所以在教师的训练中，必须供给实地经验，使他们本身能养成职业中必需的精神与态度。本身养成之后，方能感化学生。由经验出身的教师，自然比由学校出身的教师，在这方面容易有充足的准备。无论何种，这部训练，都应认为是不可少的一部分，与知识、技能，同样的重要。

职业教师的报酬

职业教师既是对于学生将来职业的成功，负重大的责任，即应对于职务专心致志的去从事。所以职业教师，最好以专任为原则。兼任的教师，不能发生很大的效力。除非必不得已，不是可采取的方法。我们所讨论的报酬，不是薪俸的标准，因为那是按照地方生活程度及学校性质不能相同的。并且报酬亦不限于薪俸一项，所以别种报酬亦应提出。报酬不论规定多少，总应在规定额数以外，有奖励的办法。因为服务的人，若永远享受一种报酬，前途没有希望，很容易减低前进的心理，使工作效率渐渐下降。所以奖励的报酬，比固定的报酬，意义更为重大。奖励的方法很多，我们可提出几种重要的如下。

甲、年功加俸　职业教师的薪俸，自应按照地方生活程度定为标准。此外，并应按服务期间，规定增加的标准。教师服务成绩不佳的，自然是例外。或是不加薪俸，或是停止职务。凡服务成绩满意的，都应享受这种鼓励。这种办法，增加教师努力进取的心，比任何方法都有效力。

乙、养老抚恤　职业教师是专门的职业，希望能稳定持久，不是朝秦暮楚的。但是从个人的立场说，如果前途没有什么希望，终身没有什么好处，作一日工，得一日工资，又何必持久不变呢？所以教师服务多年，到了晚年规定的年龄，应该有抚恤的办法，按服务的期间，及原薪的比例，规定恤金的数目。有这样的办法，方能使服务的人觉得牺牲终身，是值得的事。

丙、考察实习　效力比较轻微的奖励方法，亦有几种。其中之一，即是考察实习的机会。职业教师经过相当期间的服务以后，原来所有的知识技能，免不了有陈旧的地方。欲求刷新改进，增加效能，必须再有考察或实习的机会，这种机会不是个人所能造成的，因为机会的谋求，及实行的费用，都需由学校协助，方可成功。学校不但应代为接洽安排考察实习的办法，并且应补助一切的费用。并且在教师考察实习期间的个人生活费用，亦应顾到。这些方面如有规定办法，亦是一种极好的奖励方法。

丁、名誉奖状　比较再轻的奖励方法，即是名誉的奖励。人都有好名及喜好赞扬的心理。职业教师服务优良的，可由学校当局，或行政机关，发给相当的奖状。或是采取别种表扬的方法，如文字的宣传、口头的称赞。这种种方法，目的都是使做教师的，得到精神的快慰，觉得所做的工作，是有价值的。这种精神的鼓励，虽然不是具体的物质，对于效率的增进，亦有很大影响。

职业教师的考核

教师的职务，本是极难考核，因为不是机械性质，没有形体的结果，不能有标准的计量。所发生的效果都是抽象的，必须多方检查，方能评定优劣。我们下面提出几种方法，可以互相补充，没有一种单独可以足用的。

甲、直接观察　教师的知识、技能以及教法，都可用观察的方法，直接考核。因为在教学的时候，这些事的强弱，都可以表现出来。有经验的行政人员，可以很容易的加以评判。自然这种观察，不能限于一次。必须有长期的实行，方不致有片面的，或不准确的情形发生。观察的要点及项目，亦应事前预定，以便精神集中，得到具体的结果。

乙、学业成绩　教师的工作效能，由学生的学业成绩，亦可得到相当的表示。所谓学业成绩，并非指分数而言，乃是指实际的作品而论。学生的练习、试卷、试验、实习出品等，都能代表教师的能力。因为教师能力不足，绝不能使学生有优良的作品。反过来说，教师知能优良，自然不能不表现在学生作业上。所以用学生作业来评判教师，亦是一种有理由的方法。不过在比较教师的时候，必须同科的教师。所根据的学生不能限一二人，必须取多数平均的成绩。

丙、服务效能 还有一种比较稍远的方法，即是用学生出校后服务的效能，断定教师的能力。教师优良，学生的服务成绩必定可观。若是学生服务成绩不佳，虽或有别种原因，但教师不能推脱责任。不过这种方法，非常迟缓，并且因为原因复杂，确定关系不很容易。但如对于学生服务状况有长期的调查，不难将调查的结果，反映到教师身上。

丁、学生评判 另有一种方法，如果实行得当，亦可作为考核教师的方法，即是征求学生对教师的评判。学生是直接受教的，有长期与教师的接触，对于教师当然有辨别能力，所以可以征求他们的意见，作为参考。征求的方法，当然要具体。（关于方法请参阅何清儒著《职业指导学》第六章）这种方法免不了流弊，因为学生有时思想不成熟，或是意见不公正。不过如果所采取的方法得当，未尝不可用为补充的方法，得到相当的参考。若以这方法为完全可靠，可单独应用的，当然是不可能。

第二编　职业补习教育

第九章　职业补习教育的意义

职业教育与职业补习教育

职业教育是一个概括名词，可以分许多种类，前面已有讨论。职业补习教育是职业教育的一种，在原则上与整个职业教育相同，但在实施上与别种职业教育有差别的地方。在各种职业教育中，除正式的职业学校外，职业补习教育最为重要，因为包括最多，应用最广，并且在施行上又有许多便利，在效果上又很容易表现，所以有特别研究的价值。

职业补习教育的特性

职业补习教育，在实施上，与别种职业教育不同的地方很多，兹可举其重要的如下。

一、期间伸缩不定　正式的职业教育，如专科或大学，或中等职业学校，年限都有规定。或是四年，或是初高级各三年，各科差不多是一致的。职业补习教育的期间，普通是比正式职业学校短，或是一月，或是半年，或是一年，很少过长的期间。但比正式学校短，并且按照各职业的性质，长短不得一致。所以职业补习学校的期间，是按照所训练的职业性质，有伸缩的地方。

二、利用原有设施　正式的职业学校，必有单独的校舍、设备等。但职业补习学校，可附设在正式学校中，利用空闲的时间。不但正式学校可以附设补习教育班，工商机关及社会团体，亦可附设。有些补习班因为性质的关系，设在实际工作的地方，效力更大。因为附设在各种机关中，校舍的问题没有，设备的问题，大多数的时候，是很简单，所以职业补习教育是极经济的一种职业教育。

三、教材根据实况　职业补习教育的课程自然不限于职业的科目，但职业的教材，占主要的部分。这种教材，因为所训练的职业性质，及教学期间种种原因，不能采用已有的课本。况且有许多职业，根本即没有现成的教材。每种职业补习教育的职业教材，都是根据该业的实际状况去编制。所以职业补习教育切合实际需要的量度，比别种职业教育特别的大。

四、教员注重技能　职业补习教育，因为以职业教材为主要内容，所以教授的人，对于本业的技能，必特别精巧。教师的成功，因不专在技能，但在职业补习教育中，选用教师应注重这方面，以便胜任教授职业的教材。至于教师对于教育原理、教学方法的缺欠，自应设法训练，加以补充。因为注重技能，所以聘用的教师，不限于在正式学校做教师的，在各种职业中充任技师的，亦常利用担任教授的事。

五、利用空闲时间　因为职业补习教育多是利用正式学校的校舍、设备、教师等，或是工商机关的地点、设备、技师等，所以授课不能在正式的时间，必须利用学校课外的时间，或工商机关业余的时间。还有，因为职业补习学校中一种受训练的人是有职业的，所以更不能用正式时间施行训练。职业补习学校上课时间，多在清晨、夜晚或放假的时候，即是因为这种种原因。

六、学生用费低廉　受职业补习教育的，多系没有力量受正式职业教育的，或是一般在各业中服务，生活清寒的。为这类的人设施教育，自然以愈经济愈妙。职业补习教育因为利用原有设施，时间简短，所费极少，所以使学生的担负，亦减轻许多。如果职业补习教育由政府办理，一切费用由公家担负，受训练的学生，可以完全免费。这种情形，实是别种职业教育所不及。

职业补习教育的对象

受职业补习教育的，都是事实上不能进入正式职业学校的，或是经济能力上不许可，或是学业成绩有困难，或是有职务在身。职业补习教育最大的效用，即在这类人的身上。若按性质而分，职业补习教育的对象有二种。

一、未就业者　已受相当普通教育，而无职业能力，希望在受职业训练以后而能就业的，这是第一种。这种人多是没有力量进入正式职业学校，只能在短期间内谋得一技之长的。或是曾就过职务，现今失业，而愿受一种补充训练，而能再入职业，或改入别种职业的，亦可用未就业的同样看法。这类的人，是职业补习教育一种基本的对象。

二、已就业者　与未就业者同样重要的对象，即是现在正从事职业，而愿意在本业上再受训练，以增加工作效能的，或是在所从事的职业以外，谋求别种训练，以备改换职业的。这两种人，都可认为以增进职业能力为目的。至于初就职业，因为能力缺乏而受训练的，亦可归入这类，因为同是以增加工作效能为目的。

职业补习教育的目的

在开始讨论职业教育的时候，我们已经提出职业教育是对于某一种职业所需要的知识技能及其他条件的训练，职业补习教育既是职业教育的一种，所具的目的，当然亦不出这大范围以外，但若分析来说，重要的目的可有下列数项。

一、灌输职业知识　无论何种职业，欲求有良好成绩，都有些不可缺少的知识。工的机械知识，商的货品知识，都是极显明的例。还有些知识，虽然不是必需，但对于发展效能，亦有关系的，如高深的科学或算学，亦都是补习教育中可以灌输的。这种知识，自然按照职业性质种类不同，并且按照学生程度深浅不同，但都成为职业补习教育的一种目的。

二、训练职业技能　工作的效能，不只专靠知识，还要有实作的技能。染色的技能，印刷的技能，都必须实地训练，方能养成。职业补习教育，除关于所训练的职业灌输知识外，并应用种种方法，培养实作的技能。培养的方法不能一致，因为各种职业各有特殊的工作方法，必须根据实际状况去研究，并多利用实际环境，方可发生效力。达到这个目的，亦是职业补习教育的主要任务之一。

三、培养服务道德　在职业的成功中，知识技能固然是极重要的因素，但往往有知识技能都充足完备，而不能成功的。那种情形的原因，即是缺乏别种条件。这些条件之中，最重要的即是服务道德。所谓服务道德，不限于普通为人处世应有的道德，乃是注重各种职业在工作上必具的性格、观念、态度、精神。例如切割纸烟的，将切坏的烟头都抛弃，印刷的应加油墨时而不加，以及一切普通所谓偷工减料的事，都是服务道德的问题。这些事在施行职业补习教育的时候，都应按照职业性质，分别加以训练。

四、造成公民资格　严格地讲，公民训练本不在职业补习教育目的之中。但因为一个人在社会中从事职业，必先有公民的资格，然后方能得到职业的成功，况且就我国现况说，一般人民都没有充足公民的常识，不知道如何做人，不知道如何做国民，如何能做一个有效率的工作者。所以职业补习教育，因为这种需要，不得不将造就公民的目的，附带在内。假若一般国民程度提高，这种责任即可减少了。

职业补习教育的根据

职业补习教育，同整个的职业教育一样，有两种主要的根据。有这两方面的根据，所实施的教育方有意义及效力。这两种根据是：

一、对人的研究　职业补习教育按照职业性质种类不同。一个人不能受所有各种的教育，所以发生了选择的问题。解决这问题，必须根据对人的研究，明了他的兴趣、才力、志愿、经验、环境，等等。明了了他的为人，然后方能决定是否适于某种训练。此外在实施训练的时候，亦是要根据个人的情形以定方法及进度。所以对人的研究，是职业补习教育一种不可少的根据。

二、对事的分析　职业补习教育所训练的，是从事职业的能力。各种职业所需要的能力不同，决不是一种方法能以应付的。职业补习教育的教材、教法、设备等，都是要根据职业中的实际状况，方能发生效力。所以必先将职业中的状况，如工作内容、工作需要、工作环境、工作待遇、工作与各方面关系，详细分析，得到切实具体的材料，职业补习教育方能设施进行。

职业补习教育的原则

除去对人研究及对事分析为根据以外，实施职业补习教育，还有些应注意之点。兹将其重要的举列如下。

甲、关于设施者

一、各业自动设学　职业补习教育的影响，对于各业本身最为宜切。亦可说各业本身，是这种教育的最大受益者。所以设立各业补习班，最好有各业自动发起。这样，不但兴趣充足，容易成功，并且事实上有种种的便利，即如招收学生、选编教材、聘请教师等事，如果是自动设学的，都不致有何困难，不然恐怕复杂的问题很多。

二、健全各业组织　欲求各业自动设学，必先希望各业有健全的组织，不然没有实际的能力。我国各业的同业公会，是极可利用的组织，因为他们是各业的代表，明了各业的情形，可以供给许多便利。但各业公会的组织，健全的程度不一致，或有的职业甚至没有公会。所以要提倡职业补习教育，还需先辅助各业有健全的组织。

三、联合原有力量　职业补习教育，是一种合作的事业，不能单靠办教育者的力量。社会中已有团体，除各业公会上面已经讨论外，还有许多别种的，如党政机关、教育团体、社会团体、宗教团体等，对于职业补习教育都能给予推动协助的力量。负责补习教育者，比与这些原有的力量取得合作联络，方能进行顺利，增加效力。

四、利用人才设备　在讨论职业补习教育特性的时候，我们已经提出这种教育是以利用地方上原有的设施为原则。这里不过再重提一次。学校中已有的教师，职业中已有的技师，都可在相当训练之后，充任职业补习教育的教师。学校、工商机关，各种团体中的设备，都可变更充实，做相当的应用。能利用已有的人才设备，方合乎经济的原则。

乙、关于设科者

从理论上讲，各种职业都可施行补习教育，但实际上，必要加以选择，分别先后。下面的原则，可以帮助决定。

一、与生活最有关系者　各种职业对于生活固然都有关系，但关系的限度不同。例如理发业可说与人人有关，而绘瓷业即只关系一部分人。社会中需要最多的职业，当然训练的重要亦最大。在决定设科的时候，如果别种情形相同，与生活最有关系的，当然要先施行训练。

二、需要改良最急者　职业补习教育，常包含一种作用，即是对于现在的工作方法，能因着训练，加以改良。因为训练的时候，是采用效率最高的方法。受训练的人无论是已就业，或未就业的，将来在从事职业的时候，必定能将工作方法改进。因为这种作用，所以凡认为有急切改良的职业，应先施行职业补习教育。

三、从业人数最多者　各种职业实际从业人数多寡不同，并且因为发展的速度不同，所以将来能容纳的人，亦多寡不同。职业补习教育如以未就业的人为对象，必根据能容纳的人数。如以已就业的人为对象，必根据已存在的人数。人数愈多，自然效用愈大。如果别种情形相同，人数最多的职业，是应从先施行训练的。

四、实际设施最便利者　在前面我们已经屡次提到，职业补习教育应利用原有的人才设备。如果有适宜的人才设备可以利用，为实施的便利起见，虽不能尽合其他原则，亦可设施。但所谓人才设备，必须充足，方可采用这项原则。若完全为事实便利，而漫无限制，那即非正当办法。所以这原则是应当审慎采用的。

丙、关于教学的

一、教材根据实况　职业补习教育的教材，除基本学科或公民学科，在需用的时候，得酌量根据学理研究选编外，所有职业学科的教材，必须根据各职业的实际状况。编制教材以前，必将职业的状况调查清楚，然后方可得到材料。这样所编的教材，方能发生效力，切合实用。

二、教师注重技能　职业的学科，固然需要直接间接的知识，担任教授的人都负供给的责任，但各种职业的工作技能，恐是训练最难的部分。担任训练的教师，不但要有充足的职业知识，并且对于技能要特别擅长，然后方能胜任。所以选择职业补习教育教师的时候，应特别注重技能的优良。

三、教法利用实作　各种职业的工作，欲求其效率增加，不能专靠讲解的清楚。实际的练习，是不可缺少的。职业补习教育的教学方法，虽然少不了讲授，但凡能有实作机会，都应利用实作的方法。有实作，方能将教材实验出来，增进技能的养成。

四、适应个别需要　无论受何种教育的人，各人的需要及能力等，都不能完全相同。受补习教育的，亦是这样。需要的性质有所不同，学习的能力有所差异，所以教学的人，对于个人特殊情形，必须加以适应，方可使各个人都能得到最大的利益。在有组织的教育工作中，虽然不能单独教授，但在教授之外，加以个别的指导，可以补充这种不足。

职业补习教育的功用

无论何种教育的功用，都是多方面的，因为教育是对人发生变化的，而人又是与各方面发生关系的。职业补习教育的总目的，我们在前面已经说过，是灌输职业知识，训练职业技能，培养服务道德，造成公民资格。但这些目的对于个人、社会、教育及职业的关系，还有简单说明的必要。

一、对个人　因为知识的灌输，技能的训练，道德的培养，个人的职业的能力得以增加，无业者可以有业，有业者可以精业，进而乐业。有业乐业以后，生活的需要可以得到供给，精神的安适可以发展，人生的幸福，因得以充满，所以对于人生的圆满，职业补习教育有基本的重要。

二、对社会　社会的秩序，是靠个人生活的安宁。假若社会中人人失业，或有业而不得乐业，身体与精神的痛苦，充满其间，这种社会将成何种社会？况且社会的进步，要靠各种事业的发达，假若各种事业没有效能的工作者，这种事业亦不能发达（见末节）。因为职业补习教育增加工作效能，促进事业发达，所以对社会的进化，亦有影响。

三、对教育　职业教育的重要价值在实用。使所训练的人，在各种工作上，表示成绩，即是增加教育的意义与效能。职业补习教育是最切实用的教育，不但对各种职业有直接的贡献，并且因为与职业界的接近，可以得到许多材料，作教育上，特别是职业教育上，改进的参考。所以职业补习教育对于整个职业教育，有极重要的关系。

四、对职业　这最后一方面的关系，好似不必再提了，因为职业补习教育所增加的个人职业能力，即是用在职业中的工作上。个人工作效率增加，工作得以进步，职业得以改良。因为无论什么职业的发展，人力是其中最主要的因素，所以谋求事业的发展，职业补习教育是不可少的。

第十章　职业补习教育的组织

组织的分类

职业补习教育的组织可分为二种：一种是行政的组织，一种是教学的组织。行政组织是担任提倡、计划、推行、指导等责任的机关，主持一个地方的职业补习教育一切的活动。这种机关或是原有的教育行政机关，或是由地方上另外组织。教学的组织是职业教育补习班的组织，附设在行政组织之下的。这两种组织都是实施职业补习教育不可少的，但性质不同，功用不同，是不可不分辨清楚的。

行政组织的重要

各地方举办职业补习教育，本可由各学校、工商机关或其他团体附设补习班，施行各种不同的训练。专就训练而论，这种办法自然在效果上，没有什么差别。但就整个地方而论，一个地方的补习教育，按照地方需要，应有通盘的筹划，不应零星应付的。并且如果一个地方有一主持机关，对于教材的编制、教学的方法、教师的训练等，都可有经济、便利、划一的地方。所以在一个地方最好有一个专负职业补习教育责任的行政机关，主持一切。

行政组织的原则

职业补习教育的行政，固然可由原有教育行政机关主持，但最好是不由已有的机关附带执行，而另行组织一种机构，如委员会之类。这样可以给它一种独立性，事实上便利。至于这种机构的组织，可根据下列数原则。

一、联络各方合作　职业补习教育不专是教育界的事，乃是许多方面有关系的。党政机关、工商机关、社会团体，凡与各种职业的发达有密切关系的，都受影响。不但由理论上讲，职业补习教育应于各方面发生关系，并且事实上，亦需要各方面的协助合作。所以职业补习教育的机构，如委员会，必须包括各种有关机关的代表；党部、商会、教育厅、局、建设厅、局、社会局、警察局等，都是重要的。自然有时不必所有机关都参加，应按地方情形酌定。

二、教育人员负责　委员会中虽应包罗各方面的人才，以求集思广益，进行便利，但发动组织及实际主持，恐仍须有教育人员负责。因为职业补习教育，虽是与各方面有关，终还是教育事业，教育人员的兴趣与训练等，还是比别种人有许多方便。所以委员会中的重要职员，还应推举教育人员担任。

三、干事执行工作　像委员会的组织，只是立法的性质，对于重要的计划方针，可加商讨。但事务的执行，必有干事人员负责。所以在委员之外，应由委员会聘请干事数人，除由一人主持全部事务外，分担各项工作。干事的人数与职务，自然应按工作的繁简而定，但最基本的应有下列数种干事。

甲、总务干事　凡文书、会计、庶务，及一切不属其干事的职务，均由总务干事负责。

乙、研究干事　凡关于职业的调查、教材的编制、统计的搜集、报告的编辑、问题的研究等，都是研究干事的责任。

丙、训练干事　凡关于补习班之组织、指导、考核以及教师训练等，都是训练干事的职务。

丁、推行干事　凡关于联络、接洽、各机关团体设立补习班，及物色教师，筹划设备，使职业补习教育得以推广的事，都属于推行干事。

四、另用助理人员　干事的责任至为重要，事务亦极繁忙，干事之外，必有助理人员，如事务员或书记之类。这类职员多寡不能一定，在初设事少的时候，各干事可合用少数的助理人员。事务发展后，各干事可分别有人协助。但无论多少，事实上必须有这类职员。

五、干事应受薪给　委员会的委员，可以是名誉职，因为每所很多的实际的工作。但干事应当是有给职。这样可以增加对工作的责任心。所有干事，如事实可能，应为专人的。但如有困难，可以兼任。但兼任的工作时间，应有规定，并且原职的工作，应设法减轻。

教学组织的原则

教学组织的问题，即是如何将受训练的学生分成班级。在现今教育制度及社会状况之下，个别教授是不可能，必须采用分班分级的办法。在一个班级之中的人愈一致，教学当愈便利，所收的效果亦当愈大。职业补习教育与别种教育性质不同，所以组织上，亦有差异。所采取的原则，有下列数项。

一、以班为单位　职业补习教育与别种教育不同，不必以校为单位，而可以班为单位。每有一班，即可成立一班。这一班即是管理上的单位，同别的班可以同等受行政机关的统制。如果在一个地方，有数种补习教育班，为管理上便利计，合成一校，固亦未尝不可。一班之中，如果程度不同，亦可再分为组。但我们在原则上，总是承认一班是教学组织的单位。

二、以业为单位　每一种补习班是以训练一种职业的能力为目的，所以每班的人只限于对同一行业谋求工作能力的。每业的班数固然不限于一个，但每班所代表的业数，只能一种。决不可将两种的职业性质，混为一班。

三、以职为单位　有时在一种职业中，还有多种不同的职务。例如商店中有售货员、收银员、管栈员，种种不同的工作。旅馆业有侍役、司账、招待、勤工、厨役等不同的职务。遇有这种情形，必须分别训练，方能便利收效。所以教学的组织，除以业为单位分成班级外，如有必需，还应以职务的性质，再加分类。

四、以区为单位　同是一业，同是一职，如果人数众多，有时因为空闲时间的关系，还是不能列入一班。在一个地方，往往在地理上可分为几个区域。受职业补习教育的人，在以业、以职分类之后，还可再按区域分班组织。教学上地点及时间的不便，都可减少。这种原则固不是永远必需，但有时是可采用的。

主任与教员

职业补习班虽应以班、以业、以职、以区为单位，但每班所授的课程，不限于一种，我们在第一章已经说过，除了职业教材以外，还有时要加基本科目，及公民常识。所以一班的课程常有数种。在这样情形之下，教员不止一位，必有一位领袖能分配综合各教员的工作。所以每班或每数班最好有一位主任，主持全班的事务。这位主任或由教员兼任，或由设班机关负责人员兼任，可按情形酌定。

主任的职务

主任的职务关系各补习班的进行，极为密切。兹将其重要的责任，举列数项。

一、筹备设班　一个补习班的设立，必有人筹划预备。安置设备、招收学生、聘请教员等事，都需在开班以前办理，所以必要有人负责。主任即是担任这些责任的人。

二、分配课程　前面已经说过，一个补习班的课程不限于一种科目。各科的教学时数，固然不根据主管行政机关所定的原则，但实际的分配，是要由主任负责的。课程表的排列，是一件实际工作。排定之后，自然应经行政机关审核。

三、师生考勤　教师是否按时授科？学生是否按时到班？做主任的应有清楚的考察。这样，可以有监督指导的根据，使整个补习班的工作，可以前进，不致散漫。

四、指导学生　学生因为个人情形不同，常需个别指导。关于教学上的指导，固应由各教师实行。但关于教学以外的事，如学生入学时决定是否适于本班，就学时环境上所发生的阻碍，修毕后如何利用所受的训练等问题，都不是教师能担任指导的。所以由主任负责是为适当。

五、接洽报告　补习班的主任是一班对外的代表。对于行政机关可以接受命令，报告情形，完成上下的连贯。对于别的方面，可以接洽联络，谋求进行的便利。这种责任是主任职务中一部重要的。

职业补习班的期限

职业补习班的编制，本有所谓学期制与学科制的分别。学期制是以学期为单位，以修完若干学期为终了。学科制以学科为单位，以修完某某学科为终了。实在讲来，这不过是长短之分。一学期以上的可以成为学期制，不足一学期的为学科制。二者的规定，都是要按照学科的性质，并没有很大的区别。所以职业补习班的期限，可说没有一定；或是一月，或是两月，或是半年，或是一年，都是要根据实际需要的。

规定期限的方法

职业补习班的期限是很难规定的。求一个最理想的办法，是不易做到。但有几种方法，都可有相当效果。

一、调查在职职工　我们要训练一种工作的人，必要有一个训练标准，即是经过训练之后，要有什么能力。这种标准是要由多数从事工作者成绩的平均量度得到。多数人的平均成绩，即是要训练的目的。有了这个标准，然后再调查曾受过训练的，看看他们都是经过多少时期，达到那个标准。将所需的时间，求得平均数，即可认为训练的合理期限。这种方法是比较最科学的，但不易实行，因为如果在职职工成绩不能调查，或没有曾受训练的作参考，即不能求得结果。

二、计量教材多寡　从原则上说，设立职业补习班，应先有教材然后开班。如果这样，期限的长短即可根据教材的多寡去计算。一种科目分若干课，每课用若干时，即可得到全部所需的时间。以后再用每日授课的时间除，即得必需的日数。这种方法虽不是最方便，但如教材有把握，即不难实行。

三、根据经验判断　比较不甚可靠，但实行便利的方法，即是由对于某业有经验的人，根据他或他们的意见，判断要受多少训练方能达到水平线的效能。判断的人亦不能完全凭空臆想，必在心目中亦有相当的效能标准，并且有已往训练的实例，可以作参考。这种方法的思想过程，与第一法相似，不过不能十分准确。但在没有别的方法可行的时候，只可采用这法。

职业补习班的时间

我们在第一章讨论职业补习教育的特性时，已经提出一种特性，即是利用空闲时间。研究这时间是在什么时候，还是以事实为定。决定的时候，必须顾到三种便利：（一）学生的便利，以不妨碍正式职业或工作为原则；（二）教师的便利，以不妨碍正式职业为原则；（三）班址的便利，以不妨碍原有用途为原则。

职业补习班的设立

在讨论职业补习教育原则的时候，我们已经提出各业自动设学的原则。但设立补习班的场所，亦不限于职业机关，此外还有别的。设立的步骤是什么？设班的人数如何？都还有说明的必要。

一、设班场所　如果是各工商机关自动设班，即可以本公司商店或工厂，为施教场所。如果是一业联合设立，可假用同业公会会馆，或该业中的一个机关。如果是由教育机关发动，或是为利用教育机关的设备，即可附设在学校或民众教育机关。

二、设班步骤　凡自动设班的，在开班前，必须得到主管行政机关的许可。如地方上没有独立的职业补习教育支持机构，亦应按照教育部《职业补习教育规程》向主管教育行政机关备案，将设科、修业期限、设备、经费等，详细计划及理由，呈报。得到许可，方可招收学生，进行开班。

三、设班人数　职业补习班的人数，多寡不定，但设立的时候，恐至少亦应有 5 人，方能开班，最适当的人数，为 25 至 30 人，再多教学上恐多不便。但事实上有时超过这数目，如可能时，应设法分组。

第十一章 职业补习教育的教材

一、职业补习教育教材之特殊性

职业需要的不同

职业补习教育的目的，是在使受训练的人得到或增加对于某一种职业的工作能力，并不是对多种职业共同应用的能力。职业的需要各不相同，应养成的能力，按照所准备的职业，各有差异。并且培养的方法，亦因着职业的需要，不能一致。所以施行某种职业补习教育，必须根据该种职业的情形编制教材，然后方能切合需要，发生效力。一种职业补习教育应有一种教材，至少在理论上，不是可以彼此通用的。

职业内容的不同

各种职业不但需要的能力不同，必须有不同的教材加以培养，并且各业的内容，亦有很大差异。一种职业有一种的工作方法，一种职业有一种必具的知识。即或所需要的基本能力各业有相同的，但在详细的训练方法上，亦各有不同。这种种训练方法，必须分别举列，不能混合通用。所以一种职业有一种特殊的材料。实施职业补习教育者，不能不承认这种特殊性，并且不能不将训练的材料，特别的编制。

职业状况的不同

各种职业的差别，亦不限于需要与内容两方面，在许多别的方面，如沿革、环境、人数、利害等，亦均各有不同。受训练的人，对于这些方面，亦都需有清楚的认识，然后方能适应，不致影响工作的效能。所以实施补习教育，对于所用的教材，不只因为增进技术上的能力，应根据需要与内容特别编制，并且因为要补助受训练的人，在精神上及生活上，能适应其他各方面的状况，亦应保持每种的特殊性。

二、职业补习教育教材的内容

由前面的讨论，我们可以推向到各种职业补习教育的教材。内容自然各不相同，因为各业的状况，需要的能力、工作的方法、必具的知识等，均不相同。但若概括就性质而论，教材的内容不外下列数种。

甲、职业的概况　无论从事何种职业的人，对于该业的普通状况，如本业的沿革、性质、从事人数、入业资格、工作状况、疾病危险以及其他利害等，都应有清楚的认识，然后对于该业的职业生活，方能适应，对于工作效能，方不致妨碍。这种种概况，应成为职业补习教材的一部。

乙、职业的目的　从事一种职业的人，必须明了所做的工作能产生什么结果，然后方能感觉兴趣，发生意义。在职业补习教材之中，必须将本业的功用、价值及目的，清楚的说明。不但对整个职业的目的表白明显，并且对于每部工作，每种动作的目的，亦应详细解释。这种关于目的的叙述，亦是教材中一部重要的。

丙、职业的知识　除以上二种对工作效能有见解关系的材料外，还有对工作效能有直接关系的数种：第一即是职业的知识。无论从事何种职业，都有些必具的知识。没有这些知识，即是工作不可能，或受妨碍。职业的知识可分为二种。

（一）直接的知识　凡直接与工作有关，如果缺少，即使工作不可能的知识，都是直接的知识。例如工业中的机械名词、安全防范，商业中的货品知识、经营方法，都是直接对工作的优劣有影响的。这种知识，是教材中最主要的一部分。

（二）间接的知识　有些知识，虽不直接与工作有关，但如缺少，亦足以妨碍工作或组织发展的，这种称为间接的知识。最普通的例，即使与职业有关的科学知识、算学知识或绘图知识。这种种知识，虽不如直接的知识对于工作关系密切，但亦应与直接的知识占同样重要的地位，以免妨碍效能并可留发展余地。

丁、职业的技能　职业技能教材的功用，是在能使受训练的人，在学习之后，有实际工作的能力。换言之，这部材料的目的，是在行而不在知。所以着重的是技能，而不是知识。技能的训练固不能专靠文字的说明，实地的练习恐更为重要。但文字的说明亦不可少。用文字说明工作方法，本不是容易的事，但由下列两方面入手，可得相当结果。

（一）工作的顺序　一种职业中包括多种工作，每种工作由许多不同的动作组合。如能将各种动作，按照发动的先后次序，加以详细说明，即可对于整个的工作或职业，得一活动的写真。这种叙述要包括如何动作，即动作时间或次数的说明。愈清楚完全，愈有效力。

（二）工具的使用　无论从事何种职业，或作何种工作，都有不可少的工具。裁缝的尺、剪、针、线，纺织的纺车、机械，甚至店员的斤秤、算盘，书记的笔、墨、纸、砚，都是工具。这种种工具的使用，即造成实际的工作。使用的精巧与否，即直接影响工作的效能。如果能清楚了解工具的使用方法，即是培养职业技术的基础。所以由对于工具用的解释，可以说明工作的方法。

戊、职业的道德　职业的知识与技能，固然直接影响工作的效能，但职业的成功，不专在效能的大小。效能高而道德不讲求者，亦得妨碍生产，减少销路。反之效能稍低而道德优良者，或亦不致完全失败。所谓职业道德者，非只限于对各种职业有关的普通美德，如诚实、耐劳等，乃注重各业暨各工作所需的特殊道德条件。例如理发师在剪发时，不应推动剪刀过速，以致将发拗痛，或洗头时不用力摩擦，以致不能清洁。这都是职业中的道德问题。所以职业补习教材中应将各职业中所需要的特殊道德包括在内，作为训练之用，然后所训练的人，在职业上，方容易成功。

三、职业补习教育教材的基础——工作分析

工作分析的意义

因为职业补习教材是按照职业性质有特殊性的，所以是要根据各业情况分别编制。在编制以前，必须将职业中的情况调查清楚，然后方有材料。搜集材料最可靠的方法，即是所谓工作分析。工作分析的意义，简单地说来，即是将一种职业或工作，分为细微的部分，以求明了其工作性质、内容、需要、环境，等等。

工作分析的用途

工作分析的用途很多。有的为改进工作方法，因为分析之后，可以看出重复及不必需的部分，以求减少。有的为得到选用人才的根据，因为经过分析，需要可以清楚。有的为计划训练的方案，因为分析的结果可以指出许多的途径。以工作分析为编制教材的根据，可算属于这最后一种的用途。

工作分析的一例

因为用途不同，所以分析的形式亦有差别。兹将一种适于编制教材的职业分析表列后，然后再分部加以说明。

职业分析表

第一部

　　一、本业名称

　　二、调查处所

　　三、主要报告或供给材料者

　　四、本业沿革

　　五、本业性质

　　六、本业从业人数（如能得历年报告及分类统计更佳）

　　七、本业公会会员数

　　八、本业每年添换人数（如无确数可加估计，如能分类更佳）

　　九、本业需要的人才（种类及数量）

　　十、进入本业的资格

　　（一）性别　（二）年龄　（三）籍贯　（四）婚别　（五）体格

　　（六）容貌　（七）教育程度　（八）经验　（九）特别能力

　　（十）性格　（十一）其他

　　十一、工作状况

　　（一）工作地点　户内或户外　光线　空气　温度

　　（二）时间　由上午　时至下午　时　共计　时　休息时间　例假

　　（三）工资　每月　元　如系按件给资，每件　角每月约得　元

　　　　有无食、宿、分红、津贴、储蓄等供给？

　　（四）升进机会（如能将最低工资至最高工作的过程列一系统更佳）

　　（五）职业疾病或危险

　　十二、如何进入本业

　　（一）介绍　（二）自荐　（三）投考　（四）学徒　（五）其他

　　十三、本业对个人的利害

　　（一）利（a）（b）（c）（d）（e）

　　（二）害（a）（b）（c）（d）（e）

第二部

　　十四、本业工作分部

甲、

工作名称　动作　目的　工具　技能　知识　服务道德

（一）

（二）

（三）

（四）

（五）

（六）

……

乙、

（一）

（二）

（三）

（四）

（五）

（六）

……

丙、

（一）

（二）

（三）

（四）

（五）

（六）

……

丁、

（一）

（二）

（三）

（四）

（五）

（六）

……

调查人　　　　年　月　日

本业名称

业的单位本来不能十分简单，因为里面常包括许多工作。但调查时，范围愈小愈好。例如染色与纺织虽极有关系，但最好不将染织列为一业。每业的名称最好采用通用的，或公认的。例如内衣的制造虽是针织，但该业自称为内衣业，所以最好采用这公认的名称。

调查处所

调查各业时，自然应向代表的机关搜集材料。这些机关，即是调查处所。所调查的地方不限于一处。如果在一处以上，可分别注明。有这项记录可备将来的参考。如有错误或增补时，亦容易追索根源。

主要报告或供给材料者

在各调查处所中，能供给材料的固不限一人，但最主要的，总可认定。这种人的姓名应当记出，以备日后查考。如调查处所在一处以上，报告的人数当亦相同，即应分别记录。

本业沿革

每种职业都有产生及发展的经过，可以叙述。这种叙述可以给学习的人一种概括的观念，并明了本业现今的地位。有了这种了解，可以对所从事的更感兴趣，更加有意义。

本业性质

本业所作的是什么事？本业的功用是什么？本业的目的是什么？这即是包括在性质之中。从事职业的，必明了这些，然后方能讲到工作的效能。并且有这一段概括的叙述，以下调查的结果，方能发生意义。

本业从业人数

得到从业的人数，可以判断本业需要的大小，及机会的多寡。如能将本业各种工作的人数分别调查，更可比较清晰，增加实用价值。如能得到历年的人数，可以推测本业升降的趋势，对于从业人的机会上及业务的竞争上，都有关系。

本业公会会员数

这项调查主要的目的，是为作实施补习教育的参考。有了这种参考，可以计划补习班的大小。并且如果前一项不能调查清楚，由这一项亦可得到估计。

本业每年添换人数

各业中的人数不能固定，因为种种原因，常有更换增减。从业的人要明了机会的增减，实施教育的人要清楚需要的增减，都必须注意到这项数目。不过这种统计非常缺乏，所以常需估计，计算的时候，如能将一业中各种工作不同的人分别，更为清楚。

本业需要的人才

为谋求供求相应，负责教育的人，应明了各业中所需要的人才是什么种类、什么等级，每种每等需要多少。有了这种根据，方能筹划适当的教育，在量度与质度上，都能切合需要。

进入本业的资格

有意入某种职业，或正在准备入某种职业的，对于进入该业必具的资格必须清楚，然后方能做相当的应付。所谓资格不限于教育程度一项，凡表中所列各项，都有关系。调查的时候，必分别填注，不可混合。但如果某项与本业无关，自可删减。

工作状况

工作状况是指关于工作的各种情况而言。工作的地点、工作的时间、工作的报酬、升进的机会、工作的疾病或危险等，都包括在内。这些事都是关系工人的生活与福利。凡从业的人都应认识清楚，然后在选择上、筹划上、努力上，方有所遵循。并且因为目标认清，兴趣及精神方面，亦都有助益。

如何进入本业

为预备进入职业的人，如何进入，是很重要的问题。对于这问题不加研究，即受过训练，恐对于职业生活的开始，亦发生困难。有这项调查，可供给预备就业的人一种参考，知道如何谋求，亦可指示负教育责任的，如何协助。

本业对个人的利害

凡是一种职业对于个人，都发生多种影响，或是对身体的，或是对精神的。这些影响，有的是有利益的，有的是有弊害的。从事职业的应将本业的利害认识清楚，然后对于利益可有适当的享受，对于弊害可有相当的避免。这项所包括的，不应与工作状况中所包括的重复。

本业工作分部

这部的调查实是工作分析的正体。每一职业应按其实际状况，分为甲、乙、丙、丁等各部。例如理发可分剪发、剃须、洗头等部分。每部再分（一）（二）（三）（四）等各节。即如剪发可分用推子去边、用剪刀剪边、用剪刀剪顶等。每一节工作除先列名称外，应将其动作情形、次序、速度等，列入动作栏内。然后将本工作的目的、所用的工具、应有的技能、必具的知识及应行的道德，分别填注。这些项目即是教材内容中所应包括的，前面已有讨论。欲求这些项的调查有效用，必须详细清楚，万不可简单略草。表中所列空格的面积，自然不足。所列的分部分节数目，亦是假定。如不足自可照添。

工作分析员须知

工作分析的成功，全在分析员的实行。如何实行及应注意之点，兹简略举述于后。

一、认定调查对象　一种职业中，有多种性质不同，或等级不同的工作人员。例如商店中有司账、店员、学徒之分，不是可混在一起的。调查之前，应先认清所调查的人是何种人，然后方不致混乱不清。

二、访问本业领袖　关于前举调查表第一部的各项材料，大部须由访问而来。访问的人应是本业的领袖，如公会会长、厂长、技师、工头之类。访问之外，亦可参考各种文字的报告，以补不足。

三、根据实地观察　表中第二部的分析，决非凭臆想而能作出的，必须根据实地观察，方可得到。观察的时间必要充足，以将全部各种不同工作完全观毕为最低限度。如一日中各时工作不同者，应将全日观察。如每日不同者，应不限于一日。观察的时候，要有清楚的眼光。

四、分析愈细愈佳　每节工作里所包含的动作，本是连续成为一个整个的过程。观察的时候，很容易囫囵过去。但如求分析的结果能供教材的应用，必将各工作分析愈细愈好。宁可失之过细，不可有囫囵的流弊。

五、征询补充材料　观察有不清楚或不了解的地方，可向工作人员询问。还有时有工作人员不能供给的材料，必须征询较高技术人员。征询的目的，是解释或补充所观察的，以求分析的清楚。但切不可以征询为观察的代替。

六、记录务求详细　无论访问或观察，必须有详细的记录。观察的记录更特别中。因为记录不详，必有遗漏，那即是很大的损失。凡记录有须加整理方能填入正式调查表中的，可先记在手册中。况且原有调查表面积往往不足，更不必直接应用。

七、搜集附带材料　各种工作，往往有非能专用文字完全说明的。文字之外，如能用图表表示的，可用图表。凡与工作有关的记录、格式、报告等，能增加清楚的，都应附带搜集，以补不足。将来编制教材时，亦可用为附属的材料。

八、判断报告言辞　在访问或征询的时候，报告材料的人，往往有意的或无意的言过其实的地方，因为对某事接近最切的，很容易失去正当的眼光。所以调查的人应用判断力，决定报告的人是否完全可靠。如有可怀疑的地方，应知对于材料如何取舍。这种能力自然不是人人具有，但无论何人，在调查的时候，都应尽量引用。

四、职业补习教育教材的编制

前面已经说过，教材是要由工作分析得来。工作分析作好，虽然教材已大部存在，但仍需加以整理，方能成为适用的教材。如何整理组织，还是有说明的必要。

课程的单位

在工作分析中，每种职业分为若干部，每部分为若干节。每节工作得到多种必需的技能和必具的知识。编教材的时候，可用一种技能，或一种知识，为一单位，作为一个题目。然后将这题目的材料，整理起来，即成为一课教材。例如缝衣的工作中，有在机器针上穿线的技能，即可用针上穿线作为题目，成为课程的单位。又如制革工作中，对于染色有必具的知识，即可以染色知识为教材单位。这样每学习一课，即得到一种技能，或一种知识。

课程的种类

由上面的讨论，我们可以看出职业补习教育的课程，有两种性质：一种是关于技能的，一种是关于知识的。这两种虽都是由工作分析取材，但所包括的项目稍有不同，兹分别举列如下。

一、技能的教材

关于技能的教材，每课应以一种技能为题目。在本题之下，应将下列各项分别叙述。

甲、目的　这种技能的用途是什么？能产生什么结果？

乙、工具　实行这种技能要用什么工具？每种工具如何使用？

丙、工作顺序　这种技能实际的动作是什么？如何动作？动作次序、动作速度等。

丁、服务道德　这种技能的圆满成功，需要什么品格或道德上的条件？有什么关于精神的事，足以影响技能的优劣？

戊、问题　每课应就所授材料举列数则，以为复习之用。

己、实习设计　技能的学习重在实习。如何实习，应有所设计。每课中应有关于本课的实习设计。

庚、参考　如有与本题有关的参考书，可在每课之末举列，以供学习者参考。

二、知识的教材

关于知识的教材，每课亦应以一种知识为题目。课中内容，应有下列数项。

甲、目的　这种知识学习之后有何用途？能发生什么能力？应用在什么工作上？

乙、知识　知识的内容是什么？分别举列，不厌其详。

丙、学习的方法　如何学习上面所举的知识？何处搜取材料？学习的次序如何？

丁、问题　关于本题的问题，举列数则以为复习之用。

戊、参考　如有关于本课知识的参考书列于课尾，以便学者参考。

课程的组合

以一种技能或知识题目为一单位的课程，可按照工作分析的分部分节而组合。凡属于一节工作的若干单位课程，可合组成为一段。凡属于一部工作的若干段课程，即可成为一组。合若干组课程即可成为整个的教材。这样，一种职业的教材，或为一个几个的，但因为分课、分段、分组、教授上及时间分配上，均极便利，并且如有原因不能完全授毕时，随时均可成为段落，不致牵连，对于学习的经济，亦有裨益。

概况的叙述

以上所述，系就工作分析表第二部分材料而论。至于第一部材料，可就调查项目，加以叙述成为一部连续的材料。因为性质的关系，不必分课分段。这部教材应列在开始的时候，但不应占极多的时间。使学者有相当的了解及概念，即已足用。

五、职业补习教育教材的范围

教材与课程

本文所讨论的，是训练各种职业能力的特殊教材。每一种职业，有一种教材。这种教材的效用，只限于一种职业需要的范围内。但不能代表对这职业施行训练所有的课程，因为课程是多种教材集合而成。对一种职业施行训练，除与职业能力直接有关的教材外，往往还需要别种材料。例如文字的知识、算学的知识、科学的知识，都是基本的知识。这些知识不充足时，特殊的教材不能有效，所以课程之中，往往尚需包括这些科目，以资救济，但这并不是严格的职业补习教材。

基本知识与间接知识

在教材内容中，我们曾提出职业的知识中，有间接的知识，但与上节所举课程中的基本科目不同。间接的职业知识，是专限于一种职业中应用，并且比较高深的。基本科目是人人常识中应有，而不限于某一种职业应用的。从理论上讲，受职业补习教育的，应已有相当的基本训练。但实际上，特别是在我国，多数人的基本训练并不充足，所以施行职业补习教育时，还要顾到这种需要。

公民知识与服务道德

在本文中所讨论的服务道德，是专就与职业中各种工作有关的道德观念、态度、精神等而言，并不包括普通做人的道理及公民的知识。照理，人必先知如何为人、如何做公民，然后方配学习职业的能力。但我国因教育不普及，一般人民的着重程度非常低弱，所以在施行职业教育的时候，还需将这类科目包括在课程之中。

总之，我们所讨论的职业补习教材的编制方法，是专就职业特殊性的材料而言。这种教材，是职业补习教育的中心，对于职业能力的培养，有直接的关系。但我们决不应以职业教材为整个职业补习教育的课程，因为事实上，在职业教材以外，还有别种的需要，如公民及基本常识等。至于那些教材的选择与编辑，方法自然不同，但亦不是可以完全采用现成材料的。

第十二章　职业补习教育的个别指导

个别指导的重要

职业补习教育的目的，不论其对象是已就业的，或未就业的青年，都是要增加服务的效能。这两种人一个共同的问题，即如何利用补习教育，使他们在职业上得到成功。职业补习教育，按照实际需要，设立许多科目。学生在有意受补习教育的时候，必须决定所选的科目。出校的时候必须明了如何使所学的发生效力。由这些问题，引起个别指导的重要，因为多数学生是幼稚的青年，对于个人的兴趣、志愿、能力未必清楚，对于各种科目的内容未必明了，对于实际的需要未必认识，所以在解决途径的时候，需要相当的指导。

个别指导的功用

个别指导概括的功用，是帮助受职业补习教育的，利用所学习的在他们的职业上，这在前面已经说过。但要达到这种总的目的，有三处入手的地方，个别指导最有功用。

一、调适新生入学　职业补习教育的学生有两种，前面已经说过。一种是未入社会就业的，一种是已入社会就业的。未入社会的学生，应决定将来所要从事的工作，然后再选修有关的学科。已在各界服务的，应认清何种科目与工作最有关系，然后再去选修。所以两种学生在入学时，都有需要指导的地方。

从学校方面讲，欲求所施教育有实效，绝不能使任何人受任何教育。职业补习学校所收的学生，必须是以补习职业知能为目的。若只因出路缺乏而来补习学校消磨时光的，不是补习学校所应收容的。但是普通招收学生的，只有简单的手续，而对于学生个人情形不加考查。他的已往经验，现今环境，将来志愿，均置之不理。学生选入何科，听其自然。这样施行教育，无论教材如何适当，教法如何认真，恐亦失其效用；因为根本的适合消灭了，所以在选择学生时，应有个别指导。

二、辅助平日进修　个别指导不但在学生入学的时候可以减少不适合的学生，并辅助学生选择科目，在平日的进修上，亦有极大的功用。我们知道学生个人的程度、能力等，是有差别的。而职业补习学校的学生，更是如是；因为职业补习学校的学生来源很多，分级又不能严格，所以参差的地方更大。既是如是，如若专靠正式的教学，如何能适应个人的特别需要？所以除去正式上课以外，应有机会实行个别接触，讨论个别的困难，建议个人的改进。这样，职业补习教育的效力，可以加大数倍。

三、解决出路问题　还有一个时候亦是需要个别指导的，即是在受过教育后。本来没有职业的学生，在修毕职业补习教育之后，必要寻一出路，得一职务。学校应负责辅助学生就业问题，是无需讨论的。但实行的时候，非个别处置不可。假若对于学生个人状况不清楚，如何能成功？即有职业的学生，受了职业补习教育之后，虽然没有出路问题，但对于所任的职务亦有些应解决的事。如何谋求升进，如何利用所学，可算最重要的问题。这些问题，都是需要个别处置的。有了这一步最后的指导工作，职业补习教育方能圆满地完成使命。

个别指导的实施

个别指导在职业补习教育上的功用已如上述，究竟应该如何实行，还是需要研究的。我们讨论个别指导的方法，可根据上面所提三种功用的分类。但我们所提的只能作一般职业补习学校的参考，不能认为固定的办法，因为各校的情形不同，有应斟酌变通的。

一、入学的个别指导　凡报名入职业学校的学生，在正式录取以前，应由校中负责人员，校长或主任，与之面洽，征询他们个人的情形，明了他们的程度、志愿、家境等，共同商定应选修何种学科。即早有决定的，亦应探询他们的理由，加以改正或建议。这种面洽，如随时举行，并没有困难；因为如人数众多，均在同一时间举行，即难免不便。面洽的经过，应摘要记录，以备考察，或即在报名单上留一地位，专供此用。

负责指导的人，上面所提是校长或主任，因为补习学校大多组织简单，职员人少，所以由校长或主任担任，比较方便，并可多收效果。但校中其他职员及教员，亦不是没有可协助的地方。假若遇有问题，特别与某职教员有关的，未尝不可使学生与这位教职员面洽，以增加参考的意见或材料。如有必需，即校外与问题有关的人，亦可征询就商。无论由何人供给意见，总要给学生一个考虑的机会，并由负责人与以相当指导。

二、平日的个别指导　职业补习学校的学生，无论是有职业的，或没有职业的，大都除上课以外，少有与学校接触。有了问题发生，亦没有机会得到建议或指导。他们所发生的问题，不外两大种类：一是关于学业的，一是关于其他一切个人问题的。关于学业的问题，应由各科教员负责指导。教员除授课外，应有规定时间，专供为学生个人解释疑难之用。如不能在授科时间外另设时间，亦可将授课时间每周提出一二小时，专供指导之用。这样，可使学生关于学业的问题，有得到解答的机会。

至于学业以外的问题，如关于前途计划、经济状况、身体健康等，自然不是各教员所能负责的，必须由校中重要职员，如校长或主任担任。这种职员应抽出一部时间，作为施行个别指导之用。在初行的时候，学生请求指导的必定很少，但学校应设法鼓励学生利用这种机会。经过相当期间之后，自动请求的自然增多，指导的工作可以成为正式工作的一部分。

三、出路的个别指导　出路的个别指导可分为两种：一是没有职业的学生的就业指导，一是已有职业的学生的服务指导。就业指导自然连带职业介绍，服务指导包含如何增进效能、如何谋求升进等问题。这两种指导，都应在将修毕学业的时候举行。所以职业补习学校的学生，在将修毕学科要脱离学校的时候，应由学校负责人员与之面洽，解决他们个人的问题。

就业指导的责任，如在规模稍大的职业补习学校，可由校中教职员组织委员会负责。委员会的委员，可分别与学生面洽，同时亦可分头接洽就业的机会。委员会的主席，自然以校长或主任兼任为便利，因为可以主持一切。在规模小的学校，这样的组织不可能，自然校长或主任应多任其劳。假若校长或主任平日已负指导的责任，就业指导亦即不致特别繁重。

至于服务指导，最好由教职员分担，因为所包含的问题复杂，恐非一二人所能完全胜任。但由教职员分担，亦有许多事实上的困难。时间缺乏，兴趣不足，都是其中最重要的。如果教职员为多是兼职的，不能规定时间在校内施行指导，亦可随时由校中代为约定，与学生在校外或课外时间面洽。至于兴趣问题，自然不是容易解决的，但在聘任时的选择，及平日的训导宣传，都是比较有效的方法。假若由教职员分担真不可能，校长或主任亦应负起责任来去实行。

个别指导与教师

我们在讨论教师的资格时，我们曾在精神态度项下，提出指导的态度，为教师必具的一种态度。那里所提的指导，即是这里个别指导的意思。我们知道个别指导的成功，固然先需要主持的人，有实施的决心，但大部靠赖教师的联络合作，因为所需指导的问题，都不是主持的人单独所能解决，多数是要各个教员的建议，方可收效的。如果做教员的没有指导的兴趣，指导即不能施行。所以做教师的，应有指导的态度，但若求这种态度能表现出来，我们必注意几件事。

一、注重学生需要　职业补习教育学生的需要，与别种学生的需要不同，这是显然易见的。但他们的需要都是什么，就什么地方与别种学生不同，必须加以研究。不但对这种学生有集体的研究，并且应对他们有个别的研究。换句话说，做教员的应对于所教的学生个别的需要认识清楚，然后方可用指导的工作去适应。能注意学生需要，方能表现指导的态度。

二、了解学生心理　职业补习学校的学生，不但需要不同，并且心理亦与别种学生有差异，因为他们中心问题，是职业问题。一切反映，都以这问题为归宿。做教师的如若要指导学生，必先明了学生的心理，知道他们对各种情势的反映，然后所拟指导的方案，方能符合个人情形，发生效力。如果做教师的都努力了解学生的个别心理，指导的态度自然容易表现出来。

三、研究指导原则　指导学生解决各种问题，固然没有固定的方案，因为个人情形不同，问题性质不同，但几种主要的问题，如入学、修学、出路等，有可研究的通用原则。例如入学时选择学科的问题，虽各人解决途径不同，但都应适合个人情形，应付社会需要，顾及将来发展。这几点即可认为适用的原则。每一种问题都有可研究的原则，如果做教师能尽心研究这类指导的原则，指导的态度自然容易实现。

个别指导的试验性

职业补习教育是一种新事业。实施的区域不广，种类不多，还没有很多的成绩。个别指导更是一种新的工作，试行的可说没有。实施个别指导，自然免不了许多事实的困难，但最大的阻碍，恐是缺少实行的决心。如果决意去实行，虽有困难亦可克服。如果抱着试验的态度去实行，各种的困难都可有解决的办法。我们不要以为已经有固定的原则与方法，可以遵照不动，但应根据随时的经验研究改进，所以个别指导是一种有试验性的工作。

第十三章　职业补习教育的考绩

考绩的重要

一个地方办理职业补习教育，自然不限于一个学校或一处补习班。无论校数或班数多少，主持的机关对于办理的成绩，都有考查比较的必要。这种考查至少有两种主要的功用。

一、竞争比较　各职业补习学校或补习班，如有规定的考查，可以互相比较，引起竞争的心理，各个努力求进，使成绩日渐优良。这种作用对于整个职业补习教育的发展，有很大的关系。

二、研究改进　主持职业补习教育的机关，如果对所属的各补习教育学校或补习班有规定的考查，然后方能明了优劣各点，对于所施行的教育，可以作为改进的根据。这种作用亦是对于整个职业补习教育的发展有极大的关系。

考绩的困难

考查各补习学校或补习班的成绩，最重要的是要有一致的标准，然后评判方有意义，所得的结果方能比较。但职业补习教育的种类不同，性质各异，因之教材、教法以及教师等都有差别。所以汇合评判是极不容易，并且很难正确的事。考绩的时候，必须应用共同通用的标准加以计量，然后结果可以互相比较，考绩的意义方可表现出来。

考绩的标准

职业补习学校或补习班种类虽各不相同，但有些方面是无论何种学校或补习班都具有的。我们研究考查的标准，可专就这些方面入手。我们先将与职业补习学校或补习班有关的各方面，加以研究，然后再提出评判的计量方法。

校长或主任职任

职业补习学校的校长，或补习班的主任，是否专任，对于职业补习教育的效率很有关系。因为专任的，可以集中精神在教育事业上，筹划监督，必较精密。如果是兼任，必是附带的工作，时间既少，决不能有与专任同样的成绩。所以考查一处职业补习教育的机关，可先注意校长或主任的职任，用这一项，作为评判的一点。

教员数与学生数的比例

在现今教育制度之下，个别教授自然是不可能，但每一教员所教学生的数目愈小，教学的效率必愈大。因为学生人少则容易照顾，施行个别指导，亦少有困难。根据这种原因，我们可以承认一个原则，即教员对学生比例愈大，教学的效率亦愈大。我们在考查职业补习学校或补习班的时候，可规定标准，以每教员所教学生数目最少的，为成绩最优。

教员授课时数

授课时间多的教员，自然不如授课时间少的教员，容易有较高的效率，因为授课时间愈多，准备的时间愈少，并且对于工作愈容易疲倦。所以如果在一个补习学校或补习班的教员，担任授课的时间不多，这处地方的成绩，可有优良的希望。如教员终日不停的授课，很难有良好的结果。但在一处地方，教员不只一位，所以考查成绩的时候，必以全校或全班的教员为标准，求得他们平均的授课时数，以与别校或别班作比较。

教员的教学经验

教员的教学经验与教学效率有直接关系，这是极明显的，教学的经验愈多，教法愈熟练，学生所得的结果愈多。一个补习学校或补习班的成绩，可以用教员的教学经验断定一部分。在考查补习教育成绩的时候，可用这一项为评判标准。不过教学经验的质度很难计量，只能以年数多寡计量量度的大小。教员人数在一人以上的，应以多人经验平均年数为一处代表。

职业教材的编制

职业补习教育的成功，教材是主要因素之一，特别是职业科目的教材，对于教学成绩更有关系。职业教材欲求有效，必依照科学的方法特别编制。所以如果一处职业补习学校或补习班，所用的职业教材是完全根据科学原则编制的，教学效率当为最高。如非系完全用科学方法，但亦系特别编制的，成绩当稍差，但比完全不是特编而采用已有的，还可希望较大。所以在考查职业补习教育的时候，可用这三种等级，评定教材，以作比较的标准。

学生费用

在相当范围内，一个学校为学生所用的经费愈多，学生所得的利益愈大。因为经费丰富，设备必较充实，教师薪金必较高优，所得的教学结果，亦必较优良。职业补习教育虽然不必需大量的费用，但亦不能脱离这概括的原则。为学生用费多的总比少的有好成绩的希望。在考查一个职业补习学校或补习班的时候，对于每学生每学年或学期的平均用费，应当注意，以作比较。这亦是一项评判成绩的标准。

学业成绩

学生的学业，可算教学成绩最直接的代表。学生学业优良代表教学成绩高下。学生学业成绩优良的人数多，代表教学成绩优良的量度大。在考查职业补习学校或补习班成绩的时候，对于学生个人学业成绩应加以调查，看看各种等级的人占全体的若干，然后可与别校或别班比较。这种标准，自然有缺弱的地方，因为记分标准未必一致。但以各种分数所占的比例数为比较，各校各班即或记分标准不同，亦不影响正确性，所以可用作评判的一种标准。

操行成绩

各职业补习学校或补习班，除对于学生的学业应随时加以考查外，对于学生的操行亦应按时评定。因为操行的优劣对于职业的效能极有关系，并且在职业补习教育中，品格的训练亦占了一部分。学生的操行成绩优良，可以证明训练的有效，代表教学的有成绩。所以在考查职业补习学校或补习班成绩的时候，要调查在全体学生之中，各种操行成绩的学生，各占多少。有了这种比例，可与别校或别班作比较。各校各班评定操行的标准虽未必一致，然因用各级分布的比例所比较，所得结果不受影响。

学生考勤

一个学校学生到班的勤惰，可以表示这学校的教学效率，特别是在职业补习学校或补习班中。因为教学优良的学校或补习班，学生除不得已事故外，缺课的必少。反之，如教学不认真，学生不感兴趣，或不加重视，到班的成绩必不优良。在考查职业补习学校或补习班的时候，应注意学生的考勤，调查每学期无故缺课一次者占全体若干，二次者若干等，以与别校别班比较。这种标准亦是一种客观的、共同的评判标准。

学生服务成绩

职业补习教育的目的是在增加职业的知能，以利用在个人职业上。没有职业的，在受过职业补习教育之后，希望能有工作。有职业的，希望能增进服务的效能。如果能达到这目的，教学的效率可算极高，所以学生受教以后的服务状况，可作教学效率的代表。考查职业补习学校或补习班成绩的时候，应调查学生出校或离班后的情形，或是无业，或是有业，有业的成绩是满意与否，各占比例若干。有了这种数量，可与他校或他班作一比较。所以这一项亦是考绩的标准。

考绩的分数

对于所考查的各项目，如要得到清楚的观念，最好有数目字表示高下。况且若将各校或各班作比较，更非有数目字不可。所以在考绩的时候，最好每项定一分数。但各项分数亦应有标准，这种标准本来很难规定，并且按各人意见可有出入。我们在下面举列一个分数表，只能作一个建议，不能认为固定的标准。施行的时候，对于实际的数目，可酌量增减，但定分的原则，没有什么更动的。

职业补习学校或补习班考绩表

一、校长或主任的职任　专任 100 分　兼任 50 分

二、教员数与学生数的比例　每一教员 20 学生以下 100 分，30 学生以下 80 分，40 学生以下 50 分

三、教员授课时数　每人平均 10 时以下 100 分，20 时以下 50 分，30 时以下 40 分

四、教员教学经验　每人平均 5 年以上 100 分，3 年以上 80 分，1 年以上 50 分

五、职业教材的编制　依科学方法编制 100 分，特别编制但非完全采用科学方法 80 分，非特别编制 50 分

六、学生费用　每人每学年 30 元以上 100 分，20 元以上 80 分，15 元以上 50 分

七、学业成绩　甲等占全体 10% 以上者 100 分，5% 以上者 80 分，1% 以上者 50 分

八、操作成绩　甲等占全体 10% 以上者 100 分，5% 以上者 80 分，1% 以上者 50 分

九、学生考勤　无缺席者 100 分，缺席一次者占全体 10% 者 80 分，缺席两次者占全体 10% 者 50 分

十、学生服务成绩　（一）（二）按照情形任择一项

（一）有业者占全体 80% 以上者 100 分，50% 以上者 80 分，30% 以上者 50 分

（二）成绩满意占全体 25% 以上者 100 分，10% 以上者 80 分，5% 以上者 50 分

说明：以上每项足分 100 分，10 项足分共计 1000 分，以 10 除，仍得 100 分。所以每校或每班 10 项所得总分，用 10 除，即为该校或该班的分数，可以同别校或别班比较。

实行考绩的条件

主持职业补习教育的机关，对于所实施的教育，应加以考查，那是不必讨论的。但如果要施行有效的成绩考查，有几种条件，是不可少的。兹将重要的，举列如下。

一、专人负责　考查成绩如果希望切实有效，不是一种附带的工作，必须有计划、有规律、不间断、不散漫的去实行。所以必须有专人负责，尽心从事。担任考绩的人，如果同时是负责推行的人，亦极便利，因为推行的人，与各实施机关接近，并且对于实施的结果，更感觉兴趣。无论如何，总应指定专人负责，不应视为一种临时、可有可无、任何人都能担任的工作。

二、注意记录　由上面关于考绩标准的讨论，及所举的考绩表，我们可以看出有许多调查的事实，不是考查者一时所能得到的，必须由办理职业补习教育的人，平日所保存的记录汇总得来。例如学业成绩、操行成绩、考勤成绩、服务成绩等，都需根据平日的记录。所以主持职业补习教育的机关，对于各校各班平日的记录工作，必须注意，然后在考查的时候，方能得到相当材料，否则虽有考绩的举动，亦不能有所收获。

三、互相比较　在一个地方，如果只有一个职业补习学校或补习班，虽然可以考查成绩，但像上面所举的标准，不能适用。即应用恐亦失掉意义，因为必须有二处以上的地方，方能适用考绩表中的标准，作互相的比较。有了比较，方能引起负责人的竞争心理，谋求改善，达到考绩的最后目的。所以有作比较的可能，是实行考绩条件之一。

四、利用报告　考查成绩的目的，并不专在奖惩负责实施的人。重要的，乃在能明了实施的缺弱，以为改进的根据。主持职业补习教育机关的责任，并不专在派员考查，填写考绩表，乃是要利用所得的结果，作为以后进行实施的参考。如果得到报告，置诸案卷之中，无论考查如何精密，亦不生效力。所以如果没有利用报告的决心与计划，即可不必举行考绩。

考绩表的不足

考绩表中所举的各项标准，都是化成能计算的数目字，以作量度上的比较。这种方法固然切实清楚，但不能包括一切。除去能用量度标准评判的事项以外，还有别的关于教学效率的，非用质度的评判不可。例如教师的教学法、教师对学生的个别指导、学生对教师的信任等，都不是可以方便用数目字表示的。所以在考查职业补习学校或补习班成绩的时候，对于不适用量度标准的事项，亦应注意，加以补充。将这两方面的结果合并起来，或可得到更正确的真相。

考绩的继续性

考查成绩不是一次完毕的事，因为一个学校或补习班的成绩，不一定一时都能表示出来。况且即一时能得相当表示，经过相当时间以后，情形亦有改变。所以考绩的工作，应按规定的期间，继续不断，方可以得到更确实的结果，亦可将不同时间的结果，作一比较，占查进退的情形。这样，对于考绩的最后目的更容易达到。

第三编　特种职业教育

第十四章　职业训练

职业训练的意义

职业训练在这里是一个专名词，是专指在工商机关中为特殊职务训练人员的工作而言。性质虽与职业补习教育相仿，但实质、对象及目的都不甚相同。职业训练的特性有三。

甲、就地的　职业训练是就发生需要的机关举行。虽然有相当的组织，不必定有学校的形式。亦有时候实际上不是完全在机关中举行，因为有时候要利用别处的地点、设备等。但原则上，这种训练是就机关中的需要情形所计划的，不是凭理想而设施的。

乙、特殊的　职业训练都是特殊性的，因为每一种训练，都是为一种需用人才的职务所计划的。每种的目的，都是养成能担任这种职务的人才，所以内容、方法等，都与别种不同。即或不同的机关，训练同性质工作的人员，大部教材或许相同，但因为机关的沿革、组织等不同，亦还有差别的地方。职业训练绝不能完全采用已有的材料，必须特别选取，方可适用。

丙、应用的　整个的职业教育，本来已经是注重实用，而职业训练，更是切合实际的。因为训练的目的，不是供给什么理想的需要，乃是应付某种特殊职务或工作的需要，所以要得的结果必须是具体的，对于这种需要发生效力。并且这种效力的发生非常迫切，并非迟缓的，因为都是有了需要，方计划训练，训练的结果，即刻可以应用。

职业训练的利益

各种职业教育，自然各有功用。一种教育应付一种需要，都有相当的利益。职业训练在各种职业教育中，可算是利益最多的一种，原因即在上面所举的几点特性。重要的利益如下。

甲、应付特殊需要　各实业机关，因为机关性质、工作、种类、职务、内容等都不相同，遇到需用人才的时候，自然可以征选由学校训练的相当人才担任职务。但这类人才，往往是有相当基本的训练，而缺乏特殊的能力。欲求适合胜任特殊职务，各机关必自行补充训练。职业训练即是应付这种需要的工作。没有这部工作特殊需要的应付，即将发生困难。

乙、利用设备人才　为实业机关施行职业训练，有时候等于在实业界中设立学校。机关中原有的设备及技术人才都可利用。例如在纺纱厂训练学徒，或在银行训练练习生，纱厂的机械及银行中的各种簿记机器，都可作为实习的设备。厂中的技师，行中的职员，都可担任教学的责任。这种设备及人才的利用是极经济，并且亦是极有效的方法。

丙、保证学生出路　为理想目标而施行的教育，往往学生在受教以后，不能确有出路，因为需要不是固定或永远存在的。学生没有出路，即使教育的效率降低，亦是极不经济的事。职业训练可说没有出路问题，因为先有需要后有训练。受过训练的人，即可应付需要。一个机关训练的人，必都有安插的地位，决不能在训练之后再行遣散。所以受职业训练的学生，他们的出路是有保证的。

丁、节省经济消耗　职业训练既是可以利用机关中原有的设备及人才，当然可以节省许多的费用，这是很明显的。并且因为是实地练习，有生产的物品或事件，没有枉费或消耗。不但在费用方面经济，并且在时间上亦经济，因为这类的训练多是短期的。所以这种训练是所费少而收效多的一种办法，在可能范围内，极应推行的。

职业训练的内容

职业训练的内容，当然按照所训练的职务或工作不同。为工厂学徒的训练与商店店员的训练绝对不同。即在同一机关，为不同的工作，亦有不同的训练。但从性质上说，有相同的地方，可分为下列的种类。

甲、普通的　普通的职业训练内容，是指一般通用的教材。无论何种机关，无论一机关中何种职务，在训练的时候，都应包括的材料，即是这种。举例来说，有下面几项。

（一）机关沿革　一个机关从创立以至现在，所经过的情形，是凡服务在这机关的人都应知道的。明了沿革方能认清现今的情势，并且对机关方有接近的感情。无论何种机关，都有这种材料，供本机关训练应用。所以这是普通内容的一部。

（二）经营业务　一个机关有一个机关的业务。或是制造工艺，或是售卖商品，或是经理金融，或是供给服务。无论何种义务，都不是简单明显，从表面即能看清的。服务的人员，不论在机关内担任何种职务，对于机关所经营的业务都应清楚。所以在职业训练中，应将这部包括在内。各种机关有同样情形，所以亦是通用的内容。

（三）机关组织　除非规模极小的机关，都有相当的组织。极小的机关亦许没有举行职业训练的需要。在有组织的机关，服务人员对于机关的组织，应该有清楚的明了，因为明了组织，方能了解工作的机构，对于上下的系统，方能贯通，对于个人所处的地位，方有适当的认识。所以这部材料，亦应列入训练教材之中，各种机关都有同样的情形。

（四）职员名称　在一个机关中服务，对于机关中的人员，特别是重要的人员，及主管的人员，要知道或认识。规模较大的机关，自然不能人人熟识，但重要人员的姓名必须知道，以便遇到外人询问或必须接洽的时候可以方便。至于直接主管的人员，自然更应认识，并且有相当的接近。这种名称及姓氏，亦是在训练的时候可以说明的。无论何种机关都有这种材料。

（五）服务规则　每个机关都有成文的或不成文的各种服务规则，是所有服务人员必须遵守的。例如作息的时间、请假的规则、奖金的办法，以及关于食宿、卫生、交通等各项规则，都可统称为服务规则。在一个机关，训练一种职务的人员，必须将这机关的服务规则讲解清楚，方可使他们消极方面，不违反规则，积极方面可增进效能。各机关虽然性质不同，但都有这部材料可以采用。

乙、特殊的　各机关性质不同，所包括的职务不同。即在同一机关，各种职务亦不同。每一种职务或工作，所需要的训练没有共同性质的，即是特殊的内容。分析的说有下列数项。

（一）工作知识　关于一种工作或职务必需的知识，如售货员对于商品的知识，侍应生对于食品的知识等，都是特殊的知识。这种材料不但各机关，并且在同一机关中，各种职务各不相同。所以必须根据实际情形，搜集编辑，方可应用，决不是可以由理想供给的。编辑这部材料的人，必须熟悉工作的情形。

（二）工作技能　一种工作有一种工作必需的技能，不是可以通用的。在训练的时候，当然应将技能的部分包括在内。技能的训练，更不是任何人都能供给的，必须有经验的人方可担任。在训练技能的时候，可以利用机关中原有的人才及设备，所以特殊性更为加大。

（三）服务道德　关于工作中必具的道德，亦应在训练的时候传授给受训练的人，因为若不在这个时期传授，恐怕没有别的时期更为适当。这种道德既不是普通道德，按职务或工作的性质不同，所以不能采取通用的材料。必须按照所训练的职务分别预备。传授这部材料的人，亦以有经验，并且能表示这些道德的人，为最适当。

训练的原则

实施职业训练，概括地说，同实施任何职业教育一样。但有几点应特别注意的，我们可以提出作为简单的原则。

甲、教材须根据工作需要　关于这一点，我们已经讨论过很多，无需更多的解释。因为职业训练的目的，即在供给特殊的需要，所以所选的材料，无论是普通的，还是特殊的，必须切合实际的情形。这项原则可算是必不可少的一项。

乙、方法不限于团体讲授　职业训练不必定采取学校的形式。关于知识的教材，或可采取讲授的方法。但集合讲授不是唯一的方法。个别的传达亦是可以实行的。特别是关于技能的教材，更不能完全靠团体中的表演。必须个别的教授方能有效。所以职业训练的方法是活动的，不是像正式学校那样死板的。

丙、期间应根据工作标准　训练期间的长短，是很难规定的一件事。训练工徒应用几个月的工夫？训练店员应用多少时间？这是很不容易回答的问题。从原则上讲，时间的长短，在乎欲达的标准。这种标准是与实际工作标准相同。换句话说，用多少时间能达到现行的工作标准，这时间即是训练的时间。关于如何规定工作标准及训练期间，我们在以后还有较详的讨论，这里只先将原则提出。

丁、环境宜利用实际设备　职业训练的地点，多是在实际机关中，所以很容易利用机关的设备，造成训练的环境。环境自然不只包括实习的设备，其他物质方面的设置，如房舍家具的布置、空气光线的量度等都在内。在实际机关中施行训练，这种种方面当然是利用原有的供给。

职业训练的管理

职业训练的工作，由什么人主持，是一个常发生的问题。在各机关中，遇有需要的时候，最好由机关自动办理。在组织完备的机关，有人事部分的，自然应由人事部担负训练的责任，计划、实施、考核等，都由这部去管理。但在规模较小的机关，没有管理人事的专门部分，可由两种机关代办：一是学校（职业学校或他种），一是职业介绍机关。学校对于训练人才的事，有相当的熟悉，并且机关举行训练，对于学校教育及学生出路都有关系，所以应当参加协助。假若主持的人能对实际情形有相当的熟悉，即可发生相当的效力。至于职业介绍机关，因为有辅助人适应职业的责任，对于这种工作亦应有注意。并且负责介绍的人，对于职业的实况亦有相当的接近，训练工作的经验，对于介绍的效能亦有增进，所以更是担负这事适当的人。所以在规模较小的机关，可以委托学校或介绍机关代办。

职业训练的时期

什么时候需要职业训练？什么时候最适宜职业训练？这是主持训练必须回答的问题。普通而论，训练应在开始工作以前。新职工进入机关之后，虽然有基本能力，但没有特殊知能。在这时候，正应补充使他们能有充足的效能。所以大多数的时候，举行训练是在开始工作以前。还有一个时期亦是应施行训练的，即是在发现工作成绩不良以后。假若职工成绩不佳，我们必须研究原因。如果因是训练不足，或不适当，必须补充或更换训练。在这个时候，即需举行职业训练。第一种常是人数较多，整批的训练。第二种多是人数较少，分别的教导。

职业训练的期间

前面在原则中，我们已经提到职业训练的期间，应该根据工作的标准。现在我们再进一步研究规定的方法，可分几步来讲。

甲、规定工作标准　工作标准是指工作中实际的生产标准，不是理想中的标准。例如包装纸烟的每日装 50 盒，这即是工作标准。但这标准不是由一人的工作成绩而定，必须将所有工作者的成绩平均方可得到。就包装纸烟来说，有每日包装 40 盒的，有 50 盒的，有 60 盒的，平均起来，方得 50 盒。并且不是根据一日的成绩可以定的。一个工人第一日包装 40 盒，第二日 50 盒，第三日 60 盒，三日平均，方得正确的数目，所以规定工作标准，必须根据多数人长时间的成绩，方比较准确。

乙、调查训练成绩　有了工作标准，即可开始试验性质的训练。人数多少不必一定。训练开始以后，随时调查训练的成绩，目的是查看出来训练到什么时候，即可有与工作标准相同的成绩。换句话说，每训练一日，调查受训练人一日所能作的工作直到成绩与原有标准相等。这种调查要有规律、有定期、有记录。

丙、决定训练期间　有了训练成绩的调查，可以查出用多少时间，达到工作标准。这个时间，即是应用的训练期间。但每人所需要的时间不同，所以必须根据多数人的平均方为可靠。这种决定完全是客观的，没有主观的意见参加在内。

所以欲求科学的训练期间的规定，必须经过研究试验的工夫。规定工作标准是研究的工作。调查训练成绩是一种试验。经过一次试验方可求得以后训练的期间，并非在本次即可应用。这是应注意的一点。有了研究与试验，时间的长短自然可以决定。

职业训练的继续性

在讨论训练时期的时候，我们已经提到在发现工作成绩不良以后，亦是应施行的时期。这种情形不限于一次，乃是时常发生的。遇到这种情形，即应补充训练。补充的训练，自然不必像初次训练那样正式。但这种工作的需要，可以证明训练工作不是一次为了的，乃是有继续不断的性质。重复训练应当认为一部正常的工作。

职业训练考核的重要

无论何种训练，对于训练的成绩都应有所考查，这是公认的道理。职业训练亦应调查训练的结果。这种调查有几种功用。

甲、规定训练期间　前面已经提到，若是欲求科学的训练期间，必须经过训练的试验。在这试验中调查成绩，方能成为决定期间的根据。没有考核即不可能。

乙、改进训练教材　有成绩的调查，方可断定所施行的训练是否有效。教材是否适当，即可由此决定。欲求改进训练的教材，必须以所发生的效力为根据。

丙、分配训练人才　受训练的人才，在受训练之后，都应分配在相当的职务上。既或是同类职务，亦有责任轻重的分别。受训的人成绩不同，这种差别正可为分配职务的根据。没有考核，即失掉这种根据，发生许多不准确、不公允的情形。

丁、发现工作缺点　由调查训练的成绩，常有时发现工作本身的缺点。或是设备欠佳，或是方法欠当，由训练的结果可以证明出来。所以对训练成绩加以调查，对于工作本身可有改进的建议。

参考书

1. Hollingworth，H. L.：Vocational Psychology & Character Analysis
2. Scott Clothier & Mathewson：Personnel Management
3. 何清儒：《人事管理》

第十五章　劳工教育

劳工教育的重要

劳工教育本不是纯粹职业性质的，因为课程的一部分，是与普通教育相同的。但因为还有一部分是关于职业的，并且无论普通性质，或职业性质，都能增进职业的效能，所以可以认为职业教育的一种。这种教育功用很多，重要的略举如下。

甲、改进劳工生活　一般的劳工，特别是我国的劳工，没有充足的教育，所以能力薄弱，报酬低微，所享受的生活非常清苦。不但物质生活鄙陋，精神上无所谓快乐，因为除了劳力以外，没有什么陶化的调剂。欲求物质生活较为安适，精神生活较为快慰，非从个人的教育入手不可。所以对劳工施行教育，有改进他们生活的作用。

乙、提高劳工地位　因为教育程度低下，劳工阶级常被人轻视，在社会中没有什么地位。即在工作的地方，亦是受极下等的待遇，有时候甚至有不近人情的待遇。要改变这种情形，施待遇的人固然应转移态度，但劳工本身亦必须改进。假若劳工都有相当的教育，能力充足，行为得当，自然地位提高，卑劣的待遇自然减少。即或发生，亦有方法可以应付。所以欲提高劳工的地位，必施行劳工教育。

丙、增加生产效率　劳工教育缺乏，工作的能力自然薄弱，对于生产事业的贡献亦极微少。因为这个缘故，各种事业的发展，非常的受影响。欲求增加生产效率，固然应从多方面入手，如机械的改进、方法的变更等，但增加劳工的工作能力，亦是一种主要的因素。所以劳工教育直接影响劳工本身，间接影响生产事业。

丁、改善劳资关系　在实业界中，劳工与资本两方面，因为双方立场不同，往往发生误会或冲突的地方。假若资方对劳方供给教育的实施，使他们在生活上享受利益，他们对于资方的善意，自然发生好感。劳方因受教育，改变生活，增进效能，自然亦能得到资方的重视。并且因为劳工的教育程度提高，误会的事亦可减少。即或有困难发生，亦比较容易得到合理的解决。所以劳工教育对于资方，因为减少纠纷，亦有利益。

政府规定的劳工教育

政府对于劳工教育早有注意，并且有颁布的办法，对于组织及课程都有规定。兹分别略述于下。

甲、组织　按教育部所颁布的《劳工教育法令》，凡商店、工厂，人数在50至200者，应当设立劳工补习班一班，或称为一校。每加200人，应增设一班。这种规定标准极低，不过为便于举行的意思，因为200人一班，实嫌人数太多。这样多的人合班教授，实际极为困难。如果以班再分为若干组，即可便利很多。

乙、课程　劳工补习班的课程，按照教育部的规定，可分为三大部分。

（一）普通训练　普通训练是基本知识，包括下列科目：千字课、常识、算术、珠算，此外按照情形可酌加唱歌、历史、地理、自然等。

（二）公民训练　公民训练专重公民资格的养成，有下列科目：三民主义、自治、国情、公民道德。

（三）职业训练　目的在增进工作效能，包括以下教材：职业道德、职业普通知识、职业特殊知识或技能。

劳工教育的实况

就战前的情形，我们可将劳工教育的实况简单的叙述。战后实业界发生重大变化，劳工教育大半停顿，没有调查作报告的根据。在民国二十三年教育部与实业部联合组织"劳工教育设计委员会"，负责计划、推行、监督、劳工教育施行的责任。规定条理，并颁布奖励规则。

甲、实施处所　"劳工教育设计委员会"指定上海、无锡、青岛、天津、汉口为实验区，拟订实验区组织法。实施劳工教育的地方，据二十二年度调查，有山东、河南、广西、安徽、湖南、河北六省，杭州、无锡、汉口、武昌、西安五县，及青岛、北平、上海三市。设有劳工补习学校的工厂230家，矿场68处，交通机关66处，共计364校。

乙、主办机关　在工厂等实业机关中实施劳工教育，不一定是由各实业机关主办。发动主持的机关种类很多。兹将各机关担负办理的百分比列下。

地方政府 36.6%　　　　　　　国营交通事业管理机关 21.3%

党部 1.1%　　　　　　　　　　工厂或矿场主人 30.2%

工会 9.6%　　　　　　　　工会与工厂合办 0.3%

教育机关 0.9%

丙、教育性质　　各地所办理的劳工补习学校，性质各不相同。兹将调查所得各种性质的百分比列下。

补习学校 51.6%　　　　　　民众学校 20.7%

工人子弟学校 20.5%　　　　工艺训练所 2.4%

性质不明 4.8%

由上面的结果，可见实际上劳工教育还是着重普通教育，对于职业训练，分量极少。一般劳工教育水准的低微，自然是这种情形主要的原因。

丁、学生数　　在 364 校中，有 253 校已经将学生数目调查清楚。每个学校的实数，没有什么重要。但按主办机关比较平均的学生数，是很有意义的统计。兹将每种主办机关所办学校的平均学生生数列下。

地方政府 88　　　　　　　　国营交通管理机关 265

党部 77　　　　　　　　　　工厂 99

矿厂 168　　　　　　　　　　工会 158

工会与工厂合办 65　　　　　教育机关 45

总平均 145

可注意的一点，是教育机关主办的劳工补习学校，不但数目不多，并且每校的平均人数亦较其他机关少。这好似代表教育机关对劳工教育的不注意，及教育机关对劳工教育的能力薄弱。这是教育机关应认为警告的。

戊、经费　　在 364 校中，得到经费调查结果的，有 205 校。各种经费多少当然与学生人数有关，所以实际数目不易比较。但按照各主办机关作一比较，可以看出主持机关的效能。兹将各主办机关每月平均经费元数列下。

地方政府 82.6　　　　　　　党部 60.0

国营交通管理机关 424.8　　　工厂 155.9

矿场 204.1　　　　　　　　　工会 270.3

工会与工厂合办　　不明　　　教育机关　　附设性质不需经费

总平均 179.6

在这里我们或可以找出教育机关对于劳工教育效能低弱的一种原因，即是经费的缺乏。教育机关多是附带的办理劳工教育，不出经费的。没有经费，当然教师不努力，设备不充足，教育的效能自然减低。

劳工教育的方式

劳工教育不限于一种方式。凡能增进劳工知能的，无论组织如何，都可称为劳工教育。上面所举的不过是已有的实况，并不能代表所有的可能的方式。兹将劳工教育几种重要的方式举列如下。

甲、补习学校　劳工教育一种是普通的方式，即是采用职业补习学校的办法，设立短期的班次，教授应用的科目。不过在实业界中为劳工设施补习教育，与教育界自设的补习学校，在组织上或稍有不同，因为劳工的教育程度，比补习学校的学生为低。在职业补习学校中，基本科目与职业科目可同时并授，因为学生都有相当的基础教育。但在劳工补习学校中，基本知识应在先，职业训练应在后。所以可分为初级、高级，初级供给普通教育，高级供给职业训练。兹将初高级课程内容举略如下。

（甲）初级　识字、公民、基本常识。

（乙）高级　关于正在从事工作的知识、技能及道德，以增加工作的效能。这部课程的教材，当然应按照工作不同，根据需要，特别编制。

乙、工艺训练班　这种方式在内容上与职业训练相同，因为所包括的教材都是特殊的。工作的知识、工作的技能、工作的道德是三部主要的材料。目的是要养成能对某一种工作从事的能力。不过这种训练的对象稍有不同。职业训练是为新雇用的职工，或是成绩不佳需要补充训练的人所预备的。工艺训练是为劳工中有志前进的人而预备的。受过这种训练的，不必定有升进的机会，但若不受特殊的训练，很难有得到升进的希望。所以在实业界中为有资格、有志愿的劳工，设施职业训练，以增加他们工作效能，准备升进机会，亦是劳工教育的一种。

丙、工人子弟学校　对工人子弟施行教育，好似不是劳工教育，因为不是施行于劳工本身的。但劳工的子弟，就普通情形而论，多是继续他们父兄的职业，乃是未来的劳工。假若对他们施行相当的教育，所发生的影响，与对劳工施行教育是相同的。他们受了教育，将来程度提高，生活改变，效率增加，对于生产事业亦有极大的利益。所以这种教育，亦可认为劳工教育的一种。不过这种方式的内容，与职业补习教育，或只要职业训练，都不相同，因为一切课程，都是与初等教育一样。

丁、劳工图书馆　劳工教育亦不限于学校的方式。利用图书作传授知能的媒介亦是一种方法。在实业界中各机关设立图书馆亦是劳工教育的一种。在这种图书馆中，所搜集的图书，大约可分为两种。

（甲）专门图书　专门图书按照各机关业务性质不同。纺织工厂的专门图书，与百货商店的不同。凡是与本机关业务有关，增进这种业务知识的图书，都可称为专门图书。若再细分可分为下列三种。

（一）与业务有关的基本科学　例如在机关制造厂中所设的劳工图书馆，

物理、数学等基本科学的图书必须充足。这类的书，并非普通性质，所以列入专门类中。

（二）与业务有关的直接学科　在商店中的劳工图书馆设置的售卖术、窗橱陈列术、广告术等图书，是能直接增进劳工在本业上知识技能的。这类图书，比各种科学性质还特殊，所以亦是专门图书。

（三）与业务有关的工作报告　同业的机关工作方法设置，营业等方面的情形，都是各机关应当参考的材料。在机关图书馆中，设置这类的专册或报告，亦可增进劳工的专门知能。

（乙）通俗图书　劳工图书馆的目的，不仅在增加劳工专门的知能，并且对于普通常识、修养、欣赏亦应顾到。况且多数劳工程度不高，对于这种的需要更为重大。通俗图书包括下列几种。

（一）一般读物　消遣文字，如小说；常识读物，如时事、游记；凡是能增加普通常识，促进文字欣赏的，都可列入这类。这种的数量可以很大。

（二）修养图书　凡对于劳工日常生活及性格修养有关的图书，如卫生、美术、园艺、宗教、伦理等文字或图画，能对于劳工身体及精神生活有改进影响的，都可包括在内。

（三）宣传刊物　有关于劳工的宣传刊物，认为有价值、有意义，不是偏于某一方面，或有危险性的，如工会的刊物，亦应认为劳工图书馆的一部分材料。

劳工教育的推广

劳工教育在我国本极幼稚，因为实业的发展本极落后。这次战事发生，实业界发生重大的变化，如厂址的迁移、资产的损失、生产的减低等，对于教育的提倡都有不利的影响。但经过战事之后，实业复兴，劳工教育的重要亦更加大显明。所以劳工教育的推广，是将成为必需的。按理而论，实业界应负发动主持的责任。但实际上，这种责任不能由实业界单独担任。当地教育行政机关、党部、工会及教育文化机关、慈善团体，在可能范围内都应负推广的责任。因为劳工教育不只是有利于实业界的劳资两方面，实在对于社会国家都有影响。多数劳工受教育，即是多数国民受教育。所以推广的责任，应由各方面都担负的。

参考书

教育部：《职业教育法令汇编》

第十六章　女子职业教育

女子职业的重要

按旧观念说，女子的职务是充当贤妻良母，无需参加什么职业。但这种观念，在现今的时代，可说已经不存在。稍有常识的人，都知道女子应有职业，同男子一样。但对于女子职业的重要，或尚未能清楚明了，所以我们简单地提出几点。

甲、提高女子地位　重男轻女本是一种传统的思想。因为女子不受教育，不参加社会职业，所以女子不能与男子并立。如果女子参加职业，对社会有贡献，轻视的心理自然减低，女子的地位自然提高。女子地位的提高，虽不完全在乎参加职业，因为不参加职业的女子，未必不有高优的地位，但女子参加职业可算是提高女子地位的重要因素。

乙、辅助家庭生活　女子参加职业，对于家庭经济可有直接的利益，所得的报酬，可以补助家庭的费用。这样，可使家庭的需要，得到更充足的应付。除经济以外，职业妇女在职业中所得的经验，对于知识及性格上都有增进的影响，能使她们在家庭精神生活上，更多贡献。职业生活与家庭生活并不是互相冲突，乃是有补助效果的。所以女子的职业，对于家庭的物质与精神生活都有助益。

丙、增进事业效率　假若女子完全不参加职业，社会中事业的发展，只靠男子一方面的才力，数量既少了一半，品质亦不能齐全。所以事业的效率，无形受了影响。如有女子参加职业，数量加多，选择亦可更周密。男子缺弱的地方，亦可由女子所补充。这样，整个的工作能力加大，对于事业的发展，自然有极大的影响。所以从事业的立场说，女子参加职业，亦是有利益的。

男女差别

对于女子职业不注意，还有一种原因，即是有人以为女子的智力不及男子。有许多男子所从事的职业，女子不能担任。这种观念已经早为各种试验所打破。自从智力测验发达以来，男女的智力，已经证明没有高下的分别。实在讲来，同性别的人高下的差别，比两性间的差别更大。由近年来女子教育的成绩，亦可证明女子的能力并不低于男子，因为女子成绩优良亦是很常见的。所以用男女差别来反对提倡女子职业是没有根据的。

女子职业的性质

女子的智力虽然不比男子低，但所从事的职业并不必须完全与男子相同，因为除去智力外，还有许多别的因素要加考虑。女子的生理不同，特别能力不同，环境不同，习惯不同，所以女子能担任的工作，有的与男子相同，有的是专限于女子的，这并没有不平等的意思在内，不过是种类上的差别而已。女子职业教育的设施自然要根据这种情形。

女子职业的时期

女子从事职业，不一定能像男子那样长期继续不断的，因为多数女子，由于天性，脱离不了家庭的责任。养育子女，料理家事，价值并不比社会中的职业减少。多数女子既少不了这种责任，从事职业，在时期上必须调适。在婚嫁之前是从事职业最好的时期。可以专心任务，没有分扰。或是在子女稍长、家事无需很多照顾的时候，亦可再从事职业。家事及养育的责任，完全委人代理的办法，虽可解决个人职业或经济问题，但终不是最妥善、最合理的方法。至于终身不负家庭责任的，自然可同男子一样的专心事业，那可算是例外的情形。

女子职业的种类

职业分类，本是极困难的事，因为种类众多，内容复杂，很难完备准确。女子的职业，虽然实际数目较少，但欲求举列无遗亦是不容易。因为社会情形，随时变更，职业种类，亦有增减。兹将最普通的女子职业举列如下。

甲、家事　装饰师、保姆、烹饪、洗濯、侍者、佣妇。

乙、农事　家畜饲养、花卉栽培、果食栽培、农作、园艺、养蚕。

丙、商业　广告、店员、簿记、保险、房地产、会计、统计、速记、打字。

丁、工业　陶工、刺绣、服装、雕刻、化妆品制造、漆工、校对、编织、药品、机械工、纺纱、纸烟。

戊、专业　律师、会计师、医师、教授、摄影、建筑师、著述家、女优、图书馆员、药剂师、传道师、音乐师、书家、画家、新闻家、社会服务、宗教事业、译者、护士、助产。

己、特殊　公务员、交通机关、理发、修指甲、按摩、向导、旅馆、饭店。

女子职业教育的设施

职业教育本不分男女，或说包括男女在内。概括地说，女子的职业教育与男子职业教育没有什么分别。职业教育按职业性质不同，并不因男女而有差异。所以在第一编中所讨论的原则与方法，在女子教育上都可应用。不过在搜集教材及教学设施方面，有几点应特别注意的。

甲、关于女子生理的　职业中有些情形是对于女子生理或体格有害，或是女子生理对职业状况有不适合的地方。这类的情形，在搜集教材的时候都应特别注意，以便提出研究，或设法减少。在其他设施上，如实习的设备，亦应设法减除这类困难，使实际工作与女子体质，不致彼此发生不良的影响。

乙、关于女子特殊能力的　女子有些能力是高过男子的，如感觉器官的敏锐、手工动作的技巧等。这些情形都有与职业发生关系的地方。在预备教材的时候及设备实习的时候，都应注意发现这些关系，留有机会，使这类能力有发展的余地。至于什么能力与什么职业有关系，当然按职业与能力的不同，要分别而论。

丙、关于女子环境的　在现今社会中，不得不承认女子所处的环境与男子不同。女子在家庭的地位不同，社会对女子的态度不同，甚至女子的日常生活亦有许多与男子不同的地方。在研究职业的时候，对于这方面的关系亦应注意，以求得到相当的适应。在设备方面，亦应设法不有这些特殊情形，发生冲突。

家事教育

家事虽与社会中的职业性质不同，但广义地说，亦可认为一种职业。因为是女子一种主要的工作，对于个人福利及社会进化都有干系，与别种职业功用相同。担任家事所需要的知识技能，并不比从事别种职业所需要的少。家事既是与职业相同，所以亦需施以相当教育，以求效率的增加。这种教育不但可以使个人有工作的能力，尽个人的天职，并且对家庭的幸福、社会的进展、民族的发育都有很大的贡献。所以家事教育在职业教育中占极重要的部分。

家事教育的内容

家事教育的内容不是简单的，因为家事中包括许多不同的工作。家事的琐碎是人所共知的。家事教育自然不能分为细微的部分，但可按照工作性质，分为几项重要的部分。

甲、经济理财　家庭经济的管理，如预算、簿记、储蓄、保险等问题，都可包括在这里面讨论或学习。

乙、装饰布置　家庭用具的设备、房舍的装饰、家具的布置，有许多原则方法可以研究，单独成为一部分。

丙、儿童养育　关于儿童的营养及教育问题，有许多可以研究的地方，不是普通常识所能应付的。所以应包括在家事教育里面。

丁、饮食烹饪　饮食的营养知识是治家必需的。食物的调制方法亦是人人必习的。这是家事教育中必有的训练。

戊、衣着服装　衣服原料的分别、节季的变化、裁减的式样、缝纫的技术，都是料理家事的应当学习的，亦是家事教育的一重要部分。

己、清洁卫生　疾病的预防、简单的看护、物品的消毒、普通的清除等事，都需要特别知识，亦是家事教育应供给的。

庚、消遣娱乐　室内的游戏、室外的运动以及音乐戏剧等的采用，都有组织选择的能力，这种能力亦需用教育培养。

女子职业教育概况

我国女子职业，就实际说，起源很早。嫘祖育蚕种桑，即可算女子职业教育的开始。不过在那时期没有组织，不能认为正式的训练。到了清朝的末年，中小学及师范学校方添设家事科，并且在浙江、山东、上海，设立蚕桑学校，这可算正式女子职业教育的开始。到民国六年以后，设立女子职业学校的地方很多，如山东、浙江、云南、安徽、武进、松江、北京等处。民国十五年以后，女子职业的种类亦渐多，女子职业教育亦比较发达。职业学校普通的，有护士、助产、染织、蚕桑、刺绣、缝纫等科。至于女子从事职业的机会，最多的有教育、商业、家事、工艺数种。

女子职业教育的发展

我国正式女子职业教育，虽已有三四十年的历史，但成绩极不显著。在社会中从事职业的为数很少。即能从事的效能亦多不很高。在家庭中担任家事的，受家事教育的亦不多。即稍受过教育，亦很好能利用的。所以今后对于女子教育仍应努力推行。在推行女子职业教育上，有几点应特别注意的。

甲、利用原有设施　男女职业虽有些不同，但亦有相同的。为男子所有的职业教育设施，有的可直接用于女子，有的稍加变通，亦可适合女子的需要。完全为女子分别或单独设施是极不经济。如能利用已有的设施，加以调适，可以减少经济的困难。推行女子职业教育，自然易于成功。但有特殊情形，不能利用已有设施的，如家事训练，自然应分别而论。

乙、增加职数种类　女子职业种类，随着社会的进化，一天比一天多。有许多女子的职业，还没有训练的机关。例如美容、侍应、花边编织等，都已成为女子的工作，而没有正式职业的训练。所以职业教育的种类，亦应随时增加，不应固守旧有的。

丙、创造职业机会　欲求女子职业教育发展，自然量度的增加，质量的改进，都是重要的步骤。但不能从教育本身一方面入手，因为如果社会中没有需要，或是机会缺乏，训练出来人才，亦是不能应用，女子职业教育还是空虚的。所以提倡女子职业的，还应负责创造女子职业机会，推广出路，然后教育方能发生实际的效力。

丁、注重家事教育　家事教育的重要，前面已有讨论。即从普通观察而论，亦是关系很大。在过去提倡职业教育的，虽然承认家事教育为职业教育的一种，但对于推行不算努力，对于方法，还欠研究。我们若认清家事教育是多数女子所需要的，并且在各种女子职业教育中是一种最重要的，以后发展女子职业教育，即应注重家事教育。

参考书

何清儒译:《实用心理学》

第十七章　军队职业教育

军队职业教育的意义

国家培养军队，目的是在国防。军人的正式职务，当然亦是国防。在国家危机的时候，军人的工作即是战争，本没有什么专受职业教育的机会。不过在平定的时期，或战事终了以后，军人很有享受职业教育的可能与需要。因为在征兵的国家，兵士从役的时期有限。在兵役期满以后，必须回到社会去工作。在平定的时候，是多数兵士被遣散的时候，更应是施行职业训练，以补助进入职业的适应。所以军队中职业教育的设施，并非为军事的应用，乃是为军人离开军队后作准备。

军队职业教育的重要

职业教育在军队中，虽似附带工作，但在许多方面，都有重要的关系。在平定的时候，除军事训练外，若没有正当的工作，生活上必发生问题，或有不秩序的行为。有正当的工作，利用时间，是很好的生活调剂。在战事以后，正是个人感觉适应最困难的时候。若有职业训练的准备，个人生活自然容易圆满。职业教育不但对兵士个人，有直接的利益，并且对于社会、国家，亦有极好的效果。因为兵士职业能力增加，对于事业的效率，有提高的影响。兵士都受训练，减少失业的数目，人才人力没有浪费，自然对于整个的社会进化、国家发展都有补助。

军队职业教育的设施的根据

在军队中实施职业教育，性质种类，未必完全与在别处相同。因为军队的成分、组织、环境等不同，所以科目亦应有变通的地方。决定设施科目，可采用下列几项原则。

甲、兵士状况　军队中的职业教育，第一要适合兵士的个人状况。在设施以前，应先调查兵士的兴趣，明了他们的志愿，喜欢参加何种训练。并且亦要调查他们原有的能力，以作训练的基础。他们的籍贯与退伍后的目的地，亦与他们能从事的职业有关系。至于教育程度、已往经验以及年岁等，都应清楚。有了这类的调查，然后方可计划，使教育适合个人方面的情形。

乙、地方情形　军队所驻的地方不同，各地方的职业需要不同。兵士将来退伍后的目的地虽不限于本地，但在受训练的时候，用具原料的供给，生产物品的销售，即教材的采取，教师的聘用，亦不能不根据地方上的职业实况。所以在设施军队职业教育以前，必先调查当地的存在职业及职业需要，然后方不致感受实际的困难。

丙、军队组织　军队组织固然全国一致，但在一个地方的军队，等级与人数，未必与别的地方完全相同。军队中生活的程序，虽大致相同，但亦免不了区别的地方。在设施职业教育以前，应先将军队本身的组织及程序研究清楚，以求不与实际情形发生冲突。职业教育的设施，必须适应军队原有的状况。

丁、物质供给　职业教育的设施是需要物质条件的。没有经费，没有地点，没有设备，没有用品，没有消耗的供给，都使职业教育不能进行。设施职业教育，应将这些物质条件确定，然后方有根据。这些条件按时期、地点、领袖等，各地军队有不同的情形，不是可一概而论的。

军队职业教育的科目

军队职业教育的科目，同其他各种职业教育一样，亦有普通（或称基本）与职业的分别，因为在职业教育的设施中，不能缺少间接与职业有关的科目，特别在我国情形之下，一般人基本知识缺乏，更不能不附带补充。所以在军队中所施行的职业教育，亦必须包括一部分普通的课程。兹将重要的科目，举列如下。

甲、普通科

公民　识字及国文、算学、常识。

乙、职业科

农作　如种菜、豆、麦、芋等军中需要之品。

绵织　如织布、织巾、织袜等日常应用品。

缝纫　如制军用被服及修补便衣等。

制鞋　分革制、布制两种。

编藤柳竹　编制藤椅、柳箱、竹匣等物。

化工　制洋烛、肥皂等化学品。

金工　制铜铁小件，如纽扣、马蹄、枪刀等，并修理。

木工　制简单木器并修理。

以上普通科目，自然不论何时何地，均可认为必修。职业科目则应按照前面设施的原则决定选择，并非都同时并设。所举的八科乃是比较普通的。至于有特殊情形的时候，别中特殊的科目亦可设立。

军队职业教育的组织

军队本有很严密的组织编制，非常清楚。实施职业教育，应当尽量的应用。最好以一师为单位，因为再小即不经济。并且行政上，亦多不便的地方。在一师之中，普通科目的教授，即可采用原有的组织，如一团、一营、一连、一排等，无需另外组织。至于职业科目，则另行分组、分班，因为各人学习的科目种类不同。如一人学习一科以上，数目亦不同。所以必须按照学习各科的人数，分别组织。不过在一师之内，设备各种职业科目，总可不致人数太少。所以以一师为单位是比较适当的。如以一师为单位，即可将全师组成为大工场，再分为各部、各科。至于全师职业教育的行政，可采用类似下面的组织：

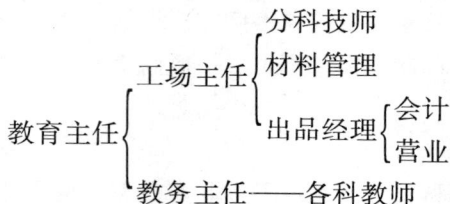

$$
\text{教育主任}
\begin{cases}
\text{工场主任}
\begin{cases}
\text{分科技师}\\
\text{材料管理}\\
\text{出品经理}
\begin{cases}
\text{会计}\\
\text{营业}
\end{cases}
\end{cases}\\
\text{教务主任——各科教师}
\end{cases}
$$

军队职业教育时间的分配

在军役期间的兵士，每日主要的工作自然是军事训练，包括操练、操典、野外传习等。职业教育只能利用余剩的时间。实际的时间分配自然按军中规律不能确定，但就原则说，如军事训练每日占 6 小时，职业训练可占 4 小时，教授与实习在内，基本训练可占 2 小时。如果实习设备不足用，而学习人数多的时候，可采轮流办法。在一个时间中，有授课的，有实习的，有实习这科的，亦有实习那科的。这样时间不枉费，设备亦得尽量利用。

退伍军人的职业教育

以上所讨论的，都是指在伍军人而论。按征兵制度，兵役的期间有限，过去以后，必须退伍。还有在战事以后，有许多征调的兵士亦要遣散。平日在伍的，假若受过职业教育，自然无需另外设施。但为战事征入队伍的兵士，大概没有受教育的希望。在战事结束、遣散以前，应当施行相当职业训练，以便恢复职业的生活。因为在参加战事期间，个人的能力消减，社会的状况改变，原有的职业未必能很容易的参加。还有许多在加入战事以前，即没有职业，或没受过训练，更应施以教育。这部的职业教育，自然种类应当扩大。

军队职业教育的指导

在军队中实施职业教育，不只限于教授知能，并且应对兵士加以指导。在伍的兵士，选习何种科目，应根据个人的兴趣能力等方可决定。施教的人，应当辅助发现个人的特点或能力，以得切实的根据。对于退伍的兵士，应协助他们得到安插的地方。社会中的机会，必设法代为谋求，以得到实际的适应。所以在军队中施行职业教育，应附带办理职业指导工作，然后教育的效力方可加大。

军队职业教育的教师

在军队中施行职业教育，所需要的教师，自然按照科目，亦有普通与职业的分别。普通教师担任讲授各种基本知识。职业教师传授各种职业技能。军队中的职业训练，可多注意技能的养成，职业知识的分量可以减轻。所以职业教师的责任大部在技能方面。无论何种教师最好由军队中原有士官充任。在征兵的国家，士官代表许多种职业，其中免不了擅长各种技能的。这种办法，可以省得由外面聘请，以致在组织上、行政上发生困难。因为如果特别另请教师，教师在军队中的地位不易确定，在管理上极不方便。但如果遇有特殊科目，军队中实在人才缺乏的时候，自然不能不由外面聘任。

军队职业教育的行政

教育事业虽应与军队生活打成一片，但独具有专门性。普通的军官，既没有研究兴趣，又没有时间与精力，所以军队中职业教育的工作，应有专人负责。若是为退伍兵士所组织的职业教育，更是要专人主持。这类主持的人，应对教育有兴趣、有研究，同时能明了军事组织与生活。并具有军事化精神的。行政的组织，我们前面已有讨论。行政的人员亦应有官级，因为军队中的等级对于兵士有很大的作用。教育人员若没有相当的官级，在管理上非常不便，这是一点极应注意的。

军队职业教育的成功要素

军队中施行教育不是容易的事，因为军队的性质本不近乎教育。但是教育在军队中成功，如果施行得当，并不是不可能的。成功的要素，重要的有几点。

甲、科目适当　普通科目自然不必讨论。职业科目的设施，必须根据前面所举的原则。如果所选科目，合乎兵士状况、地方情形、军队组织、物质供给，自然能发生效力，使兵士感觉兴趣，应用不生困难，管理没有问题，设备可以充足。所以科目如果适当，成功可以大部确定。

乙、官长合作　在军队中举办职业教育，常靠领袖的发动，或高级的命令。但若能继续进展，不能专靠一二人的热心。军队的官长对于教育事业亦必须有相当的认识。对于负责教育人员有相当的合作，特别是在管理方面。官长的精神，无形中感化兵士。官长若只取消极或被动的态度，所办的教育，必成为死板的、机械的、没有生气的。所以在施行的时候，必谋得官长的合作，引起他们的热心。

丙、经费充足　教育是需要费用的。在军队中施行职业教育更不是零星数目可以足用，因为一切设备都是有相当的费用。这些费用都应确定充足的数目，决不可附带列入普通预算内。政府对于军队中教育经费，应承认必需的一部分。划分清楚。经费充足，自然在设备上、在行政上、在教学上都不受牵制，教育的事业自然可以成功。

丁、出路通畅　在军队中施行职业训练注重实作，前面已经提过，实际的联系必有生产的出品。这些出品，必须有适当销路，方可不致完全消耗。若是出品没有出路，训练虽有教育的价值，亦不能算为成功。还有退伍的军人，在受过训练之后，必须有适当的出路，方能得到训练的效力。出路通畅，有这两层意义。

中国军队职业教育的经过

我国提倡军队职业教育，最早的时候，是在民国十年至十五年之间。在那时期，裁兵的呼声很高。如果兵士不受教育，一旦遣散，将成为无业游民，反为社会之害。所以有几位先进的军事领袖很注意职业教育。江苏第二师师长朱熙举办最早，经过时期亦较长。他所部的两团，驻在苏州。科目分农作与工艺两大类。农作以菜蔬为大宗，以自耕自食为目的。工艺分织布、织袜、织带、制鞋、制匣等数种。驻北京的冯玉祥所办的颇为完备，亦有精神。他的设施，亦分农工二种。当时他驻扎在北京南苑。附近该处的荒地，都为军队所垦熟。阡陌分明，路旁植树苗，低洼畜鱼类。工场分 11 科：为织毯、肥皂、铁工、木工、藤工、纽扣、缝纫、织布、制革、织巾。此外如山西督军阎锡山，云南督军唐继尧，浙江第二师第 6 团的伍崇仁都对于职业教育极为注意。即云南、湖北等省，亦都有相当的试验。不过自十五年以后，内乱不已，军事变迁，已有的渐归消灭，新兴的无人兴办。到现在军队职业教育已成了不闻的名词。

我国军队职业教育的将来

我国现今在军事时期，自然谈不到职业教育。但是在战事过去之后，有许多兵士，无论是招募的，无论是征调的，必须经过遣散的过程。到那时候，如何使那许多人有回到社会参加职业的能力，即成为问题。职业训练，即成为必需的。在这时期以后，平定的期间中，在伍的军人，既不需从事军事，亦自然能将职业教育作为正常的工作。所以将来职业教育，在军队中必有重要的地位。

参考书

中华职业教育社：《职业教育之理论与实际》

第十八章　残废职业教育

残废职业教育的意义

生理上或心理上不正常的人，不一定都是不能受教育的。因为身体虽有缺残，心智上或是健全。心智上不健全，身体或可强壮有用。或是用补教的方法，或是利用不残缺的部分，还可使残废的人，成为有用的人。残废职业教育是对于残废的人培养从事职业能力的训练。这种教育对于残废人的本身，可以增进幸福，因为残废的人，若不受教育，不能工作，而成为社会的寄生物。社会中残废者都能有相当的工作，等于废物利用，增加整个的效能不少。再从人道上讲，残废的人无论残废的原因如何都是很可怜悯，他们的精神都很痛苦，救济这种人最有价值的方法，即是使他们都有工作的能力，自己产生自信力，觉得对社会有贡献。这样，可以增加精神的快慰不少。

残废的种类

人的器官或肢体不全，种类本极复杂，因为人的各部，如耳、目、口、鼻及手、足、腿、臂，都可有缺残，并且缺残的量度性质亦不同。所以若举列净尽，是不可能的。但概括地说，可分为下列数类。

甲、聋哑　聋哑的人，有因先天原因而成的，约占40％。有因疾病或偶遭不幸事件而成的，约占60％。因先天原因而成聋的，生而即聋，因聋而哑。在语言未学成以前而成聋的，通常与生而聋的视为一类。语言已学成后方成聋的叫做半哑。他们运用语言的能力，因为成聋时候的年龄而不同。因为语言多不完善，所以叫做半哑。稍能听声，及得人帮助而渐渐能学得运用语言能力的叫做半聋。所以聋哑儿童，可分为三类：一是半聋、一是半哑、一是聋哑。

乙、盲目　盲目的程度差别极大。就实际说，不能分辨普通实物的，即是盲人。生而盲目的，不过占盲目人数17％，其他占83％。或因眼病而失明，或因外伤而失明，或因眼以外的病而失明。由于眼病的约占33％，因为外伤的约占10％，因为眼以外的病而失明的，约占40％。成人盲目的，有因遭遇不幸事件而失明，如矿场、工厂中的工人。有因重大疾病而失明的。后者较前者为多。

丙、跛足　因疾病或损伤，以致足部筋肉运动不良，不能站立，或不能行走，或行走困难的，都可列入这种。这种缺残可分为三类：第一类是全没有希望的跛足，如因为重大的瘫痪或肺痨，或心脏病，而成跛的都是。第二类是不能起床的跛者。第三类为能安全行走的跛者。

丁、内脏不健　肺部不健，心脏不强的，亦是一种残废。动性或剧烈的肺病，自然应当静养，不能从事任何工作。但静性的轻性的肺病，是仍可从事相当工作的。心脏病的情形与肺病相同。这两种病，个人的状态有许多区别，但在轻微的时候，都有施行教育的可能。

戊、心理不全　智力低弱的人，如朦胧、亚痴、白痴，亦是一种缺残。这种人虽是身体健全，但所能从事的工作，与中常的人不同，所以必须施行特别的训练。智力低弱的原因，就现今心理学说，是由于先天，但在发展上，疾病、环境及训练亦发生影响。心理发育不全的，如果不采教育的方法去利用，亦是一种枉费，对于个人的精神亦有损害。

残废人的学习能力

身体缺残的人，未必不能学习相当的知能。先天残缺的，或因疾病残缺的，固然在智力上的分别，与常人没有不同，亦分高优、中常、低弱数等，但智力不甚优强的居多数。智力不甚优强的，未必没有其他的能力，并且施行职业教育，不专靠抽象的智力。机械的能力，动作的活泼，都是重要的条件。所以残废人享受职业教育是有根据的。并且除耳目残缺的人，其余各种残废的情形，更是与智力关系极少。心脏肺部不健全的，智力未必不高，动作未必不敏。所以残废的学习的能力，在职业上并不发生影响。

聋哑的职业教育

聋哑的人能看而不能言，但手部可完全动作。学习语言文字有相当困难。普通采用两种方法：口授法及标记法。口授法利用唇部动作的练习。标记法利用自然或认为的手势。这两种方法的成绩，最多恐不能超过简单文字。若欲用为传达知识的媒介非常困难。所以对聋哑施行职业教育，只能利用手的动作。下列数种可举为实例。

木工　制造简单的木器。

编草　编制草鞋、草席等物。

藤柳竹工　编制藤椅、柳箱、竹匣等物。

缝纫　女子可缝制简单衣服。

编结　毛线、棉线的编结，亦适于女子。

其他可设的科目，种类很多。凡不需要文字的了解，语言的传达，能用动作表演而教授的，都可成为教材。

盲目的职业教育

盲目的人不能阅读文字，但能听说语言。他们学习文字亦是困难，最普通是用凸文的方法。但他们的双手还是健全，可以训练多种的工作。并且盲目的人可以了解讲授，所以学习更比较容易。盲目的人视觉虽然缺少，但别种感觉常特别灵敏，触觉亦是其一。因为这种种缘故，所以盲目地学习手工，非常有熟练的可能。盲目的可学习的科目亦是很多，下面只举几项实例。

编篮　用草或竹编筐、篮等物。

纺织　纺纱、织布，或编巾、织袜等。

制鞋　制造简单的布鞋、拖鞋等。

打绳　用麻制绳。

凡能用触觉辨别形状，无需分辨颜色花样，而可学习的工作均可为盲目者学习的科目。有些工作或稍需别人帮助，如传递用品、选配颜色、认识标记等事，但大部用手学习的工作都是盲目的可以适用的。

跛足的职业教育

跛足的比聋哑的与盲目的，接受教育都比较便利，因为既可阅读文字，又可听说语言，所能享受的教育，与正常的人可说没有什么分别。至于职业教育，因为手部没有缺残可以完全的工作。所可学习的科目，除用足部转动器械的以外，没有不可能的。普通的几种，可举列如下。

人造花　用绫、绸或纸做各种花卉。

装订印刷　装订书籍、印刷文件。

木工　制造木器或木制玩具、用品等。

编织　毛线、棉线的编织。

缝纫　衣服的裁、剪、缝纫。

打字　中西文的打字。

针黹　织带、织袜、织内衣等。

除跛足不能起床的应另行设施外，跛足的职业训练，可与正常人的相同。

并且因为可以利用文字、语言，更可进一步，加深职业知识的传授。

内脏不健的职业教育

这种残缺的人，所受的最大限制不是耳目，不是手足，乃是体力的缺乏。肺病的人，同心脏病的人，都是不能过于劳力，过劳即有危险。他们所学习的，脑力方面可与常人相同，但动作方面，应极轻微。下面几种，可作实例。

做纸盒　贴糊包装所用的纸盒。

人造花　用绫、绸或纸做各种花卉。

编织　毛线、棉线的编结。

美术　商业广告的图案绘画。

缝纫　简单衣服的裁缝。

刺绣　各种针线的手工。

凡劳力不多，不需移动，只需手部工作的，都可适宜于内脏有缺残的人。不过作息时间的长短、分配，与常人还需有分别的地方。

心理不全的职业教育

心理不全的人，比上述几种残废的，受职业训练更为容易，因为他们不受身体任何部分的限制。目可视，耳可听，口亦能言，手足亦都能动，只是智力的发展低弱而已。他们不能学习高深的学理、复杂的动作，但比较简单的知识、技能，无论轻重都可学习。科目的种类是很多，我们只能举例数种。

泥水工　用砖、瓦、水泥建造的工作。

机械工　在工厂中转动机器的工作。

木工　简单木器的制造。

园艺　花、果、菜蔬的种植。

纺织　纺纱、织布、织巾、织毯等。

对于心理不全的职业训练，只需避免需要智力、复杂繁杂的工作，即可不致有何严重问题。不过心理不全的，未必手部都很技巧。手都不技巧的，可以多用劳力，所以还有分别的必要。

残废职业教育的原则

残废职业教育是一个概括的名词，其中所包括的内容，由上面的讨论，可以看出来非常繁多。聋哑的、盲目的、跛足的等等各有不同。教授的方法，实际的设备，都有区别的地方。所以总括的讨论很不容易，但有些共同的原则是可以通用的，我们提出几项重要的如下。

甲、研究个人的差别　实施某一种残废教育，不要以为这一种残废的人，都是完全相同的，因为即都是聋哑的人，聋哑的程度不同，种类不同。并且除去耳口的残缺以外，智力未必相同，手部敏捷未必相同，体力未必相同，所以各人所学的科目，学习的进展，还应分别研究。这项原则在一般职业教育上应用，在残废教育上亦是应用，并且在各种残废教育上都可适用。

乙、利用健全的部分　无论何种残废的人，都余下健全的部分，聋哑的有眼睛，盲目的有口耳。这两种都有手足可以活动。跛足的有感觉器官，内脏不健及心理不全的，都有感觉器官，及手足的活动。设施教育应利用健全的部分，充分的发展。各种残废人的健全部分不同，各人的健全部分亦不同，所以必须分别研究，然后利用。

丙、减少缺残的感觉　有缺残的人，都免不了自卑的心理。如果将他们的缺残常表现在外面，更能使他们不安。对残废的人实施教育，应竭力避免显示缺残的地方，使他们不感觉自己的缺弱。同时因为利用健全的部分，引起他们自尊的心理。这种步骤不但可以使他们精神上得到快慰，并且实际上亦能增加学习的效率。

丁、实施个别的指导　个人的状况既不相同，在教材上、教法上及进度上都有不同的地方。教授残废的人，在相当范围内，固可采用团体的方法，如知识的讲解，但大部分应采用个别的方法。例如教授盲目者一种技能，公共表演决不能成功，必须由教者单独的传授方可生效。还有内脏不健、心理不全的，因为个人的情形不同，亦需个别的指导。

戊、注重生产的成绩　无论何种职业训练，都应在可能范围内，有生产的成绩，以前早有讨论。在残废职业教育中，生产的成绩更为重要。因为有具体的生产，不只可以减少消耗，并且对于残废的人，供给一种真实的观念，使他们更能减少自卑的心理，增加自尊的心理。教育的意义极为重大。

残废职业教育的教师

教授各种科目的教师，自然应当是对于各科内容有充足准备，能传授知能的。教师的资格重在技能与教法，因为教法特殊，与教材有同样的重要。残废教育的教师不必须都是健全的人。如跛足的人，可教授跛足的人。轻性内脏病的人，可教授内脏病的人。不过盲目的不能教盲目的，聋哑的不能教聋哑的，心理不全的不能教心理不全的。所以要分别而论。用残废的人充任教师，一方面可以利用人才，一方面可以增加对于残废人的同情与了解，使他们精神上更能安适，学习上更加容易。

残废职业教育的期限

实施残废职业教育，不能像正式职业教育有一致规定的时期，因为个人的能力不同，学习的科目不同，并且教学又多采用个别的方法，注重技能的传授，所以很不容易预定期间，作为学习的限制。内脏不健的，更应留意身体的变化，随时加以调适，不能有规定的期限。所以残废职业教育的期间是极有伸缩性的。总括的原则是，在学习一种科目，能有充足工作能力以后，方可告一段落。

残废职业教育的出路

出路在这里亦是有两层意义：一是工作的生产物品有销路，一是受过训练之后，能有工作的机会。这两样虽然形式不同，但重要一样。残废的人，受过职业训练以后，如能单独生产，自然希望出品可以销售。如果必须为人工作，自然希望得到安插。在第一种情形之下，出路问题还比较容易。在第二种情形之下，即比较困难，因为有不能控制的因素在内。无论如何，实施职业教育的目的，对于这问题，在事先应有考虑、准备，在事后应有计划、辅助。或是代集资金，以供生产，或是代谋位置，以求安插。详细的方法，当然按个人情形不同，应分别而论。

参考书

华林一：《残废教育》

出 版 人　　所广一
责任编辑　　樊慧英
版式设计　　贾艳凤
责任校对　　曲凤玲
责任印制　　曲凤玲

图书在版编目（CIP）数据

二十世纪中国职业教育学名著选编/米靖主编．—北京：
教育科学出版社，2011.6
ISBN 978－7－5041－5827－7

Ⅰ．①二…　Ⅱ．①米…　Ⅲ．①职业教育—名著—介绍
—中国—20 世纪　Ⅳ．①Z835

中国版本图书馆 CIP 数据核字（2011）第 100619 号

二十世纪中国职业教育学名著选编
ERSHI SHIJI ZHONGGUO ZHIYE JIAOYUXUE MINGZHU XUANBIAN

出版发行　教育科学出版社

社　　址　北京·朝阳区安慧北里安园甲 9 号　　市场部电话　010－64989009
邮　　编　100101　　　　　　　　　　　　　　编辑部电话　010－64989449
传　　真　010-64891796　　　　　　　　　　网　　址　http://www.esph.com.cn

经　　销　各地新华书店
制　　作　北京大有图文信息有限公司
印　　刷　北京中科印刷有限公司　　　　　　版　　次　2011 年 6 月第 1 版
开　　本　169 毫米×239 毫米　16 开　　　　印　　次　2011 年 6 月第 1 次印刷
印　　张　31　　　　　　　　　　　　　　　印　　数　1－3 000 册
字　　数　553 千　　　　　　　　　　　　　定　　价　59.00 元

如有印装质量问题，请到所购图书销售部门联系调换。